I0028585

Videoüberwachung
als Mittel der präventiven Kriminalitätsbekämpfung
in Deutschland und in Frankreich

Inaugural-Dissertation
zur Erlangung des Grades eines Doktors
der Rechte
durch die
Rechts- und Staatswissenschaftliche Fakultät
der Rheinischen Friedrich-Wilhelms-Universität
Bonn

vorgelegt von
Stephan Bausch
aus Bonn

Dekan: Prof. Dr. Mathias Schmoeckel

Erstreferent: Prof. Dr. Dr. Christoph Grabenwarter

Zweitreferent: Prof. Dr. Jost Pietzcker

Tag der mündlichen Prüfung: 17. März 2004

Videoüberwachung als präventives Mittel der Kriminalitätsbekämpfung in Deutschland und in Frankreich

von

Stephan Bausch

Tectum Verlag
Marburg 2004

Bausch, Stephan:
Videoüberwachung als präventives Mittel der
Kriminalitätsbekämpfung in Deutschland und in Frankreich
/ von Stephan Bausch
- Marburg : Tectum Verlag, 2004
Zugl.: Bonn, Univ. Diss. 2004
ISBN 978-3-8288-8665-0

© Tectum Verlag

Tectum Verlag
Marburg 2004

Vorwort

Der Einsatz von Einrichtungen der Videoüberwachung, insbesondere soweit er hoheitlich und damit als dem Öffentlichen Recht zugehörig zu qualifizieren ist, wird bereits seit einigen Jahren intensiv diskutiert. Das gesetzgeberische Tätigwerden auf Bundes- und Landesebene hat die Diskussionen über die rechtliche Zulässigkeit der unterschiedlichen Einsatzformen der Videoüberwachung nicht zum Erliegen gebracht. Die bisweilen in ihrer Ausgestaltung erheblich divergierenden speziellen Befugnisnormen zeugen vielmehr von einem anhaltenden Diskussionsbedarf.

Nicht zuletzt die gesellschaftspolitische Bedeutung des sich stetig weiter verbreitenden Einsatzes von Überwachungskameras hat die Wahl meines Dissertationsthemas wesentlich beeinflusst. Keineswegs soll diese Arbeit allerdings als Warnung vor einem zukünftigen Szenario im Sinne einer negativen Utopie verstanden werden, wie sie *Orwell* in *1984* beschreibt. Denn der Verweis auf einen futuristischen Unrechtsstaat, der seine Bürger unablässlich überwacht und sie jeglicher Privatsphäre beraubt, ist einer unvoreingenommenen rechtlichen Beurteilung angesichts zahlreicher verbleibender Möglichkeiten, den gegenwärtigen Zustand des Kameraeinsatzes zu bewerten, nicht dienlich. Der Umstand, dass die *Orwell'sche* Utopie weder 1984 noch danach Wirklichkeit wurde und dies auch in absehbarer Zeit nicht zu befürchten ist, vermag andererseits einen sorglosen Umgang mit neuen Technologien auch nicht zu rechtfertigen. Wachsamkeit ist geboten, wenn immer neue Eingriffsbefugnisse geschaffen, einmal bestehende aber nicht wieder aufgehoben werden.

Die rechtsvergleichende Behandlung der Zulässigkeit von Videoüberwachungsmaßnahmen soll einerseits zu einem Erkenntnisgewinn im Hinblick auf eine fremde Rechtsordnung führen. Zum anderen verfolgt sie das Ziel, durch die gewonnenen Erkenntnisse den Blick für die eigene Rechtsordnung zu schärfen, wodurch sich günstigstenfalls Anregungen zu ihrer Beurteilung oder Gestaltung ergeben. Die Entscheidung für das französische Recht im Rahmen der Rechtsvergleichung beruht nicht unwesentlich darauf, dass ich aufgrund zahlreicher Frankreichaufenthalte einen besonderen Bezug zu Frankreich entwickelt habe. Von Bedeutung für diese Entscheidung ist des Weiteren aber auch der Umstand, dass der französische Gesetzgeber bereits 1995 die rechtliche Problematik der Videoüberwachung erkannt und eine gesetzliche Grundlage für ihre Durchführung geschaffen hat. Die Diskussionen über die rechtliche Zulässigkeit der Videoüberwachung haben in Frankreich im Gegensatz zu Deutschland und insbesondere Großbritannien insofern wesentlich früher eingesetzt, so dass sich das französische Recht für einen Rechtsvergleich besonders anbietet.

Wie sich bereits der Gliederung entnehmen lässt, unterscheiden sich die Teile zum deutschen und zum französischen Recht in ihrem Aufbau deutlich voneinander. Diese Unterschiede resultieren vor allem aus den Besonderheiten, die der jeweiligen Rechtsordnung immanent sind sowie aus der unterschiedlichen Entwicklung, was die rechtliche Behandlung der vom Begriff *Videoüberwachung* umfassten Einzelmaßnahmen betrifft. Von Bedeutung sind in diesem Zusammenhang allerdings auch die unterschiedlichen Zeitpunkte gesetzgeberischen Tätigwerdens, da sich hieraus auch unterschiedliche Ansätze für die Umsetzung der europäischen Datenschutzrichtlinie von 1995 ergeben.

◆

Für die vorliegende Arbeit, die im Juni 2003 von der Rechtswissenschaftlichen Fakultät der Rheinischen Friedrich-Wilhelms-Universität Bonn als Dissertation zugelassen wurde, konnten Rechtsprechung und Literatur bis zum Zulassungsmonat berücksichtigt werden.

Meinem Doktorvater, Herrn Professor *Dr. Dr. Christoph Grabenwarter*, der mir als Ansprechpartner auch während meines Aufenthaltes in Toulouse immer zur Seite stand, möchte ich ganz herzlich für die Betreuung der Arbeit danken. Besonderer Dank gilt auch Herrn Professor *Dr. Jost Pietzcker* für die zügige Erstellung des Zweitgutachtens. Herrn *Jost Schenck*, Frau *Alice Nieroba* sowie meiner Freundin *Eva Bruhns* danke ich herzlich für die kritische Lektüre der Arbeit und für ihre Diskussionsbereitschaft.

Der Konrad-Adenauer-Stiftung (Begabtenförderung) möchte ich für die Gewährung eines Promotionsstipendiums danken, das mir die zügige Fertigstellung dieser Arbeit ermöglichte.

Köln, im März 2004   Stephan Bausch

Préface

L'utilisation des systèmes de vidéosurveillance, notamment par les autorités publiques et donc relevant du droit public, a été le sujet d'intenses débats depuis quelques années. Le législateur a adopté des normes spécifiques relatives à la vidéosurveillance non seulement au niveau fédéral mais aussi au niveau des Länder, cependant cela n'a pas mis fin auxdits débats. Au contraire, la divergence de conception de ces normes, spécifiques à chaque Land ou à l'Etat fédéral, témoignent bien de la nécessité de ces débats.

Quant au choix du sujet de ma thèse, j'ai été influencé surtout par le fait que l'utilisation croissante des systèmes de vidéosurveillance fait preuve d'une grande importance socio-politique. Toutefois, cet ouvrage a nullement pour objet de lancer un avertissement pro-phétique, à la manière de l'utopie négative décrite par *Orwell* dans son livre *1984*. La réfé-rence à un Etat fictif et faisant atteinte au droit de ces citoyens, à la fois en les surveillant sans arrêt et en les privant de toute sphère privée, n'est pas utile quand il s'agit d'apprécier l'étendue de l' utilisation actuelle des systèmes de vidéosurveillance, vue la quantité d'autres possibilités d'évaluation. Le fait que l'utopie décrite par *Orwell* n'était ni réél en 1984 ni après et que cela n'est pas à craindre dans un futur prochain, ne peut cependant pas justifier non plus une utilisation insoucieuse des nouvelles technologies. Il faut au contraire être vigilant à l'égard d'une évolution caractérisée par une augmentation sensible des règles relatives à l'autorisation de procéder à une intervention sans que lesdites règles soient supprimées à un moment donné.

L'analyse de la légitimité de la vidéosurveillance dans le cadre d'une comparaison de diffé-rents droits nationaux vise d'une part à élargir ces propres connaissances, à savoir un au-tre système juridique que celui déjà étudié. D'autre part, une telle analyse a pour but, à tra-vers ses nouvelles connaissances, de mieux percevoir son propre système juridique : par conséquent de mieux pouvoir l'apprécier et faire des nouvelles propositions d'élaboration. Ma décision d'analyser le droit français comme système juridique étranger dans le cadre d'une étude de droit comparé est certainement dû à mes nombreux séjours en France pendant lesquels j'ai noué un lien privilégié avec ce pays. À cela s'ajoute aussi le fait que dès 1995 la législation française s'est aperçue du besoin juridique relatif à la vidéosurveil-lance, et qu'elle a par conséquent adopté une loi la concernant. Les débats relatifs à la légi-timité de la vidéosurveillance ont donc démarré beaucoup plus tôt en France qu'en Alle-magne ou encore qu'en Grande-Bretagne. C'est pourquoi le droit français semble être prédestiné pour une étude de droit comparé.

Comme on le retrouve dans la table des matières, les deux parties traitant du droit alle-mand et du droit français diffèrent considérablement quant à leur structure. Ceci est dû notamment aux spécificités inhérentes aux systèmes juridiques allemand et français, mais aussi au développement différent entre ces deux pays, quant-à la conception juridique de la vidéosurveillance. Dans ce contexte, il est aussi important de mentionner que le législateur allemand a adopté des normes relatives à la vidéosurveillance au niveau fédéral ainsi qu'au niveau des Etats fédéraux beaucoup plus tard que le législateur français et que par conséquent il y a eu des approches différentes quant-à la transposition de la directive européenne de 1995 relative à la protection des données personnelles.

♦

Cette thèse de doctorat a été admise par la Faculté de droit de la *Rheinische Friedrich-Wilhelms-Universität* à Bonn en juin 2003. Les publications doctrinales et décisions jurisprudentielles ultérieures ont été prises en compte.

Je ne voudrais pas terminer ces quelques lignes introductives sans remercier le Professeur *Dr. Dr. Christoph Grabenwarter* qui a accompagné mon travail non seulement à Bonn mais aussi à Toulouse et qui m'a prêté son appui dans tous les moments nécessaires. Que soit ici remercié aussi le Professeur *Dr. Jost Pietzcker* d'avoir rédigé son avis consultatif en si peu de temps. Je réserve une mention spéciale à Mademoiselle *Alice Nieroba*, Monsieur *Jost Schenck* et à ma compagne Mademoiselle *Eva Bruhns* pour leurs critiques et suggestions.

Pour finir, je remercie la Fondation *Konrad-Adenauer* de m'avoir accordé une aide financière, qui m'aura permis de finir cette thèse dans une courte période de temps.

Köln, mars 2004   Stephan Bausch

Gliederung

Einleitung

I. Gegenstand und Gang der Untersuchung

Gegenstand der vorliegenden Arbeit ist ein Rechtsvergleich zwischen dem deutschen und dem französischen Recht zur Frage der Zulässigkeit von Videoüberwachungsmaßnahmen.[1]

Die strukturelle Einteilung der Arbeit in drei Teile ergibt sich aus der ihr zugrunde liegenden Untersuchung des deutschen und des französischen Rechts zur Videoüberwachung als Mittel der präventiven Kriminalitätsbekämpfung. In einem ersten Teil[2] wird die Zulässigkeit von Maßnahmen der Videoüberwachung nach deutschem, in einem zweiten Teil[3] nach französischem Recht abgehandelt. Der dritte Teil[4] ist der Rechtsvergleichung gewidmet. Hier gilt es, Übereinstimmungen beziehungsweise Unterschiede im Hinblick auf die rechtliche Behandlung der Videoüberwachung aufzuzeigen.

Im Rahmen der Einführung in die Problematik der Videoüberwachung soll zunächst der Begriff der Videoüberwachung, wie er dieser Arbeit zugrunde gelegt wird und unter Berücksichtigung von Begriffsbestimmungen durch Literatur und Gesetzgeber, erläutert werden.[5] Im Anschluss daran wird die gegenwärtige und künftige Bedeutung der Videoüberwachung aufgezeigt.[6] Zu berücksichtigen sind schließlich auch die technischen Gegebenheiten.[7]

In den nun folgenden Teilen zum deutschen und zum französischen Recht sollen einige ausgewählte Rechtsfragen zur Videoüberwachung abgehandelt werden. Angesichts der zahlreichen Anwendungsmöglichkeiten der Videoüberwachungstechnik[8] und der mit diesen einhergehenden Komplexität der rechtlichen Zusammenhänge ist es notwendig, den Untersuchungsgegenstand sinnvoll zu beschränken, um die ausgewählten Problemkreise in der für eine wissenschaftliche Arbeit gebotenen Tiefe behandeln zu können. Hier stellt sich allerdings die Frage nach den Kriterien für die Beschränkung des Untersuchungsgegenstands.

---

[1] Zum Begriff der Videoüberwachung siehe noch unten II (S. 3; die Angabe der Seitenzahl bezieht sich auf den Beginn des jeweiligen Gliederungspunktes); zu den Motiven für die Rechtsvergleichung siehe oben im Vorwort.
[2] Siehe unten 1. Teil (S. 12).
[3] Siehe unten 2. Teil (S. 159).
[4] Siehe unten 3. Teil (S. 215).
[5] Siehe unten II (S. 3).
[6] Siehe unten III (S. 6).
[7] Siehe unten IV (S. 9).
[8] Siehe noch unten III (S. 6).

Es liegt auf der Hand, die Abhandlung entsprechend der klassischen Abgrenzung zwischen dem privaten und dem öffentlichen Recht[9] auf die hoheitliche Videoüberwachung zu beschränken. Die sowohl dem französischen als auch dem deutschen Recht immanente Trennung zwischen Maßnahmen öffentlich-rechtlicher und solchen privatrechtlicher Natur trägt möglicherweise aber den Belangen der Bürger angesichts zahlreicher Privatisierungen von Unternehmen der Daseinsvorsorge nicht hinreichend Rechnung.[10] Sie würde dazu führen, dass Videoüberwachungsmaßnahmen beziehungsweise die ihnen zugrunde liegenden Befugnisnormen, soweit diese die Videoüberwachung durch privatrechtlich zu qualifizierende Unternehmen betreffen, nicht Gegenstand der rechtlichen Untersuchung wären. Damit wäre die praktisch besonders bedeutsame Videoüberwachung durch die Deutsche Bahn AG sowie sämtliche privatisierte Flughäfen wie beispielsweise die Fraport AG von der Untersuchung ausgenommen. Wenngleich der Schwerpunkt der Untersuchung auf der öffentlich-rechtlich zu qualifizierenden Videoüberwachung liegen soll, ist eine strikte Beschränkung auf das öffentliche Recht aufgrund der quantitativen und qualitativen Bedeutung der privatrechtlichen Videoüberwachung nicht vertretbar. In der vorliegenden Arbeit sollen daher Maßnahmen der Videoüberwachung durch privatrechtlich organisierte Unternehmen der Daseinsvorsorge Berücksichtigung finden.[11]

Dies trägt auch den neueren Entwicklungen in der Rechtsetzung Rechnung.[12] So ist gemäß § 1 BDSG[13] der Anwendungsbereich für das Bundesdatenschutzgesetz und insbesondere auch dessen neuen § 6b betreffend die Videoüberwachung unter bestimmten Voraussetzungen sowohl für öffentliche als auch für nichtöffentliche Stellen eröffnet. Auch die Richtlinie 95/46/EG des Europäischen Parlaments und des Rates vom 24. Oktober 1995 zum Schutz natürlicher Personen bei der Verarbeitung personenbezogener Daten und zum freien Datenverkehr[14] findet sowohl für die öffentlich-rechtlich als auch die privatrechtlich zu qualifizierende Erhebung von Daten[15] Anwendung, wenngleich der große Bereich der öffentlichen Sicherheit nicht in den Anwendungsbereich der

---

[9] Zu den Abgrenzungskriterien und -theorien siehe *Maurer*, Allgemeines Verwaltungsrecht, § 3 Rdn. 14 f.; zum französischen Recht siehe *Moreau*, Droit public, Band 1, S. 299 f.

[10] So auch *Tinnefeld*, NJW 2001, 3078/3080 allgemein für den Datenschutz.

[11] Dieser Punkt und die mit ihm einhergehende Behandlung des § 6b BDSG finden leider in der Arbeit von *Büllesfeld* kaum Berücksichtigung.

[12] Im deutschen Recht sind allerdings die Möglichkeiten einheitlicher Regelung von Befugnisnormen zur hoheitlichen und privatrechtlichen Videoüberwachung aufgrund der getrennten Gesetzgebungszuständigkeiten von Bund und Ländern erheblich eingeschränkt, siehe hierzu unten 1. Kapitel:I (S. 15), soweit keine weiteren Angaben gemacht werden beziehen sich die Kapitelangaben auf den jeweils zugehörigen Teil der Arbeit.

[13] Zuletzt geändert durch Art. 1 des Gesetzes vom 18.5.2001, BGBl. I, S. 904.

[14] Amtsblatt der Europäischen Gemeinschaften Nr. L 281 v. 23.11.1995, S. 31 f.

[15] Worunter gemäß Erwägungspunkt 16 der Richtlinie auch die Videoüberwachung fällt, soweit Bild- oder Tondaten anfallen.

Richtlinie fällt.[16] Die Erkenntnis, dass Videoüberwachungsmaßnahmen nicht nur von öffentlichen Stellen, sondern auch durch Private durchgeführt werden und somit eine Beschränkung auf die öffentlich-rechtlich zu qualifizierende Videoüberwachung den heutigen Umständen nicht gerecht würde, hat auch den französischen Gesetzgeber bei der Schaffung des Gesetzes n° 95-73 vom 21. Januar 1995 geleitet, dessen Anwendungsbereich unter bestimmten Voraussetzungen sowohl für öffentliche als auch nichtöffentliche Stellen eröffnet ist.

Neben der Videoüberwachung durch private Unternehmen der Daseinsvorsorge soll aus dem öffentlich-rechtlichen Bereich die Videoüberwachung durch Polizei und Ordnungsbehörden sowie durch öffentlich-rechtliche Einrichtungen Untersuchungsgegenstand sein. Unberücksichtigt bleiben Maßnahmen der Videoüberwachung, soweit sie spezielle Einzelbereiche wie etwa das Strafprozessrecht, das Versammlungs- und das Straßenverkehrsrecht betreffen. Letztgenannte Bereiche werfen jeweils weitere besondere Einzelfragen und -probleme auf, deren Behandlung den Umfang einer rechtsvergleichenden Dissertation erheblich sprengen würde.

II. Zum Begriff der Videoüberwachung

Gegenstand der vorliegenden Arbeit sind Maßnahmen der Videoüberwachung. Zunächst gilt es, zur Präzisierung des Untersuchungsgegenstandes den Begriff der Videoüberwachung näher zu bestimmen.

Als definitorische Hilfestellung kommt § 6b Abs. 1 BDSG in Betracht, wonach Videoüberwachung als die Beobachtung öffentlich zugänglicher Räume mit optisch-elektronischen Einrichtungen bezeichnet wird. Aus der Systematik des § 6b BDSG wird deutlich, dass die Beobachtung mit optisch-elektronischen Einrichtungen gemäß § 6b Abs. 1 BDSG die Speicherung von Bildmaterial nicht umfasst.[17] Dies ergibt sich aus der Verarbeitungs- und Nutzungsregelung in Absatz 3. Denn gemäß § 3 Abs. 4 BDSG umfasst das Verarbeiten u.a. auch das Speichern von Daten. Würden sich die Begriffe der Beobachtung und der Videoüberwachung in § 6b Abs. 1 BDSG auch auf das Speichern von Bildmaterial beziehen, wäre § 6b Abs. 3 Satz 1 BDSG, jedenfalls soweit er sich auf das Speichern bezieht, überflüssig. Die gegenteilige Annahme kann auch nicht damit begründet werden, dass die Verarbeitungs- und Nutzungsregelung in Absatz 3 Bezug auf die *„nach Absatz 1 erhobenen Daten"* nimmt,[18] da der Begriff des Verarbeitens auch das Spei-

---

[16] Art. 3 Abs. 2 der Richtlinie; zum Anwendungsbereich der Richtlinie siehe noch unten 2. Teil 1. Kapitel:III (S. 178).

[17] Im Ergebnis wie hier wohl auch *Wohlfarth*, RDV 2000, 101/106, wenngleich er annimmt, der Anwendungsbereich des § 6b Abs. 1 BDSG sei nur auf das Sichtbarmachen einer Situation ohne Aufzeichnung und Personenbeziehbarkeit beschränkt.

[18] Anders aber *Gola/Schomerus*, § 6b Rdn. 10; auch in Erwägung gezogen von *Wohlfarth*, RDV 2000, 101/106.

chern umfasst. Damit regelt § 6b Abs. 3 BDSG nicht nur Maßnahmen, die sich an die Speicherung anschließen, sondern auch den Vorgang der Speicherung selbst. Der Begriff der Videoüberwachung in § 6b Abs. 1 BDSG bezieht sich also lediglich auf die Beobachtung, ohne dass es zu einer Speicherung von Bildmaterial kommt.

Bisweilen wird der Begriff der Videoüberwachung auch in einigen Landesgesetzen verwendet. In § 31 Abs. 3 Satz 1 Brandenburgisches PolG zum Beispiel bezeichnet der in Parenthese angeführte Begriff der Videoüberwachung die Befugnis zur offenen Beobachtung bestimmter Örtlichkeiten mittels Bildübertragung sowie deren tatbestandliche Voraussetzungen. Aus der Systematik der Befugnisnorm ergibt sich, dass die Speicherung von Bildmaterial nicht vom Begriff der Videoüberwachung umfasst ist. Die Speicherung wird erst in § 31 Abs. 3 Satz 2 Brandenburgisches PolG gesondert geregelt.[19]

Art. 10 Absätze 1 und 2 des französischen Gesetzes n° 95-73 vom 21. Januar 1995 kann entnommen werden, dass unter Videoüberwachung sowohl die Aufzeichnung als auch die bloße Beobachtung ohne Speicherung zu verstehen ist. Nach Art. 10 Abs. 2 Satz 1 des vorgenannten Gesetzes sind die Übertragung und die Aufzeichnung von im öffentlichen Raum aufgenommenen Bildern durch die Videoüberwachung unter bestimmten Voraussetzungen zulässig.[20] Der Gesetzgeber wusste also zwischen der bloßen Bildübertragung ohne Speicherung und derjenigen, bei der es zu einer Speicherung von Bildern kommt, zu unterscheiden, wobei sich der Begriff der *vidéosurveillance* auf beide Maßnahmen gleichermaßen bezieht. Diese Annahme wird gestützt durch die Nummer 2 der Verwaltungsvorschrift vom 22. Oktober 1996 betreffend die Anwendung des Gesetzes vom 21. Januar 1995, wonach dieses sowohl auf Videoüberwachungssysteme mit bloßer Bildübertragungsmöglichkeit als auch solche mit Bildübertragung und Aufzeichnung Anwendung findet.

In der deutschen Literatur wird der Begriff der Videoüberwachung nicht einheitlich definiert. *Saeltzer*[21] versteht ihn als das automatisierte Aufnehmen, Übermitteln, Speichern, Verändern oder Nutzen von Bildsignalen[22] oder von Bild- und Tonsignalen.[23] *König*[24] definiert die Videoüberwachung als Beobachtung von Raum durch technische Hilfsmittel der Bildübertragung und Bildaufzeichnung. *Höfling*[25] will Videoüberwachung verstanden

---

[19] Dort bezeichnet als „Bildaufzeichnungen".

[20] Art. 10 Abs. 2 Satz 1 des Gesetzes vom 21. Januar 1995 lautet: « *La transmission et l'enregistrement d'images prises sur la voie publique, par le moyen de la vidéosurveillance, (...).* »

[21] DuD 2000, 194; ähnlich auch *Büllesfeld*, S. 18.

[22] Von ihm bezeichnet als Videoüberwachung im engeren Sinne.

[23] Von ihm bezeichnet als Audio-Video-Technik = Videoüberwachung im weiteren Sinne.

[24] S. 15.

[25] In *Möller/v. Zezschwitz*, S. 31.

wissen als Oberbegriff für die bloße Übertragung nach dem Kamera-Monitor-Prinzip,[26] die Überblicksaufnahme sowie die Aufzeichnung und andere Verarbeitungen. Nach *Schmitt Glaeser*[27] handelt es sich bei der Videoüberwachung um die umfassende audiovisuelle Beobachtung öffentlicher Räume durch Videokameras, wobei sich aus dem weiteren Zusammenhang ergibt, dass die „Beobachtung" auch die Aufzeichnung einschließt.[28] Auf den Umstand unterschiedlicher Bedeutungen, die mit dem Begriff der Videoüberwachung in Literatur und Rechtsprechung verbunden werden, wird in einem Beitrag in der Deutschen Richterzeitung hingewiesen.[29]

In der französischen Literatur, die sich mit der Überwachung durch Kameras intensiv erst nach Erlass des Gesetzes vom 21. Januar 1995 befasst hat, wird unter *vidéosurveillance* entsprechend dem Anwendungsbereich des Art. 10 Abs. 2 des Gesetzes von 1995 sowohl die bloße Übertragung von Bildern an einen zentralen Überwachungsposten als auch deren Speicherung verstanden.[30] Im Übrigen erfolgt eine Differenzierung zwischen den verschiedenen möglichen Ausprägungen der Videoüberwachung nicht.

Für die hier vorliegende Arbeit wird mit „Videoüberwachung" zum einen die Beobachtung sowohl in Form von Übersichts- als auch von Großbildaufnahmen bezeichnet, ohne dass es zu einer Speicherung von Bildmaterial kommt.[31] Dabei lässt die Übersichtsaufnahme, die nur einen Gesamtüberblick des entsprechenden Filmausschnitts verschaffen soll, im Gegensatz zur Großbildaufnahme eine direkte Identifizierung einzelner Personen nicht zu.[32] Zum anderen bezeichnet „Videoüberwachung" in der vorliegenden Arbeit auch die Aufzeichnung, also die Speicherung von Bildern,[33] sowohl in Form von Über-

---

[26] Zur Beschreibung dieses Prinzips siehe VG *Halle*, Beschl. v. 17.1.2000 – 3 B 121/99 HAL, LKV 2000, 164.

[27] BayVBl 2002, 584/585.

[28] Bisweilen herrscht in der Abhandlung von *Schmitt Glaeser* allerdings eine gewisse Konfusion. Zum Teil wird der Begriff der Videoüberwachung im allgemeinen Sinn verwendet und schließt die reine Beobachtung sowie die Aufzeichnung ein (bspw. S. 585: Durch die Entwicklung u.a. der Datenspeicherung wird eine umfassende audiovisuelle Beobachtung öffentlicher Räume – sog. Videoüberwachung – ermöglicht.). Teilweise wird zwischen Videoüberwachung als dem reinen Beobachten ohne Aufzeichnung und der Videoaufzeichnung differenziert (bspw. S. 588: Videoüberwachung und Videoaufzeichnung bilden nicht automatisch eine Einheit.).

[29] *N.N.*, DRiZ 2001, 85: Der Begriff „Videoüberwachung" werde in der öffentlichen Diskussion nicht einheitlich, sondern mit verschiedenen Inhalten gebraucht. Zum einen werde darunter die Beobachtung, zum anderen aber auch das Aufzeichnen von Lebensvorgängen sowie ggf. die Verwertung des dabei gewonnenen Materials verstanden. Ferner könne Videobeobachtung auch die Möglichkeit der Individualisierung der beobachteten Personen und die Abgleichung des Bildmaterials mit anderen, bereits vorhandenen Dateien beinhalten.

[30] Siehe bspw. *Graboy-Grobesco*, Les Petites Affiches v. 18.12.1998, S. 9 f.; *de Lajartre*, La Semaine Juridique (JCP) 1996, n° 3955, S. 317 f.; *Oberdorff*, Les Cahiers de la sécurité intérieure 1995, n° 21, S. 114/117.

[31] Künftig auch als „Videobeobachtung" bezeichnet.

[32] *Robrecht*, NJ 2000, 348; der zeitliche Aspekt, auf den *Büllesfeld* (S. 19 – „Langzeitaufnahmen") u.a. abstellt, ist allerdings nicht von Bedeutung.

[33] *Robrecht*, NJ 2000, 348.

sichts- als auch von Großbildaufnahmen.[34] Im Rahmen dieser Abhandlung sollen solche Maßnahmen nicht vom Begriff der Videoüberwachung umfasst sein, die sich an die Videobeobachtung oder die Videoaufzeichnung anschließen, wie zum Beispiel die Bearbeitung des Bildmaterials,[35] die Übermittlung von Bildmaterial an eine andere als die speichernde Stelle oder etwa der Abgleich von Bildmaterial mit bestehenden Datenbanken. Außer Betracht gelassen werden sollen schließlich auch Tonaufnahmen. Selbst wenn *Geiger*[36] insoweit beizupflichten ist, als Videotechnik durch die Kombination von Bild und Wort ein umfassenderes Abbild menschlicher Persönlichkeit ermöglicht, kann sein Erstaunen ob der Beschränkung auf Videoüberwachung ohne Tonaufnahmen jedoch nicht geteilt werden. Denn die Überwachung durch Kameras erfolgt in der Regel ohne Tonübertragung beziehungsweise Tonspeicherung.[37] Eine praktische Relevanz von Tonaufnahmen ist im Rahmen präventiver Kriminalitätsbekämpfung nicht gegeben, so dass diesem Umstand auch im Hinblick auf die rechtliche Untersuchung Rechnung zu tragen ist.[38]

III. Gegenwärtige und künftige Bedeutung der Videoüberwachung in Deutschland und in Frankreich

Der Einsatz von Videoüberwachungstechnik hat sowohl in Deutschland als auch in Frankreich in qualitativer und quantitativer Hinsicht eine besondere Bedeutung erlangt. Die Einsatzmöglichkeiten sind vielfältig. So werden in Deutschland und in Frankreich beispielsweise Tankstellen, Tiefgaragen, Kreditinstitute, Kinos, Einkaufszentren, öffentliche und private Verkehrsmittel, Krankenhäuser, Arbeitnehmer an ihrem Arbeitsplatz, sportliche Großveranstaltungen, öffentliche Straßen und Plätze, Friedhöfe, Hoteleingangshallen, Parkplätze, Freizeiteinrichtungen sowie öffentliche Gartenanlagen und Parks einer optischen Überwachung unterzogen.[39] Für Deutschland werden Kamerazahlen genannt, die zwischen 100.000 und 400.000 schwanken, wobei jedenfalls von einer stetigen

---

[34] Im Folgenden auch als „Videoaufzeichnung" bezeichnet.
[35] Zum Beispiel durch Vergrößerung, Vervielfältigung usw.
[36] S. 170.
[37] *Weichert*, Detektiv-Kurier 2001, Heft 4, S. 9/10 .
[38] So auch *Büllesfeld*, S. 6, Fußn. 10, sowie S. 18, Fußn. 77.
[39] Beispiele genannt bei *Waechter*, NdsVBl 2001, 77; *König*, S. 47 f.; *Kaufmann*, Städte- und Gemeinderat 2000 (8), 13; Berliner Beauftragter für den Datenschutz, Bericht 1996, RDV 1997, 187; *Georgel*, Les libertés de communication, S. 1, 4, 47, 60; *Ocqueteau*, Les Cahiers de la sécurité intérieure 2001, n° 43, S. 101/105; CNIL, délibération vom 10.11.1992, in CNIL, Les libertés et l'informatique, vingt délibérations commentées, S. 97 f.; *Forest*, D.E.S.S., S. 2; *Heilmann/Vitalis*, Le Courrier du CNRS 1996, n° 86, S. 47; *Graboy-Grobesco*, Les Petites Affiches v. 18.12.1998, S. 9; *de Lajartre*, La Semaine Juridique (JCP) 1996, n° 3955, S. 317; *Lorant*, Droit de l'informatique et des télécoms 1995 (4), S. 9/10; *Masson*, Rapport n° 564 an den Sénat, S. 44; *Velasco*, S. 62/63; *Barthélemy*, Le Monde v. 22.8.2001, S. 15; *Besset/Kremer*, Le Monde v. 15.5.1999, S. 10; *Spitz*, Le Monde v. 4.3.1993, S. 2; *Vitalis*, Le Monde diplomatique, März 1998, S. 26.

Zunahme auszugehen ist.[40] Für Frankreich wird die Zahl auf über 1.000.000 beziffert, Tendenz stark steigend.[41]

Die Videoüberwachung von öffentlichen Straßen und Plätzen ist in Deutschland keine Neuheit. Schon 1958 wurden in München stationäre Kameras an über 17 Verkehrsschwerpunkten eingesetzt, deren Bilder an eine Verkehrszentrale übertragen wurden.[42] 1959 wurden in Hannover zur Überwachung des Straßenverkehrs im Rahmen von Großveranstaltungen Videokameras eingesetzt.[43] 1964 wurde die Münchener Polizei mit mobilen Fernsehaufnahmewagen ausgestattet, die Lücken der stationären Videoüberwachung des Straßenverkehrs ausfüllen sollten.[44] Ab 1976 kamen in Hannover 25 stationäre, ferngesteuerte und schwenkbare Kameras mit Zoomfunktion zum Dauereinsatz.[45] Im Zuge der „Aktion Paddy" installierte das Bundeskriminalamt mit Unterstützung des Bundesnachrichtendienstes und des Bundesamtes für Verfassungsschutz 1981 zur Absicherung vor RAF-Terroranschlägen in einem Umkreis von 30 Kilometern des NATO-Hauptquartiers in Heidelberg 13 versteckte Hochleistungskameras im öffentlichen Raum.[46] Anfang 1996 war die Stadt Leipzig im Zentrum des Medieninteresses, nachdem die Polizeidirektion Leipzig ein Pilotprojekt zur Videoüberwachung von Kriminalitätsschwerpunkten gegen Kfz-Aufbrüche, Taschendiebstähle und Drogenhandel begonnen hatte.[47] Dres-

---

[40] Die vorsichtigste Schätzung findet sich bei *Schiek*, Forum Recht 2001, 80, wonach 100.000 Kameras von privater, kommunaler oder polizeilicher Seite in Deutschland ihren Dienst tun. *Hefendehl* schätzte in seinem Beitrag StV 2000, 270 in Fußn. 3 die Anzahl der in Deutschland eingesetzten Kameras auf 200.000, wobei jede Woche 500 hinzukämen. *Schneider/Daub* gingen in ihrem Beitrag aus dem Jahr 2000 (Die Polizei 2000, 322/326 in Fußn. 1) von bundesweit ca. 400.000 Videokameras aus, die überwiegend von privaten und öffentlichen Unternehmen und Einrichtungen eingesetzt werden. *Schnorr* (ZRP 2001, 291/292) schätzt die Anzahl der Überwachungskameras ca. ein Jahr später ebenfalls auf 400.000.
Zum Vergleich: Nach *Nürnberger* (Die Polizei 2000, 230 Fußn. 1 unter Verweis auf ein schriftliches Referat von *vom Kolken* v. 1.9.1999, Abschnitt I Seite 1, Botschaft London) sind in Großbritannien mehr als 1.000.000 Videokameras im Einsatz, wobei nach *Kaufmann* (Städte- und Gemeinderat 2000 (8), 13) allein in London 200.000 Kameras an die Monitore angeschlossen sind; nach *Heilmann/Mornet*, Les Cahiers de la sécurité intérieure 2001, n° 46, S. 197 verfügt England über die höchste Anzahl an Überwachungskameras in ganz Europa. The Guardian schätzte die Anzahl der in England installierten Kameras 2001 auf über 2.5 Millionen, siehe bei *Barthélémy*, Le Monde v. 22.8.2001, S. 15; zur Videoüberwachung in Großbritannien sowie den U.S.A. siehe im Übrigen *Büllesfeld*, S. 35 f., sowie *Gras*, NKP 2001, 12 f.
[41] Die Zahl von 1.000.000 wird schon 1996 von *Georgel*, Les libertés de communication, S. 60, genannt; *Ocqueteau*, Les Cahiers de la sécurité intérieure 2001, n° 43, S. 101/104, beziffert sie 2001 ebenfalls auf 1.000.000. Es ist mit *Velasco* (S. 64) davon auszugehen, dass die Zahl der Videoüberwachungskameras stark steigt, so dass die Zahl von 1.000.000 mittlerweile als sehr vorsichtige Schätzung angesehen werden kann.
[42] Siehe hierzu *Weichert*, Bürgerrechte & Polizei 1998, 12, sowie *Geiger*, S. 59.
[43] Hierzu *Weichert*, Bürgerrechte & Polizei 1998, 12.
[44] Siehe hierzu *Weichert*, Bürgerrechte & Polizei 1998, 13; *Geiger*, S. 59.
[45] *Weichert*, Bürgerrechte & Polizei 1998, 13.
[46] *Weichert*, Bürgerrechte & Polizei 1998, 13; *Geiger*, S. 68.
[47] *Weichert*, Bürgerrechte & Polizei 1998, 14; zum Projekt in Leipzig siehe auch *Büllesfeld*, S. 46 f.

den,[48] Halle,[49] Regensburg,[50] Mannheim,[51] Bielefeld[52] und andere Städte folgten dem
Leipziger Beispiel, so dass inzwischen in vielen deutschen Städten und Gemeinden Videotechnik zum Einsatz kommt.

In Frankreich wurden Videoüberwachungskameras zunächst vornehmlich im privaten
Bereich, etwa in Banken, eingesetzt.[53] Aber auch im öffentlichen Bereich kamen seit den
siebziger Jahren zunehmend Videoüberwachungssysteme zum Einsatz. Die Installation
der Systeme erfolgte zunächst zur Verkehrsüberwachung in großen Städten wie Paris und
Lille.[54] In großem Ausmaß hat sich in den achtziger Jahren die Gemeinde Hyères mit Videoüberwachungskameras ausgerüstet; die Gemeindepolizei wurde mit der Durchführung
der Videoüberwachung beauftragt.[55] In Avignon entschied sich der Gemeinderat mit Beschluss vom 12.12.1988 für die Installation von 98 Videoüberwachungskameras samt Ü-
berwachungszentrale.[56] Der Beschluss wurde jedoch vom Tribunal administratif *Marseille*[57]
mit der Begründung aufgehoben, dass die flächendeckende Installation und die dauerhafte
Videoüberwachung einen schwerwiegenden Eingriff in die Grundrechte bedeuten, insbesondere in das Recht auf Privatleben und das Recht am eigenen Bild, und dass ein solcher
Eingriff weder durch Strafverfolgungsmaßnahmen, noch mit dem Aufrechterhalten der
öffentlichen Ordnung, vereinzelt festgestellten Verstößen gegen die Straßenverkehrsordnung oder mit gegenüber Personen beziehungsweise Sachen verübten Rechtsverstößen zu
rechtfertigen wäre.[58] Kurze Zeit später beantragte der Bürgermeister von Avignon bei der
Commission Nationale de l'informatique et des libertés (CNIL) die Genehmigung zur Installation
eines Sicherheitssystems im öffentlichen Raum von Avignon. Das Sicherheitssystem sollte
die Durchführung der Videoüberwachung in Form der digitalen Videobeobachtung umfassen. Die Besonderheit bestand darin, dass das System nur durch Knopfdruck der – in
der Regel – betroffenen Person in Gang gesetzt wurde, so dass es sich letztlich um eine
fakultative Videoüberwachung handelte. Die CNIL gab dem Antrag mit Beschluss vom
12.2.1991 statt.[59] Ebenso positiv wurde der Antrag der Gemeinde Levallois-Perret am
17.12.1991 von der CNIL beschieden, der die Installation von zunächst 31 Videokameras

---

[48] Hierzu *Reuband*, NKP 2001, 5/6; *Schneider/Daub*, Die Polizei 2000, 322/323.
[49] *Schneider/Daub*, Die Polizei 2000, 322/323; *Reuband*, NKP 2001, 5/6.
[50] *Schneider/Daub*, Die Polizei 2000, 322/323; *Greiner*, Die Polizei 2000, 120 f., *Reuband*, NKP
     2001, 5/6; *N.N.*, Die Polizei 2001, 191.
[51] *Reuband*, NKP 2001, 5/6.
[52] *Reuband*, NKP 2001, 5/6.
[53] *Forest*, D.E.S.S., S. 2, sowie *Velasco*, S. 56; siehe auch *Smolar*, Le Monde v. 18.12.2002.
[54] *De Lajartre*, La Semaine Juridique (JCP) 1996, n° 3955, S. 317/319.
[55] Siehe hierzu sowie zur Reaktion der CNIL *Georgel*, Les libertés de communication, S. 47/48.
[56] CNIL, Les libertés et l'informatique, vingt délibérations commentées, S. 100 f.
[57] Entspricht etwa dem deutschen Verwaltungsgericht.
[58] 5ᵉ chambre, Entsch. v. 21.6.1990, in Sachen BRUNE c/ Commune d'Avignon – nicht veröf-
     fentlicht; zur Entscheidung siehe *Pellet*, Revue administrative 1995, 142/148 (Teil 1).
[59] CNIL, délibération n° 91-013 vom 12.2.1991, 12ᵉ rapport d'activité 1991, S. 182/183.

in der Gemeinde für eine Probephase von sechs Monaten zum Gegenstand hatte.[60] Seit den neunziger Jahren ist die Videoüberwachung in zahlreichen Städten Frankreichs wie beispielsweise Lyon,[61] Marseille,[62] Toulon, Straßburg,[63] Mülhausen[64] und Montpellier ein fester Bestandteil öffentlicher und privater Sicherheitsmaßnahmen.[65]

Es ist abzusehen, dass sich die derzeitige Entwicklung im Hinblick auf den Einsatz von Videoüberwachungsanlagen sowohl im öffentlichen als auch im privaten Raum weiter fortsetzen wird. Hierzu trägt die Bevölkerung nicht unwesentlich selbst bei, da sie die Videoüberwachung überwiegend für eine sinnvolle Strategie hält, um die Kriminalität einzudämmen.[66] Diese Einschätzung wird durch Ereignisse wie die Terroranschläge vom 11. September 2001 noch verstärkt[67] und schließlich auch von Politik und Gesetzgeber als wirksame Maßnahme der Profilierung aufgegriffen.[68]

IV. Stand der Technik

Im Hinblick auf die mit der Videoüberwachung verbundenen Gefahren und Risiken,[69] aber auch die gegenwärtige und künftige Bedeutung der Videoüberwachung[70] kommt den technischen Möglichkeiten ein wesentliches Gewicht zu.[71]

Der Fortschritt in der Videoüberwachungstechnik wird öfters mit der kurzen und zutreffenden Feststellung beschrieben, dass die Überwachungsgeräte immer besser, kleiner und billiger werden.[72] Die Überwachungskameras können je nach Bedarf mit elektronischen

---

[60] CNIL, délibération n° 91-127 vom 17.12.1991, 12e rapport d'activité 1991, S. 184 f.; da sich die Installation der Kameras verzögerte, wurde ein neuer Antrag an die CNIL gestellt, der die Installation von nunmehr insgesamt 96 Videokameras zum Gegenstand hatte. Die CNIL betrachtete sich im konkreten Fall allerdings nicht für entscheidungsbefugt, siehe délibération n° 93-001 vom 12.1.1993, 14e rapport d'activité 1993, S. 67 f.

[61] Siehe hierzu *Landrin*, Le Monde v. 17.5.2000, S. 14.

[62] Zur kürzlich erst beschlossenen Installation von Videoüberwachungseinrichtungen im Quartier von Noailles (Marseille) siehe *Samson*, Le Monde v. 18.12.2002.

[63] Hierzu *Breton/Gwiazdzinski*, Le Monde v. 28.1.2000, S. 16.

[64] Hierzu *Barth*, Le Monde v. 4.1.2002, S. 6.

[65] *Forest*, D.E.S.S., S. 3.

[66] Siehe hierzu die vergleichende Städteuntersuchung von *Reuband*, NKP 2001, 5 f.

[67] Siehe hierzu *Barthélémy*, Le Monde v. 22.12.2001, S. 24; Lufthansa plant als Reaktion auf die Terroranschläge vom 11. September 2001, bald auch Flugzeuge mit Videokameras auszurüsten, hierzu Frankfurter Allgemeine Zeitung v. 14.6.2002, S. 9 (Politik); der Einsatz von Videoüberwachungskameras wurde sogar schon im privatrechtlichen Bereich von einem Berliner Kulturkaufhaus mit dem Schutz vor terroristischen Angriffen begründet, siehe hierzu *Reimer*, DuD 2003, 59.

[68] *Darras/Deharbe* in C.U.R.A.P.P., La Gouvernabilité, S. 77/88.

[69] Hierzu noch unten 1. Kapitel:II.3.b)bb)ddd)γ) (S.74).

[70] Hierzu schon oben III (S. 6).

[71] Zu den technischen Voraussetzungen siehe auch die umfassende Darstellung von *Büllesfeld*, S. 5 f.

[72] Siehe bspw. *König*, S. 19; *Forest*, D.E.S.S., S. 3; *Garcia*, Le Monde v. 6.8.1998, S. 6.

Schwenk- und Neigeköpfen,[73] digital oder analog,[74] mit stark variierender Auflösung beziehungsweise Zoom[75] erworben werden. Infrarot- und Wärmebildkameras machen eine Überwachung auch bei ungünstigen Licht- und Witterungsverhältnissen möglich.[76] Die stetige Verkleinerung der Videokameras ermöglichte die Entwicklung der sog. Domkamera.[77] Hierbei handelt es sich in der Regel um ein lampenähnliches Glaskuppelchen in der Form einer halben Kugel, die mit der geraden Fläche an die Decke montiert wird und deren Oberfläche von außen undurchsichtig ist. Eine im Innern der Halbkugel befindliche Kamera kann bis nahezu 360 Grad in jede beliebige Richtung geschwenkt werden. Aufgrund der undurchsichtigen Oberfläche kann nicht ohne weiteres festgestellt werden, in welche Richtung die Kamera gerade geneigt ist.[78]

Weit fortgeschritten ist inzwischen auch die Entwicklung biometrischer Verfahren zur Gesichtserkennung.[79] Hierbei werden die Gesichter aufgenommener Personen anhand physiognomischer Merkmale ständig und in Sekundenschnelle mit einer Datenbank abgeglichen.[80] Derzeit ist dieses Verfahren bei großen Menschenmengen technisch zwar noch nicht mit hoher Zuverlässigkeit durchführbar,[81] aber es ist wohl nur eine Frage der Zeit, bis ein System den Abgleich mit einer Datenbank auch für große Menschenmengen einwandfrei zu bewerkstelligen vermag.[82] Im Bereich der Straßenverkehrsüberwachung ist der Kfz-Kennzeichenabgleich bereits Realität.[83]

---

[73] *Schneider/Daub*, Die Polizei 2000, 322/323; *König*, S. 22; *Georgel*, Les libertés de communication, S. 47.

[74] *Schneider/Daub*, Die Polizei 2000, 322/323; *Forest*, D.E.S.S., S. 3; zur Beschreibung der analogen und digitalen Überwachungstechnik siehe *Büllesfeld*, S. 8/9.

[75] *Schnorr*, ZRP 2001, 291/292.

[76] *Schneider/Daub*, Die Polizei 2000, 322/323; *König*, S. 20; eine nähere Beschreibung dieser Technik findet sich bei *Büllesfeld*, S. 12/13; zum Einsatz von Infrarottechnik in der kleinen französischen Gemeinde *Conségudes* (59 Einwohner, in den Alpes-Maritimes gelegen) siehe *Smolar*, Le Monde v. 18.12.2002.

[77] Hierzu *Borchers*, DuD 2000, 751, sowie *König*, S. 22 in Fußn. 24; siehe auch *Velasco*, S. 60, sowie *Vitalis*, Le Monde diplomatique, März 1998, S. 26.

[78] *König*, S. 22 in Fußn. 24; *Velasco*, S. 60.

[79] Zum Ganzen *König*, S. 28 und 35 f., sowie *Büllesfeld*, S. 14 f.; siehe auch *Müller*, MschrKrim 2002, 33/34, sowie *v. Lucius*, Frankfurter Allgemeine Zeitung v. 1.8.2002, S. 7 (Politik).

[80] Näheres zum Verfahren siehe *Feth*, Frankfurter Allgemeine Zeitung v. 16.10.2001, S. T1 (Technik und Motor), sowie zum Einsatz durch die Bayerische Polizei *Reimer*, DuD 2003, 55.

[81] *Waechter*, NdsVBl 2001, 77/85; *Möller/v. Zezschwitz (Brückner)*, S. 28; siehe auch *v. Lucius*, Frankfurter Allgemeine Zeitung v. 1.8.2002, S. 7 (Politik).

[82] *Weichert*, Bürgerrechte & Polizei 1998, 12/18; *Borchers*, DuD 2000, 751 zitiert *Wendt* von der Bochumer Firma ZN Vision Technologies AG mit dem Hinweis, dass die automatische Gesichtsabgleichung für Rolltreppenfahrten an Flughäfen bereits erfolgreich praktiziert werde.

[83] Hierzu *König*, S. 32; zum Kennzeichenabgleich durch die Bayerische Polizei siehe *Reimer*, DuD 2003, 55; zum Kfz-Schilderabgleich in England im Rahmen der nunmehr erhobenen Gebühr für Einfahrten in die Londoner Innenstadt siehe *Heimrich*, Frankfurter Allgemeine Zeitung v. 17.2.2003, S. 9 (Politik).

Bedeutende Einsatzmöglichkeiten bieten sich auch für Videoüberwachungssysteme mit sog. intelligenten Verfahren.[84] Diese ermöglichen das Erkennen bestimmter Handlungstypen und -muster wie zum Beispiel Schlag- oder Stichbewegungen oder etwa besonders nervös erscheinende Verhaltensweisen und alarmieren möglicherweise einen menschlichen Operator oder beginnen selbstständig mit der Aufzeichnung.

Selbst wenn nicht alle zuvor genannten Systeme derzeit schon im Einsatz sind und eine breite Anwendung wegen technischer Unreife oder sehr hoher Kosten zum Teil noch nicht möglich ist, lässt die rasante technische Entwicklung eine Überwindung dieser Hürden schon in Kürze vermuten.

---

[84] Hierzu *Borchers*, DuD 2000, 751, sowie *Bäumler*, RDV 2001, 67/69; siehe auch *Velasco*, S. 66; *Barthélémy*, Le Monde v. 22.8.2001, S. 15, sowie *Garcia*, Le Monde v. 6.8.1998, S. 6.

1. Teil: Rechtliche Behandlung der Videoüberwachung in Deutschland

Im nun folgenden ersten Teil wird die Frage der rechtlichen Zulässigkeit von Videoüberwachungsmaßnahmen in Deutschland im Rahmen des zuvor erläuterten Untersuchungsgegenstandes[1] behandelt werden. Die uneinheitliche inhaltliche Bestimmung des Begriffs der Videoüberwachung und die aufgrund dieses Umstandes dieser Abhandlung zugrunde liegende Begriffsbestimmung zeigen bereits, dass die Frage der Zulässigkeit von Videoüberwachung nach deutschem Recht nur differenziert behandelt werden kann.[2] Eine pauschale und undifferenzierte rechtliche Behandlung von „Videoüberwachung" würde dem Umstand nicht Rechnung tragen, dass sich hinter der Bezeichnung „Videoüberwachung" sehr unterschiedliche Einzelmaßnahmen verbergen.[3]

Hieraus folgt zunächst die Unterteilung der Videoüberwachung in Maßnahmen der Videobeobachtung, bei der eine Speicherung von Bildmaterial nicht erfolgt, sowie der Videoaufzeichnung, die eine Speicherung von Bildern zum Gegenstand hat. Für beide Maßnahmenbereiche gilt es zunächst, anhand der Artikel 70 f. GG die Frage der Gesetzgebungszuständigkeit für Befugnisnormen zu klären, welche die vorgenannten Maßnahmen der Videoüberwachung zum Regelungsgegenstand haben.[4] Im Anschluss daran und als Schwerpunkt dieses ersten Teils werden Rechtsfragen zur materiellen Rechtmäßigkeit der jeweiligen Maßnahmen beziehungsweise der zu ihnen ermächtigenden Befugnisnormen behandelt. Im Kern geht es bei der materiellen Rechtmäßigkeit um die Frage, ob und unter welchen Voraussetzungen die jeweiligen Maßnahmen der Videoüberwachung beziehungsweise die zugrunde liegenden Befugnisnormen mit dem Recht auf informationelle Selbstbestimmung vereinbar sind.

Innerhalb der Maßnahmenbereiche Videobeobachtung und Videoaufzeichnung ist im Hinblick auf die Frage grundrechtlicher Vereinbarkeit weiter zu differenzieren zwischen Übersichts- und Großbildaufnahmen einerseits sowie zwischen offener und verdeckter Überwachung andererseits. Bei der offenen Videoüberwachung wird die Tatsache der Überwachung gegenüber den zu Überwachenden nicht geheimgehalten, sondern durch offensichtliche Platzierung der Videokameras oder durch Hinweistafeln kenntlich gemacht.[5] An einer offensichtlichen Installation oder an Hinweistafeln fehlt es im Falle der

---

[1] Siehe oben I (S. 1).
[2] Zum Begriff der Videoüberwachung siehe oben II (S. 3).
[3] Siehe hierzu oben II (S. 3).
[4] Hierzu noch unten 1. Kapitel:I (S. 15) sowie 2. Kapitel:I (S. 84).
[5] *König*, S. 21.

verdeckten Überwachung, so dass der Betroffene keine Kenntnis von der Überwachung hat.[6]

Entgegen *König*[7] ist auch dann von verdeckter Überwachung auszugehen, wenn potentiell Betroffene durch Hinweisschilder auf die Möglichkeit *verdeckter* Überwachung hingewiesen werden. Dies gilt jedenfalls dann, wenn das für die Überwachung in Frage kommende Gebiet nicht klar und überschaubar abgesteckt ist, so dass letztlich völlig ungewiss ist, ob, wann und wo eine Überwachung erfolgen kann. Beispielhaft sei der am Ortseingang einer Gemeinde aufgestellte Hinweis genannt, wonach in der Gemeinde jederzeit mit Videoüberwachungsmaßnahmen gerechnet werden muss, wobei den Betroffenen die konkret überwachten Örtlichkeiten nicht ohne weiteres ersichtlich sind. Dieser Fall ist trotz des Hinweises auf (verdeckte) Videoüberwachung aufgrund fehlender Präzisierung des Überwachungsgebietes und der hierdurch bedingten Unsicherheit letztlich der Fallgestaltung näher, bei der die Betroffenen mangels irgendeines Hinweises überhaupt keine Kenntnis von der Überwachungsmaßnahme haben. Denn in beiden Fällen werden die Betroffenen wissen, dass verdeckte Überwachungsmaßnahmen generell möglich sind. Die konkreten Einsatzorte sowie -zeitpunkte entziehen sich hingegen ihrer Kenntnis. An dieser Sachlage ändert sich nichts, wenn auf – nicht ohne weiteres sichtbare – Videoüberwachungsmaßnahmen in einem größeren Gebiet durch Schilder o.ä. hingewiesen wird. Ein solcher Hinweis versetzt die Betroffenen regelmäßig nicht in die Lage, sich – in welcher Weise auch immer – auf die angekündigte Überwachungssituation einzustellen. Gerade aber die Möglichkeit, sein Verhalten nach eigener Wahl entsprechend der konkreten Überwachungssituation auszurichten, soll die Folge der Offenheit von Videoüberwachungsmaßnahmen sein.[8] Hinweise auf verdeckte Videoüberwachung in einem räumlich weit ausgedehnten Bereich vermögen nicht, dieses Ziel zu erreichen, so dass ihnen im Hinblick auf die Qualifikation von Videoüberwachungsmaßnahmen als offen folglich auch keine Bedeutung zukommen kann. Demgegenüber sind Videoüberwachungsmaßnahmen in räumlich eng abgrenzbaren Gebieten und Einrichtungen, etwa Bahnhöfen, in denen im Zutrittsbereich auf die Durchführung von Videoüberwachungsmaßnahmen deutlich hingewiesen wird, als offene Maßnahmen zu bewerten. Im Gegensatz zur vorangehenden Fallgruppe ist das geographische Ausmaß des Überwachungsgebietes im letztgenannten Fall für die Betroffenen erheblich leichter zu bestimmen, so dass eine faktische Möglichkeit verbleibt, sich auf die konkret angekündigte Überwachungssituation einzustellen. Wie allerdings zu bestimmen ist, in welchen Fällen Hinweise auf Videoüberwachungsmaßnahmen zur Qualifikation der Maßnahmen als offen oder als verdeckt führen, kann nur einzelfallbezogen anhand bestimmter Kriterien, wie insbesondere Größe und Überschaubar-

---

[6] *König*, S. 21.
[7] S. 21.
[8] Zum Erfordernis der Offenheit siehe noch unten 1. Kapitel:II.3.b)bb)ddd)δ)ββ) (S. 78).

keit des zu überwachenden Gebietes sowie Art und Deutlichkeit des Hinweises, entschieden werden.

Unter Berücksichtigung der vorgenannten Differenzierungen zwischen den verschiedenen Formen der Videoüberwachung befassen sich die ersten beiden Kapitel dieses ersten Teils mit der Videoüberwachung durch Polizei- und Ordnungsbehörden.[9] Der Prüfung rechtlicher Zulässigkeit und insbesondere also auch der Frage grundrechtlicher Vereinbarkeit von Maßnahmen der Videoüberwachung liegt keine konkrete Fallgestaltung zugrunde. Insofern scheint eine rechtliche Bewertung nur eingeschränkt möglich. Der Einsatz von Videoüberwachung durch Polizei- und Ordnungsbehörden erfolgt jedoch inzwischen aufgrund zahlreicher spezialgesetzlicher Befugnisnormen in den Polizei- und Sonderordnungsgesetzen der Länder, die der Auseinandersetzung mit grundrechtsrelevanten Fragen, insbesondere im Hinblick auf eine verfassungsrechtliche Rechtfertigung etwaiger Eingriffe, eine hinreichende Diskussionsgrundlage bieten. Der aktuellen Rechtslage in Bund und Ländern kommt für die Beurteilung rechtlicher Probleme im Zusammenhang mit der Videoüberwachung im Rahmen dieses ersten Teils folglich große Bedeutung zu.

In einem dritten Kapitel soll kurz auf die Rechtsgrundlagen für etwaige, sich an die Videoüberwachung anschließende Folgemaßnahmen eingegangen werden. Hier sind insbesondere die Bearbeitung, Verwendung, Übermittlung und der Abgleich des Bildmaterials von Bedeutung.

Die letzten beiden Kapitel sind der Behandlung besonderer Rechtsprobleme gewidmet, wie sie sich aus der Verwendung von Videotechnik zu Überwachungszwecken durch öffentliche Einrichtungen sowie durch private Unternehmen der Daseinsvorsorge ergeben.

---

[9] Zum Untersuchungsgegenstand siehe schon oben I (S. 1).

1. Kapitel: Verfassungsrechtliche Zulässigkeit von Videobeobachtungsmaßnahmen

Als Videobeobachtung wird im Folgenden die Videoüberwachung bezeichnet, bei der die Bildaufnahmen nicht gespeichert werden. Die Videobeobachtung kann sowohl in Form von Übersichts- als auch von Großbildaufnahmen erfolgen.[1] In der Regel erfolgt die Videobeobachtung nach dem sog. Kamera-Monitor-Prinzip:[2] Überwachungskameras sind mit einer Zentrale verbunden, an welche die Bildaufnahmen umgehend übermittelt werden. Eine oder mehrere Personen überwachen die Monitore in der Zentrale, um im Falle von Unregelmäßigkeiten eingreifen zu können.[3]

I. Gesetzgebungszuständigkeit

Die Frage der Gesetzgebungszuständigkeit nach den Artikel 70 f. GG wird, obwohl sie von wesentlicher Bedeutung für die Verfassungsmäßigkeit bereits erlassener Befugnisnormen für Maßnahmen der Videoüberwachung ist, in Literatur und Rechtsprechung allenfalls am Rande behandelt.[4] Bevor für die Befugnisnormen betreffend Videoüberwachung die Anforderungen an die materielle Verfassungsmäßigkeit, insbesondere im Hinblick auf die Vereinbarkeit mit dem Recht auf informationelle Selbstbestimmung untersucht werden, ist der Frage nachzugehen, in welchem Rahmen und für welche Zwecke Bund und Länder überhaupt befugt sind, gesetzliche Grundlagen für die Videoüberwachung zu schaffen. Die Frage der Gesetzgebungszuständigkeit ist gerade im Hinblick auf die rege Tätigkeit der Landesgesetzgeber relevant, die in den vergangenen Jahren vielfach neue Befugnisnormen für Maßnahmen der Videoüberwachung geschaffen haben,[5] wobei fraglich ist, ob ihnen hierfür auch eine Gesetzgebungskompetenz zur Seite stand. Zwar ist eine abschließende und erschöpfende Beurteilung der Gesetzgebungskompetenz im Rahmen der vorliegenden Untersuchung nicht möglich. Denn letztlich müsste jede einzelne Befugnisnorm einer gesonderten Prüfung unterzogen werden, was angesichts des im Vordergrund stehenden Vergleichs nationaler Rechtsordnungen nicht geleistet werden

---

[1] Siehe hierzu schon oben II (S. 3).

[2] Begriff verwendet von VG *Halle*, Beschl. v. 17.1.2000 – 3 B 121/99 HAL, LKV 2000, 164.

[3] *Wohlfarth*, RDV 2000, 101/102; *Tammen*, RDV 2000, 15/16.

[4] Siehe bspw. *Haurand*, Städte- und Gemeindetag 2000 (8), 6/7; *Röger/Stephan*, NWVBl 2001, 201/205.

[5] Befugnisnormen für Videoüberwachung in den <u>Polizeigesetzen</u> der Länder: siehe bspw. § 15a PolG Nordrhein-Westfalen, § 21 Brandenburgisches PolG, § 14 Hessisches SOG, § 27 Saarländisches PolG, § 21 PolG Baden-Württemberg, § 38 Sächsisches PolG, § 16 PolG Sachsen-Anhalt, § 32 PolG Mecklenburg-Vorpommern, § 33 Thüringer PAG, § 29 Bremisches PolG. Befugnisnormen in den <u>Datenschutzgesetzen</u> der Länder: siehe bspw. § 29b DSG Nordrhein-Westfalen, § 33c Brandenburgisches DSG, § 20 DSG Schleswig-Holstein, § 31b Berliner DSG, § 30 DSG Sachsen-Anhalt, sowie § 37 DSG Mecklenburg-Vorpommern; zum Anwendungsbereich des jeweiligen Datenschutzgesetzes siehe §§ 1 – 3 des jeweiligen Gesetzes.

kann. Da aber in der wissenschaftlichen Diskussion Fragen der Gesetzgebungszuständigkeit bislang fast vollständig ausgeklammert wurden und im Übrigen zwischen den verschiedenen Formen der Videoüberwachung nicht differenziert wurde,[6] soll dem Bereich der Gesetzgebungskompetenz in der vorliegenden Abhandlung besondere Beachtung geschenkt werden.[7]

Gemäß der in Artikel 30 und 70 Abs. 1 GG festgelegten Kompetenzverteilung haben die Länder das Recht der Gesetzgebung, soweit nicht das Grundgesetz dem Bund Gesetzgebungsbefugnisse verleiht. Ob dem Bund das Recht zur Gesetzgebung zusteht oder nicht, bestimmt sich grundsätzlich nach den Artikeln 71 bis 74 GG.

Eine ausschließliche Gesetzgebungszuständigkeit des Bundes gemäß Artikel 71 und 73 GG für Maßnahmen der Videobeobachtung ist nicht gegeben. Zwar sollen Videobeobachtungsmaßnahmen unter anderem der präventiven Bekämpfung von Straftaten dienen,[8] so dass insoweit Art. 73 Nr. 1 Alt. 2 GG in Betracht kommt, wonach gesetzliche Regelungen betreffend den Schutz der Zivilbevölkerung der Gesetzgebungskompetenz des Bundes unterliegen. Aus dem systematischen Zusammenhang ergibt sich aber, dass der Schutz der Zivilbevölkerung als Teil der Verteidigung nur den Schutz der Zivilbevölkerung gegenüber kriegsbedingten Gefahren umfasst.[9] Ebenso wenig lässt sich eine ausschließliche Gesetzgebungszuständigkeit des Bundes aus Art. 73 Nr. 3 Var. 1 GG herleiten. Unter „Freizügigkeit" wird überwiegend das Recht verstanden, unbehindert durch die deutsche Staatsgewalt an jedem Ort innerhalb der Bundesrepublik Aufenthalt und Wohnsitz zu nehmen.[10] Selbst wenn man entgegen der überwiegenden Ansicht auch die räumliche Fortbewegung innerhalb des eigenen Lebenskreises, zum Beispiel den Einkaufsbummel oder einen Parkspaziergang, von Art. 73 Nr. 3 Var. 1 GG umfasst wissen möchte,[11] dienen Maßnahmen der Videobeobachtung nicht dem Zweck, die Bürger von bestimmten Orten fernzuhalten und sie so in ihrer Fortbewegungsfreiheit einzuschränken.

---

[6] Für eine undifferenzierte Betrachtung siehe bspw. *Schneider/Daub*, Die Polizei 2000, 322/323, sowie *Roggan*, NVwZ 2001, 134/138 f., der sich zwar intensiv mit der Frage der Gesetzgebungszuständigkeit auseinandersetzt, seine These, durch repressive Maßnahmen solle eine präventive Wirkung entfaltet werden, aber leider nicht auf eine differenzierte Einzelbetrachtung von Videobeobachtung und Videoaufzeichnung stützt.

[7] Die Gesetzgebungszuständigkeit ist insbesondere für Regelungen betreffend Maßnahmen der Videoaufzeichnung von Bedeutung, siehe hierzu noch unten 2. Kapitel:I (S. 85).

[8] Zu den mit der Videobeobachtung verfolgten Zwecken siehe noch unten 1. Kapitel:II.3.b)bb)aaa) (S. 58).

[9] *Sachs/Degenhart*, Art. 73 Rdn. 7; *v. Mangoldt/Klein/Starck (Heintzen)*, Art. 73 Rdn. 19; *Jarass/Pieroth (Pieroth)*, Art. 73 Rdn. 4.

[10] BVerfG, Beschlüsse v. 6.6.1989 – 1 BvR 921/85, BVerfGE 80, 137/150, und v. 7.5.1953 – 1 BvL 104/52, BVerfGE 2, 266/273; *v. Mangoldt/Klein/Starck (Heintzen)*, Art. 73 Rdn. 28; *Sachs (Degenhart)*, Art. 73 Rdn. 14.

[11] *Dreier (Pernice)*, Art. 11 Rdn. 13/14 mit dem Hinweis auf Art. 2 Protokoll Nr. 4 EMRK („liberty of movement").

Gesetzliche Regelungen betreffend die Videobeobachtung fallen aber möglicherweise in den Bereich der konkurrierenden Gesetzgebung. Art. 72 Abs. 1 GG bestimmt, dass in diesem Bereich die Länder gesetzgebungsbefugt sind, solange und soweit der Bund nicht von seiner Gesetzgebungszuständigkeit Gebrauch gemacht hat.

Die konkurrierende Gesetzgebung erstreckt sich gemäß Art. 74 Abs. 1 Nr. 1 GG auf das Bürgerliche Recht. Dieser Traditionsbegriff, der bis in das Kaiserreich zurückreicht, umfasst den Normbereich des BGB sowie die vielfältigen Nebengesetze des Privatrechts.[12] Entscheidend für die Zuordnung zum Bürgerlichen Recht ist letztlich nur, ob ein Gesetz den privaten Status und die rechtlichen Beziehungen Privater in ihrem Verhältnis zueinander regelt, nicht aber, wo und in welcher gesetzgebungstechnischen Form diese Regelung der Individualrechtsverhältnisse erfolgt.[13] Im Bereich des Bürgerlichen Rechts hat der Bundesgesetzgeber also die Möglichkeit, gesetzliche Regelungen für Videobeobachtungsmaßnahmen zu erlassen. Von besonderer Bedeutung sind hier Normen, welche die Voraussetzungen und Anforderungen festlegen, unter denen natürliche oder juristische Personen, Gesellschaften und andere Personenvereinigungen des privaten Rechts Videobeobachtung durchführen können.

Mit § 6b BDSG hat der Bundesgesetzgeber erstmals eine gesetzliche Grundlage für Maßnahmen der Videoüberwachung geschaffen, die, soweit die Voraussetzungen des § 1 BDSG eröffnet sind, auch auf die Durchführung von Videoüberwachungsmaßnahmen durch nichtöffentliche Stellen[14] Anwendung findet. Insoweit jedenfalls hat der Bundesgesetzgeber die Gesetzgebungsbefugnis der Landesgesetzgeber ausgeschlossen.

Landesrechtliche Befugnisnormen sind bei ihrer Anwendung im Hinblick auf die bestehende Gesetzgebungskompetenz des Bundes für das Bürgerliche Recht gegebenenfalls verfassungskonform auszulegen.[15] So bestimmt beispielsweise § 14 Abs. 4 Satz 2 Hessisches SOG, dass zur Videobeobachtung befugte Gefahrenabwehrbehörde im Sinne des § 14 Abs. 4 Satz 1 Nr. 2 auch der Inhaber des Hausrechts ist.[16] Dem Wortlaut nach könnte hier sowohl ein öffentlich-rechtliches als auch ein privatrechtliches Hausrecht in Betracht kommen. Da der Landesgesetzgeber eine Befugnisnorm aber nur zu Gunsten des Inhabers eines öffentlich-rechtlichen Hausrechts hätte erlassen dürfen, ist § 14 Abs. 4 Satz 2 Hessisches SOG in seiner Anwendung auf den Inhaber eines öffentlich-rechtlichen Hausrechts zu beschränken.

---

[12] *v. Mangoldt/Klein/Starck (Oeter)*, Art. 74 Abs. 1 Rdn. 10; *Jarass/Pieroth (Pieroth)*, Art. 74 Rdn. 2.

[13] *v. Mangoldt/Klein/Starck (Oeter)*, Art. 74 Abs. 1 Rdn. 10.

[14] Zum Begriff der nichtöffentlichen Stelle siehe § 2 Abs. 4 BDSG.

[15] So für Fragen des materiellen Verfassungsrechts *Waechter*, NdsVBl 2001, 77/82; *Roggan*, NVwZ 2001, 134/137.

[16] An die Wahrnehmung des Hausrechts knüpfen auch an: § 29b DSG Nordrhein-Westfalen, § 33c Brandenburgisches DSG, § 20 Abs. 1 DSG Schleswig-Holstein.

Die konkurrierende Gesetzgebung erstreckt sich ferner auf das Strafrecht, Art. 74 Abs. 1 Nr. 1 GG. Dem Bundesgesetzgeber obläge es also auch, Straftatbestände zu schaffen, die in ihren Tatbestandsvoraussetzungen Maßnahmen der Videobeobachtung zum Gegenstand haben. So wäre der Bundesgesetzgeber etwa für den Erlass einer Strafnorm zuständig, die beispielsweise unzulässiges Videobeobachten mit Strafe bewehrte.

Wesentliche Bedeutung für die Abgrenzung der Gesetzgebungsbefugnisse kommt dem in Art. 74 Abs. 1 Nr. 1 GG genannten Kompetenzbereich des gerichtlichen Verfahrens zu. Vom gerichtlichen Verfahren ist unter anderem die Strafverfolgung ab dem Zeitpunkt der Erhebung der öffentlichen Klage umfasst.[17] Ob dies auch für das der Klageerhebung vorangehende Ermittlungsverfahren gilt, könnte bereits aufgrund des Wortlauts des Art. 74 Abs. 1 Nr. 1 GG – *gerichtliches* Verfahren – zweifelhaft sein, denn die polizeiliche[18] und staatsanwaltschaftliche Tätigkeit im Vorfeld der Klageerhebung ist nicht der Judikative, sondern der Exekutive zuzurechnen. Hätte der Verfassungsgeber auch das Vorfeld der öffentlichen Klage in die Hand des Bundesgesetzgebers legen wollen, hätte er dies festlegen können.[19] Diese von *Pestalozza*[20] aufgeworfene Kritik wird jedoch von ihm selbst in Einklang mit der übrigen Literatur[21] und Rechtsprechung[22] mit der Begründung verworfen, dass der enge Zusammenhang zwischen staatsanwaltschaftlichem und gerichtlichem Verfahren nicht zu leugnen sei. Dies spiegele sich im Übrigen auch in der kompetentiellen Tradition wider, nach welcher die dem Art. 74 Abs. 1 Nr. 1 GG entsprechenden Kompetenznormen im Kaiserreich und in der Weimarer Reichsverfassung ebenso im Sinne der Einbeziehung polizei- und staatsanwaltschaftlicher Tätigkeit in das gerichtliche Verfahren gedeutet wurden.[23] Das der Klageerhebung vorgeschaltete Ermittlungsverfahren ist damit Teil des in Art. 74 Abs. 1 Nr. 1 GG niedergelegten Kompetenztitels „gerichtliches Verfahren", für das der Bund gesetzgebungsbefugt ist. Soweit es also um die Regelung der Videoüberwachung für Zwecke der Strafverfolgung geht, vermag der Bundesgesetzgeber die grundsätzlich bestehende Gesetzgebungsbefugnis der Länder zu verdrängen. Eine Gesetzgebungsbefugnis der Länder im Bereich der Strafverfolgung, auch soweit sie sich auf nicht oder nur lückenhaft geregelte Materien bezieht, ist damit im Falle bestehender

---

[17] Siehe für alle *Dreier (Stettner)*, Art. 74 Rdn. 24, sowie *v. Mangoldt/Klein/ Starck (Oeter)*, Art. 74 Rdn. 26.

[18] Polizei als Hilfsbeamtin der Staatsanwaltschaft, siehe § 152 GVG sowie die aufgrund § 152 Abs. 2 GVG erlassene RechtsVO v. 30.4.1996, GV NW, S. 180.

[19] *v. Mangoldt/Klein/Pestalozza (Pestalozza)*, 3. Auflage 1996, Art. 74 Rdn. 131.

[20] In *v. Mangoldt/Klein/Pestalozza*, 3. Auflage 1996, Art. 74 Rdn. 131.

[21] *Maunz/Dürig (Maunz)*, Art. 74 Rdn. 82; *v. Mangoldt/Klein/Starck (Oeter)*, Art. 74 Rdn. 25; *Dreier (Stettner)*, Art. 74 Rdn. 25; *Jarass/Pieroth (Pieroth)*, Art. 74 Rdn. 8; *Paeffgen*, JZ 1991, 437/442; *Siebrecht*, JZ 1996, 711/714; *v. Mangoldt/Klein/Pestalozza (Pestalozza)*, 3. Auflage 1996, Art. 74 Rdn. 131/132; i. E. auch *Vahle*, NVwZ 2001, 165/166, sowie *Koch*, S. 51; siehe auch LVerfG Mecklenburg-Vorpommern, Urt. v. 21.10.1999 – LVerfG 2/98, LKV 2000, 149/150.

[22] BVerfG, Urt. v. 15.12.1970 – 2 BvF 1/69, 2 BvR 629/68 und 308/69, BVerfGE 30, 1/29.

[23] *v. Mangoldt/Klein/Pestalozza (Pestalozza)*, 3. Auflage 1996, Art. 74 Rdn. 131.

bundesrechtlicher Regelungen ausgeschlossen. Denn gesetzlichen Regelungen betreffend die Strafverfolgung – und hier insbesondere der Strafprozessordnung – kommt abschließender Charakter zu.[24] Regelt der Bundesgesetzgeber eine Einzelfrage in diesem Bereich nicht, ist hierin im Regelfall ein Gebrauchmachen von seiner Gesetzgebungskompetenz im Wege des Unterlassens zu sehen.[25] So wäre es dem Landesgesetzgeber beispielsweise verwehrt, für Zwecke der Strafverfolgung Regelungen mit der Begründung zu erlassen, § 100c StPO habe nur die verdeckte, nicht aber die offene Videoaufzeichnung oder Maßnahmen der Videobeobachtung zum Gegenstand.

Die Länder sind des Weiteren auch dann von der Gesetzgebung ausgeschlossen, wenn die zu regelnde Materie neben der Strafverfolgung einen Bereich betrifft, der grundsätzlich der Regelungsbefugnis der Länder unterliegt, wie beispielsweise das Polizei- und Ordnungsrecht.[26] Voraussetzung hierfür ist allerdings, dass der Schwerpunkt des Regelungsgegenstandes insgesamt bei einer dem Bund unterliegenden Regelungsmaterie – etwa der Strafverfolgung – liegt.[27] Dies ist für Maßnahmen der Videobeobachtung allerdings nicht der Fall, denn unabhängig davon, welchen Zwecken die Videobeobachtung im Einzelnen dienlich sein könnte,[28] ist jedenfalls ein sinnvoller Einsatz dieser Maßnahme für Zwecke der Strafverfolgung mangels Speicherung der Bildaufnahmen nicht ersichtlich.[29] Gesetzliche Regelungen betreffend Videobeobachtungsmaßnahmen unterliegen daher der Gesetzgebungskompetenz der Bundesländer.

Schließlich hat der Bundesgesetzgeber auch im Bereich des Versammlungsrechts mit Erlass des § 12a VersG betreffend die Videoüberwachung von seiner vorrangigen Gesetzgebungszuständigkeit nach Art. 74 Abs. 1 Nr. 3 Alt. 2 GG abschließend Gebrauch gemacht, so dass auch für diesen Bereich eine Regelungsbefugnis der Länder nicht mehr besteht.

---

[24] *v. Mangoldt/Klein/Starck (Oeter)*, Art. 74 Rdn. 26; *Dreier (Stettner)*, Art. 74 Rdn. 24; *v. Mangoldt/Klein/Pestalozza (Pestalozza)*, 3. Auflage 1996, zu Art. 74 Fußn. 208 a.E.; *Maunz/Dürig (Maunz)*, Art. 74 Rdn. 79; *Schoreit*, KritV 1989, 201/205; *v. Münch/Kunig (Kunig)*, Art. 74 Rdn. 19.

[25] BVerfG, Urteile v. 27.10.1998 – 1 BvR 2306/96, 2314/96, 1108, 1109, 1110/97, BVerfGE 98, 265/300; v. 26.7.1972 – 2 BvF 1/71, BVerfGE 34, 9/28; siehe auch Nachweise bei Fußn. 24; anders für die vorsorgende Strafverfolgung *Koch*, S. 53.

[26] Sog. doppelfunktionale Maßnahmen, siehe hierzu *Roggan*, Auf legalem Weg in einen Polizeistaat, S. 35 f.

[27] *v. Mangoldt/Klein/Starck (Oeter)*, Art. 74 Rdn. 25; *Degenhart*, Rdn. 132; *Schoreit*, KritV 1989, 201/204; bisweilen wird für doppelfunktionale Maßnahmen die Zuordnung zu einem Gesetzgebungsbereich nach den Kriterien der vorrangigen, wesensmäßigen oder historischen Zugehörigkeit vorgenommen, was letztlich einer Schwerpunktbestimmung nahe kommt, siehe hierzu BVerfG, Beschlüsse v. 14.6.1978 – 2 BvL 2/78, BVerfGE 48, 367/373; v. 28.11.1973 – 2 BvL 42/71, BVerfGE 36, 193/202 f.; v. 4.6.1957 – 2 BvL 16/56, 17/56, 22/56, 29/56, 39/56, BVerfGE 7, 29/41; Urt. v. 15.12.1970 – 2 BvF 1/69, 2 BvR 629/68 und 308/69, BVerfGE 30, 1/29; *Erichsen*, Jura 1993, 385/387; *Schoreit*, KritV 1989, 201/204; *Tegtmeyer*, KritV 1989, 213/223; näher zu dieser Konstellation noch unten 2. Kapitel:I (S. 84).

[28] Siehe hierzu noch unten 1. Kapitel:II.3.b)bb)aaa) (S. 58).

[29] So i. E. wohl auch *Waechter*, NdsVBl 2001, 77/78; *Fischer*, VBlBW 2002, 89/90.

Diesen verbleibt eine Erlasskompetenz nur, soweit es sich nicht um Versammlungen, also um ein Zusammenkommen mehrerer Menschen zu einem gemeinsamen Zweck und zur gemeinsamen Meinungsbildung und -äußerung in Form einer kollektiven Aussage, handelt.[30] Insoweit haben einige Bundesländer von ihrer Gesetzgebungszuständigkeit durch Erlass spezieller Befugnisnormen betreffend die Videoüberwachung auf öffentlichen Veranstaltungen und Ansammlungen Gebrauch gemacht.[31]

Gemäß der grundgesetzlichen Kompetenzverteilung nach Artikel 30 und 70 Abs. 1 GG verbleibt den Ländern insbesondere im Bereich der Gefahrenabwehr die Gesetzgebungsbefugnis unabhängig davon, ob diese durch die Polizei, die Ordnungsbehörden oder durch öffentliche Einrichtungen der Länder im Rahmen ihres Widmungszwecks verwirklicht wird. Maßnahmen der Videobeobachtung dienen – jedenfalls im Rahmen des dieser Abhandlung zugrunde liegenden Untersuchungsgegenstandes[32] – vornehmlich der Gefahrenabwehr.[33] Für den Erlass von Regelungen betreffend die Videobeobachtung sind daher – vom Einsatz im Rahmen privatrechtlicher Rechtsverhältnisse und von sonstigen, hier nicht näher behandelten Ausnahmen abgesehen – die Länder zuständig.[34]

II. Vereinbarkeit mit dem Allgemeinen Persönlichkeitsrecht

Von elementarer Bedeutung für die Zulässigkeit von gesetzlichen Regelungen für Maßnahmen der Videobeobachtung ist ihre Vereinbarkeit mit höherrangigem Recht. Für den Einsatz von Kameras zu Überwachungszwecken stellt sich insbesondere die Frage der Vereinbarkeit mit dem Allgemeinen Persönlichkeitsrecht. Seinen Ursprung findet dieses unbenannte Freiheitsrecht in Art. 2 Abs. 1 GG – der allgemeinen Handlungsfreiheit – sowie Art. 1 Abs. 1 GG – dem Schutz der Menschenwürde.[35, 36] Der richterrechtlichen

---

[30] Überwiegend vertretener Versammlungsbegriff, siehe VG *Halle*, Beschl. v. 17.1.2000 – 3 B 121/99 HAL, LKV 2000, 164/165; *v. Münch/Kunig (Kunig)*, Art. 8 Rdn. 14; *Jarass/Pieroth (Jarass)*, Art. 8 Rdn. 2. Teilweise soll aber auch schon jede innere Verbindung genügen, um ein Zusammentreffen von Menschen dem Versammlungsbegriff zuzuordnen, so *Maunz/Dürig (Herzog)*, Art. 8 Rdn. 49; *Dreier (Schulze-Fielitz)*, Art. 8 Rdn. 13/14; *v. Mangoldt/Klein/Starck (Gusy)*, Art. 8 Rdn. 15.
[31] Siehe bspw. § 15 Abs. 1 PolG Nordrhein-Westfalen, § 21 Abs. 1 PolG Baden-Württemberg, § 27 Abs. 1 Saarländisches PolG, § 33 Abs. 1 Thüringer PAG, § 32 Abs. 1 SOG Mecklenburg-Vorpommern, § 16 Abs. 1 SOG Sachsen-Anhalt, § 38 Abs. 1 Sächsisches PolG, Art. 32 Abs. 1 Bayerisches PAG, § 24 Abs. 1 Allgemeines SOG Berlin, § 32 Abs. 1 Niedersächsisches GefahrenabwehrG.
[32] Zum Untersuchungsgegenstand siehe oben Einleitung-I (S. 1).
[33] *Waechter*, NdsVBl 2001, 77/78; zu den mit der Videobeobachtung verfolgten Zwecken siehe noch unten 1. Kapitel:II.3.b)bb)aaa) (S. 58).
[34] So auch *Büllesfeld*, S. 172; zur Gesetzgebungskompetenz der problematischeren Videoaufzeichnung siehe noch unten 2. Kapitel:I (S. 84).
[35] Ständige Rechtsprechung, so bspw. BVerfG, Beschlüsse v. 26.4.1994 – 1 BvR 1299/89 und 1 BvL 6/90, BVerfGE 90, 263/270; v. 26.6.1990 – 1 BvR 776/84, BVerfGE 82, 236/269; v. 13.5.1986 – 1 BvR 1542/84, BVerfGE 72, 155/170; Urteile v. 15.12.1983 – 1 BvR 209,

Etablierung des Allgemeinen Persönlichkeitsrechts auf Grundlage der vorgenannten Grundrechtsbestimmungen liegt die Erkenntnis zugrunde, dass ein adäquater Schutz der Persönlichkeit jedes Menschen allein durch das als allgemeine Handlungsfreiheit begriffene Grundrecht des Art. 2 Abs. 1 GG nicht gewährleistet ist.[37]

1. _Bestimmung des Schutzbereichs_

Fraglich ist zunächst, welche der vom Allgemeinen Persönlichkeitsrecht umfassten Einzelverbürgungen durch Maßnahmen der Videobeobachtung betroffen sein könnten. In Betracht kommen zum einen das Recht auf informationelle Selbstbestimmung und zum anderen das Recht am eigenen Bild.[38]

a) _Das Recht auf informationelle Selbstbestimmung_

Das Recht auf informationelle Selbstbestimmung ist eine der speziellen Ausprägungen des Allgemeinen Persönlichkeitsrechts, welche letztlich auf Art. 2 Abs. 1 GG zurückzuführen und im Lichte der Menschenwürdegarantie des Art. 1 Abs. 1 GG auszulegen sind.[39] Das Bundesverfassungsgericht hat das informationelle Selbstbestimmungsrecht im Volkszählungsurteil erstmals konkretisiert als die Befugnis des Einzelnen, grundsätzlich selbst zu entscheiden, wann und innerhalb welcher Grenzen persönliche Lebenssachverhalte offenbart werden.[40] Diese inhaltliche Ausgestaltung wurde vom Bundesverfassungsgericht in späteren Entscheidungen mehrfach bestätigt.[41]

Zum Teil wird das informationelle Selbstbestimmungsrecht in Anlehnung an den dem Volkszählungsurteil zugrunde liegenden Sachverhalt definiert als die spezifische Befugnis

---

269, 362, 420, 440, 484/83, BVerfGE 65, 1/41; v. 5.6.1973 – 1 BvR 536/72, BVerfGE 35, 202/219.

[36] Allgemein zur Entwicklung des Allgemeinen Persönlichkeitsrechts siehe z.B. _Horst_, NZM 2000, 937 f.; _Kloepfer/Breitkreutz_, DVBl 1998, 1149 f., sowie _Büllesfeld_, S. 113 f. Für einen nur nach Landesrecht zu beurteilenden Sachverhalt sind ggf. die Landesverfassungen für die Grundrechtsprüfung zu berücksichtigen, soweit sie spezielle Datenschutzgrundrechte enthalten, siehe bspw. Art. 4 Abs. 2 Landesverfassung Nordrhein-Westfalen, Art. 33 Landesverfassung Berlin, Art. 11 Landesverfassung Sachsen, Art. 6 Abs. 1 Landesverfassung Sachsen-Anhalt, Art. 6 Absätze 2 und 3 Landesverfassung Thüringen; siehe hierzu auch _Büllesfeld_, S. 119 f.

[37] _v. Münch/Kunig (Kunig)_, Art. 2 Rdn. 30.

[38] Das Recht am eigenen Wort findet keine Berücksichtigung, da Tonaufnahmen im Rahmen dieser Abhandlung außer Betracht bleiben, siehe zum Untersuchungsgegenstand oben I (S. 1).

[39] _v. Mangoldt/Klein/Starck (Starck)_, Art. 2 Rdn. 14 und 15; _Hufen_ in Festschrift 50 Jahre Bundesverfassungsgericht, Band 2, S. 105/116 f.

[40] BVerfG, Urt. v. 15.12.1983 – 1 BvR 209, 269, 362, 420, 440, 484/83, BVerfGE 65, 1/42; Volkszählungsurteil auch zitiert vom OLG _Frankfurt/M._, Beschl. v. 21.2.2002 – 20 W 55/02, NVwZ 2002, 626; _v. Münch/Kunig (Kunig)_, Art. 2 Rdn. 38; _Schwarz_, ZG 2001, 246/250, sowie _Kloepfer/Breitkreutz_, DVBl 1998, 1149/1150.

[41] Beschlüsse v. 11.6.1991 – 1 BvR 239/90, BVerfGE 84, 192/194; v. 14.9.1989 – 2 BvR 1062/87, BVerfGE 80, 367/373; v. 9.3.1988 – 1 BvL 49/86, BVerfGE 78, 77/84 f.; Urt. v. 17.7.1984 – 2 BvE 11, 15/83, BVerfGE 67, 100/142 f.

des Einzelnen, über die Erhebung, Speicherung, Verwendung oder Weitergabe personenbezogener Daten zu bestimmen.[42] Diese restriktivere Auslegung des Rechts auf informationelle Selbstbestimmung könnte die Vermutung nahe legen, dass der Schutzbereich dieses Rechts enger auszulegen ist als dies im Hinblick auf die zuvor genannte allgemeinere Definition des Rechts auf informationelle Selbstbestimmung der Fall wäre. Eine solche beschränkende Auslegung wird jedoch zum einen dem Umstand nicht gerecht, dass das Recht auf informationelle Selbstbestimmung seine normative Grundlage in dem Teilbereich des Art. 2 Abs. 1 GG hat, dem als Allgemeines Persönlichkeitsrecht die Aufgabe zukommt, im Sinne des obersten Konstitutionsprinzips der Würde des Menschen die engere persönliche Lebenssphäre und die Erhaltung ihrer Grundbedingungen zu gewährleisten.[43] Die Gewährleistung der engeren persönlichen Lebenssphäre ist aber nicht notwendig beschränkt auf den Schutz vor bestimmten Modalitäten des Umgangs mit personenbezogenen Daten.

Zum anderen legen auch die Ausführungen des Bundesverfassungsgerichts im Volkszählungsurteil die vorgenannte beschränkende Auslegung des Rechts auf informationelle Selbstbestimmung nicht nahe. Das Bundesverfassungsgericht nimmt zwar auf die engere Bestimmung des informationellen Selbstbestimmungsrechts Bezug, definiert aber letztlich dieses Recht sowohl im Volkszählungsurteil[44] als auch in späteren Entscheidungen[45] als die Befugnis des Einzelnen, über die Preisgabe und Verwendung persönlicher Daten selbst zu bestimmen. Dass die dem Schutzbereich des informationellen Selbstbestimmungsrechts immanente Befugnis, über Erhebung, Speicherung, Verwertung und Weitergabe persönlicher Daten selbst zu bestimmen, letztlich nur als Konkretisierung zu verstehen ist, über die Offenbarung persönlicher Lebenssachverhalte selbst zu entscheiden, ergibt sich auch aus systematischen Erwägungen. Das Bundesverfassungsgericht stellt zunächst einleitend – und als allgemeines und „vor die Klammer" gezogenes Prinzip – klar, dass aus dem Gedanken der Selbstbestimmung die Befugnis des Einzelnen folge, grundsätzlich selbst über die Preisgabe persönlicher Lebenssachverhalte zu entscheiden.[46] Erst daran und im Kontext des konkret zu entscheidenden Falles schließen sich Ausführungen

[42] So etwa *v. Mangoldt/Klein/Starck (Starck)*, Art. 2 Rdn. 108; *Robrecht*, NJ 2000, 348, der das Recht auf informationelle Selbstbestimmung als vom BVerfG entwickeltes Grundrecht bezeichnet, das den einzelnen Bürger vor unbegrenzter Erhebung, Speicherung, Verwendung und Weitergabe seiner personenbezogenen Daten schütze. Ein Hinweis auf die allgemeine und weite Definition des Rechts auf informationelle Selbstbestimmung des BVerfG zum Schutzbereich unterbleibt; siehe auch VG *Halle*, Beschl. v. 17.1.2000 – 3 B 121/99 HAL, LKV 2000, 164.

[43] BVerfG, Beschlüsse v. 6.5.1997 – 1 BvR 409/90, BVerfGE 96, 56/61; v. 3.6.1980 – 1 BvR 185/77, BVerfGE 54, 148/153; *Jarass/Pieroth (Jarass)*, Art. 2 Rdn. 28.

[44] Urt. v. 15.12.1983 – 1 BvR 209, 269, 362, 420, 440, 484/83, BVerfGE 65, 1/43.

[45] Beschlüsse v. 11.6.1991 – 1 BvR 239/90, BVerfGE 84, 192/194, und v. 9.3.1988 – 1 BvL 49/86, BVerfGE 78, 77/84 f.

[46] BVerfG, Urt. v. 15.12.1983 – 1 BvR 209, 269, 362, 420, 440, 484/83, BVerfGE 65, 1/42.

betreffend die modernen Bedingungen der Datenverarbeitung und die durch sie begründete Forderung an, den Einzelnen gegen unbegrenzte Erhebung, Speicherung, Verwendung und Weitergabe seiner persönlichen Daten zu schützen.[47] Die Annahme, dass es sich bei der zuvor genannten Forderung lediglich um eine Konkretisierung, nicht aber um eine abschließende Definition des Rechts auf informationelle Selbstbestimmung handelt, wird auch dadurch gestützt, dass das Recht auf informationelle Selbstbestimmung erstmals namentlich nicht im Zusammenhang mit den näher bezeichneten Modalitäten des Datenumgangs erwähnt wird, sondern bereits zuvor im Rahmen der allgemeinen Ausführungen zur individuellen Selbstbestimmung.[48] Insofern darf der Bezug auf die Umgangsmodalitäten von Daten nicht als grundsätzliche Einengung des Schutzbereichs des informationellen Selbstbestimmungsrechts verstanden werden.[49]

Unzulässig wäre es insbesondere auch, den Schutzbereich des Rechts auf informationelle Selbstbestimmung nicht nur durch Bezugnahme auf die speziellen Modalitäten des Datenumgangs einzuengen, sondern darüber hinaus durch Rückgriff auf das einfache Recht wie das Bundesdatenschutzgesetz, in dessen § 3 einzelne Begriffe wie zum Beispiel das „Erheben" oder das „Speichern" von Daten näher bestimmt werden. Denn eine einfachgesetzliche Definition vermag nicht, die Ausfüllung eines verfassungsrechtlichen Begriffs unmittelbar zu bestimmen.[50] Sie kann allenfalls zur definitorischen Annäherung an den verfassungsrechtlichen Begriff herangezogen werden.[51]

Auch ist eine Schutzbereichsbeschränkung des Rechts auf informationelle Selbstbestimmung auf fixierte – also etwa auf einem Datenträger gespeicherte – Angaben über eine Person beziehungsweise über einen Sachverhalt mit personalem Bezug abzulehnen.[52] Eine solche Beschränkung wird dem aus Art. 2 Abs. 1 i.V. mit Art. 1 Abs. 1 GG abgeleiteten Persönlichkeitsschutz nicht gerecht. Diesem ist die Befugnis des Einzelnen immanent, über die Offenbarung persönlicher Lebenssachverhalte selbst zu entscheiden.[53] Eine Offenbarung persönlicher Lebenssachverhalte ist aber nicht bedingt durch die Fixierung personenbezogener Daten. Diese vermag zwar die Preisgabe persönlicher Lebenssachverhalte dauerhaft für eine spätere Verwendung zu dokumentieren, was besondere Gefahren im Hinblick auf einen potentiellen Datenmissbrauch birgt. Aus diesem Umstand kann jedoch nicht gefolgert werden, dass der grundrechtliche Schutz erst durch das vorgenannte Gefährdungspotential ausgelöst wird. Eine solche Annahme würde im Übrigen auch

---

[47] BVerfG, Urt. v. 15.12.1983 – 1 BvR 209, 269, 362, 420, 440, 484/83, BVerfGE 65, 1/43.
[48] BVerfG, Urt. v. 15.12.1983 – 1 BvR 209, 269, 362, 420, 440, 484/83, BVerfGE 65, 1/43.
[49] So im Ergebnis wohl auch *Büllesfeld*, S. 121 f.
[50] BVerfG, Beschl. v. 20.12.1960 – 1 BvL 21/60, BVerfGE 12, 45/53; *Jarass/Pieroth (Jarass)*, Einleitung Rdn. 9.
[51] BVerfG, Urt. v. 24.10.2002 – 2 BvF 1/01, NJW 2003, 41/42; *Grimm/Papier*, S. 56, siehe insbesondere die Definition personenbezogener Daten mit Fußn. 170.
[52] Anders aber *Kunig*, Jura 1993, 595/599.
[53] BVerfG, Urt. v. 15.12.1983 – 1 BvR 209, 269, 362, 420, 440, 484/83, BVerfGE 65, 1/42.

dem Umstand nicht gerecht, dass die freie Entfaltung der eigenen Persönlichkeit in besonderem Maße von der individuellen Gewissheit abhängt, von staatlichen Maßnahmen der Informationsbeschaffung verschont zu bleiben.[54] Dieser subjektive Aspekt der eigenen Persönlichkeitsentfaltung würde durch eine Schutzbereichsbeschränkung auf fixierte Angaben völlig außer Betracht gelassen, da objektiv durchgeführte und subjektiv empfundene Maßnahme bisweilen divergieren.

Auch die Vertreter einer restriktiveren Auslegung kommen zu dem Ergebnis, dass der Schutzbereich des informationellen Selbstbestimmungsrechts im Falle der Offenbarung persönlicher Lebenssachverhalte eröffnet ist unabhängig davon, ob es zu einer Speicherung kommt oder nicht. Denn aus der informationellen Selbstbestimmung des Einzelnen resultiere nicht nur die Befugnis, über Speicherung, Verwendung oder Weitergabe personenbezogener Daten zu bestimmen. Umfasst sei auch das Recht, bereits über die Erhebung personenbezogener Daten zu entscheiden, die eine Speicherung nicht voraussetzt.[55]

Gerade im Hinblick auf die dieser Untersuchung zugrunde liegende Videoüberwachung würde eine Beschränkung des Schutzbereichs auf fixierte Angaben Fallgestaltungen nicht gerecht, in denen eine Speicherung videobeobachteter Sachverhalte unterbleibt, die Betroffenen hiervon allerdings keine Kenntnis haben. Da die nicht durchgeführte Speicherung den Betroffenen in der Regel nicht ersichtlich ist, sind bereits Videobeobachtungsmaßnahmen aufgrund der von ihnen ausgehenden Ungewissheit im Hinblick auf die staatliche Informationsbeschaffung geeignet, die Betroffenen in der freien Entfaltung ihrer Persönlichkeit zu beeinträchtigen. Dies ist im Rahmen der Schutzbereichsbestimmung zu berücksichtigen.

Schließlich beschränkt sich der Schutzbereich des informationellen Selbstbestimmungsrechts auch nicht nur auf Sachverhalte einer besonderen Qualität oder Quantität persönlicher Offenbarung. Der Schutzbereich ist vielmehr für alle Informationen mit Personenbezug oder Personenbeziehbarkeit eröffnet,[56] denn es ist nicht Sache des Staates, über die persönliche Relevanz einer bestimmten Information zu entscheiden.

Im Ergebnis bleibt festzuhalten, dass der Schutzbereich des Rechts auf informationelle Selbstbestimmung weit gefasst ist. Die Frage, ob im konkreten Fall tatsächlich eine Verletzung informationeller Selbstbestimmung gegeben ist oder nicht, ist durch die Eröffnung des Schutzbereichs noch nicht entschieden. Maßnahmen der Videobeobachtung

---

[54] BVerfG, Urt. v. 15.12.1983 – 1 BvR 209, 269, 362, 420, 440, 484/83, BVerfGE 65, 1/43.

[55] Nachw. siehe schon Fußn. 42 (S. 22).

[56] *Hasse*, ThürVBl 2000, 169; so wohl auch BVerfG, Urt. v. 15.12.1983 – 1 BvR 209, 269, 362, 420, 440, 484/83, BVerfGE 65, 1/45, wenn es ausführt, dass es unter den Bedingungen der automatischen Datenverarbeitung kein „belangloses" Datum mehr geben könne.

und die ihnen zugrunde liegenden Befugnisnormen sind vom Schutzbereich des Rechts auf informationelle Selbstbestimmung mithin umfasst.[57]

b) *Das Recht am eigenen Bild*
Möglicherweise berühren Videobeobachtungsmaßnahmen ferner auch das Recht am eigenen Bild, welches ebenso wie das Recht auf informationelle Selbstbestimmung das Allgemeine Persönlichkeitsrecht konkretisiert.[58] Das Recht am eigenen Bild umfasst die Befugnis des Einzelnen, grundsätzlich selbst und allein zu bestimmen, ob und wie weit andere sein Lebensbild im Ganzen oder bestimmte Vorgänge aus seinem Leben öffentlich darstellen dürfen.[59] Die Eröffnung des Schutzbereichs des Rechts am eigenen Bild setzt folglich einen Öffentlichkeitsbezug voraus, der im Falle der Verbreitung von Videobildern gegeben wäre.[60] Zu einer solchen Verbreitung in der Öffentlichkeit kommt es im Falle von Videobeobachtungsmaßnahmen jedoch nicht, da die Bilder lediglich an eine Überwachungszentrale übermittelt und somit nur von den diensthabenden Polizei- oder Ordnungskräften wahrgenommen werden.[61]

Das Recht am eigenen Bild als Ausprägung des Allgemeinen Persönlichkeitsrechts wird – entgegen vielfach in der Literatur vertretener Auffassung[62] – durch die Durchführung von Videobeobachtungsmaßnahmen nicht berührt.[63] Ob dies auch im Falle der Speicherung gilt, kann im Rahmen dieses ersten Kapitels dahinstehen.[64]

2. *Eingriff in den Schutzbereich des informationellen Selbstbestimmungsrechts*
Nach früherem Verständnis war der Eingriff geprägt von objektiven Kriterien.[65] Als Eingriff galt nur, was physisch fühlbar oder zumindest messbar und darüber hinaus auch bezweckt war. Zufällige und mittelbare Beeinträchtigungen waren der Qualifikation als Ein-

---

[57] So auch – bisweilen allerdings ohne Unterscheidung zwischen Maßnahmen der Videobeobachtung und solchen der Videoaufzeichnung – Entschließung der 59. Konferenz der Datenschutzbeauftragten des Bundes und der Länder v. 14./15.3.2000, Städte- und Gemeinderat 2000 (8), 7; *Jacob,* Der Städtetag 2000, 30; *N.N.,* Der Städtetag 2000, 50; *Weichert,* DuD 2000, 662; *Waechter,* NdsVBl 2001, 77/79; *Robrecht,* NJ 2000, 348; *Möller/v. Zezschwitz (Möller),* S. 10; *Möller/v. Zezschwitz (Höfling),* S. 35; *Hasse,* ThürVBl 2000, 169; *Dolderer,* NVwZ 2001, 130/131; *Vahle,* DVP 2000, 398; *Saeltzer,* DuD 1997, 462; *Schwarz,* ZG 2001, 246/249; *Röger/Stephan,* NWVBl 2001, 201/206; *Kloepfer/Breitkreutz,* DVBl 1998, 1149/1150; *Geiger,* S. 186 f., sowie *Büllesfeld,* S. 123.
[58] Zur Entwicklung des Rechts am eigenen Bild siehe *Geiger,* S. 96 f.
[59] BVerfG, Urt. v. 5.6.1973 – 1 BvR 536/72, BVerfGE 35, 202/220; *v. Münch/Kunig (Kunig),* Art. 2 Rdn. 35; *v. Mangoldt/Klein/Starck (Starck),* Art. 2 Rdn. 92.
[60] *Röger/Stephan,* NWVBl 2001, 201/206.
[61] *Büllesfeld,* S. 126.
[62] Siehe bspw. *Schwarz,* ZG 2001, 246/249; *Vahle,* DVP 2000, 398; *Saeltzer,* DuD 1997, 462.
[63] So auch *Büllesfeld,* S. 126.
[64] Siehe hierzu noch unten 2. Kapitel:II.1.b) (S. 95).
[65] Einen Überblick über die Entwicklung des Eingriffsbegriffs, an den sich die vorliegende Darstellung anlehnt, gibt *Robrecht,* NJ 2000, 348/349 m. w. Nachw.; zum Eingriffsbegriff und dessen Entwicklung siehe auch *Geiger,* S. 111 f., sowie *Büllesfeld,* S. 131 f.

griff damit entzogen. Dieses traditionelle Verständnis wurde den modernen Anforderungen und dem Wandel staatlichen Handelns nicht mehr gerecht. Heute besteht Konsens dahingehend, dass auch faktisch-mittelbare Beeinträchtigungen, auch durch Realakte, als grundrechtsbeschränkende Eingriffe nicht von vornherein ausscheiden.[66] Allerdings vermag auch nicht jede Auswirkung staatlichen Handelns als Eingriff qualifiziert zu werden. So ist die Frage des Eingriffs für jeden Einzelfall unter Berücksichtigung des speziellen Grundrechts, dessen Bedeutung und Zweckbestimmung zu beurteilen. Gerade für Maßnahmen der Videobeobachtung und das Recht auf informationelle Selbstbestimmung als grundrechtlicher Maßstab werden im Hinblick auf die Eingriffsqualität der einzelnen Maßnahmen unterschiedliche Ansichten vertreten.

Die Frage, ob eine Verkürzung des Schutzbereichs des informationellen Selbstbestimmungsrechts gegeben ist oder nicht, kann nur für jede Form der Videobeobachtung gesondert beantwortet werden.[67] Zu unterscheiden ist zum einen zwischen offenen Großbildaufnahmen,[68] offenen Übersichtsaufnahmen[69] sowie verdeckten Maßnahmen der Videobeobachtung.[70]

a) Offene Videobeobachtung durch Erstellen von Großbildaufnahmen

In Literatur und Rechtsprechung wird bisweilen die Ansicht vertreten, dass offene Videobeobachtung, bei der einzelne Personen durch das Erstellen von Großbildaufnahmen eindeutig erkennbar werden, einen Eingriff in das Recht auf informationelle Selbstbestimmung nicht zu begründen vermögen.[71] Das VG *Halle* begründet dieses Ergebnis mit

---

[66] *v. Münch/Kunig (v. Münch)*, Vorbemerkung zu Art. 1-19 Rdn. 51a; *Sachs (Sachs)*, vor Art. 1 Rdn. 105; *Dreier (Dreier)*, Vorbemerkung zu Art. 1 Rdn. 82 m. w. Nachw.; *Möller/v. Zezschwitz (Höfling)*, S. 37.

[67] So auch *Büllesfeld*, S. 130 f.

[68] Dazu sogleich unten 1. Kapitel:II.2.a) (S. 26). Zur Begriffsbestimmung der Großbildaufnahme siehe oben Einleitung-II (S. 3).

[69] Dazu unten 1. Kapitel:II.2.b) (S. 30). Zum Begriff der Übersichtsaufnahme siehe Einleitung-II (S. 3).

[70] Dazu unten 1. Kapitel:II.2.d) (S. 37). Zu den Termini der offenen und der verdeckten Überwachung siehe oben einleitend zum 1. Teil (S. 12). Als Beispiel für durch Hinweisschilder gekennzeichnete Videoüberwachung siehe *Ommert*, Polizei heute 2001, 106/109 – Konstabler Wache; *Lachmann*, Städte- und Gemeinderat 2000 (8), 8 – Leipzig Innenstadt.

[71] VG *Karlsruhe*, Urt. v. 10.10.2001 – 1 K 191/01, NVwZ 2002, 117/118; VG *Halle*, Beschl. v. 17.1.2000 – 3 B 121/99 HAL, LKV 2000, 164; *Maske*, NVwZ 2001, 1248/1249; *Müller*, Die Polizei 1997, 77/78; wohl auch *Vahle*, DSB 2002, 14; wohl auch *Wohlfarth*, RDV 2000, 101 f., der der Videobeobachtung nur die Qualität einfachen hoheitlichen Handelns ohne Rechtseingriff beimisst, letztlich aber Ausführungen zur Ermächtigungsgrundlage für Videobeobachtung macht; *Schwabe*, NdsVBl 2002, 39/40; *Schmitt Glaeser*, BayVBl 2002, 584/585 und 587, der darauf hinweist, dass die in Rede stehende Maßnahme jedoch einen Eingriff in die *allgemeine Verhaltensfreiheit* des Art. 2 Abs. 1 GG begründen könnte; der Ansicht, dass die technische Beobachtung mittels Videokameras im öffentlichen Raum keinen grundrechtsrelevanten Eingriff begründen könne, wird auch vom EGMR geteilt, der im Fall *Peck ./. The United Kingdom* (Urt. v. 28.1.2003 – Application no. 44647/98, S. 12) die Ansicht vertritt, dass ohne eine Aufzeichnung visualisierter Informationen Art. 8 EMRK nicht beeinträchtigt sein könne;

dem Argument, dass die Videobeobachtung letztlich nichts anderes sei als ein näheres Hinsehen mit bloßem Auge. Die Beobachtung durch einen Polizisten beim Streifengang werde nicht als Eingriff in grundgesetzlich geschützte Rechte der Bürger gewertet, so dass für die Videobeobachtung letztlich nichts anderes gelten könne.[72] *Müller* stellt darauf ab, dass es bei der Videobeobachtung mangels Aufzeichnung nicht zu einer Datenerhebung komme, so dass ein Grundrechtseingriff nicht möglich sei.[73] Diese Ansicht wird wohl auch vom VG *Karlsruhe* geteilt, wenn es das Erheben von Daten zur Voraussetzung für einen Eingriff in das Recht auf informationelle Selbstbestimmung macht.[74] *Schwabe* unterstellt ohne nähere Begründung ein Einverständnis der Videobeobachteten und führt im Übrigen aus, dass die Videobeobachtung ein Dienst zu Gunsten von Grundrechtsschutzgütern, aber keine Freiheitsbeschränkung sei.[75]

Die vorgenannte Auffassung wird überwiegend jedoch nicht geteilt.[76] So wendet sich *Waechter* – wenn auch nicht explizit – gegen den vom VG *Halle*[77] getätigten Vergleich der Videobeobachtung mit der natürlichen Beobachtung durch einen Polizeibeamten während des Streifenganges mit dem Argument, dass das technische Gerät eine weit intensivere Beobachtung ermögliche als sie mit bloßem Auge möglich wäre.[78] Diese Ansicht wird auch von *Robrecht* geteilt, denn die immer wieder bemühte These, mit polizeilich installierten Videokameras tue die Polizei nichts anderes als Präsenz zu zeigen beziehungsweise mit dem Fernglas oder ähnlichen Hilfsmitteln zu beobachten, verkenne den durch die moderne Technik bedingten Quantitäts- und Qualitätsvorsprung.[79] *Kloepfer/Breitkreutz*

---

die Ausführungen zur Eingriffsqualität von Videobeobachtungsmaßnahmen erfolgen allerdings nur am Rande, da zu beurteilender Gegenstand des Urteils die Veröffentlichung aufgezeichneten Bildmaterials war.

[72] VG *Halle*, Beschl. v. 17.1.2000 – 3 B 121/99 HAL, LKV 2000, 164/165; in diesem Sinne auch der EGMR im Fall *Peck ./. The United Kingdom*, Urt. v. 28.1.2003 – application no. 44647/98, S. 12, zu Art. 8 EMRK; so wohl auch *Schwabe*, NdsVBl 2002, 39, der einer Zweiteilung zwischen natürlicher und technischer Beobachtung ablehnend gegenüber steht.

[73] Die Polizei 1997, 77/78.

[74] Urt. v. 10.10.2001 – 11 K 191/01, NVwZ 2002, 117/118.

[75] NdsVBl 2002, 39/40.

[76] *Achelpöhler/Niehaus*, DuD 2002, 731/732; *Röger/Stephan*, NWVBl 2001, 201/206 f.; *Möller/v. Zezschwitz (Höfling)*, S. 39; *Brenneisen/Staak*, DuD 1999, 447; *Geiger*, S. 186; *Hasse*, ThürVBl 2000, 169/171; *Keller*, Kriminalistik 2000, 187/188; *Kloepfer/Breitkreutz*, DVBl 1998, 1149/1152; *Horst*, DWW 2001, 122/125 – zu § 823 und dem deliktsrechtlichen Schutz des Allgemeinen Persönlichkeitsrechts; *Horst*, NZM 2000, 937/941 – ebenfalls zum Bürgerlichen Recht; *Dolderer*, NVwZ 2001, 130/131; *Schneider/Daub*, Die Polizei 2000, 322/323; *Weichert*, DuD 2000, 662/663; *Koch*, S. 123; *Schwarz*, ZG 2001, 246/255 f.; *Fischer*, VBlBW 2002, 89/92; *Büllesfeld*, S. 142 f.

[77] Beschl. v. 17.1.2000 – 3 B 121/99 HAL, LKV 2000, 164/165; in diesem Sinne auch *Schmitt Glaeser*, BayVBl 2002, 584/586, der darauf hinweist, dass es aus polizeirechtlicher Sicht so gut wie keinen Unterschied mache, ob man an einer Straßenecke einen Polizisten postiere oder eine Kamera anbringe, hinter der ein Polizist sitzt. Der „elektronisch aufgerüstete" Polizeibeamte, also die Videokamera, sei lediglich effektiver als der Streifenbeamte.

[78] NdsVBl 2001, 77/79; ebenso *Büllesfeld*, S. 21.

[79] NJ 2000, 348 f.; so auch *Fischer*, VBlBW 2002, 89/92.

begründen den Eingriff durch Maßnahmen der Videobeobachtung mit dem beim Betroffenen entstehenden Überwachungsdruck.[80] Eine Differenzierung zwischen den einzelnen
Maßnahmen erfolgt jedoch nicht. *Dolderer* weist zunächst darauf hin, dass das Recht auf
informationelle Selbstbestimmung die Privatsphäre des Bürgers und seine Selbstdarstel-
lung in der Öffentlichkeit schütze.[81] Von diesem Schutzkonzept ausgehend sei jede Erhebung personenbezogener Daten, gleich wie sie erfolgt, ein Grundrechtseingriff.[82] Gleich-
gültig sei insbesondere, ob die Bilder bloß aufgenommen und weiterübertragen oder darüber hinaus auch aufgezeichnet, also gespeichert werden.[83]

Die Qualifizierung als Eingriff von Maßnahmen der Videobeobachtung in Form von
Großbildaufnahmen hängt wesentlich davon ab, welchem Umstand im Hinblick auf eine
Verkürzung des Schutzbereichs informationeller Selbstbestimmung entscheidende Bedeutung beigemessen wird. Ein möglicher Ansatz liegt hier bei der Frage der Verwendungsmöglichkeiten der Bildaufnahmen.[84] So stellt schon das Bundesverfassungsgericht im
Volkszählungsurteil im Anschluss an die allgemeinen Ausführungen zum Selbstbestimmungsrecht heraus, dass die Befugnis zur persönlichen Selbstbestimmung gerade unter
den heutigen und künftigen Bedingungen der automatischen Datenverarbeitung in besonderem Maße des Schutzes bedürfe.[85] Eine besondere Gefährdung ergebe sich aus dem
Umstand, dass mit Hilfe der automatischen Datenverarbeitung Einzelangaben über persönliche oder sachliche Verhältnisse einer bestimmten oder bestimmbaren Person technisch gesehen unbegrenzt speicherbar und jederzeit ohne Rücksicht auf Entfernungen in
Sekundenschnelle abrufbar seien.[86] Im Hinblick auf Maßnahmen der Videobeobachtung
müsste dieser Ansatz aber zu dem Ergebnis führen, dass ein Eingriff in das Recht auf informationelle Selbstbestimmung mangels Speicherung von Bildmaterial und dem Fehlen
weiterer Verwendungsmöglichkeiten nicht gegeben ist. Dabei ist aber zu bedenken, dass
die Berücksichtigung späterer Verwendungsmöglichkeiten und die aus ihnen resultierende
Gefahr eines Missbrauchs personenbezogener Informationen nur *ein* Ansatz von vielen
ist. Der Umstand, dass es nicht zu einer Speicherung von Bildmaterial kommt, vermag die
Offenbarung persönlicher Lebenssachverhalte und damit einen Eingriff in das informationelle Selbstbestimmungsrecht noch nicht auszuschließen. Insofern ist es nicht sachgerecht, die Frage der Eingriffsqualität von Videobeobachtungsmaßnahmen auf das Kriterium der späteren Verwendungsmöglichkeiten zu beschränken.

---

[80] DVBl 1998, 1149/1152.
[81] NVwZ 2001, 130/131.
[82] *Dolderer*, NVwZ 2001, 130/131.
[83] *Dolderer*, NVwZ 2001, 130/131.
[84] So für die Videoaufzeichnung *Maske*, NVwZ 2001, 1248/1249.
[85] BVerfG, Urt. v. 15.12.1983 – 1 BvR 209, 269, 362, 420, 440, 484/83, BVerfGE 65, 1/42.
[86] BVerfG, Urt. v. 15.12.1983 – 1 BvR 209, 269, 362, 420, 440, 484/83, BVerfGE 65, 1/42.

Dieser Überlegung trägt auch der Umstand Rechnung, dass Maßnahmen der Videobeobachtung dem Einzelnen letztlich die Befugnis nehmen, selbst und ohne Zwang über die Preisgabe persönlicher Daten zu entscheiden. Hiermit geht die Gefahr eines Überwachungsdrucks einher, da der Einzelne nicht mehr mit Sicherheit überschauen kann, welche durch Videobeobachtung an die Überwachungszentralen übermittelten persönlichen Lebenssachverhalte den Überwachenden bekannt sind.[87] Gerade diese Unsicherheit vermag die Freiheit, aus eigener Selbstbestimmung zu planen oder zu entscheiden, wesentlich zu hemmen.[88] Für die Beurteilung der Frage, ob Videobeobachtung in Form von Großbildaufnahmen einen Eingriff in das informationelle Selbstbestimmungsrecht begründet, kommt es auf die Sicht des Bürgers, also dessen Kenntnis oder Gefühl einer Überwachung, gar nicht an. Ob dies auch für die Fälle gilt, in denen ein Offenbaren persönlicher Lebenssachverhalte mangels Identifizierbarkeit des Betroffenen nicht ohne weiteres gegeben ist, kann hier jedenfalls dahinstehen.[89] Maßnahmen der Videobeobachtung in Form von Großbildaufnahmen kann der Eingriffscharakter nicht abgesprochen werden.[90]

Ein anderes Ergebnis ließe sich auch nicht mit dem Einwand begründen, die Beeinträchtigung des Rechts auf informationelle Selbstbestimmung sei bei Maßnahmen der Videobeobachtung – auch soweit sie die Erstellung von Großbildaufnahmen umfasst – derart gering, dass sie unterhalb einer den Grundrechtsschutz auslösenden Geringfügigkeitsschwelle liege.[91] Zum einen ist bereits fraglich, ob die Geringfügigkeit als praktikables Kriterium zur Begrenzung grundrechtlich relevanten Staatshandelns taugt.[92] Zum anderen ist angesichts der Ausführungen des Bundesverfassungsgerichts zur individuellen Selbstbestimmung[93] die Annahme, Videobeobachtung in Form von Großbildaufnahmen beeinträchtige nur geringfügig das Recht auf informationelle Selbstbestimmung und sei daher zu vernachlässigen, eher fernliegend.

---

[87] *Kloepfer/Breitkreutz*, DVBl 1998, 1149/1152.
[88] BVerfG, Urt. v. 15.12.1983 – 1 BvR 209, 269, 362, 420, 440, 484/83, BVerfGE 65, 1/43.
[89] Zu dieser Problematik siehe sogleich 1. Kapitel:II.2.b) (S. 30).
[90] Zu diesem Ergebnis scheinen auch zahlreiche Landesgesetzgeber gelangt zu sein, wenn sie für Maßnahmen der Videobeobachtung eine Ermächtigungsgrundlage in den Polizei- und Datenschutzgesetzen für erforderlich hielten, wenngleich dieser Umstand selbstverständlich nicht als Begründung, sondern allenfalls als Indiz für die Eingriffsqualität der Maßnahme anzusehen ist. Siehe bspw. § 15a PolG Nordrhein-Westfalen, § 14 Abs. 3 Hessisches SOG, § 31 Abs. 3 Brandenburgisches PolG, § 38 Abs. 1 Sächsisches PolG, Art. 32 Abs. 1 Bayerisches PAG, § 33 Thüringer PAG, § 29b DSG Nordrhein-Westfalen, § 33c Brandenburgisches DSG, § 20 Abs. 1 DSG Schleswig-Holstein; siehe zur vorgenannten Überlegung auch *Röger/Stephan*, NWVBl 2001, 201/206.
[91] In Erwägung gezogen, aber verworfen von *Hasse*, ThürVBl 2000, 169/170.
[92] *Möller/v. Zezschwitz (Höfling)*, S. 33/34, mit Nachw. in Fußn. 18, der es dogmatisch vorzieht, das grundrechtsrelevante dadurch vom bedeutungslosen Staatshandeln abzugrenzen, dass die Schutzgegenstände der einzelnen grundrechtlichen Abwehrrechte selbst so bestimmt werden, dass „Bagatellen" ggf. aus dem Schutzbereich ausgeschlossen sind.
[93] BVerfG, Urt. v. 15.12.1983 – 1 BvR 209, 269, 362, 420, 440, 484/83, BVerfGE 65, 1/42 f.

b)   Offene Videobeobachtung durch Erstellen von Übersichtsaufnahmen

Oftmals wird die Videobeobachtung nur durch das Erstellen von Übersichtsaufnahmen durchgeführt, bei denen im Gegensatz zu Großbildaufnahmen eine direkte Identifizierung einzelner Personen nicht möglich ist.[94] Die Eingriffsqualität solcher Übersichtsaufnahmen wird in Rechtsprechung und Literatur nicht einheitlich beurteilt.

Zum Teil wird die Eingriffsqualität bei der Videobeobachtung in Form von Übersichtsaufnahmen abgelehnt.[95] Dies gelte jedenfalls, solange einzelne Personen nicht identifiziert werden können.[96] Neben den bereits für Videobeobachtungsmaßnahmen in Form von Großbildaufnahmen vorgebrachten Argumenten wird im Falle der Übersichtsaufnahmen insbesondere auf die Nichtidentifizierbarkeit einzelner Personen abgestellt, so dass es auch an der Offenbarung persönlicher Lebenssachverhalte fehle.[97]

Die vorgenannte Auffassung wird von einer nicht unerheblichen Anzahl an Stimmen in der Literatur[98] vornehmlich mit dem Argument abgelehnt, dass auch im Falle bloßer Übersichtsaufnahmen der von ihr Betroffene sich überwacht fühlt,[99] denn er könne weder wissen noch beeinflussen, ob er lediglich als nicht identifizierbarer Punkt in einer Übersichtsaufnahme zu sehen ist oder aber ob er herangezoomt oder sogar aufgezeichnet wird.[100] Dieser Umstand alleine begründe schon den Eingriff in das Recht auf informationelle Selbstbestimmung. *Roggan* argumentiert, dass auch bei den nur zu allgemeinen Überwachungszwecken installierten Kameras, die im Regelfall Übersichtsaufnahmen erstellen, eine persönliche Identifizierung nicht nur möglich, sondern letztlich auch bezweckt

---

[94]   Siehe zum Begriff der Übersichtsaufnahme schon oben Einleitung-II (S. 3).
[95]   VG *Halle*, Beschl. v. 17.1.2000 – 3 B 121/99 HAL, LKV 2000, 164; VG *Karlsruhe*, Urt. v. 10.10.2001 – 11 K 191/01, NVwZ 2002, 117/118; *Weichert*, DuD 2000, 662/663, wenngleich dem Kontext zu entnehmen ist, dass sich der Autor nur auf Maßnahmen der Videoaufzeichnung bezieht, wobei im Hinblick auf das Verhältnis von Videobeobachtung und Videoaufzeichnung ein Erst-Recht-Schluss zulässig sein wird; *Saeltzer*, DuD 1997, 462; *Schneider/Daub*, Die Polizei 2000, 322/323; *Müller*, Die Polizei 1997, 77/78; *Keller*, Kriminalistik 2000, 187/188; *Dolderer*, NVwZ 2001, 130/131; *Maske*, NVwZ 2001, 1248/1249; wohl auch *Geiger*, S. 186, soweit keine personenbezogenen Daten erhoben werden; *Schwabe*, NdsVBl 2002, 39/40; *Schmitt Glaeser*, BayVBl 2002, 584/585 und 587.
[96]   VG *Halle*, Beschl. v. 17.1.2000 – 3 B 121/99 HAL, LKV 2000, 164; VG *Karlsruhe*, Urt. v. 10.10.2001 – 11 K 191/01, NVwZ 2002, 117/118; *Saeltzer*, DuD 1997, 462; *Schneider/Daub*, Die Polizei 2000, 322/323.
[97]   *Dolderer*, NVwZ 2001, 130/131.
[98]   *Roos*, Kriminalistik 1994, 674; *Roggan*, NVwZ 2001, 134/135 f.; *Röger/Stephan*, NWVBl 2001, 201/206 f.; *Hasse*, ThürVBl 2000, 169/171; *Horst*, NZM 2000, 937/941 – zum Bürgerlichen Recht; *Horst*, DWW 2001, 122/125 – zum Bürgerlichen Recht; *Schwarz*, ZG 2001, 246/255 f.; *Robrecht*, NJ 2000, 348 f.; wohl auch *Möller/v. Zezschwitz (Höfling)*, S. 39/40; wohl auch *Kloepfer/Breitkreutz*, DVBl 1998, 1149/1152; *Fischer*, VBlBW 2002, 89/92; *Achelpöhler/Niehaus*, DuD 2002, 731/735.
[99]   *Roos*, Kriminalistik 1994, 674; *Hasse*, ThürVBl 2000, 169/171; *Schwarz*, ZG 2001, 246/257; *Roggan*, NVwZ 2001, 134/136.
[100] *Röger/Stephan*, NWVBl 2001, 201/207; *Büllesfeld*, S. 143; *Achelpöhler/Niehaus*, DuD 2002, 731/732; wohl auch *Simitis (Bizer)*, § 6b Rdn. 5.

sei.[101] Diese Kameras werden gerade auch zum Zweck der Identifizierung von Störern oder Straftätern aufgestellt und in der polizeilichen Öffentlichkeitsarbeit entsprechend vorgestellt, so dass jede Person im Aufnahme- und Schwenkbereich der Kamera damit rechnen müsse, nicht nur als Teil einer Menschenmenge aufgenommen, sondern auch als Individuum registriert zu werden.[102] Diese Auffassung wird auch von *Röger/Stephan* geteilt, wenn sie herausstellen, dass der Sinn der polizeilichen Videoüberwachung offenkundig nicht sei, lediglich bloße Übersichtsaufnahmen ohne Identifikationsmöglichkeiten zu erstellen, da die Installation solcher Kameras von vornherein in keiner Weise abschreckend wäre und damit den intendierten Beitrag zur Verbrechensvorsorge nicht leisten könne.[103]

Im Unterschied zur Videobeobachtung in Form von Großbildaufnahmen kann der Eingriffscharakter bei Übersichtsaufnahmen nicht schon damit begründet werden, die Überwachung führe zu einer Offenbarung persönlicher Lebenssachverhalte.[104] Denn durch das Erstellen von Übersichtsaufnahmen kommt es gerade nicht zu einer Identifizierung Einzelner, die erst einen Informationsgewinn und Rückschlüsse über persönliche Lebensumstände ermöglicht. Es erscheint aber zweifelhaft, ob allein dieser, am technischen Ergebnis der Überwachung orientierte Ansatz dem Schutz des informationellen Selbstbestimmungsrechts gerecht wird. Die Ausführungen des Bundesverfassungsgerichts zum Volkszählungsgesetz verdeutlichen, dass jenseits objektiver Merkmale und Umstände der Datenerhebung das Recht auf informationelle Selbstbestimmung auch eine subjektive Komponente enthält.[105] Es gewährleistet neben dem Schutz des Einzelnen gegen unbegrenzte Erhebung, Speicherung, Verwendung und Weitergabe persönlicher Daten[106] auch, dass der Einzelne verschont bleibt von einer durch Überwachung erzeugten *Unsicherheit* darüber, ob abweichende Verhaltensweisen jederzeit notiert und als Informationen dauerhaft gespeichert, verwendet oder weitergegeben werden.[107] Offen bleibt in diesem Zusammenhang allerdings, inwieweit dem subjektiven Element für die Begründung des Eingriffscharakters von Maßnahmen der Videoüberwachung Bedeutung beizumessen ist.

---

[101] NVwZ 2001, 134/136.

[102] *Roggan*, NVwZ 2001, 134/136.

[103] NWVBl 2001, 201/206.

[104] Siehe hierzu BVerfG, Urt. v. 15.12.1983 – 1 BvR 209, 269, 362, 420, 440, 484/83, BVerfGE 65, 1/42.

[105] Dies wird von *Schmitt Glaeser*, BayVBl 2002, 584/587, verkannt, der einen Eingriff im Falle bloßer Videobeobachtung ablehnt, jedoch unter Berufung auf die Ausführungen des BVerfG zum informationellen Selbstbestimmungsrecht im Volkszählungsurteil einen Eingriff in die von Art. 2 Abs. 1 GG geschützte allgemeine Verhaltensfreiheit (allgemeine Handlungsfreiheit?) für möglich hält, da beim Betroffenen ein Gefühl des penetranten Beobachtetwerdens erzeugt werden könne; zutreffend aber *Büllesfeld*, S. 142 f.

[106] BVerfG, Urt. v. 15.12.1983 – 1 BvR 209, 269, 362, 420, 440, 484/83, BVerfGE 65, 1/43.

[107] BVerfG, Urt. v. 15.12.1983 – 1 BvR 209, 269, 362, 420, 440, 484/83, BVerfGE 65, 1/43.

Zum einen könnte die vorgenannte Passage aus dem Volkszählungsurteil die Annahme nahe legen, die Eingriffsqualität einer hoheitlichen Maßnahme hänge letztlich allein davon ab, dass der Einzelne Kenntnis von ihr hat. Noch weitergehend wäre es, den Eingriff allein mit der – objektiv nicht gerechtfertigten – *Vermutung* des Bürgers zu begründen, eine bestimmte Maßnahme sei gegen ihn gerichtet, die im Falle ihrer tatsächlichen Durchführung als grundrechtlicher Eingriff qualifiziert werden würde. Einen solchen rein subjektiven Ansatz scheint *Roggan* zu vertreten, wenn er in diesem Zusammenhang ausführt, die Subjektivität der Betroffenen müsse zum Maßstab des Eingriffs erhoben werden.[108] Die bloße Kenntnis von der Möglichkeit, individuell registriert zu werden, reiche aus, um einen Eingriff in das Recht auf informationelle Selbstbestimmung anzunehmen.[109]

Ein solcher subjektiver Ansatz würde zwar dem Umstand Rechnung tragen, dass die Bürger oftmals gar nicht wissen, ob im konkreten Moment, in dem sie in das Visier der Kamera gelangen, eine Vergrößerung oder gar eine Aufzeichnung erfolgt.[110] *Maske* weist jedoch zutreffend darauf hin, dass das Abstellen allein auf die Kenntnis oder eine Vermutung des Bürgers einer gegen ihn gerichteten, objektiv aber nicht durchgeführten Maßnahme letztlich das Vorliegen eines Grundrechtseingriffs von der Wahrnehmung beziehungsweise der Wahrnehmungsfähigkeit des Einzelnen abhängig macht.[111] Das Vorliegen eines Grundrechtseingriffs ist aber nicht kenntnisabhängig.[112] Ein Umkehrschluss dahingehend, dass die Unkenntnis einer tatsächlich durchgeführten Maßnahme bei Abwesenheit einer entsprechenden Vermutung des Bürgers die Eingriffsqualität ausschließen müsste, kann den Befürwortern des subjektiven Ansatzes allerdings nicht unterstellt werden.[113] Die Schwäche des rein subjektiven Ansatzes liegt letztlich darin, dass die Frage des Eingriffs für ein und dieselbe Maßnahme in jedem Einzelfall gesondert untersucht werden müsste. Dies birgt die Gefahr eines willkürlich praktizierten Grundrechtsschutzes und beweisrechtlich kaum hinnehmbarer Unsicherheiten für verfassungs- und verwaltungsgerichtliche Verfahren.

Die gegen den subjektiven Ansatz erhobenen Einwände können aber nicht darüber hinwegtäuschen, dass die Sicht des Betroffenen beziehungsweise des potentiell Betroffenen für die Beurteilung der Eingriffsqualität von entscheidender Bedeutung ist. Das Bundesverfassungsgericht hat im Volkszählungsurteil ausgeführt, dass derjenige in seiner Freiheit persönlicher Selbstbestimmung wesentlich gehemmt werden kann, der nicht mit hinreichender Sicherheit überschauen kann, welche ihn betreffende Informationen in bestimm-

---

[108] NVwZ 2001, 134/136; so anscheinend auch *Büllesfeld* (S. 147), der im Ergebnis einer rein subjektiv geprägten Perspektive folgen möchte, die mit einem solchen Ansatz einhergehenden Probleme allerdings nicht behandelt.
[109] *Roggan*, NVwZ 2001, 134/136.
[110] *Schiek*, Forum Recht 2001, 80.
[111] *Maske*, NVwZ 2001, 1248/1249.
[112] *Maske*, NVwZ 2001, 1248/1249.
[113] So aber *Maske*, NVwZ 2001, 1248/1249.

ten Bereichen seiner sozialen Umwelt bekannt sind, und der das Wissen möglicher Kommunikationspartner nicht einigermaßen abzuschätzen vermag.[114] Um die vorangehenden Ausführungen des Bundesverfassungsgerichts und den Umstand, dass gerade die Unsicherheit über die konkret durchgeführte Videoüberwachungsmaßnahme zu einer wesentlichen Beschränkung individueller Selbstbestimmung und -entfaltung führen kann, bei der Beurteilung der Eingriffsqualität von Videobeobachtungsmaßnahmen hinreichend zu berücksichtigen, bedarf es eines Rückgriffs auf den rein subjektiven Ansatz jedoch nicht. Im Kern geht es nämlich nicht um die Frage, ob sich der Bürger tatsächlich einer Videoüberwachungsmaßnahme ausgesetzt fühlt oder ob er von der konkret durchgeführten Maßnahme Kenntnis hat oder nicht. Entscheidend ist vielmehr die Frage, ob der Bürger bei *objektiver* Betrachtungsweise und aufgrund *objektiv* zu beurteilender Umstände Anlass hat, eine gegen ihn gerichtete Videoüberwachungsmaßnahme zu vermuten. Eine solche Vermutung wäre objektiv beispielsweise gerechtfertigt, wenn der Bürger in das Visier einer ausgeschalteten und gewöhnlich aufzeichnenden Videokamera geriete, ohne dass die fehlende Einsatzbereitschaft der Kamera dem Bürger irgendwie ersichtlich wäre.[115] Insofern unterscheidet sich dieser vorgenannte von einem rein subjektiven Ansatz erheblich. Zwar findet das subjektive Merkmal der Unsicherheit auch im Rahmen dieses letztgenannten Lösungsansatzes Berücksichtigung. Es wird aber insoweit verobjektiviert, als im Wege einer objektiven Betrachtungsweise und nach objektiven Merkmalen Gefühle und Vermutungen des Bürgers auf ihre Plausibilität und Rechtfertigung hin untersucht werden. Die Eingriffsqualität einer Maßnahme hängt damit nicht mehr von individuellen Kenntnissen, Vermutungen, Anschauungen oder gar psychischen Besonderheiten ab.[116]

Dieser Lösungsansatz vermag gerade auch dem Umstand Rechnung zu tragen, dass der Bürger mangels Hinweises in der Regel im Ungewissen darüber gelassen wird, welche der möglichen Einzelmaßnahmen von der ihn erfassenden Kamera durchgeführt wird beziehungsweise ob überhaupt in irgendeiner Form videoüberwacht wird.[117] Hinweisschilder enthalten regelmäßig nur die Information, dass videoüberwacht wird, ohne dass zwischen den einzelnen Maßnahmen differenziert wird. Gelegentlich nur finden sich Hinweise, die zwischen den Maßnahmen der Videobeobachtung und der Videoaufzeichnung differenzierend über die Durchführung der einen oder der anderen informieren. Praktisch un-

---

[114] BVerfG, Urt. v. 15.12.1983 – 1 BvR 209, 269, 362, 420, 440, 484/83, BVerfGE 65, 1/43.

[115] Daher ist auch die den Eingriff verneinende Begründung von *Schwabe* (NdsVBl 2002, 39/40) völlig verfehlt, wonach der den Monitor beobachtende Beamte keine Zeit, Lust und vor allem keinen Anlass habe, die in der Regel vielen Menschen auf seinen Bildschirmen zu überwachen, zu kontrollieren und zu beaufsichtigen, da ihn nur zu interessieren habe, wenn ein Beobachteter einen anderen Menschen angreift oder bestiehlt (...). Dies sei ein Dienst zu Gunsten von Grundrechtsschutzgütern und keine Freiheitsbeschränkung. Eine solche Sichtweise wird dem Umstand nicht gerecht, dass die Motive des Beamten bei der Beobachtung sowie die Beobachtungstätigkeit dem videoüberwachten Bürger gar nicht ersichtlich sind.

[116] Dieser Ansatz wird von *Maske*, NVwZ 2001, 1248 f. völlig verkannt.

[117] *Schiek*, Forum Recht 2001, 80; in diesem Sinne auch *Koch*, S. 123.

durchführbar und daher unberücksichtigt bleibt die Unterscheidung zwischen Videobeobachtung und Videoaufzeichnung durch das Erstellen von Einzelportraits beziehungsweise Übersichtsaufnahmen. *Röger/Stephan* wiesen bereits darauf hin, dass es Kameras, die
von vornherein ausschließlich für die Erstellung von Übersichtsaufnahmen installiert
werden, in aller Regel nicht gibt. Es ist im Übrigen auch nicht ersichtlich, wie ein in der
praktischen Anwendung üblicher Wechsel zwischen den einzelnen Maßnahmen dem Bürger zuverlässig kommuniziert werden könnte. Nur ein eindeutiger Hinweis auf die konkret gerade durchgeführte Einzelmaßnahme wäre ansatzweise geeignet, eine bestehende
Unsicherheit des potentiell Betroffenen zu beseitigen beziehungsweise objektiv den Boden etwaiger Vermutungen und Spekulationen hinsichtlich der durchgeführten Maßnahme zu entziehen. Letztlich können Zweifel im Hinblick auf eine dennoch bestehende und
objektiv möglicherweise auch gerechtfertigte Unsicherheit ob der hoheitlichen Überwachungsmaßnahme aber nicht ausgeräumt werden.

Aufgrund der vorangehenden Ausführungen kann die bisweilen vertretene Auffassung,
Videobeobachtung in Form von bloßen Übersichtsaufnahmen seien als Grundrechtsgefährdung dem Grundrechtseingriff noch nicht gleichzusetzen,[118] nicht geteilt werden. Ihr
liegt eine Beschränkung auf den Ansatz zugrunde, der die Verkürzung des informationellen Selbstbestimmungsrechts in den weiteren Verwendungsmöglichkeiten aufgezeichneten Bildmaterials sieht und also in der mit ihr einhergehenden Gefahr des Missbrauchs
personenbezogener Informationen.[119] Außer Acht gelassen wird hierbei, dass schon die
bestehende Unsicherheit ob der konkret durchgeführten Einzelmaßnahme die individuelle Selbstbestimmung nicht nur gefährdet, sondern faktisch reduziert.[120]

Dem von *Büllesfeld* vorgebrachten Ansatz, wonach die Eingriffsqualität von Videobeobachtungsmaßnahmen in Form von Übersichtsaufnahmen u.a. auch mit der Vermeidung
einer umfassenden Überwachungsstruktur und der hiermit verbundenen Notwendigkeit
von Ermächtigungsgrundlagen mit klar definierten Tatbestandsvoraussetzungen begründet werden könne,[121] kann jedoch nicht gefolgt werden. Das quantitative Ausmaß von
Maßnahmen der Videoüberwachung begründet selbst noch keinen Eingriff in das Recht
auf informationelle Selbstbestimmung.[122] Noch weniger können vereinzelte Videoüberwachungsmaßnahmen im Hinblick auf eine ungewisse *zukünftige* quantitative Entwicklung
des Einsatzes von Videoüberwachung aus Zweckmäßigkeitserwägungen als eingriffsbegründend qualifiziert werden.

---

[118] *Dolderer*, NVwZ 2001, 130/131; zur Grundrechtsgefährdung im Zusammenhang mit Maßnahmen der Videobeobachtung siehe auch *Röger/Stephan*, NWVBl 2001, 201/206; *Schwarz*,
ZG 2001, 246/255 f., sowie *Fischer*, VBlBW 2002, 89/92 in Fußn. 31.
[119] Siehe oben 1. Kapitel:II.2.a) (S. 26).
[120] Im Ergebnis ebenso *Büllesfeld*, S. 145.
[121] *Büllesfeld*, S. 145/146.
[122] Zum quantitativen Aspekt der Videoüberwachung siehe noch unten 2. Kapitel:III (S. 110).

Als Ergebnis kann festgehalten werden, dass Videobeobachtung in Form von Über-sichtsaufnahmen als Eingriff in das Recht auf informationelle Selbstbestimmung zu quali-fizieren ist.

c) Grundrechtsverzicht

Zu überlegen ist schließlich, ob Maßnahmen der offenen Videobeobachtung die Ein-griffsqualität unter Verweis auf einen wirksamen Grundrechtsverzicht abgesprochen wer-den kann. Ein solcher Grundrechtsverzicht könnte sich möglicherweise schon daraus er-geben, dass die unter oben a) und b) behandelten Videobeobachtungsmaßnahmen offen durchgeführt werden. Die von ihr Betroffenen wissen also, dass sie sich in videoüber-wachten Raum begeben, so dass hieraus gegebenenfalls ein Grundrechtsverzicht abgelei-tet werden könnte.[123]

Während früher ein solcher Verzicht auf Grundrechtsverbürgungen als unzulässig ange-sehen wurde, wird heute der Verzicht als besondere Form des Freiheitsgebrauchs ver-standen.[124] Fraglich ist allerdings, ob auf Rechte, die dem Bürger als besondere Ausprä-gungen des Allgemeinen Persönlichkeitsrechts zustehen – wie das Recht auf informatio-nelle Selbstbestimmung –, überhaupt verzichtet werden kann. Um den Besonderheiten im Einzelfall hinreichend Rechnung zu tragen, kann die Zulässigkeit eines Verzichts nicht pauschal, sondern nur unter Berücksichtigung bedeutender Kriterien wie Schwere und Dauer des Grundrechtsverzichts oder etwa Missbrauchsgefahr der Verzichtsmöglichkeit beurteilt werden.[125] In Anbetracht der Tatsache, dass eine Videobeobachtungsmaßnahme im einzelnen Fall regelmäßig nur von kurzer Dauer ist – beispielsweise die Videobeobach-tung während des Überquerens eines Platzes –, ist zumindest im Hinblick auf das Kriteri-um der Verzichtsdauer von der Zulässigkeit eines Grundrechtsverzichts auszugehen. Der Zulässigkeit eines Grundrechtsverzichts im Einzelfall steht auch nicht entgegen, dass auf die Menschenwürde gemäß Art. 1 Abs. 1 GG in keinem Fall verzichtet werden kann.[126] Zwar wird das Allgemeine Persönlichkeitsrecht gemeinhin aus Art. 2 Abs. 1 i. V. mit Art. 1 Abs. 1 GG abgeleitet.[127] Dies bedeutet allerdings nicht, dass beide Grundrechtsar-tikel auch kumulativ Anwendung fänden. Art. 1 Abs. 1 GG dient lediglich als Auslegungs- und Interpretationsrichtlinie bei der Bestimmung von Inhalt und Umfang des primär aus Art. 2 Abs. 1 GG abgeleiteten Allgemeinen Persönlichkeitsrechts.[128] Die Möglichkeit ei-

---

[123] In Erwägung gezogen von *Röger/Stephan*, NWVBl 2001, 201/207; *Hasse*, ThürVBl 2000, 169/171 f.; *Schwarz*, ZG 2001, 246/258; wohl auch *Schwabe*, NdsVBl 2002, 39/40; *Geiger*, S. 190; zum österreichischen Recht siehe auch *König*, S. 124 f.

[124] *Sachs (Sachs)*, vor Art. 1 Rdn. 52; *Geiger*, S. 190.

[125] Siehe hierzu *Pieroth/Schlink*, Rdn. 139.

[126] BVerfG, Urt. v. 21.6.1977 – 1 BvL 14/76, BVerfGE 45, 187/229; BVerwG, Urt. v. 15.12.1981 – 1 C 232.79, BVerwGE 64, 274/279.

[127] Siehe schon oben 1. Kapitel:II.1.a) (S. 21).

[128] *v. Münch/Kunig (Kunig)*, Art. 2 Rdn. 30; *Sachs (Murswiek)*, Art. 2 Rdn. 63 und 103; *v. Mangoldt/Klein/Starck (Starck)*, Art. 2 Rdn. 85.

nes Verzichts auf das informationelle Selbstbestimmungsrecht wird auch in der grundlegenden Entscheidung des Bundesverfassungsgerichts zum Volkszählungsgesetz nicht in Abrede gestellt. Das Gericht führt aus, dass aus dem Gedanken der Selbstbestimmung die Befugnis des Einzelnen folge, grundsätzlich selbst zu entscheiden, wann und innerhalb welcher Grenzen persönliche Lebenssachverhalte offenbart werden.[129] Diese Befugnis ist aber nicht nur als Abwehrrecht gegen den Staat *vor* der Offenbarung persönlicher Lebenssachverhalte, sondern auch als Recht *zur* Offenbarung persönlicher Lebenssachverhalte zu begreifen. Der Verzicht auf den grundrechtlichen Schutz vor der Offenbarung persönlicher Lebenssachverhalte kann auch als Inanspruchnahme des Rechts auf informationelle Selbstbestimmung erachtet werden.[130]

Die Frage, ob und inwieweit ein Verzicht auf das informationelle Selbstbestimmungsrecht zulässig ist, kann letztlich jedoch dahinstehen, wenn es jedenfalls schon an der Freiwilligkeit des Verzichts mangelt, da diese unabdingbare Voraussetzung für die Wirksamkeit eines Grundrechtsverzichts ist.[131] An der Freiwilligkeit fehlt es insbesondere, wenn der Verzicht unter Druck, Täuschung, Zwang oder Vorteilsgewähr zustande gekommen ist.[132] Nach *König* ist die Freiwilligkeit des Grundrechtsverzichts im Zusammenhang mit Maßnahmen der Videoüberwachung restriktiv zu prüfen.[133] Sicherlich wird es Personen geben, die sich aufgrund ihres Sicherheitsbedürfnisses bevorzugt an videoüberwachten Orten aufhalten, so dass insoweit die Freiwilligkeit des Grundrechtsverzichts vermutet werden kann.[134] Für einen beträchtlichen Teil der Bevölkerung kann von Freiwilligkeit allerdings keine Rede sein. Viele werden schon nicht wissen, dass sie sich gerade in videoüberwachtem Raum aufhalten, weil sie die Kameras oder die auf sie hinweisenden Schilder nicht gesehen haben. Auch im Hinblick auf die vielfach bestehende faktische Notwendigkeit der Durchquerung beziehungsweise Benutzung zentraler Örtlichkeiten und Einrichtungen, die im Blickfeld der Videoüberwachung stehen, wie zum Beispiel Straßen, Plätze oder öffentliche Verkehrsmittel, kann kaum ein freiwilliger Grundrechtsverzicht unterstellt werden.[135] Von Ausnahmen abgesehen begeben sich die Bürger nicht mit der Absicht in videoüberwachten Raum, persönliche Lebenssachverhalte zu offenbaren.

---

[129] BVerfG, Urt. v. 15.12.1983 – 1 BvR 209, 269, 362, 420, 440, 484/83, BVerfGE 65, 1/42.
[130] Anderer Ansicht scheint *Reich*, Art. 2 Rdn. 1 zu sein, der pauschal ausführt, dass das Persönlichkeitsrecht unverzichtbar sei. *Reich* verweist dabei auf BVerfG, Beschl. v. 19.12.1991 – 1 BvR 382/85, NJW 1992, 815. Von einer Unverzichtbarkeit des Allgemeinen Persönlichkeitsrechts ist in der Entscheidung allerdings keine Rede. Das Bundesverfassungsgericht prüft vielmehr, ob der Beschwerdeführer in den grundrechtlichen
[131] Schutzbereich eingewilligt hat. Rdn. 56; *Pieroth/Schlink*, Rdn. 136; *Dreier (Dreier)*, Vorbemerkung zu Art. 1 Rdn. 83; *Hasse*, ThürVBl 2000, 169/171 f.; *Röger/Stephan*, NWVBl 2001, 201/207; *Schwarz*, ZG 2001, 246/258.
[132] Siehe schon die in Fußn. 131.
[133] S. 127.
[134] *Hasse*, ThürVBl 2000, 169/171.
[135] So auch *Röger/Stephan*, NWVBl 2001, 201/207; *Hasse*, ThürVBl 2000, 169/171 f.

Vielmehr ist davon auszugehen, dass angesichts der gegenwärtigen Durchdringung mit Videoüberwachung im öffentlichen Raum eine praktikable Möglichkeit, von Maßnahmen der Videoüberwachung verschont zu bleiben, nicht mehr besteht.

Von einer allgemeinen Freiwilligkeit eines Verzichts auf das informationelle Selbstbestimmungsrecht kann unter den dargelegten Umständen keine Rede sein, so dass sich an der Eingriffsqualität der unter a) und b) untersuchten Maßnahmen nichts ändert.[136]

d) *Verdeckte Maßnahmen der Videobeobachtung*

Es versteht sich von selbst, dass verdeckte Maßnahmen der Videobeobachtung[137] erst recht in das Recht auf informationelle Selbstbestimmung eingreifen. Videobeobachtung, von welcher der Bürger noch nicht einmal etwas weiß, ist gegenüber der offenen Videobeobachtung die ungleich schwerere Beschränkung der eigenen Selbstbestimmung,[138] da der Bürger nunmehr jederzeit damit rechnen muss, von Videokameras beobachtet zu werden. Insofern kann auch dem VG *Halle* nicht zugestimmt werden, wenn es zur Begründung dafür, dass sogar die verdeckte Videobeobachtung keinen Eingriff in das Persönlichkeitsrecht darstellen soll, einen Vergleich mit einem Polizeibeamten in Zivil anführt:[139] Videobeobachtung sei dem näheren Hinschauen durch einen Polizeibeamten gleichzusetzen[140] und somit nicht als Eingriff zu qualifizieren.[141] Hieran ändere sich auch im Falle verdeckter Videobeobachtung nichts, denn einen Rechtsgrundsatz, wonach Überwachung durch Beobachtung offen zu erfolgen habe, gebe es nicht.[142] Diese Auffassung wird, wie bereits im Rahmen der Beurteilung von Großbildaufnahmen eingehend erörtert, dem Umstand nicht gerecht, dass der Einsatz von Videokameras eine weit intensivere und gleichzeitig großflächigere Beobachtung ermöglicht als sie mit bloßem Auge möglich wäre.[143] Im Übrigen verkennt sie, dass der Überwachungsdruck aufgrund der Unsicherheit, überall ins Visier einer versteckten Kamera kommen zu können, noch deutlich stärker sein dürfte als dies bei offen durchgeführten Maßnahmen ohnehin schon der Fall ist. Denn der Umstand selbst, dass im öffentlichen Raum verdeckt videobeobachtet wird, dürfte früher oder später allseits bekannt sein.[144]

---

[136] So i.E. auch *Büllesfeld*, S. 148.

[137] Zur Begrifflichkeit siehe schon oben in der Einleitung zum 1. Teil (S. 12).

[138] *Weichert*, DuD 2000, 662/663.

[139] LKV 2000, 164/165.

[140] Dies soll jedenfalls für Videobeobachtung in Form von Großbildaufnahmen gelten. Für Übersichtsaufnahmen fehlt es mangels Identifizierbarkeit schon an einem Offenbaren persönlicher Lebenssachverhalte.

[141] VG *Halle*, Beschl. v. 17.1.2000 – 3 B 121/99 HAL, LKV 2000, 164/165.

[142] VG *Halle*, Beschl. v. 17.1.2000 – 3 B 121/99 HAL, LKV 2000, 164/165.

[143] NdsVBl 2001, 77/79.

[144] Insofern kann der Ansicht von *Büllesfeld* (S. 22) nicht uneingeschränkt gefolgt werden, wonach verdeckte Videoüberwachungsmaßnahmen zur präventiven Kriminalitätsbekämpfung *per se* ungeeignet sind. Unabhängig davon ist ihm jedoch im Hinblick auf die Annahme, ver-

An der Eingriffsqualität ist in Anlehnung an die Ausführungen zur offenen Videobeobachtung in Form von Übersichtsaufnahmen[145] ebenso wenig zu zweifeln, wenn Schilder auf versteckte Videoüberwachung in einem bestimmten Gebiet hinweisen unabhängig davon, ob eine Überwachung auch tatsächlich durchgeführt wird.[146] Denn neben dem Umstand, dass die Bürger über die konkret durchgeführte Videoüberwachungsmaßnahme in Unkenntnis sind, kommt im Gegensatz zu den offen durchgeführten Maßnahmen hinzu, dass die Bürger im Falle des Hinweises auf verdeckt erfolgende Videoüberwachung nicht wissen, *wann* sie in den räumlichen Bereich einer sie videoüberwachenden Kamera gelangen.

3. Verfassungsrechtliche Rechtfertigung

Eine Verletzung des Rechts auf informationelle Selbstbestimmung für Maßnahmen der Videobeobachtung kann letztlich aber nur angenommen werden, wenn die jeweilige Einzelmaßnahme verfassungsrechtlich nicht zu rechtfertigen wäre.

Grundvoraussetzung für eine verfassungsrechtliche Rechtfertigung ist die Beschränkbarkeit des Allgemeinen Persönlichkeitsrechts. Wie bereits zum Grundrechtsverzicht ausgeführt impliziert die Herleitung des Allgemeinen Persönlichkeitsrechts aus Art. 2 Abs. 1 i. V. mit Art. 1 Abs. 1 GG nicht auch eine kumulative Anwendung der beiden Artikel.[147] Art. 1 Abs. 1 GG dient vielmehr nur der Auslegung und Interpretation des Allgemeinen Persönlichkeitsrechts, so dass die Unbeschränkbarkeit des Art. 1 Abs. 1 GG nicht auf das Allgemeine Persönlichkeitsrecht übertragen werden kann.[148]

Aus den Grundrechten selbst sowie aus dem allgemeinen, aus Art. 20 Abs. 3 GG abgeleiteten Vorbehalt des Gesetzes ergibt sich, dass den Bürger belastende Maßnahmen – insbesondere grundrechtliche Eingriffe – einer gesetzlichen Ermächtigungsgrundlage bedürfen.[149] Es stellt sich daher die Frage, welche formellen und materiellen Anforderungen im Einzelnen an Rechtsgrundlagen betreffend die Videoüberwachung zu stellen sind.

---

deckte Maßnahmen begegnen erheblichen verfassungsrechtlichen Bedenken, uneingeschränkt zuzustimmen; zur dieser Problematik siehe noch unten 1. Kapitel:II.3.b)aa) (S. 51).

[145] Siehe oben 1. Kapitel:II.2.b) (S. 30).

[146] Zu diesen sog. Placebo-Hinweistafeln siehe *Nürnberger*, Die Polizei 2000, 230/231. *König* begreift die Videoüberwachung durch versteckte Kameras und einem entsprechenden Hinweis hierauf insgesamt als offene Maßnahme, siehe hierzu schon oben Einleitung zum 1. Teil (S. 12).

[147] Siehe schon oben 1. Kapitel:II.2.c) (S. 35) sowie Fußn. 128.

[148] *Sachs (Murswiek)*, Art. 2 Rdn. 103; *v. Münch/Kunig (Kunig)*, Art. 2 Rdn. 30; *Hasse*, ThürVBl 2000, 169/172.

[149] BVerfG, Beschlüsse v. 8.8.1978 – 2 BvL 8/77, BVerfGE 49, 89/126; v. 28.10.1975 – 2 BvR 883/73 und 379, 497, 526/74, BVerfGE 40, 237/248; *Sachs (Sachs)*, Art. 20 Rdn. 114; *v. Mangoldt/Klein/Starck (Sommermann)*, Art. 20 Abs. 3 Rdn. 268, wobei letzterer den allgemeinen Gesetzesvorbehalt kumulativ auf die Absätze 2 und 3 des Art. 20 GG stützt.

a)   Formelle Anforderungen an die verfassungsrechtliche Rechtfertigung

Im Rahmen der verfassungsrechtlichen Rechtfertigung von Eingriffen in das Recht auf informationelle Selbstbestimmung ist im Hinblick auf die formellen Voraussetzungen zum einen von Bedeutung, auf welche Weise dem Vorbehalt des Gesetzes Rechnung zu tragen ist (sogleich aa). Dies betrifft insbesondere auch die Frage, welchen inhaltlichen Anforderungen der Gesetzgeber beim Erlass von Regelungen betreffend die Videobeobachtung zu entsprechen hat (unten bb). Zum anderen ist zu untersuchen, welche Anforderungen dem verfassungsrechtlichen Bestimmtheitsgebot in Bezug auf gesetzliche Befugnisnormen für Maßnahmen der Videobeobachtung zu entnehmen sind (unten cc).

aa)   Der Vorbehalt des Gesetzes bei Maßnahmen der Videobeobachtung

Das Bundesverfassungsgericht hat auf das Allgemeine Persönlichkeitsrecht zunächst den Gesetzesvorbehalt aus Art. 2 Abs. 2 GG angewandt.[150] Eingriffe in die in Art. 2 Abs. 2 GG aufgeführten Rechte können gerechtfertigt werden, wenn sie *auf Grund* eines Gesetzes erfolgen. Zwar legt der Wortlaut der Vorschrift die Annahme nahe, dass Eingriffe auch durch nichtförmliche[151] und nicht nur durch förmliche Gesetze zulässig sind. Unter förmlichen Gesetzen werden diejenigen Rechtsnormen verstanden, die vom verfassungsrechtlich vorgeschriebenen Gesetzgebungsorgan in dem vom verfassungsrechtlich vorgeschriebenen Gesetzgebungsverfahren erlassen worden sind, das heißt alle vom Bundestag oder den Landtagen erlassenen Rechtsnormen: die Parlamentsgesetze.[152] Die Systematik und die Entstehungsgeschichte des Art. 2 Abs. 2 GG sprechen jedoch gegen die Annahme, dass auch nichtförmliche Gesetze einen Eingriff in das Leben beziehungsweise die körperliche Unversehrtheit rechtfertigen können. Denn die durch Art. 2 Abs. 2 Satz 2 GG geschützte „Freiheit der Person" kann gemäß Art. 104 Abs. 1 GG nur durch ein förmliches Gesetz eingeschränkt werden. Da der Schutz des Lebens und der Gesundheit mit der Freiheit der Person in demselben Grundrechtsbündel verankert ist, sollen für

---

[150] So zumindest *Dreier (Dreier)*, Art. 2 Rdn. 59 unter Berufung auf BVerfG, Beschlüsse v. 8.3.1972 – 2 BvR 28/71, BVerfGE 32, 373/379; v. 31.1.1973 – 2 BvR 454/71, BVerfGE 34, 238/246. Ob in den zitierten Entscheidungen tatsächlich von einer Anwendung des Gesetzesvorbehalts aus Art. 2 Abs. 2 GG die Rede ist, erscheint zweifelhaft. Die Entscheidungen lassen dies allenfalls vermuten aufgrund der Formulierung, dass „dabei (...) von den Grundsätzen auszugehen (sei), die das Bundesverfassungsgericht in seiner Rechtsprechung über die verfassungsrechtliche Zulässigkeit von Eingriffen in die körperliche Unversehrtheit entwickelt hat".

[151] *Maurer*, Staatsrecht I, § 17 Rdn. 13 weist darauf hin, dass keine einheitliche Terminologie verwendet wird; Bsp. hierfür siehe *Sachs (Sachs)*, Art. 20 Rdn. 118 sowie vor Art. 1 Rdn. 107 f.; *v. Mangoldt/Klein/Starck (Sommermann)*, Art. 20 Abs. 3 Rdn. 253.

[152] *Maurer*, Allgemeines Verwaltungsrecht, § 4 Rdn. 7; *v. Mangoldt/Klein/Starck (Sommermann)*, Art. 20 Abs. 3 Rdn. 253; *Sachs (Sachs)*, vor Art. 1 Rdn. 109 mit dem Hinweis, dass zusätzlich aber auch noch die in anderen Rechtsetzungsverfahren entstandenen Rechtsnormen vom Begriff des förmlichen Gesetzes umfasst sein, die das Grundgesetz (bzw. die Landesverfassungen) als den Parlamentsgesetzen gleichwertig ansieht, so z.B. Gesetze nach Art. 81 und 115e GG sowie auf Landesebene volksbeschlossene Gesetze.

Eingriffe in eines der genannten Rechte dieselben Anforderungen an die verfassungsrechtliche Rechtfertigung zu stellen sein. Eingriffe in eines der in Art. 2 Abs.
2 GG ge-
nannten Rechte können daher grundsätzlich nur durch ein förmliches Gesetz verfassungsrechtlich gerechtfertigt werden.[153]

Später stand das Allgemeine Persönlichkeitsrecht unter dem Vorbehalt der Schrankentrias
aus Art. 2 Abs. 1 GG:[154] den Rechten anderer, dem Sittengesetz sowie der verfassungsmäßigen Ordnung, wobei diese die praktisch bedeutsamste Schranke ist.[155] Nach ganz
überwiegender Ansicht umfasst die Schranke der verfassungsmäßigen Ordnung die gesamte verfassungsmäßige Rechtsordnung, das heißt alle Normen unter Einschluss von
Satzungen und Gewohnheitsrecht, die formell und materiell mit der Verfassung übereinstimmen.[156] Allerdings hat das Bundesverfassungsgericht bei der verfassungsrechtlichen
Rechtfertigung oftmals strengere Maßstäbe angelegt. So werden insbesondere für Eingriffe in das informationelle Selbstbestimmungsrecht ebenso wie für Eingriffe in Rechte aus
Art. 2 Abs. 2 GG förmliche Gesetze verlangt,[157] deren Bestimmtheit hohen Anforderungen unterliegt.[158] Im Ergebnis hat die wechselnde Anwendung der Gesetzesvorbehalte aus
Art. 2 Abs. 1 sowie aus Art. 2 Abs. 2 GG keinerlei Auswirkungen im Hinblick auf die Anforderungen, die das Bundesverfassungsgericht an die in das informationelle Selbstbestimmungsrecht eingreifende Norm stellt. In jedem Fall bedarf es nämlich eines förmlichen Gesetzes.

---

[153] Angedeutet in BVerfG, Urt. v. 16.10.1977 – 1 BvQ 5/77, BVerfGE 46, 160/164; *Pie-
roth/Schlink*, Rdn. 397; *v. Münch/Kunig (Kunig)*, Art. 2 Rdn. 80 f.; *v. Mangoldt/Klein/Starck
(Starck)*, Art. 2 Rdn. 182 f.

[154] BVerfG, Urteile v. 17.2.1998 – 1 BvF 1/91, BVerfGE 97, 228/269; v. 31.1.1989 – 1 BvL
17/87, BVerfGE 79, 256/269; v. 15.12.1983 – 1 BvR 209, 269, 362, 420, 440, 484/83,
BVerfGE 65, 1/44; Beschl. v. 9.3.1988 – 1 BvL 49/86, BVerfGE 78, 77/85; BVerwG, Urt. v.
20.2.1990 – 1 C 29/86, NJW 1990, 2765/2766.

[155] *Pieroth/Schlink*, Rdn. 382.

[156] BVerfG, Urt. v. 16.1.1957 – 1 BvR 253/56, BVerfGE 6, 32 Leitsatz 3; Beschlüsse v. 7.3.1995 –
1 BvR 1564/92, BVerfGE 92, 191/196; v. 9.3.1994 – 2 BvL 43, 51, 63, 64, 70, 80/92, 2 BvR
2031/92, BVerfGE 90, 145/172; v. 27.1.1983 – 1 BvR 1008/79, 322/80 und 1091/81,
BVerfGE 63, 88/108 f.; v. 28.2.1979 – 1 BvR 317/74, BVerfGE 50, 256/262; *Sachs
(Murswiek)*, Art. 2 Rdn. 89; v. *Münch/Kunig (Kunig)*, Art. 2 Rdn. 29 f.; Kritik an der vorgenannten Definition üben v. *Mangoldt/Klein/Starck (Starck)*, Art. 2 Rdn. 23.

[157] So *Dreier (Dreier)*, Art. 2 Rdn. 59 unter Berufung auf BVerfG, Urt. v. 15.12.1983 – 1 BvR 209,
269, 362, 420, 440, 484/83, BVerfGE 65, 1/44, sowie Beschlüsse v. 7.3.1995 – 1 BvR
1564/92, BVerfGE 92, 191/197, und v. 24.6.1993 – 1 BvR 689/92, BVerfGE 89, 69/84. In
der Entscheidung v. 24.6.1993 heißt es allerdings nur, dass staatliche Maßnahmen auf gesetzlicher Grundlage getroffen werden müssen. Diese allgemeine Aussage gibt letztlich nur
den verfassungsrechtlichen Grundsatz des Vorbehalts des Gesetzes wieder, ohne dass ir-
gendwelche bestimmten Anforderungen an die die eingreifende Maßnahme rechtfertigende
Ermächtigungsgrundlage gestellt werden, wie etwa ein Parlamentsvorbehalt.

[158] Siehe etwa BVerfG, Beschl. v. 7.3.1995 – 1 BvR 1564/92, BVerfGE 92, 191/197, sowie Urt. v.
15.12.1983 – 1 BvR 209, 269, 362, 420, 440, 484/83, BVerfGE 65, 1/44. Zum Bestimmtheitsgebot siehe noch unten 1. Kapitel:II.3.a)cc) (S. 45).

In der Literatur wird überwiegend ebenso vertreten, dass Einschränkungen in das informationelle Selbstbestimmungsrecht nur durch förmliches Gesetz erfolgen können.[159] Die Notwendigkeit eines förmlichen Gesetzes sagt allerdings über die konkreten Anforderungen an die grundrechtsbeschränkende Norm noch nicht viel aus. So ist mit dem Erfordernis eines förmlichen Gesetzes noch nicht entschieden, ob dem Gesetzgeber die Möglichkeit der Verordnungsermächtigung nach Art. 80 Abs. 1 GG und damit der Delegation an die Verwaltung eröffnet ist oder ob der Eingriff einem Parlamentsvorbehalt unterliegt.[160] Hiernach hat der Gesetzgeber in grundlegenden normativen Bereichen, soweit diese staatlicher Regelung zugänglich sind, alle wesentlichen Entscheidungen selbst zu treffen.[161] Die Wesentlichkeit der Entscheidung richtet sich zum einen nach der Bedeutung der Rechtsgüter, die in Rede stehen, sowie nach dem Grad der Betroffenheit dieser Rechtsgüter.[162, 163]

Maßnahmen der Videobeobachtung, deren Regelung Gegenstand gesetzgeberischer Tätigkeit ist, kann die Wesentlichkeit im Hinblick auf grundrechtliche Beschränkungen nicht abgesprochen werden. Wie bereits ausführlich dargelegt vermögen Videobeobachtungsmaßnahmen in Form von Großbild- als auch von Übersichtaufnahmen, den Einzelnen in seiner Freiheit wesentlich zu hemmen, aus eigener Selbstbestimmung zu planen oder zu entscheiden.[164] Dem Bürger verbleibt aufgrund der weit vorangeschrittenen Durchdringung des öffentlichen Raumes mit Videoüberwachungsanlagen kaum eine praktisch durchführbare Möglichkeit, die Überwachungsmaßnahmen zu meiden.[165] Im Übrigen lässt sich die Wesentlichkeit von Regelungen betreffend die Videobeobachtung neben qualitativen Aspekten auch mit dem quantitativen Ausmaß der Überwachungsmaßnah-

---

[159] v. Mangoldt/Klein/Starck (Starck), Art. 2 Rdn. 21; v. Münch/Kunig (Kunig), Art. 2 Rdn. 42, die von „formeller gesetzlicher Grundlage" sprechen, was i. E. dasselbe ist; zur Definition siehe oben S. 39. So für Grundrechtseingriffe allgemein Jarass/Pieroth (Jarass), Art. 20 Rdn. 47; Hasse, ThürVBl 2000, 169/172; Geiger, S. 126 sowie S. 182 f.; Anderheiden, VBlBW 2002, 356/360.

[160] Auch Dreier (Schulze-Fielitz), Art. 20 (Rechtsstaat) Rdn. 107 unterscheidet auf diese Weise zwischen Parlamentsvorbehalt und dem Vorbehalt des Gesetzes.

[161] BVerfG, Urt. v. 8.4.1997 – 1 BvR 48/94, BVerfGE 95, 267/307 f.; Beschlüsse v. 2.3.1993 – 1 BvR 1213/85, BVerfGE 88, 103/116; v. 12.5.1987 – 2 BvR 1226/83, 101, 313/84, BVerfGE 76, 1/75 f.; v. 20.10.1982 – 1 BvR 1470/80, BVerfGE 61, 260/275; v. 20.10.1981 – 1 BvR 640/80, BVerfGE 58, 257/278; v. 8.8.1978 – 2 BvL 8/77, BVerfGE 49, 89/126 f.; v. 28.10.1975 – 2 BvR 883/73 und 379, 497, 526/74, BVerfGE 40, 237/249; Pieroth/Schlink, Rdn. 261 f.; Sachs (Sachs), Art. 20 Rdn. 116 f.; v. Mangoldt/Klein/Starck (Sommermann), Art. 20 Abs. 3 Rdn. 263 f.

[162] v. Mangoldt/Klein/Starck (Sommermann), Art. 20 Abs. 3 Rdn. 269; Pieroth/Schlink, Rdn. 268 mit Beispielen für intensive Eingriffe.

[163] Zur Bedeutung der in Rede stehenden Rechtsgüter siehe auch die Ausführungen zur Angemessenheit, unten 1. Kapitel:II.3.b)bb)ddd) (S. 67).

[164] Siehe oben 1. Kapitel:II.2 (S. 25).

[165] Siehe schon oben zum Grundrechtsverzicht, 1. Kapitel:II.2.c) (S. 35).

men begründen, denn ein erheblicher Teil der Bevölkerung wird früher oder später von einer Maßnahme der Videobeobachtung betroffen sein.

So streitig die Theorie vom Parlamentsvorbehalt und ihre Konkretisierungen im Einzelfall sein mögen,[166] bei der Beschränkung von Grundrechten, wie hier des Allgemeinen Persönlichkeitsrechts in seiner Ausprägung als Recht auf informationelle Selbstbestimmung, besteht jedenfalls dahingehend Übereinstimmung, als die Ausgestaltung des grundrechtlichen Eingriffs nicht der Exekutive überlassen werden kann.[167] Vom Erfordernis eines Parlamentsvorbehalts für Einschränkungen des informationellen Selbstbestimmungsrechts scheint auch das Bundesverfassungsgericht auszugehen, wenn es für Eingriffe eine gesetzliche Regelung fordert, aus der sich die Voraussetzungen und der Umfang der Beschränkungen klar und für den Bürger erkennbar ergeben.[168] Diesen Anforderungen könnte der Gesetzgeber durch eine Ermächtigung der Exekutive nach Art. 80 GG nur genügen, wenn die zum Erlass einer Rechtsverordnung ermächtigende Norm nach Inhalt, Zweck und Ausmaß hinreichend bestimmt ist. Jedoch könnten Inhalt, Zweck und Ausmaß bestimmt und zugleich doch so weit gefasst sein, dass die eigentliche Entscheidung über die Voraussetzungen des in Rede stehenden Grundrechtseingriffs bei der ermächtigten Verwaltung liegt.[169]

An dem Erfordernis einer formellen gesetzlichen Grundlage, welche die wesentlichen Fragen des Grundrechtseingriffs und seiner Voraussetzungen zum Gegenstand hat und damit auch eine Delegation an die Exekutive ausschließt, kann daher für Maßnahmen der Videobeobachtung letztlich nicht gezweifelt werden.[170]

---

[166] Terminologie uneinheitlich, oft ist auch die Rede von der Wesentlichkeitstheorie, siehe z.B. *Sachs (Sachs)*, Art. 20 Rdn. 116 f.; *v. Mangoldt/ Klein/ Starck (Sommermann)*, Art. 20 Abs. 3 Rdn. 263 f.

[167] BVerfG, zu den Nachweisen siehe Fußn. 161; *v. Mangoldt/ Klein/ Starck (Sommermann)*, Art. 20 Abs. 3 Rdn. 268; *Geiger*, S. 126 m. w. Nachw. und S. 182 f.; *Pieroth/ Schlink*, Rdn. 264 f.; *Hasse*, ThürVBl 2000, 169/ 172; kritisch *Sachs (Murswiek)*, Art. 2 Rdn. 107, die zwar insofern mit der Rechtsprechung des BVerfG übereinstimmen, als Eingriffe in das Allgemeine Persönlichkeitsrecht einer gesetzlichen Regelung bedürfen, die der Bedeutung des Rechts entsprechend hinreichend bestimmt sein muss. Fragwürdig sei jedoch, ob der Parlamentsvorbehalt verlange, dass eine Regelung in allen Fällen nur in einem förmlichen Gesetz verabschiedet werden darf; a.A. wohl *Röger/ Stephan*, NWVBl 2001, 201/ 207, die sich mit der Frage, welche Anforderungen in formeller Hinsicht an die Eingriffsnorm zu stellen sind, nicht auseinandergesetzt haben und für die Falllösung ohne weiteres auf Art. 2 Abs. 1 GG zurückgreifen.

[168] BVerfG, Beschl. v. 7.3.1995 – 1 BvR 1564/92, BVerfGE 92, 191/ 197; Urt. v. 15.12.1983 – 1 BvR 209, 269, 362, 420, 440, 484/ 83, BVerfGE 65, 1/ 44.

[169] *Pieroth/ Schlink*, Rdn. 264; zum – strittigen – Verhältnis zwischen Parlamentsvorbehalt und der Rechtsverordnungsermächtigung des Art. 80 Abs. 1 GG siehe *Maurer*, Allgemeines Verwaltungsrecht, § 6 Rdn. 11c m. w. Nachw.

[170] Beispielhaft sei hier auf einige landesrechtliche Regelungen betreffend Videoüberwachungsmaßnahmen in den Polizeigesetzen verwiesen, in denen die Voraussetzungen der jeweiligen Maßnahme geregelt sind, ohne dass die Exekutive zur Normsetzung ermächtigt wäre: § 15a

bb) Inhaltliche Anforderungen an den Parlamentsvorbehalt

Wie soeben ausgeführt sind Regelungen betreffend Videobeobachtungsmaßnahmen aufgrund der Gewichtigkeit des durch sie betroffenen informationellen Selbstbestimmungsrechts sowie des Grades der Betroffenheit von wesentlicher Bedeutung. Daher müssen in das Recht auf informationelle Selbstbestimmung eingreifende Gesetze dem Parlamentsvorbehalt genügen. Die Anforderungen an den Parlamentsvorbehalt sind zu trennen von denjenigen, die sich aus dem rechtsstaatlichen Bestimmtheitsgebot beziehungsweise dem Gebot der Normenklarheit ergeben,[171] obwohl beide Grundsätze eng miteinander verbunden sind.[172] Es stellt sich die Frage, welchen *inhaltlichen* Anforderungen der Gesetzgeber beim Erlass von Regelungen betreffend die Videobeobachtung entsprechen muss, um dem Erfordernis des Parlamentsvorbehaltes letztlich hinreichend Rechnung zu tragen.

Das Bundesverfassungsgericht hat in mehreren Entscheidungen die Beantwortung der Frage, ob und gegebenenfalls in welchem Umfang es eines gesetzgeberischen Tätigwerdens bedarf, von zwei Faktoren abhängig gemacht: Die Anforderungen an die gesetzlichen Regelungen seien zum einen zu bemessen nach den Wirkungen, die auf dem jeweils in Rede stehenden Sachgebiet für die Verwirklichung von Grundrechten der Betroffenen eintreten können, und zum anderen nach der Eigenart des Sachgebiets, das heißt ob und inwieweit es überhaupt staatlicher Regelung zugänglich ist und vom Gesetzgeber in angemessener Weise normativ erfasst werden kann.[173] Je schwerwiegender die Auswirkungen einer Regelung sind, desto genauer müssen die Vorgaben des förmlichen Gesetzgebers sein.[174] Grundsätzlich hat der Gesetzgeber danach die wesentlichen Voraussetzungen, den Umfang und das Verfahren für Grundrechtseingriffe zu regeln.[175] In Anlehnung an die vorgenannten allgemein formulierten Anforderungen an den Parlamentsvorbehalt kann eine Ermächtigung zu Videobeobachtungsmaßnahmen nur dann dem Parlamentsvorbehalt genügen, wenn der Gesetzgeber den Zweck, zu dem der Eingriff in das informationelle Selbstbestimmungsrecht erfolgen soll, unmissverständlich in die Ermächtigungsgrundlage aufnimmt.[176] Eine solche Zweckbestimmung – etwa die vorbeugende Bekämpfung von Straftaten[177] – vermag den Anwendungsbereich und damit die Reichweite des Eingriffs bereits einzuschränken.

PolG Nordrhein-Westfalen, § 31 Brandenburgisches PolG, § 27 Saarländisches PolG, § 21 PolG Baden-Württemberg, § 14 Hessisches PolG.

[171] Zum Gebot der Normenklarheit siehe noch unten 2. Kapitel:II.2.b) (S. 97).

[172] BVerfG, Beschl. v. 8.8.1978 – 2 BvL 8/77, BVerfGE 49, 89/129 f.

[173] BVerfG, Beschlüsse v. 12.5.1987 – 2 BvR 1226/83, 101, 313/84, BVerfGE 76, 1/75; v. 8.8.1978 – 2 BvL 8/77, BVerfGE 49, 89/127.

[174] *Jarass/Pieroth (Jarass)*, Art. 20 Rdn. 54 m. w. Nachw.; *Maurer*, Allgemeines Verwaltungsrecht, § 6 Rdn. 11b.

[175] BVerfG, Urt. v. 8.4.1997 – 1 BvR 48/94, BVerfGE 95, 267/308; *v. Mangoldt/Klein/Starck (Sommermann)*, Art. 20 Abs. 3 Rdn. 268; *Pieroth/Schlink*, Rdn. 266.

[176] *Geiger*, S. 183.

[177] Siehe dazu noch unten 1. Kapitel:II.3.b)bb)aaa) (S. 58).

Der Umfang und die Voraussetzungen des Eingriffs können allerdings dadurch noch weiter eingegrenzt werden, dass die Zweckbestimmung so präzise wie möglich gefasst wird, ohne dabei jedoch den gesetzgeberischen Anwendungsspielraum der Vorschrift in unpraktikabler Weise einzuengen. Eine solche Eingrenzung könnte – etwa für den typischen Zweck der präventiven Bekämpfung von Straftaten – durch die nähere Bestimmung des Begriffs der Straftat im Sinne der Befugnisnorm vorgenommen werden, wie dies in den Polizeigesetzen einiger Länder schon praktiziert wird.[178]

Des Weiteren vermag der Gesetzgeber den Anforderungen an den Parlamentsvorbehalt dadurch zu genügen, dass er neben der Zweckbestimmung in der Ermächtigungsgrundlage selbst festlegt, an welchen Orten und durch wen die Videobeobachtung durchgeführt werden darf. Wegen der grundgesetzlichen Kompetenzverteilung zwischen Bund und Ländern[179] muss sich die Festlegung des Einsatzes von Videobeobachtungsmaßnahmen allerdings auf den hoheitlichen Bereich beschränken, da für Eingriffsbefugnisse im privatrechtlichen Bereich grundsätzlich der Bundesgesetzgeber die Gesetzgebungskompetenz hat.[180]

Die Frage, wer für die Durchführung von Videobeobachtungsmaßnahmen zuständig ist, kann sich zwar aus dem systematischen Kontext des Gesetzes ergeben, in das die Norm eingefügt wird. So kann sich, soweit in anderen Gesetzen eine Verweisungsnorm nicht besteht,[181] grundsätzlich nur die Polizei auf eine Ermächtigungsgrundlage zu Videobeobachtungsmaßnahmen stützen, wenn diese im Polizeigesetz verankert ist.[182] Der Landesgesetzgeber sollte jedoch zur Harmonisierung landesrechtlicher Normen und insbesondere auch zur Vermeidung von Regelungswidersprüchen[183] in Erwägung ziehen, die Rechtsgrundlage für Videobeobachtungsmaßnahmen einheitlich und für eine Vielzahl von Einrichtungen und Landesbehörden zu normieren. Dies könnte etwa durch den Erlass einer speziellen Ermächtigungsgrundlage für Maßnahmen der Videobeobachtung im Landesdatenschutzgesetz erfolgen. Die genaue Festlegung des personalen Anwendungsbereichs in der Ermächtigungsgrundlage selbst oder nach dem Prinzip, das Allgemeine „vor die Klammer zu ziehen", würde letztlich die Reichweite grundrechtlicher Eingriffe beschränken und damit auch dem Parlamentsvorbehalt dienlich sein.

---

[178] Siehe bspw. § 15a Abs. 4 i. V. mit § 8 Abs. 3 PolG Nordrhein-Westfalen in der bislang geltenden Fassung und §§ 224, 244 Abs. 1 Nr. 1 StGB; § 32 Absätze 2 und 3 SOG Mecklenburg-Vorpommern; § 31 Abs. 2 i. V. mit § 10 Abs. 3 Brandenburgisches PolG i. V. mit § 100c StPO.
[179] Siehe hierzu schon oben 1. Kapitel:I (S. 15).
[180] Siehe oben 1. Kapitel:I (S. 15).
[181] Wie etwa § 24 OrdnungsbehördenG Nordrhein-Westfalen.
[182] Siehe bspw. § 15a PolG Nordrhein-Westfalen: „Zur Verhütung von Straftaten kann die Polizei (...)".
[183] Zum Gebot der Normenklarheit siehe noch unten 2. Kapitel:II.2.b) (S. 97).

cc) Vereinbarkeit mit dem Bestimmtheitsgebot

Von wesentlicher Bedeutung für die Frage der Rechtmäßigkeit von Regelungen betreffend Maßnahmen der Videobeobachtung ist ferner, ob die jeweilige Befugnisnorm dem Bestimmtheitsgrundsatz genügt. Nach diesem, aus Art. 20 Abs. 3 GG abgeleiteten Gebot[184] muss die in Rede stehende Norm in Tatbestand und Rechtsfolge so formuliert sein, dass die von ihr Betroffenen, also sowohl der Bürger als auch die normanwendende Behörde, die Rechtslage erkennen und ihr Verhalten danach richten können.[185] In Abgrenzung zum wesensähnlichen Institut des Parlamentsvorbehaltes[186] geht es bei der Bestimmtheit einer Regelung primär nicht um die Frage, *ob* der Gesetzgeber aufgrund der Wesentlichkeit des Regelungsgegenstandes überhaupt selbst tätig werden muss, ohne von seiner Delegationsbefugnis Gebrauch machen zu können. Im Vordergrund steht vielmehr die Frage, *wie genau* der Regelungsgegenstand, seine Voraussetzungen und Rechtsfolgen vom Gesetzgeber gefasst sein müssen.[187]

Der Umstand, dass eine Norm in Tatbestand und Rechtsfolge so formuliert sein muss, dass die von ihr Betroffenen die Rechtslage erkennen und sich entsprechend verhalten können, zwingt den Gesetzgeber allerdings nicht, Gesetzestatbestände und Rechtsfolgen stets mit genau erfassbaren Maßstäben zu umschreiben. Der Gesetzgeber ist vielmehr gehalten, eine Regelung so bestimmt zu fassen, wie dies nach der Eigenart der zu ordnenden Lebenssachverhalte und mit Rücksicht auf den Normzweck möglich ist.[188] Daher sind Generalklauseln und unbestimmte, der Ausfüllung bedürftige Rechtsbegriffe grundsätzlich zulässig, da sich die Vielfalt der Verwaltungsaufgaben nicht immer in klar umrissene Begriffe einfangen lässt.[189] Insbesondere ist der Gesetzgeber auch nicht in der Lage,

---

[184] BVerfG, Beschl. v. 3.6.1992 – 2 BvR 1041/88, 78/89, BVerfGE 86, 288/311; *Degenhart*, vor Rdn. 347 und Rdn 349; *Hasse*, ThürVBl 2000, 197.

[185] BVerfG, Urteile v. 17.11.1992 – 1 BvL 8/87, BVerfGE 87, 234/263; v. 24.4.1991 – 1 BvR 1341/90, BVerfGE 84, 133/149; Beschlüsse v. 27.11.1990 – 1 BvR 402/87, BVerfGE 83, 130/145; v. 7.4.1964 – 1 BvL 12/63, BVerfGE 17, 306/314; *Dreier (Schulze-Fielitz)*, Art. 20 (Rechtsstaat) Rdn. 117; *Bäumler (Denninger/Petri)*, S. 13; *Geiger*, S. 182 f.; *Roggan*, NVwZ 2001, 134/136; *Hasse*, ThürVBl 2000, 197.

[186] Siehe oben 1. Kapitel:II.3.a)bb) (S. 43).

[187] Zur Abgrenzung der beiden Institute siehe BVerfG, Beschl. v. 8.8.1978 – 2 BvL 8/77, BVerfGE 49, 89/129 f.

[188] BVerfG, Urt. v. 17.11.1992 – 1 BvL 8/87, BVerfGE 87, 234/263; Beschlüsse v. 24.6.1993 – 1 BvR 689/92, BVerfGE 89, 69/84; v. 24.11.1981 – 2 BvL 4/80, BVerfGE 59, 104/114; v. 26.9.1978 – 1 BvR 525/77, BVerfGE 49, 168/181; BVerwG, Urt. v. 20.2.1990 – 1 C 29/86, NJW 1990, 2765/2767; BayVerfGH, Entsch. v. 19.10.1994 – Vf. 13-VIII – 92 –, DVBl 1995, 347/348; *Hasse*, ThürVBl 2000, 197.

[189] BVerfG, Urt. v. 17.11.1992 – 1 BvL 8/87, BVerfGE 87, 234/263; Beschlüsse v. 22.5.1996 – 1 BvR 744/88, 60/89, 1519/9/, BVerfGE 94, 372/394; v. 11.1.1994 – 1 BvR 434/87, BVerfGE 90, 1/16; v. 9.5.1989 – 1 BvL 35/86, BVerfGE 80, 103/108; v. 18.5.1988 – 2 BvR 579/84, BVerfGE 78, 205/212 f.; v. 31.5.1988 – 1 BvR 520/83, BVerfGE 78, 214/226; *Bäumler (Denninger/Petri)*, S. 17; *Degenhart*, Rdn. 349; *v. Mangoldt/Klein/Starck (Sommermann)*, Art. 20 Abs. 3 Rdn. 279; *Dreier (Schulze-Fielitz)*, Art. 20 (Rechtsstaat) Rdn. 121, *Jarass/Pieroth*

jede einzelne Form einer Datenerhebung regelungsspezifisch zu erfassen.[190] Zu berücksichtigen ist allerdings, dass mit steigender Intensität der Beeinträchtigungen auf die von
der Regelung Betroffenen die Anforderungen an die Bestimmtheit einer Norm steigen.[191]
Für Maßnahmen der Videobeobachtung soll anhand der typischerweise in den landesrechtlichen Befugnisnormen enthaltenen Tatbestandsmerkmale exemplarisch untersucht
werden, ob diese den vorgenannten Kriterien des Bestimmtheitsgrundsatzes entsprechen.

Eine Anwendungsbeschränkung der zu Videobeobachtungsmaßnahmen ermächtigenden
Normen ergibt sich insbesondere aus der Zweckbestimmung der jeweiligen Normen
selbst. Videobeobachtungs- und weitergehende Maßnahmen sollen etwa zulässig sein zur
Verhütung von Straftaten,[192] zur Abwehr einer Gefahr[193] beziehungsweise zur Beseitigung
von Störungen der öffentlichen Sicherheit[194] oder zur Erfüllung allgemeiner polizeilicher
Aufgaben.[195] Trotz dieser Zweckbestimmungen verbleibt durch die Verwendung unbestimmter Rechtsbegriffe, also mehrdeutiger und deutungsfähiger Begriffe[196] wie zum Beispiel „Gefahr", „öffentliche Sicherheit" und „öffentliche Einrichtung", ein weiter Sub-
sumtions- und Anwendungsspielraum für die Exekutive. Zwar ist die Verwendung unbestimmter Rechtsbegriffe grundsätzlich zulässig. Sie darf aber nicht dazu führen, dass die
Eingriffsnormen letztlich fast tatbestandslos sind,[197] da dies ihrer willkürlichen Anwendung und damit Eingriffen in grundgesetzlich geschützte Rechte Tür und Tor öffnen
würde. Fraglich ist daher, ob die vorgenannten Zweckbestimmungen trotz ihrer Unbestimmtheit noch als *hinreichend bestimmt* zu qualifizieren sind, um dem rechtsstaatlichen
Bestimmtheitsgebot in erforderlichem Maße Rechnung zu tragen.

Die Verhütung von Straftaten kann als Zweckbestimmung wohl als ausreichend bestimmt
angesehen werden. Dem Begriff der Straftat liegt eine allgemein anerkannte und gebräuchliche Definition zugrunde.[198] Zwar vermag eine Legaldefinition des Begriffs der
Straftat den Anwendungsbereich der Ermächtigungsgrundlage dadurch zu beschränken,

---

(Jarass), Art. 20 Rdn. 61; *Geiger*, S. 183; *v. Münch/Kunig (Schnapp)*, Art. 20 Rdn. 25; *Hasse*,
ThürVBl 2000, 197.

[190] *Robrecht*, NJ 2000, 348/351.

[191] BVerfG, Beschlüsse v. 9.8.1995 – 1 BvR 2263/94 und 229, 534/95, BVerfGE 93, 213/238;
v. 8.8.1978 – 2 BvL 8/77, BVerfGE 49, 89/133; *v. Mangoldt/Klein/Starck (Sommermann)*,
Art. 20 Abs. 3 Rdn. 281; *Degenhart*, Rdn. 352; *Dreier (Schulze-Fielitz)*, Art. 20 (Rechtsstaat)
Rdn. 122; *Geiger*, S. 183.

[192] So etwa § 15a Abs. 1 PolG Nordrhein-Westfalen.

[193] So etwa § 14 Abs. 3 Satz 1 Hessisches SOG, § 21 Abs. 3 PolG Baden-Württemberg.

[194] So etwa § 21 Abs. 3 PolG Baden-Württemberg.

[195] § 31 Abs. 3 Satz 1 i. V. mit § 1 Abs. 1 Brandenburgisches PolG, § 32 Abs. 3 Satz 1 SOG
Mecklenburg-Vorpommern.

[196] Zum unbestimmten Rechtsbegriff siehe *Erichsen/Ehlers (Ossenbühl)*, Allgemeines Verwaltungsrecht, § 10 Rdn. 23 f.

[197] Diesen Vorwurf erhebt *Keller*, Kriminalistik 2000, 187/189.

[198] Siehe für alle *Tröndle/Fischer (Tröndle)*, vor § 13 Rdn. 2. Das StGB enthält eine Legaldefinition
nur für den Begriff der rechtswidrigen Tat, siehe § 11 Abs. 1 Nr. 5 StGB.

dass als Straftat im Sinne der Befugnisnorm nur Straftaten von erheblicher Bedeutung in Betracht kommen.[199] Insofern lässt sich der Anwendungsbereich der ermächtigenden Norm sowohl für die anwendende Behörde als auch für den möglicherweise betroffenen Bürger leichter ermitteln. Im Grunde geht mit der Beschränkung des Anwendungsbereichs einer Norm aber nicht notwendigerweise eine höhere Bestimmtheit der Norm einher. Dies gilt jedenfalls für eine etwaige Reduktion von der „einfachen Straftat" auf die „Straftat von erheblicher Bedeutung". Denn der Grundsatz der Bestimmtheit erfordert nur, dass die von der Norm Betroffenen die Rechtslage erkennen und ihr Verhalten danach richten können.[200] Er besagt nicht, dass diese Erkenntnis ohne Zuhilfenahme einer allgemein anerkannten Definition außerhalb des Gesetzes, in welchem die in Grundrechte eingreifende Norm verankert ist, zu gewinnen ist. Die Tatsache, dass Videoüberwachungsmaßnahmen für ihre Zulässigkeit besonders strengen Zweckanforderungen unterworfen werden,[201] ist nicht im Hinblick auf den Bestimmtheitsgrundsatz, sondern vielmehr für die Frage der Verhältnismäßigkeit von Bedeutung.[202] Hier nämlich gilt es zu erörtern, ob die Nachteile der grundrechtsbeschränkenden Maßnahme, die insbesondere im Falle weit gefasster Tatbestandsmerkmale aufgrund des ausgedehnten Anwendungsbereichs der Norm erheblicher werden, noch in einem angemessenen Verhältnis zu den aus der Maßnahme resultierenden Vorteilen für das Allgemeinwohl stehen.[203]

Bedenklicher erscheint die Zweckbestimmung, wonach Videoüberwachungsmaßnahmen an öffentlich zugänglichen Orten zur Abwehr einer Gefahr durchgeführt werden können.[204] Der Begriff der Gefahr umfasst zum einen eine Sachlage, die in absehbarer Zeit mit hinreichender Wahrscheinlichkeit zu einem Schaden für ein Rechtsgut führt (konkrete Gefahr) und zum anderen auch eine Sachlage, die in gedachten typischen Fällen nach allgemeiner Lebenserfahrung wahrscheinlich zu einem Schaden für ein Rechtsgut führt (abstrakte Gefahr).[205] Für Maßnahmen der Videoüberwachung ist dabei auf das Vorliegen einer *abstrakten* Gefahr abzustellen, da bei Durchführung der Maßnahmen eine konkrete Gefahr oder gar ein Schaden in der Regel noch nicht vorliegt. Wäre die Videoüberwachung erst beim Vorliegen einer konkreten Gefahr zulässig, könnte diese Gefahr regelmäßig nicht rechtzeitig erkannt werden.[206]

---

[199] Zum Begriff der Straftat von erheblicher Bedeutung und seiner Verwendung in den Polizeigesetzen der Länder siehe *Koch*, S. 59 f.

[200] Nachweise siehe bereits oben Fußn. 185.

[201] Wie etwa § 15a Abs. 1 Satz 1 i. V. mit Abs. 4 PolG Nordrhein-Westfalen in der bislang geltenden Fassung die Zulässigkeit von Videoüberwachungsmaßnahmen von der Verhütung besonders bedeutender Straftaten abhängig macht.

[202] Siehe hierzu noch unten 1. Kapitel:II.3.b)bb) (S. 57).

[203] Siehe zum Ganzen noch unten 1. Kapitel:II.3.b)bb)ddd) (S. 67).

[204] Siehe etwa § 14 Abs. 3 Satz 1 Hessisches SOG.

[205] BayVerfGH, Entsch. v. 19.10.1994 – Vf. 13 – VIII – 92 –, DVBl 1995, 347/349; *Götz*, Rdn. 140.

[206] BayVerfGH, Entsch. v. 19.10.1994 – Vf. 13 – VIII – 92 –, DVBl 1995, 347/349.

Fraglich ist aber, für welches Rechtsgut die Gefahr eigentlich bestehen muss. Um den Anforderungen an die Bestimmtheit der Norm noch zu genügen, ist eine solche Zweckbestimmung im Zusammenhang mit der polizeilichen Aufgabenzuweisungsnorm zu sehen.
Danach haben die Polizei- beziehungsweise die Gefahrenabwehrbehörden die Aufgabe,
Gefahren für die öffentliche Sicherheit und gegebenenfalls auch für die öffentliche Ordnung abzuwehren.[207] Die Schutzgüter der öffentlichen Sicherheit und der öffentlichen
Ordnung genügen – jedenfalls nach überwiegender Ansicht – dem Grundsatz der Bestimmtheit,[208] so dass auch die Zweckbestimmung der Gefahrenabwehr im Rahmen von
Ermächtigungsgrundlagen betreffend Videoüberwachungsmaßnahmen aufgrund der sys-
tematisch vorausgehenden allgemeinen polizeilichen Befugnisnorm als noch hinreichend
bestimmt qualifiziert werden kann.

Um jedoch Unsicherheiten im Hinblick auf die Normanwendung soweit wie möglich zu
vermeiden, ist dem Gesetzgeber anzuraten, die zu Eingriffen ermächtigenden Regelungen
so bestimmt wie möglich zu fassen. So hat etwa der Landesgesetzgeber in Baden-
Württemberg trotz der allgemeinen Aufgabenzuweisungsnorm des § 1 Abs. 1 Satz 1 PolG
Baden-Württemberg es für nötig befunden, in der zu Videoüberwachungsmaßnahmen
ermächtigenden Norm des § 21 Abs. 3 PolG die öffentliche Sicherheit als Schutzgut explizit zu erwähnen und damit gerade auch das in § 1 Abs. 1 Satz 1 PolG Baden-
Württemberg enthaltene Schutzgut der öffentlichen Ordnung aus der Zweckbestimmung
des § 21 Abs. 3 auszuschließen.

In Anlehnung an das zuvor dargelegte Ergebnis ist es nur konsequent, auch diejenige
Zweckbestimmung als bestimmt genug zu qualifizieren, nach der Videobeobachtungsmaßnahmen zur Erfüllung allgemeiner polizeilicher Aufgaben zulässig sind.[209] Denn
durch den Verweis auf die allgemeine Befugnisnorm vermögen Bürger und anwendende
Behörde jedenfalls eindeutig den mit der Befugnisnorm verfolgten Zweck zu erkennen
unabhängig davon, dass der Anwendungsbereich der Eingriffsnorm gerade aufgrund des

---

[207] So etwa § 1 Abs. 1 Satz 1 Hessisches SOG; § 1 Abs. 1 Satz 1 PolG Nordrhein-Westfalen; § 1
     Abs. 1 Satz 1 PolG Baden-Württemberg; § 1 Abs. 1 Satz 1 Sächsisches PolG; Art. 2 Abs. 1
     Bayerisches PAG; § 2 Abs. 1 Satz 1 Thüringer PAG; § 1 Abs. 1 POG Rheinland-Pfalz; § 1
     Abs. 1 Allgemeines SOG Berlin; § 1 Abs. 1 Bremisches PolG.
[208] Zur Verfassungsmäßigkeit des Begriffs der öffentlichen Ordnung siehe *Götz*, Rdn. 122 f. m. w.
     Nachw. a.E.; speziell zu § 21 Abs. 3 PolG Baden-Württemberg und dem dort verwendeten Beg-
     riff der öffentlichen Sicherheit siehe VG *Karlsruhe*, Urt. v. 10.10.2001 – 11 K 191/01, NVwZ
     2002, 117/118.
[209] So etwa § 31 Abs. 3 Satz 1 i. V. mit § 1 Abs. 1 Brandenburgisches PolG, wobei des Weiteren
     Straftaten drohen müssen, und § 32 Abs. 3 Satz 1 i. V. mit § 1 SOG Mecklenburg-
     Vorpommern.

Verweises auf die weit gefassten allgemeinen Aufgabenzuweisungen sehr groß sein dürfte.[210]

Schließlich ist auch das bisweilen verwendete Tatbestandsmerkmal der „öffentlichen Einrichtung"[211] hinreichend bestimmt. Zwar ist zuzugestehen, dass der Begriff der öffentlichen Einrichtung mit erheblichen Bedeutungsunschärfen verbunden ist. So versucht sich die Literatur an Definitionen, die sinnvolle Begrenzungen letztlich nicht ermöglichen, während die Rechtsprechung den Begriff durch Kasuistik auszufüllen sucht.[212] In Anlehnung an die Ausführungen zur verfassungsgerichtlichen Rechtsprechung zum rechtsstaatlichen Bestimmtheitsgrundsatz ist der Gesetzgeber aber lediglich gehalten, eine Regelung so bestimmt wie im konkreten Einzelfall möglich zu fassen. Die Vielzahl der Örtlichkeiten, Objekte und Institutionen, die der Gesetzgeber durch Videoüberwachung möglicherweise geschützt wissen will, macht es ihm unmöglich, für ein hohes Maß an Bestimmtheit eine abschließende Enumeration durchzuführen. Die Verwendung des mit einer gewissen Bedeutungsunschärfe verbundenen Begriffs der öffentlichen Einrichtung erlaubt vielmehr eine flexible Anwendung der Befugnisnorm, deren Konkretisierung letztlich im Wege verwaltungsgerichtlicher Kontrolle erfolgt.[213]

Obwohl folglich das Tatbestandsmerkmal der öffentlichen Einrichtung dem Bestimmtheitsgrundsatz noch genügt, vermag eine nicht abschließende beispielhafte Enumeration dessen, was der Gesetzgeber im Zusammenhang mit der Videoüberwachung als öffentliche Einrichtung verstanden wissen will, eine exorbitante Auslegung des Begriffs der öffentlichen Einrichtung zu verhindern. So bietet es sich im Falle des § 14 Abs. 4 Satz 1 Nr. 2 Hessisches SOG an, die Zweckbestimmung durch eine nicht abschließende Aufzählung zu konkretisieren: „Die Gefahrenabwehrbehörden können mittels Bildübertragung offen beobachten und aufzeichnen: (Nr. 2) zum Schutze besonders gefährdeter öffentlicher Einrichtungen, *insbesondere* U-Bahnstationen, Flughäfen,[214] kern- oder gentechnische Anlagen, Museen und vergleichbar gefährdeter Einrichtungen".[215]

---

[210] Anders aber *Büllesfeld*, S. 182 f., der aufgrund der fehlenden Vorhersehbarkeit der örtlichen Voraussetzungen für eine Videoüberwachung u.a. § 32 Abs. 3 Satz 1 SOG Mecklenburg-Vorpommern für verfassungswidrig hält.

[211] Siehe § 14 Abs. 4 Satz 1 Nr. 2 Hessisches SOG; auch verwendet in anderen Gesetzen, z.B. § 8 Abs. 2 GO Nordrhein-Westfalen; § 6 Abs. 1 KreisO Nordrhein-Westfalen; zum Begriff der öffentlichen Einrichtung siehe noch unten 4. Kapitel:I (S. 126).

[212] Siehe hierzu *Erichsen*, Kommunalrecht des Landes Nordrhein-Westfalen, § 10, A, S. 236 f. auch mit Nachw. zur Rechtsprechung zum „case law".

[213] Hierzu *Erichsen/Ehlers (Ossenbühl)*, Allgemeines Verwaltungsrecht, § 10 Rdn. 23 f.

[214] Jedenfalls soweit diese nicht privatisiert sind, da im Übrigen der Landesgesetzgeber keine Gesetzgebungskompetenz hätte, siehe hierzu oben 1. Kapitel:I (S. 15).

[215] Die Beispiele für öffentliche Einrichtungen sind entnommen *Weichert*, DuD 2000, 662/665; *Keller*, Kriminalistik 2000, 187/189; *v. Zezschwitz*, DuD 2000, 670/671.

Ein weiterer Aspekt im Zusammenhang mit der Bestimmtheit von gesetzlichen Regelungen zur Videoüberwachung wird von *Roggan*[216] angeführt. Es sei fraglich, ob Vorschriften noch dem Bestimmtheitsgrundsatz genügen, wenn die Bürger nicht genau wissen können, *wo* sie ins Visier von polizeilich installierten Kameras kommen können.[217] Diese Unkenntnis wird letztlich auf die bestehende Unsicherheit bei der Subsumtion unter unbestimmte Tatbestandsmerkmale zurückgeführt. Beispielhaft wird von *Roggan* in diesem Zusammenhang das Merkmal der Gefährdetheit eines Bürgers an einem bestimmten Ort genannt, welche die Polizei möglicherweise zur Installation von Videokameras veranlasst. Die Bürger können Videoüberwachungsmaßnahmen deshalb nicht vorhersehen, da sie in der Regel nicht wissen, welche Orte einer Stadt als gefährlich eingestuft werden.[218]

Der Unsicherheit, *ob* überhaupt Videoüberwachungsmaßnahmen durchgeführt werden oder nicht, kann aber ohne weiteres dadurch begegnet werden, dass die Bürger durch Hinweisschilder oder durch die unübersehbare Installation der Kameras auf den Umstand der Überwachung hingewiesen werden.[219] Unklarheit verbleibt in der Regel allerdings insoweit, als die Bürger oftmals nicht wissen, ob nur *videobeobachtet* oder auch *aufgezeichnet* wird. Diese Unsicherheit führt aber nicht schon zu einer rechtsstaatlich bedenklichen Unbestimmtheit der jeweiligen Befugnisnorm, nur weil diese möglicherweise eine Regelung enthalten sollte, wonach die Bürger nicht nur auf den Umstand der Videoüberwachung, sondern auch auf die jeweils konkret durchgeführte Maßnahme[220] hinzuweisen sind.[221] Insofern gilt der Grundsatz, wonach der Gesetzgeber gehalten ist, eine Regelung so bestimmt zu fassen, wie dies nach der Eigenart der zu ordnenden Lebenssachverhalte und mit Rücksicht auf den Normzweck möglich ist.[222] Eine gesetzliche Regelung, die Hinweisschilder vorsieht, durch welche die Bürger in Kenntnis darüber gesetzt werden, in welchen Fällen nur videobeobachtet und wann aufgezeichnet wird, vermag letztlich nicht, die zuvor beschriebene Unsicherheit zu beseitigen, da die Bürger die Subsumtionsarbeit letztlich selbst zu leisten hätten. Praktikable Möglichkeiten, durch welche die Bürger ansonsten zuverlässig Kenntnis über die in einem bestimmten Zeitpunkt durchgeführte konkrete

---

[216] NVwZ 2001, 134/137.

[217] *Roggan*, NVwZ 2001, 134/137.

[218] *Roggan*, NVwZ 2001, 134/137.

[219] So auch *Roggan*, NVwZ 2001, 134/137.

[220] Videobeobachtung oder Videoaufzeichnung.

[221] Zum Teil sind zwar gesetzliche Regelungen vorhanden, die eine besondere Hinweispflicht für die Maßnahme der Aufzeichnung vorsehen, z.B. § 16 Abs. 3 SOG Sachsen-Anhalt und § 33c Abs. 1 Satz 2 Brandenburgisches DSG; allerdings muss der Hinweis wohl nur die Information enthalten, dass generell aufgezeichnet wird, nicht aber, dass in einer konkreten Situation die Aufzeichnungstaste betätigt wird.

[222] Nachweise hierzu siehe Fußn. 188.

Maßnahme erlangen könnten und die somit geeignet wären, Unsicherheiten im Hinblick auf die konkrete Maßnahme zu beseitigen, sind nicht ersichtlich.[223]

Dem Bestimmtheitsgrundsatz ist mithin genügt, obwohl möglicherweise Unsicherheit über die konkret durchgeführte Einzelmaßnahme besteht. Allerdings ist dieser Unsicherheit zu Gunsten der Bürger durch die anhand objektiver Umstände begründete Annahme Rechnung zu tragen, dass im konkreten Fall gerade diejenige Maßnahme durchgeführt wird, die den im jeweiligen Einzelfall stärkst möglichen Eingriff in ihr Recht auf informationelle Selbstbestimmung bedeutet, das heißt Beobachtung oder Aufzeichnung einzelner Personen im Großformat.

b)   Materielle Anforderungen an den Gesetzesvorbehalt
Von besonderer Bedeutung für die rechtmäßige Durchführung von Maßnahmen der Videobeobachtung beziehungsweise für die Rechtmäßigkeit der ihnen zugrunde liegenden Befugnisnormen ist des Weiteren die Frage, welchen Anforderungen die Befugnisnormen zur Videobeobachtung in materieller Hinsicht genügen müssen. Das Bundesverfassungsgericht hat im Volkszählungsurteil aufgrund der besonderen Bedeutung des Rechts auf informationelle Selbstbestimmung an die Rechtfertigung von Eingriffen strenge Maßstäbe gelegt. So darf das beschränkende Gesetz nicht in den unantastbaren Kernbereich des informationellen Selbstbestimmungsrechts eingreifen.[224] Es ist inhaltlich so auszugestalten, dass es den Anforderungen an den Grundsatz der Verhältnismäßigkeit[225] genügt. Im Rahmen der Verhältnismäßigkeitsprüfung ist weiterhin zu berücksichtigen, dass die einschränkende Norm einem überwiegenden Allgemeininteresse dienen muss und der Gesetzgeber organisatorische und verfahrensrechtliche Vorkehrungen zu treffen hat, die der Gefahr einer Verletzung des Persönlichkeitsrechts entgegenwirken.[226]

aa)   Wesensgehalt des Rechts auf informationelle Selbstbestimmung
Die verfassungsrechtliche Rechtfertigung grundrechtlicher Eingriffe setzt gemäß Art. 19 Abs. 2 GG voraus, dass ein Grundrecht in keinem Falle in seinem Wesensgehalt angetas-

---

[223] Zum Beispiel rot leuchtendes Lämpchen bei Videokamera o.ä. für Aufzeichnung, was über größere Distanz nicht ersichtlich wäre; Sicherheit könnte nur dadurch geschaffen werden, dass Schilder darauf hinweisen, dass generell entweder nur videobeobachtet oder aber videoaufgezeichnet wird.

[224] BVerfG, Urt. v. 15.12.1983 – 1 BvR 209, 269, 362, 420, 440, 484/83, BVerfGE 65, 1/48; siehe auch Art. 19 Abs. 2 GG.

[225] BVerfG, Beschlüsse v. 6.5.1997 – 1 BvR 409/90, BVerfGE 96, 56/61; v. 9.3.1988 – 1 BvL 49/86, BVerfGE 78, 77/85; Urteile v. 17.7.1984 – 2 BvE 11, 15/83, BVerfGE 67, 100/144; v. 15.12.1983 – 1 BvR 209, 269, 362, 420, 440, 484/83, BVerfGE 65, 1/44.

[226] BVerfG, Urt. v. 15.12.1983 – 1 BvR 209, 269, 362, 420, 440, 484/83, BVerfGE 65, 1/44 f.

tet wird. Der Wesensgehalt ist für jedes Grundrecht gesondert zu bestimmen.[227] Im Übrigen wird die Bestimmung des Wesensgehaltes jedoch nicht einheitlich beurteilt.

Bisweilen wird die Auffassung vertreten, dass der Wesensgehalt nicht nur für jedes einzelne Grundrecht, sondern darüber hinaus für jeden einzelnen Fall, in dem das in Rede stehende Grundrecht zur Anwendung kommt, gesondert bestimmt werden müsse. Erst das Gewichten und Abwägen der im Einzelfall beteiligten öffentlichen und privaten Güter und Interessen erlaube nämlich die Feststellung, ob ein Grundrecht in seinem Wesensgehalt angetastet ist oder nicht.[228] Der vorgenannte Ansatz wird von den Verfechtern eines absoluten Wesensgehaltes nicht geteilt. Ihnen zufolge ist der Wesensgehalt nicht als relative, sondern als eine feste, vom einzelnen Fall und von der konkreten Fallgestaltung unabhängige Größe zu verstehen.[229] Nur eine solche Auslegung werde dem Wortlaut des Art. 19 Abs. 2 GG gerecht, wonach ein Grundrecht *in keinem Falle* in seinem Wesensgehalt angetastet werden darf.[230]

Ob nun dem erstgenannten Ansatz mit dem Argument der Vorzug zu geben ist, dass er eine einzelfallbezogene Behandlung des Art. 19 Abs. 2 GG ermöglicht,[231] oder ob der zweite Ansatz aufgrund der schärferen Trennung zwischen Wesensgehalt und Verhältnismäßigkeit vorzugswürdig ist, kann jedoch zum einen dann dahinstehen, wenn das in Rede stehende Grundrecht jedenfalls zum Teil Ausfluss der in Art. 1 Abs. 1 GG garantierten Würde des Menschen ist und diese durch die in Rede stehende Maßnahme verletzt wird. Denn nach Ansicht des Bundesverfassungs- und des Bundesverwaltungsgerichts ist als absoluter Wesensgehalt in jedem Falle derjenige Grundrechtsgehalt anzusehen, der die notwendige Folgerung des Gebots der Wahrung der Menschenwürde für das betreffende Einzelgrundrecht darstellt.[232] Hieraus kann allerdings nicht gefolgert werden, dass der grundrechtliche Wesensgehalt und der Menschenwürdegehalt identisch sind.[233] Eine inhaltliche Übereinstimmung würde den Grundsätzen systematischer Auslegung zuwiderlaufen, da Art. 19 Abs. 2 GG neben Art. 1 Abs. 1 GG keine eigenständige Funktion mehr

---

[227] BVerfG, Urt. v. 18.7.1967 – 2 BvF 3, 4, 5, 6, 7, 8/62, 2 BvR 139, 140, 334, 335/62, BVerfGE 22, 180/219; *Jarass/Pieroth (Jarass)*, Art. 19 Rdn. 7; *Pieroth/Schlink*, Rdn. 298.

[228] Sog. Theorie vom relativen Wesensgehalt: BVerfG, Beschl. v. 8.7.1982 – 2 BvR 1187/80, BVerfGE 61, 82/113; wohl auch Beschl. v. 15.7.1981 – 1 BvL 77/78, BVerfGE 58, 300/348; *Maunz/Dürig (Maunz)*, Art. 19 Abs. 2 Rdn. 16 f.; *Dreier (Dreier)*, Art. 19 Abs. 2 Rdn. 13; siehe zum Ganzen auch *Pieroth/Schlink*, Rdn. 299 f.

[229] BVerfG, Beschlüsse v. 14.9.1989 – 2 BvR 1062/87, BVerfGE 80, 367/373; v. 11.4.1973 – 2 BvR 701/72, BVerfGE 35, 35/39; v. 31.1.1973 – 2 BvR 454/71, BVerfGE 34, 238/245; v. 10.6.1963 – 1 BvR 790/58, BVerfGE 16, 194/201; *Stern*, Staatsrecht III/2, S. 865 f.; *Jarass/Pieroth (Jarass)*, Art. 19 Rdn. 7; wohl auch *v. Münch/Kunig (Krebs)*, Art. 19 Rdn. 25.

[230] *Stern*, Staatsrecht, Band III/2, S. 865.

[231] In diesem Sinne *Pieroth/Schlink*, Rdn. 299 und 305.

[232] BVerfG, Beschl. v. 14.9.1989 – 2 BvR 1062/87, BVerfGE 80, 367/373 f.; BVerwG, Urt. v. 6.2.1975 – II C 68/73, NJW 1975, 1143; *Pieroth/Schlink*, Rdn. 306; *Maunz/Dürig (Dürig)*, Art. 1 Abs. 2 Rdn. 81.

[233] *Pieroth/Schlink*, Rdn. 306.

zukäme.[234] Der grundrechtliche Wesensgehalt geht folglich über den Menschenwürdegehalt hinaus.[235] Zum anderen kommt es auf die unterschiedlichen Ansätze auch dann nicht an, wenn sowohl bei absoluter als auch bei relativer Betrachtungsweise eine Verletzung des Wesensgehaltes ausgeschlossen ist.

Es stellt sich somit die Frage, was als absoluter Wesensgehalt zur Wahrung der Menschenwürde im Hinblick auf das informationelle Selbstbestimmungsrecht anzusehen ist. Das Bundesverfassungsgericht hat im Volkszählungsurteil die absolute Grenze eines Eingriffs dahingehend konkretisiert, dass der Einzelne unter den modernen Bedingungen einer automatischen Erhebung und Verarbeitung der seine Person betreffenden Angaben nicht zum bloßen Informationsobjekt werden darf.[236] Bereits im Mikrozensusbeschluss vom 16.7.1969[237] hatte das Gericht die Gefahr einer persönlichkeitsfeindlichen Registrierung und Katalogisierung des Einzelnen hervorgehoben und gesetzgeberische Vorgaben verlangt, um die vorgenannten potentiellen Eingriffe in den Kernbereich des Persönlichkeitsrechts auszuschließen.

Die Gefahr einer Herabstufung zum Objekt bloßer Informationsbeschaffung vermag insbesondere durch die gezielte Erstellung von Total- und Teilabbildern des Menschen realisiert zu werden,[238] was zum einen ein gewisses Quantum von Daten und zum anderen in qualitativer Hinsicht zumindest eine Personenbeziehbarkeit dieser Daten voraussetzt. Die Erstellung partieller oder vollständiger Persönlichkeitsprofile ließe sich im Übrigen auch nur verwirklichen, wenn einzelne persönliche Daten – gleich einem Puzzle – zu einem umfassenden Datenprofil verknüpft würden. Nur ein solches wäre geeignet, die menschliche Persönlichkeit wenigstens zum Teil zu erfassen.

Es stellt sich die Frage, ob Maßnahmen der Videobeobachtung unter Zugrundelegung der verfassungsgerichtlichen Konkretisierung und der vorangehenden Ausführungen den im Lichte des Art. 1 Abs. 1 GG auszulegenden Wesensgehalt des informationellen Selbstbestimmungsrechts[239] verletzen. Es liegt nahe, Videobeobachtungsmaßnahmen aufgrund der bereits dargestellten technischen Möglichkeiten[240] ein erhebliches Gefährdungspotential im Hinblick auf die Denaturierung des Einzelnen zum bloßen Informationsobjekt beizumessen, denn ein Verbergen visualisierbarer Vorgänge und Umstände vor den Überwachungskameras erscheint kaum möglich. Die Erstellung von Teil- oder Totalabbildern der menschlichen Persönlichkeit setzt allerdings voraus, dass einzelne persönliche Daten, die durch die Videobeobachtung bekannt werden, durch ihre Verknüpfung Rück-

---

234 *Stern*, Staatsrecht, Band III/2, S. 874.
235 *Stern*, Staatsrecht, Band III/2, S. 874.
236 BVerfG, Urt. v. 15.12.1983 – 1 BvR 209, 269, 362, 420, 440, 484/83, BVerfGE 65, 1/48.
237 1 BvL 19/63, BVerfGE 27, 1/6.
238 *Isensee/Kirchhof (Schmitt Glaeser)*, Handbuch des Staatsrechts, Band 6, § 129 Rdn. 101.
239 *v. Mangoldt/Klein/Starck (Starck)*, Art. 2 Rdn. 14 und 15.
240 Siehe hierzu oben Einleitung-IV (S. 9).

schlüsse über die Persönlichkeit des Gefilmten zulassen. Ein Bezug zwischen den einzelnen persönlichen Daten wiederum vermag nur dadurch hergestellt zu werden, dass die Daten für eine gewisse Zeit verfügbar sind. An einer solchen Verfügbarkeit mangelt es jedoch bei der Videobeobachtung, da eine Fixierung der aufgenommenen Bilder und damit persönlicher Daten gerade nicht erfolgt. Bei der Videobeobachtung werden lediglich Bilder an einen regelmäßig in einer Überwachungszentrale befindlichen Monitor übermittelt, ohne dass es in irgendeiner Form zu einer Speicherung der Aufnahmen kommt. Die Flüchtigkeit der Bilder lässt die Erstellung von Persönlichkeitsprofilen gefilmter Personen nicht zu, da die übertragenen Daten sofort und unwiderruflich verloren gehen. Aus diesem Grund sind Maßnahmen der Videobeobachtung objektiv nicht geeignet, die von ihr Betroffenen zu Objekten der Informationsbeschaffung herabzustufen. Der Wesensgehalt des Rechts auf informationelle Selbstbestimmung wird durch die Durchführung von Videobeobachtungsmaßnahmen folglich nicht berührt unabhängig davon, ob man diesen einzelfallbezogen oder absolut zu bestimmen sucht.[241]

Fraglich ist allerdings, ob dieser Befund auch unter Zugrundelegung subjektiver Elemente aufrechterhalten werden kann. Wie bereits ausgeführt können Maßnahmen der Videobeobachtung, auch wenn nur Übersichtsaufnahmen gefertigt werden, einen Eingriff in das informationelle Selbstbestimmungsrecht begründen. Der Qualifikation als Eingriff liegt die Überlegung zugrunde, dass auch derjenige in seiner persönlichen Selbstbestimmung gehemmt sein kann, der über die konkret durchgeführte Videoüberwachungsmaßnahme im Ungewissen gelassen wird. Eingriffsbegründend ist insofern die bei objektiver Betrachtungsweise aus objektiven Umständen resultierende Vermutung, von einer Videoüberwachungsmaßnahme betroffen zu sein.[242] Dieser Ansatz, der subjektive Elemente zur Begründung eines Eingriffs in das informationelle Selbstbestimmungsrecht berücksichtigt, ist konsequenterweise auch zur Beurteilung der Frage heranzuziehen, ob durch Maßnahmen der Videobeobachtung der Wesensgehalt des Rechts auf informationelle Selbstbestimmung verletzt wird. Denn die objektiv nachvollziehbare, aber unzutreffende Vermutung, der Staat bediene sich des Einsatzes von Überwachungskameras, um gezielt Persönlichkeitsprofile der Gefilmten zu erstellen, vermag eine ebenso substantielle Beschränkung der eigenen Selbstbestimmung zu bewirken wie eine tatsächlich praktizierte und auch wahrgenommene Informationsbeschaffung. Objektiv kaum beeinträchtigende Maßnahmen wie die Videobeobachtung durch Übersichtsaufnahmen ohne spätere Identifikationsmöglichkeit vermögen demnach so schwerwiegend in das Recht auf informationelle Selbstbestimmung einzugreifen, dass der Wesensgehalt dieses Rechts angetastet ist, wenn die Maßnahmen objektiv geeignet sind, in der betroffenen Person die berechtigte Vermu-

---

[241] So im Ergebnis auch *Waechter*, NdsVBl 2001, 77/79 in Fußn. 17.
[242] Siehe hierzu oben 1. Kapitel:II.2.b) (S. 30).

tung gezielter Informationsbeschaffung zur Erstellung von Personen- und Persönlichkeitsprofilen zu wecken.

Anhaltspunkte, welche die Vermutung gezielter staatlicher Informationsbeschaffung zur Erstellung von Persönlichkeitsprofilen durch Maßnahmen der Videobeobachtung rechtfertigen könnten, sind gegenwärtig jedoch nicht ersichtlich. Sowohl von den videobeobachtenden Stellen als auch von den Medien werden die mit der Videobeobachtung verfolgten Zwecke der Öffentlichkeit regelmäßig kommuniziert.[243] So dürfte in der Bevölkerung als bekannt vorausgesetzt werden, dass Maßnahmen der Videobeobachtung der vorbeugenden Kriminalitätsbekämpfung und der Gefahrenabwehr zu dienen bestimmt sind.

Auch aus der stetig steigenden Anzahl der Überwachungskameras in der Öffentlichkeit lässt sich der Zweck der gezielten Informationsbeschaffung noch nicht herleiten. Wenngleich die Wahrscheinlichkeit, in der Öffentlichkeit in das Visier einer Überwachungskamera zu gelangen, weiter zunimmt, kann hieraus eine Abkehr von den kommunizierten Zwecken hin zur staatlichen Informationsbeschaffung nicht gefolgert werden. Etwas anderes könnte allerdings gelten, wenn Überwachungskameras in einem solchen Ausmaß installiert werden, dass die Bürger innerhalb ihres gewöhnlichen Bewegungsradius ständig videobeobachtet werden. Eine solche flächendeckende Videobeobachtung könnte kaum damit gerechtfertigt werden, an Kriminalitätsschwerpunkten eine Verbesserung der Sicherheitslage herbeiführen zu wollen, da Überwachungsschwerpunkte nicht mehr auszumachen wären. Dies würde objektiv durchaus die Vermutung rechtfertigen, der Staat beschaffe sich im Wege flächendeckender Videoüberwachung gezielt persönliche Daten der Gefilmten.

Eine Videobeobachtung, die den Bürgern unbeobachtete Räume nicht mehr belässt, ist gegenwärtig und auch auf absehbare Zeit jedoch nicht auszumachen. Auch unter Zugrundelegung subjektiver Kriterien ist daher an dem Ergebnis festzuhalten, dass Maßnahmen der Videobeobachtung den Wesensgehalt des informationellen Selbstbestimmungsrechts nicht zu verletzen vermögen.

Dies gilt allerdings nicht, soweit die Durchführung verdeckter Videobeobachtungsmaßnahmen gesetzlicher Regelungsgegenstand sein soll. Die Tatsache, dass im öffentlichen Raum verdeckt staatliche Videoüberwachungsmaßnahmen durchgeführt werden, dürfte früher oder später in der Bevölkerung bekannt sein. Die verbleibende Ungewissheit bezöge sich also darauf, dass für die Bürger nicht festzustellen wäre, wo, wann und in welchem Ausmaß sie von Videoüberwachungsmaßnahmen betroffen sind. Die Heimlichkeit der Überwachungsmaßnahmen hätte damit zur Folge, dass die Bürger jederzeit und an jedem Ort mit einer Überwachung durch Videokameras rechnen müssten. Selbst wenn Befug-

---

[243] Siehe hierzu bspw. Frankfurter Allgemeine Zeitung v. 12.12.2000, S. 62 (Frankfurt/M.); v. 10.8.2000, S. 10 (Politik); v. 17.5.2000, S. 61 (Rhein-Main-Zeitung), v. 18.2.2000, S. 81 (Aschaffenburg).

nisnormen die verdeckte Überwachung auf Maßnahmen der Videobeobachtung oder möglicherweise sogar auf Übersichtsaufnahmen beschränken würden, wären diese Beschränkungen den Betroffenen nicht ohne weiteres ersichtlich.

Legitime Gründe für die Heimlichkeit von Videoüberwachungsmaßnahmen im Rahmen präventiver polizeilicher oder ordnungsbehördlicher Aufgabenwahrnehmung sind im Übrigen nicht ersichtlich. Denn es gibt keine Anhaltspunkte dafür, dass gerade die Heimlichkeit der Videoüberwachung eine größere präventive Wirkung entfaltet als die offene und den Bürgern klar erkennbare Überwachung.[244] Insofern läge die Vermutung nicht fern, bei der verdeckten Videoüberwachung handele es sich um staatliche Informationsbeschaffung für unbekannte Zwecke.

Die Zulässigkeit verdeckter Videoüberwachungsmaßnahmen zu präventiven Zwecken lässt sich auch nicht unter Hinweis auf § 100c StPO begründen, wonach die verdeckte Videoaufzeichnung zu repressiven Zwecken unter engen Voraussetzungen möglich ist. Im Unterschied zu den präventiv eingesetzten Überwachungsmaßnahmen richten sich Maßnahmen nach § 100c StPO nicht gegen jedermann und unterliegen im Übrigen strengen Voraussetzungen, so dass eine Vermutung, aufgrund der strafprozessualen Befugnisnorm überall und zu jeder Zeit ins Visier der Videoüberwachung kommen zu können, objektiv unbegründet ist. Der durch die Heimlichkeit begründete Verdacht, die Überwachungsmaßnahmen dienen der systematischen Erstellung vollständiger Personen- und Persönlichkeitsprofile, kommt einer Herabstufung zum bloßen Informationsobjekt gleich. Verdeckte Videobeobachtungsmaßnahmen und folglich erst recht verdeckte Maßnahmen der Videoaufzeichnung im Rahmen präventiver Aufgabenwahrnehmung berühren mithin den Wesensgehalt des Rechts auf informationelle Selbstbestimmung. Sie sind unzulässig, ohne dass es einer weiteren Abwägung bedürfte.[245]

Beispielhaft für eine unzulässige Regelung ist § 32 Abs. 3 Niedersächsisches GefahrenabwehrG, wonach die verdeckte Anfertigung von Aufzeichnungen zulässig sein soll, wenn die offene Anfertigung dazu führen kann, dass die Straftaten oder Ordnungswidrigkeiten an anderer Stelle, zu anderer Zeit oder in anderer Weise begangen werden. Selbst wenn sich aus der Systematik des § 32 ergibt, dass die Möglichkeit der verdeckten Aufzeichnung nicht für die Videoüberwachung öffentlich zugänglicher Orte – § 32 Abs. 5 – gelten soll, sondern nur im Rahmen der in den Absätzen 1 und 2 normierten Befugnisse, verbleibt für die Annahme einer dem § 100c StPO vergleichbaren Ausnahmesituation immer noch ein zu großer Anwendungsbereich für die verdeckte Videoaufzeichnung.[246]

---

[244] In diesem Sinne *Wohlfarth*, RDV 2000, 101/106, sowie *Roos*, Kriminalistik 2002, 464/466.
[245] Im Ergebnis auch *Roos*, Kriminalistik 2002, 464/467.
[246] Jedenfalls aber würde es sich um eine unverhältnismäßige Regelung handeln, da schon die Begehung von Ordnungswidrigkeiten den Einsatz verdeckter Maßnahmen legitimieren soll. Schließlich eröffnet die unbestimmte und weite Formulierung „(...) *führen kann, (...) an anderer*

bb) _Grundsatz der Verhältnismäßigkeit_

Eine Rechtfertigung von Eingriffen in das Recht auf informationelle Selbstbestimmung kommt des Weiteren nur in Betracht, wenn die eingreifende gesetzliche Regelung dem Grundsatz der Verhältnismäßigkeit genügt.[247] Während das Bundesverfassungsgericht die Anforderungen an die Rechtfertigung von Eingriffen in das Allgemeine Persönlichkeitsrecht davon abhängig macht, welcher Sphäre der Persönlichkeitsentfaltung das betroffene Recht zuzuordnen ist,[248] sucht es Beeinträchtigungen des informationellen Selbstbestimmungsrechts in Einklang mit der Literatur bisweilen lediglich am allgemeinen Grundsatz der Verhältnismäßigkeit zu messen.[249] Diese Vorgehensweise resultiert aus der Erkenntnis, dass Verarbeitungs- und Verwendungsmöglichkeiten einem für sich gesehen belanglosen Datum einen neuen Stellenwert geben können, so dass es für den Bereich personenbezogener Informationen kein belangloses Datum mehr geben kann.[250]

Die vorgenannte Erkenntnis gilt insbesondere für Maßnahmen der Videoaufzeichnung, bei der personenbezogene Informationen gespeichert werden. Nichts anderes kann allerdings für Videobeobachtungsmaßnahmen gelten, wenngleich eine Speicherung hier nicht erfolgt. Denn allein die Übertragung von Bildern auf einen Monitor, der zum Beispiel von Polizeibeamten überwacht wird, eröffnet weit reichende Möglichkeiten, die durch die Visualisierung erlangten Informationen und das mit ihnen verbundene Wissen zu verwenden.

Der ganz überwiegend aus dem Rechtsstaatsprinzip abgeleitete[251] Grundsatz der Verhältnismäßigkeit verlangt, dass der Gesetzgeber mit der zu erlassenden Norm einen legitimen

---

Stelle, zu anderer Zeit oder in anderer Weise (...)" einer weder in quantitativer noch in sachlicher Hinsicht nachvollziehbaren Anwendung Tür und Tor. Zum Bestimmtheitsgebot siehe oben 1. Kapitel:II.3.a)cc) (S. 45).

[247] BVerfG, Urteile v. 17.7.1984 – 2 BvE 11, 15/83, BVerfGE 67, 100/144; v. 15.12.1983 – 1 BvR 209, 269, 362, 420, 440, 484/83, BVerfGE 65, 1/44; Beschlüsse v. 9.3.1988 – 1 BvL 49/86, BVerfGE 78, 77/85; v. 6.5.1997 – 1 BvR 409/90, BVerfGE 96, 56/61; zum Verhältnismäßigkeitsgrundsatz siehe auch Schlink in Festschrift 50 Jahre Bundesverfassungsgericht, Band 2, S. 445 f.

[248] BVerfG, Urteile v. 5.6.1973 – 1 BvR 536/72, BVerfGE 35, 202/220; v. 16.1.1957 – 1 BvR 253/56, BVerfGE 6, 32/41.

[249] BVerfG, Urt. v. 15.12.1983 – 1 BvR 209, 269, 362, 420, 440, 484/83, BVerfGE 65, 1/44; Beschl. v. 9.3.1988 – 1 BvL 49/86, BVerfGE 78, 77/85; Sachs (Murswiek), Art. 2 Rdn. 106; Dreier (Dreier), Art. 2 Rdn. 60/61, der der sog. Sphärentheorie grundsätzlich ablehnend gegenübersteht; v. Münch/Kunig (Kunig), Art. 2 Rdn. 41; so auch die neueste Literatur speziell zur Rechtfertigung von Videoüberwachungsmaßnahmen, siehe bspw. Schwarz, ZG 2001, 246/251; Hasse, ThürVBl 2000, 197/199; N.N., DRiZ 2001, 85/88 f.; Röger/Stephan, NWVBl 2001, 201/207 f.

[250] BVerfG, Urt. v. 15.12.1983 – 1 BvR 209, 269, 362, 420, 440, 484/83, BVerfGE 65, 1/45.

[251] BVerfG, Beschlüsse v. 9.3.1994 – 2 BvL 43, 51, 63, 64, 70, 80/92, 2 BvR 203 2031/92, BVerfGE 90, 145/173; v. 5.3.1968 – 1 BvR 579/67, BVerfGE 23, 127/133; Urt. v. 24.4.1985 – 2 BvF 2, 3, 4/83 und 2/84, BVerfGE 69, 1/35; v. Mangoldt/Klein/Starck (Sommermann), Art. 20 Abs. 3 Rdn. 298; Sachs (Sachs), Art. 20 Rdn. 146; zum Teil wird das Verhältnismäßigkeitsprinzip neben oder anstelle des Rechtsstaatsprinzips aus dem Wesen der Grundrechte

Zweck verfolgt und dass sich der Eingriff als ein geeignetes, erforderliches und angemessenes Mittel zur Verwirklichung des angestrebten Zwecks darstellt.[252]

aaa) Untersuchung der Zweckbestimmungen

Entscheidende Voraussetzung einer sachgerechten Verhältnismäßigkeitsprüfung ist die Ermittlung der mit einer Maßnahme verfolgten Zwecke.[253] Diese sind vom Gesetzgeber hinreichend zu bestimmen, da eine Überprüfung der Verhältnismäßigkeit ansonsten nicht möglich ist.[254] Weiterhin ist notwendig, dass die Rechtsordnung die gesetzgeberisch verfolgten Zwecke trägt, mithin dass sie legitim sind.[255] Fraglich ist, welche Zwecke bei der Durchführung von Videobeobachtungsmaßnahmen in der Regel verfolgt werden und ob diese als legitim erachtet werden können.

Zentrales Anliegen der Videobeobachtungs- sowie Videoaufzeichnungsmaßnahmen ist die vorbeugende Bekämpfung von Straftaten.[256] Die Vorbeugung kann zum einen dadurch bewirkt werden, dass aufgrund von Videobeobachtungsmaßnahmen herbeigerufene Einsatzkräfte eine noch nicht begangene Straftat kurz vor ihrer Begehung unterbinden.[257] Zum anderen sollen die Kameras insofern abschreckende Wirkung auf potentielle Straftäter haben, als sich das Entdeckungsrisiko durch die Überwachung wesentlich erhöht.[258] Maßnahmen zur vorbeugenden Bekämpfung von Straftaten sind nicht nur von der Rechtsordnung gebilligt, sondern gehören zu den Pflichtaufgaben des Staates, um

---

selbst hergeleitet, BVerfG, Beschlüsse v. 12.5.1987 – 2 BvR 1226/83, 101, 313/84, BVerfGE 76, 1/50 f.; v. 15.12.1965 – 1 BvR 513/65, BVerfGE 19, 342/349; Urt. v. 15.12.1983 – 1 BvR 209, 269, 362, 420, 440, 484/83, BVerfGE 65, 1/44; LVerfG Mecklenburg-Vorpommern, Urt. v. 21.10.1999 – LVerfG 2/98, LKV 2000, 149/152; VG *Karlsruhe*, Urt. v. 10.10.2001 – 11 K 191/01, NVwZ 2002, 117/118.

[252] BVerfG, Beschl. v. 9.3.1988 – 1 BvL 49/86, BVerfGE 78, 77/85; Urt. v. 15.12.1983 – 1 BvR 209, 269, 362, 420, 440, 484/83, BVerfGE 65, 1/44; *Dreier (Schulze-Fielitz)*, Art. 20 (Rechtsstaat) Rdn. 167 f.; *Sachs (Sachs)*, Art. 20 Rdn. 149 f.; *v. Mangoldt/Klein/Starck (Sommermann)*, Art. 20 Abs. 3 Rdn. 302 f.; *Hasse*, ThürVBl 2000, 197/199.

[253] *v. Mangoldt/Klein/Starck (Sommermann)*, Art. 20 Abs. 3 Rdn. 304; *Sachs (Sachs)*, Art. 20 Rdn. 49; *Dreier (Schulze-Fielitz)*, Art. 20 (Rechtsstaat) Rdn. 169.

[254] *v. Mangoldt/Klein (Starck)*, Art. 2 Rdn. 108; *Sachs (Murswiek)*, Art. 2 Rdn. 121; *Schwarz*, ZG 2001, 246/251.

[255] *v. Mangoldt/Klein/Starck (Sommermann)*, Art. 20 Abs. 3 Rdn. 304; *Sachs (Sachs)*, Art. 20 Rdn.149; *Dreier (Schulze-Fielitz)*, Art. 20 (Rechtsstaat) Rdn. 169.

[256] Siehe bspw. § 15a PolG Nordrhein-Westfalen, § 14 Abs. 3 Hessisches SOG; § 31 Abs. 3 Brandenburgisches PolG; § 38 Abs. 2 Sächsisches PolG, Art. 32 Bayerisches PAG, § 16 SOG Sachsen-Anhalt, § 27 Saarländisches PolG, § 32 Abs. 3 SOG Mecklenburg-Vorpommern; *Röger/Stephan*, NWVBl 2001, 201; *König*, S. 34; *Ommert*, Polizei heute 2001, 106/107; *Keller*, Kriminalistik 2000, 187/188; *N.N.*, DRiZ 2001, 85/88; *Hefendehl*, StV 2000, 270/271; *Schwarz*, ZG 2001, 246/261.

[257] *Roggan*, NVwZ 2001, 134/138; so auch u.a. die Begründung für die Installation von Videoüberwachungsanlagen in Darmstadt, hierzu *N.N.*, Frankfurter Allgemeine Zeitung v. 19.2.2003, S. 54 (Darmstadt, Südhessen, Stadt und Kreis Offenbach).

[258] *Roggan*, NVwZ 2001, 134/138; *Ommert*, Polizei heute 2001, 106/107; *Waechter*, DÖV 1999, 138/145 zur Schleierfahndung als Instrument der indirekten Verhaltenssteuerung.

grundgesetzlich geschützte Rechte seiner Bürger zu verteidigen.[259] An der Legitimität des vorgenannten Zwecks bestehen mithin keine Zweifel.

Dies gilt ebenso für die weiter gefasste Zweckbestimmung der Gefahrenabwehr, wie sie bisweilen in einigen landesrechtlichen Vorschriften zur Videoüberwachung verankert ist,[260] da die Gefahrenabwehr der Kernbereich polizeilicher Aufgaben schlechthin ist.[261]

Schwieriger erweist sich die Frage, ob eine gesetzliche Regelung, die „störendes Verhalten",[262] „sozial abweichendes Verhalten"[263] beziehungsweise „bloße Belästigungen"[264] zu unterbinden bezweckt, von der Rechtsordnung gebilligt wird und damit legitim ist. In der Literatur werden beispielhaft genannt: alkoholisierte Jugendliche,[265] Betteln,[266] das Schlafen auf Parkbänken oder in Hauseingängen,[267] das unverlangte Scheibenwischen von Kraftfahrzeugen,[268] die Säuberung ungepflegter Straßenecken[269] und ähnliches. Soweit solche Verhaltensweisen einen Straftatbestand oder den Tatbestand einer Ordnungswidrigkeit verwirklichen, ist von der Zulässigkeit der Zweckbestimmung in Anlehnung an die vorangehenden Ausführungen zum Zweck der Straftaten- und Gefahrenvorbeugung ohne weiteres auszugehen. Dies dürfte sogar dann noch gelten, wenn das Verhalten schlicht gegen die öffentliche Ordnung verstößt, deren Schutz bisweilen erklärter Zweck von Videoüberwachungsmaßnahmen ist,[270] vorausgesetzt, man stuft den Begriff der öffentlichen Ordnung noch als verfassungsrechtlich unbedenklich ein,[271] was mit guten Gründen abgelehnt werden kann.[272] Eine Unzulässigkeit könnte sich unter der Prämisse, dass das Schutzgut der öffentlichen Ordnung noch als verfassungsgemäß einzustufen ist, nur noch für solche Zweckbestimmungen ergeben, die vom Schutz der öffentlichen Ordnung nicht mehr umfasst werden.[273] Ein praktischer Anwendungsbereich für solche unzulässigen

---

[259] BVerfG, Beschlüsse v. 8.3.1972 – 2 BvR 28/71, BVerfGE 32, 373/380 f.; v. 1.8.1978 – 2 BvR 1013, 1019, 1034/77, BVerfGE 49, 24/56 f.
[260] Siehe bspw. § 21 Abs. 3 PolG Baden-Württemberg und § 14 Abs. 3 Hessisches SOG.
[261] Siehe z.B. § 1 Hessisches SOG; § 1 PolG Nordrhein-Westfalen; § 1 PolG Baden-Württemberg; § 1 Sächsisches PolG; Art. 2 Bayerisches PAG; § 2 Thüringer PAG; § 1 POG Rheinland-Pfalz; § 1 Brandenburgisches PolG; § 1 SOG Sachsen-Anhalt; § 1 Saarländisches PolG; § 1 SOG Mecklenburg-Vorpommern; § 1 Niedersächsisches GefahrenabwehrG; § 1 Allgemeines SOG Berlin; § 1 Bremisches PolG; § 3 Abs. 1 Hamburgisches SOG.
[262] Begriff verwendet von *Roggan*, NVwZ 2001, 134/139.
[263] Begriff verwendet von *Schwarz*, ZG 2001, 246/264.
[264] Begriff verwendet von *Volkmann*, NVwZ 2000, 361/363, und *Schwarz*, ZG 2001, 246/264.
[265] *Schwarz*, ZG 2001, 246/264.
[266] *Roggan*, NVwZ 2001, 134/139.
[267] *Volkmann*, NVwZ 2000, 361/363.
[268] *Volkmann*, NVwZ 2000, 361/363.
[269] *Zitzmann*, Frankfurter Allgemeine Zeitung v. 13.3.2003, S. 49 (Darmstadt, Südhessen).
[270] Dies ist durch Verweis auf die allgemeine polizeiliche Aufgabenerfüllung z.B. in Mecklenburg-Vorpommern der Fall, siehe § 32 Abs. 3 Satz 1 SOG.
[271] Zum Ganzen *Götz*, Rdn. 122 f.
[272] *Götz*, Rdn. 127.
[273] Was bislang, soweit ersichtlich, noch nicht der Fall ist.

Zweckbestimmungen kommt angesichts des sehr weiten Begriffs der öffentlichen Ordnung aber wohl kaum noch in Betracht.

Ebenso in Frage zu stellen ist die Legitimität des gesetzlich zwar nicht verankerten, aber den Befugnisnormen oftmals zugrundeliegenden Zwecks, wonach durch Videoüberwachungsmaßnahmen das Sicherheitsgefühl der Bürger gestärkt werden soll.[274] Unproblematisch ist eine solche Zweckbestimmung, wenn das Sicherheitsgefühl gerade durch die tatsächliche Verbesserung der objektiven Sicherheitslage gestärkt werden soll.[275] In diesem Fall stellt sich die tatsächliche Verbesserung der Sicherheit als unmittelbar, die mit ihr beabsichtigte Stärkung des Sicherheitsgefühls als nur mittelbar zu erreichender Zweck der Maßnahme dar. Zweifel ergeben sich allerdings, wenn der Hauptzweck der Maßnahme lediglich in der Stärkung des Sicherheitsgefühls der Bürger liegt, ohne dass mit ihr auch eine wesentliche Verbesserung der Sicherheitslage verbunden ist. Ein Motiv des Gesetzgebers, eine Verbesserung der empfundenen noch vor der objektiven Sicherheitslage zu bewirken, ist durchaus nicht fernliegend. Die Furcht, selbst Opfer einer Straftat zu werden, ist bei einem großen Teil der Bevölkerung fest verankert,[276] obwohl ein Einfluss von direkten Wirkungen objektiver Umstände – wie etwa ein Anstieg der Kriminalität – auf die Vorstellungen des Menschen nicht nachweisbar ist.[277] Das Maß der empfundenen Bedrohung und dasjenige der objektiv vorhandenen Bedrohung divergieren also nicht selten voneinander.[278]

Schwarz führt in diesem Zusammenhang aus, dass das rechtsstaatlichen Grundsätzen verpflichtete Polizeirecht nicht zum Akt symbolischer Gesetzgebung degenerieren darf, um lediglich das irrationale Sicherheitsbedürfnis der Bevölkerung zu befriedigen.[279] Allerdings könnte eine subjektiv empfundene, aber objektiv nicht bewirkte Verbesserung der Sicherheit gegebenenfalls eine partiell ebenso irrationale Verbrechensangst wieder kompensieren, so dass letztlich die polizeiliche Maßnahme nur dazu dient, das Sicherheitsgefühl in der Bevölkerung den tatsächlichen Gegebenheiten anzupassen.[280] Diese Vorgehensweise wäre jedoch sehr spekulativ und labil; richtigerweise sollte der Gesetzgeber versuchen, das Bedrohtheitsgefühl den tatsächlichen Verhältnissen anzupassen und ein begründetes Gefühl der Bedrohung durch überzeugende und erfolgreiche Kriminalitätseindämmung und

---

[274] *Schönbohm* zum Projektstart Videoüberwachung in Brandenburg, NJW 2001, Heft 49, LII; *König*, S. 35; *Ommert*, Polizei heute 2001, 106/107; *Schneider/Daub*, Die Polizei 2000, 322; *Schwarz*, ZG 2001, 246/264; *Fischer*, VBlBW 2002, 89/90.
[275] Zur objektiven Sicherheitslage in Deutschland sowie zur Aussagekraft einschlägiger Statistiken siehe *Büllesfeld*, S. 50 f.
[276] *Geiger*, S. 57 m. w. Nachw.; siehe auch *Kury/Obergfell-Fuchs*, Kriminalistik 1998, 26 f.
[277] *Walter* in Festschrift *Hirsch*, S. 897/900 m. w. Nachw.; *Müller*, MschrKrim 2002, 33/43; *Schmitt Glaeser*, BayVBl 2002, 584/590.
[278] *Ostendorf*, ZRP 2001, 151/152; siehe hierzu auch *Büllesfeld*, S. 68 f.
[279] ZG 2001, 246/264.
[280] *Hefendehl*, StV 2000, 270/273.

Aufklärung zu reduzieren.[281] Zwar ist davon auszugehen, dass Maßnahmen zur Stärkung des Sicherheitsgefühls letztlich der Grundrechtsausübung der von Angst geplagten Bürger dienlich ist, denn Angst bedeutet eine gravierende Beeinträchtigung der Person.[282] Die Unzulässigkeit der Stärkung des Sicherheitsgefühls als alleiniger Zweck oder als Hauptzweck einer Maßnahme ohne damit einhergehender objektiver Verbesserung der Sicherheitslage begründet sich aber letztlich darin, dass Bürger Eingriffe in grundrechtlich geschützte Rechte hinnehmen müssten, nur um eine irrationale Kriminalitätsfurcht eines Teils der Bevölkerung zu befriedigen.[283, 284] Der Gesetzgeber gäbe dem imaginär Bedrohten den Vorrang gegenüber dem Eingriffsbetroffenen.[285] Die Stärkung des Sicherheitsgefühls als Hauptzweck oder gar als alleiniger Maßnahmezweck ist mithin nicht legitim.[286] Etwas anderes gilt nur insoweit, als ein gestärktes Sicherheitsgefühl ein willkommener Begleiteffekt und damit ein Nebenzweck von Videoüberwachungsmaßnahmen ist,[287] da im Ergebnis die Stärkung des Sicherheitsgefühls insbesondere bei irrationaler Kriminalitätsfurcht der Ausübung von Grundrechten dienlich ist.

Unzulässig wären ebenfalls Videoüberwachungsmaßnahmen, wenn sie nur dazu dienten, den Personaleinsatz der Polizei zu reduzieren.[288] Es ist nicht einzusehen, warum Bürger schwerwiegende Eingriffe in Grundrechte hinnehmen sollten, nur um den Staat finanziell und logistisch zu entlasten. Auch hier steht die Zulässigkeit dieser Folge von Videoüberwachungsmaßnahmen als „wertvoller Nebeneffekt"[289] jedoch außer Frage.

bbb) Eignung für die verfolgten Zwecke
Des Weiteren müssen die in Rede stehenden Maßnahmen ein geeignetes Mittel sein, um die mit ihnen verfolgten Ziele zu realisieren.[290] Geeignet ist eine Maßnahme dann, wenn

---

281 *Hefendehl*, StV 2000, 270/273 m. w. Nachw.
282 *Waechter*, DVBl 1999, 809/810; *Dolderer*, NVwZ 2001, 130/131; in diesem Sinne wohl auch *König*, S. 202; siehe auch LVerfG Mecklenburg-Vorpommern, Urt. v. 21.10.1999 – LVerfG 2/98, LKV 2000, 149/154.
283 Das gilt zumindest für diejenigen, die dem unbegründeten Ausmaß an Kriminalitätsangst nicht erlegen sind.
284 Der Aspekt der irrationalen Kriminalitätsangst und damit der Einsatz von Videokameras zum unzulässigen Zweck der Stärkung des Sicherheitsgefühls wird von *Schwabe* (NdsVBl 2002, 39/40) völlig außer Acht gelassen.
285 *Waechter*, DVBl 1999, 809/813; so auch *Büllesfeld*, S. 74, wenngleich sein Ansatz, das Gewicht des Abwägungskriteriums, das Sicherheitsgefühl zu stärken, anhand des Ausmaßes der Irrationalität der Kriminalitätsfurcht zu bestimmen (S. 73), kaum praktikabel erscheint. Die Stärkung des Sicherheitsgefühls sollte vielmehr grundsätzlich als Anknüpfungspunkt hinsichtlich des Zwecks der Maßnahme hinter der objektiven Verbesserung der Sicherheit zurückstehen.
286 So auch *Achelpöhler/Niehaus*, DuD 2002, 731/733.
287 *Hefendehl*, StV 2000, 270/272.
288 BVerwG, Urt. v. 9.2.1967 – I C 57.66, BVerwGE 26, 169/171, für erkennungsdienstliche Maßnahmen wie Lichtbilder und Fingerabdrücke; *Geiger*, S. 156 und 193.
289 So *Keller*, Kriminalistik 2000, 187/188.
290 BVerfG, Beschl. v. 9.3.1988 – 1 BvL 49/86, BVerfGE 78, 77/85.

durch sie der gewünschte Erfolg gefördert werden kann.[291] Hinsichtlich der Eignungsprognose ist dem Gesetzgeber ein gewisser Beurteilungsspielraum einzuräumen, wenn es um die Erprobung neuer Methoden der Prävention geht.[292] Dieser Spielraum ist nur dann überschritten, wenn das Mittel grundsätzlich ungeeignet ist.[293]

Legitime Zwecke von Videobeobachtungsmaßnahmen sind die vorbeugende Bekämpfung von Straftaten – entweder durch kurzfristige Unterbindung einer unmittelbar bevorstehenden Straftat oder aufgrund der abschreckenden Wirkung der Videokameras –, die Gefahrenabwehr einschließlich der Abwehr „störenden Verhaltens",[294] und schließlich die Stärkung des Sicherheitsgefühls der Bürger, soweit es sich um einen Begleiteffekt handelt.[295]

Videobeobachtungsmaßnahmen[296] können durchaus als geeignetes Mittel angesehen werden, um Straftaten vorbeugend zu bekämpfen und um Gefahren abzuwehren.[297] Zum einen werden Polizei und Ordnungsbehörden in die Lage versetzt, die am Monitor vermittelten Informationen über unmittelbar bevorstehende Straftaten beziehungsweise Gefahren zu ihrer kurzfristigen Unterbindung zu verwerten.[298] Zum anderen kann der Vi-

---

[291] BVerfG, Beschlüsse v. 16.3.1971 – 1 BvR 52, 665, 667, 754/66, BVerfGE 30, 292/316; v. 0.6.1984 – 1 BvR 1494/78, BVerfGE 67, 157/173; Urt. v. 14.7.1999 – 1 BvR 2226/94, 2420/95 und 2437/95, NJW 2000, 55/61; *v. Mangoldt/Klein/Starck (Sommermann)*, Art. 20 Abs. 3 Rdn. 304.

[292] BVerfG, Beschlüsse v. 10.4.1997 – 2 BvL 45/92, BVerfGE 96, 10/23; v. 9.3.1994 – 2 BvL 43, 51, 63, 64, 70, 80/92, 2 BvR 2031/92, BVerfGE 90, 145/173; v. 18.12.1968 – 1 BvL 5, 14/64 und 5, 11, 12/65, BVerfGE 25, 1/12 f.; *Waechter*, DÖV 1999, 138/143; *Sachs (Sachs)*, Art. 20 Rdn. 151; *v. Mangoldt/Klein/Starck (Sommermann)*, Art. 20 Abs. 3 Rdn. 306; *Vahle*, NVwZ 2001, 165/166; *Schwarz*, ZG 2001, 246/264; *Degenhart*, Rdn. 393.

[293] BVerfG, Beschlüsse v. 24.9.1965 – 1 BvR 228/65, BVerfGE 19, 119/127; v. 1.7.1986 – 1 BvL 26/83, BVerfGE 73, 301/317; v. 14.5.1985 – 1 BvR 449, 523, 700, 728/82, BVerfGE 70, 1/26; Urt. v. 28.1.1992 – 1 BvR 1025/82, 1 BvL 16/83 und 10/91, BVerfGE 85, 191/212; *Vahle*, NVwZ 2001, 165/166.

[294] Soweit vom Begriff der öffentlichen Ordnung umfasst, siehe hierzu schon oben 1. Kapitel:II.3.b)bb)aaa) (S. 58).

[295] Siehe hierzu schon oben 1. Kapitel:II.3.b)bb)aaa) (S. 58).

[296] Eine Differenzierung zwischen den Maßnahmen der Übersichtsaufnahme und der Großbildaufnahme im Rahmen der hier relevanten Frage der Geeignetheit von Videobeobachtung ist nicht erforderlich, denn die Eignung wird maßgeblich bestimmt durch die Wirkung der Überwachungsmaßnahme auf den potentiell von ihr Betroffenen. Die vorgenannte mögliche Differenzierung ist für den Bürger schon gar nicht ersichtlich, siehe *Roggan*, NVwZ 2001, 134/140, da es Hinweisschilder, die auf die unterschiedlichen Einzelmaßnahmen im Rahmen der Beobachtung hinweisen, nicht gibt und mangels Praktikabilität auch nicht geben wird, im Gegensatz zu solchen, die eine Differenzierung zwischen Beobachtungs- und Aufzeichnungsmaßnahmen erkennen lassen. Insofern werden die Bürger regelmäßig davon ausgehen, einer ständigen oder aber jederzeit möglichen (Großbild-)Beobachtung durch die Kameras zu unterliegen.

[297] So auch *Büllesfeld*, S. 62; siehe hierzu auch im Zusammenhang mit der Videoüberwachung in Frankfurt/M. *N.N.*, Frankfurter Allgemeine Zeitung v. 31.1.2003, S. 54 (Frankfurt/M.).

[298] *Schneider/Daub*, Die Polizei 2000, 322/324; *Waechter*, NdsVBl 2001, 77/78; *Roggan*, NVwZ 2001, 134/137; *Schmitt Glaeser*, BayVBl 2002, 584/585.

deobeobachtung ihre abschreckende Wirkung im Hinblick auf die Begehung von Straftaten jedenfalls in dem Überwachungsgebiet selbst nicht abgesprochen werden.[299] *Müller*[300] weist allerdings zutreffend darauf hin, dass im Hinblick auf die Frage der Eignung zwischen den unterschiedlichen Tätergruppen zu differenzieren ist. Der Abschreckungseffekt von Videokameras könne bei Personen, deren Handeln kein nüchternes Kalkül zugrunde liegt, nicht erzielt werden.[301] Dies treffe beispielsweise auf alkoholisierte Täter, Beziehungstäter oder spontan handelnde Täter zu.[302]

Im Hinblick auf die präventive Wirkung von Videoüberwachungsmaßnahmen wird im Übrigen nicht einheitlich beurteilt, ob es unter Berücksichtigung der Gebiete jenseits der Grenzen des überwachten Gebietes und damit insgesamt zu einer Verbesserung der Sicherheitslage kommt, also etwa im gesamten Dorf oder der Stadt. Bisweilen wird dies mit dem Argument bezweifelt, Videoüberwachungsmaßnahmen führten lediglich zu einer Verdrängung von Kriminalität, nicht aber zu deren tatsächlichen und nachhaltigen Bekämpfung.[303] Denn Kameras seien kein neues Erziehungs- oder Besserungsgerät für Menschen und haben somit keine Wirkungen auf das unmoralische und rechtswidrige Verhalten Einzelner.[304] Dies gelte insbesondere im Bereich des sog. „störenden Verhaltens" wie etwa des Bettelns, des Alkoholkonsums et cetera.[305]

In diesem Zusammenhang stellt sich damit die Frage, ob es für die Annahme der Eignung einzig auf den Erfolg im überwachten Gebiet ankommt oder aber darauf, dass unter Berücksichtigung der jenseits dieses Gebiets gelegenen Gegenden insgesamt eine merkliche Verbesserung der Sicherheitslage zu verzeichnen ist. Dafür dass allein der Erfolg im überwachten Gebiet von Bedeutung ist, spricht die Überlegung, dass gerade an sogenann-

---

[299] *Weichert*, Bürgerrechte und Polizei 1998, 12/17; *Vahle*, NVwZ 2001, 165/166; *Schneider/Daub*, Die Polizei 2000, 322/324; *Nürnberger*, Die Polizei 2000, 230/231, der aber auch darauf hinweist, dass die Abschreckungswirkung im Laufe der Zeit nachlassen könnte; *Müller*, Die Polizei 1998, 114/116; *Waechter*, NdsVBl 2001, 77/78; *Hasse*, ThürVBl 2000, 197/201; nach *Schmitt Glaeser*, BayVBl 2002, 584/586, handelt es sich beim großflächigen Einsatz von Videoüberwachungsanlagen gar um eine ideale Verwirklichung der auf eine allgemeine Gefahr gerichteten polizeilichen Aufgabe, da die Durchführung der Überwachungsmaßnahmen besonders effektiv und auch kostengünstig sei.; zur Eignung des Videokameraeinsatzes in England siehe *König*, S. 192 f., sowie *Müller*, MschrKrim 2002, 33/39 f., mit Ergebnissen von sechs Evaluationsstudien.

[300] MschrKrim 2002, 33/34.

[301] Einschränkung der sog. *Rational Choice*-These aus der Ökonomie, siehe hierzu *Müller*, MschrKrim 2002, 33/34; in diesem Sinne auch *Jehle/Gras*, Spektrum 2002 (4), S. 8/9.

[302] *Müller*, MschrKrim 2002, 33/34.

[303] *Weichert*, Bürgerrechte und Polizei 1998, 12/17/18; *Saeltzer*, DuD 2000, 194/198; in Betracht gezogen auch von *Müller*, MschrKrim 2002, 33/35; *Roos*, Kriminalitsik 2002, 464/466; a.A.: *Schneider/Daub*, Die Polizei 2000, 322/324-326; *Nürnberger*, Die Polizei 2000, 230/231; *Müller*, Die Polizei 1997, 77/80; 1998, 114; 2000, 285/291, jeweils für das Projekt in Leipzig.

[304] *Saeltzer*, DuD 2000, 194/198.

[305] *Weichert*, Bürgerrechte und Polizei 1998, 12/18 weist auf den in diesem Bereich zu erwartenden Verdrängungseffekt hin.

ten Kriminalitätsschwerpunkten gezielte Maßnahmen eingeleitet werden, um an eben diesen Orten eine Verbesserung der Sicherheit zu erzielen.[306] Dieses scheinbar stichhaltige Argument kann allerdings unter der Prämisse, dass es tatsächlich zu einer Verdrängung der Kriminalität in andere Stadtbezirke oder Gegenden kommt, grundsätzlich nicht aufrechterhalten werden.[307] Denn das würde letztlich bedeuten, dass die Polizei unter dem Deckmantel des Rechts durch die Durchführung der Videoüberwachung selbst mitursächlich für die Entstehung neuer oder die Vergrößerung schon bestehender Kriminalitätsschwerpunkte werden würde. Dies aber wäre schwerlich mit der allgemeinen polizeilichen Aufgabe der Gefahrenabwehr zu vereinbaren.[308]

Letztlich kann aber die Frage, ob es bei der Eignung nur auf das überwachte Gebiet selbst ankommt oder nicht, dahinstehen. Denn jedenfalls ist nicht erwiesen, dass geographisch begrenzte Überwachungsmaßnahmen nur die Sicherheitslage in den überwachten Gebieten selbst verbessern, im Übrigen aber wegen eines Verdrängungseffektes eine Verschlechterung der Sicherheitslage bewirken, so dass summa summarum kaum mehr ein Erfolg zu messen wäre.[309] Insofern darf der Gesetzgeber kraft seiner Einschätzungsprärogative[310] von der Eignung der Maßnahme zur vorbeugenden Straftatenbekämpfung ausgehen.[311]

Zweifellos vermag die Videobeobachtung im öffentlichen Raum das Sicherheitsgefühl der Bürger zu stärken.[312] Allerdings darf die Erhöhung des Sicherheitsgefühls nicht Selbstzweck sein. Vielmehr ist der Gesetzgeber gehalten, die Stärkung des Sicherheitsgefühls durch die tatsächliche Verbesserung der Sicherheitslage herbeizuführen.[313] Da es nicht von vornherein ausgeschlossen ist, dass Maßnahmen der Videoüberwachung die Sicherheitslage insgesamt verbessern können, sind sie *a priori* auch als geeignet anzusehen, das Sicherheitsgefühl in der Bevölkerung gerade *wegen* der Verbesserung der Sicherheitslage zu stärken.

---

[306] So *Büllesfeld*, S. 193.

[307] Eine Ausnahme mag gelten, wenn die Videoüberwachung gerade darauf angelegt ist, bestimmte deliktische Aktivitäten aus einem bestimmten Gebiet zu verdrängen, wie bspw. Drogenhandel in unmittelbarer Nähe einer Schule, siehe hierzu *Müller*, MschrKrim 2002, 33/36.

[308] Dies wird verkannt von *Büllesfeld*, S. 193; *König*, S. 80 merkt an, dass die Senkung einer örtlichen Kriminalitätsrate bei gleichzeitiger Erhöhung der Rate im Umland ebenso wenig im öffentlichen Interesse liege wie die bloße Verlagerung auf andere Kriminalitätsformen, siehe auch S. 205.

[309] Auf die schwierige empirische Nachweisbarkeit des Verdrängungseffekts weist *Müller*, MschrKrim 2002, 33/35, hin.

[310] Nachweise siehe oben Fußn. 292.

[311] So auch *Büllesfeld*, S. 193.

[312] *Vahle*, NVwZ 2001, 165/166; *Schneider/Daub*, Die Polizei 2000, 322; *Reuband*, NKP 2001, 5 f. – Bürgerbefragungen zur Videoüberwachung ; *Vollmer*, Städte- und Gemeinderat 2000 (8), 12 zu den Erfahrungen in Paderborn; *Müller*, Die Polizei 2000, 285/291; *Ommert*, Polizei heute 2001, 106/107; *Volkmann*, NVwZ 2000, 361/364.

[313] Siehe schon oben 1. Kapitel:II.3.b)bb)aaa) (S. 58).

Die Eignung von Videobeobachtungsmaßnahmen für die vorgenannten Zwecke besteht allerdings nur solange, wie durch die Maßnahmen die Zwecke noch gefördert werden können.[314] Daher ist insbesondere bei Erreichung des verfolgten Zwecks, etwa der im Verlauf der Videoüberwachung erzielten Verbesserung der Sicherheitslage, zu prüfen, ob die in Rede stehende Maßnahme dem gewünschten Erfolg überhaupt noch in irgendeiner Weise förderlich sein kann.[315] Die Beibehaltung des *status quo* kann als Förderung des Zwecks wohl als hinreichend erachtet werden, wenn zu befürchten ist, dass durch den Abbruch der Maßnahme der zuvor durch dieselbe Maßnahme erreichte Erfolg zunichte gemacht würde.[316]

Um nicht die Unzulässigkeit einer Maßnahme der Videoüberwachung wegen nachträglichen Zweckwegfalls zu riskieren, sollte der Gesetzgeber in die Ermächtigungsgrundlage die Pflicht der ausführenden Verwaltung aufnehmen, Videoüberwachungsmaßnahmen in regelmäßigen Zeitabständen, zum Beispiel alle sechs Monate, einer Rechtmäßigkeitsprüfung zu unterziehen, die insbesondere die Frage des noch zu fördernden Zwecks und damit der Eignung zum Gegenstand hat. Dies ergibt sich andeutungsweise zum Beispiel aus § 31 Abs. 3 Brandenburgisches PolG sowie § 15a Abs. 1 PolG Nordrhein-Westfalen, wonach die Polizei Videobeobachtungsmaßnahmen nur durchführen darf, *solange* Tatsachen die Annahme rechtfertigen, dass Straftaten drohen; im Übrigen ergibt sich dies zwar regelmäßig auch aus den allgemeinen polizeirechtlichen Vorschriften,[317] wonach eine Maßnahme nur solange zulässig ist, bis ihr Zweck erreicht ist oder sich zeigt, dass er nicht erreicht werden kann. Eine festgeschriebene regelmäßige Überprüfung, zum Beispiel alle sechs Monate, könnte hier allerdings zu einer landesweit einheitlichen Überprüfungspraxis beitragen.

ccc) Erforderlichkeit der Maßnahmen

Fraglich ist des Weiteren, inwieweit Maßnahmen der Videobeobachtung erforderlich sind, um die mit ihnen verfolgten Ziele zu erreichen. Eine Maßnahme ist erforderlich, wenn ein milderes, den Adressaten weniger belastendes und gleich geeignetes Mittel nicht zur Wahl steht.[318]

---

[314] Zur Definition der Eignung sowie für Nachweise siehe schon oben 1. Kapitel:II.3.b)bb)bbb) (S. 61); siehe hierzu auch *Hüwel*, Rheinische Post v. 2.2.2002 (Politische Umschau).

[315] So auch *Keller*, Kriminalistik 2000, 187/190, der diese Überlegung allerdings im Rahmen der Erforderlichkeitsprüfung anstellt; *Vahle*, NVwZ 2001, 165/166.

[316] *Röger/Stephan*, NWVBl 2001, 201/205.

[317] Siehe bspw. § 2 Abs. 3 PolG Nordrhein-Westfalen, § 4 Abs. 3 Hessisches SOG, § 3 Abs. 3 Brandenburgisches PolG, § 3 Abs. 4 Sächsisches PolG, Art. 4 Abs. 3 Bayerisches PAG, § 5 Abs. 3 SOG Sachsen-Anhalt, § 2 Abs. 3 Saarländisches PolG, § 15 Abs. 3 SOG Mecklenburg-Vorpommern, § 3 Abs. 3 Bremisches PolG.

[318] BVerfG, Urt. v. 14.7.1999 – 1 BvR 2226/94, 2420/95 und 2437/95, NJW 2000, 55/61; Beschlüsse v. 9.3.1994 – 2 BvL 43, 51, 63, 64, 70, 80/92, 2 BvR 2031/92, BVerfGE 90, 145/172; v. 16.3.1971 – 1 BvR 52, 665, 667, 754/66, BVerfGE 30, 292/316; *v. Mangoldt/Klein/Starck (Sommermann)*, Art. 20 Abs. 3 Rdn. 304; *Degenhart*, Rdn. 391 und 395.

In Betracht zu ziehen ist zunächst die Möglichkeit, statt der offenen Videoüberwachung nur verdeckte Maßnahmen durchzuführen,[319] so dass die potentiell Betroffenen mit den Eingriffen nicht unmittelbar konfrontiert werden. Verdeckte Maßnahmen sind gegenüber der offenen Videoüberwachung jedoch der ungleich schwerere Eingriff,[320] da die Bürger wegen fehlender Hinweisschilder und der nicht offen sichtbaren Kameras nunmehr jederzeit und überall damit rechnen müssen, videoüberwacht zu werden. Verdeckte Videoüberwachungsmaßnahmen berühren den Kernbereich des Rechts auf informationelle Selbstbestimmung und kommen als weniger belastendes Mittel mithin nicht in Frage.[321]

Waechter[322] zieht eine Stärkung der sozialen Kontrolle der Bürger untereinander als mildere Alternativmaßnahme zur Videoüberwachung in Erwägung. Diese gegenseitige Kontrolle gemeinsamer Standards ist ein weniger belastendes Mittel, da sie grundsätzlich als natürlicher Mechanismus in einer Gesellschaft schon vorhanden ist. Eine ernsthaft alternativ in Erwägung zu ziehende Maßnahme könnte die Stärkung der Sozialkontrolle aber nur sein, wenn sie ebenso wie die Videoüberwachung geeignet wäre, die mit ihr verfolgten Zwecke zu erreichen. Dies ist jedoch nicht der Fall, da an bestimmten Orten und zu bestimmten Zeiten der Mechanismus der Sozialkontrolle nicht funktioniert. Gerade nachts und an einsamen, abgelegenen und nahezu menschenleeren Orten findet eine soziale Kontrolle nicht statt.[323] Aber sogar überaus belebte Orte setzen den Kontrollmechanismus aufgrund der Anonymität oftmals außer Kraft.[324] Die Stärkung der Sozialkontrolle kommt als adäquater Ersatz zu Videoüberwachungsmaßnahmen letztlich nicht in Betracht.

Naheliegend ist es aber durchaus, anstelle von Videoüberwachungsmaßnahmen die Präsenz von Polizeibeamten insbesondere an Kriminalitätsschwerpunkten zu verstärken.[325] Eine geringere Belastung der Bürger dürfte sich bei dieser Alternativmaßnahme daraus ergeben, dass die Kontrolle durch Polizeibeamte im Wege der Beobachtung des öffentlichen Raumes und ohne weitergehende Maßnahmen nicht dasselbe Ausmaß erreicht wie die Kontrolle, die durch die permanente Videoüberwachung möglich ist. Denn die Wahrnehmungsfähigkeiten der Polizisten bleiben hinter den technischen Möglichkeiten der Videoüberwachung[326] zurück.[327] Das gilt jedenfalls, solange dieses Defizit nicht durch

---

[319] Im Rahmen der Erforderlichkeitsprüfung angeführt von *Schwarz*, ZG 2001, 246/264, sowie *Kloepfer/Breitkreutz*, DVBl 1998, 1149/1154.
[320] *Weichert*, DuD 2000, 662/663.
[321] Siehe hierzu oben 1. Kapitel:II.3.b)aa) (S. 51).
[322] NdsVBl 2001, 77/80.
[323] *Waechter*, NdsVBl 2001, 77/80.
[324] *Waechter*, NdsVBl 2001, 77/80.
[325] In Erwägung gezogen von *Hasse*, ThürVBl 2000, 197/201; *Wohlfarth*, RDV 2000, 101/105; *Röger/Stephan*, NWVBl 2001, 201/207.
[326] Zum Beispiel durch Zoom.
[327] So wohl *Dolderer*, NVwZ 2001, 130/132.

eine entsprechende (enorme) Steigerung polizeilicher Präsenz kompensiert wird, was letztlich aber wohl schlicht nicht zu realisieren wäre.[328]

Die vorausgehenden Ausführungen lassen erkennen, dass die geringere Belastung durch bloße Polizeipräsenz insbesondere auf eine nicht gleichwertige Eignung derselben zurückzuführen ist. Dies gilt jedenfalls für die Wahrnehmungsfähigkeiten, von denen letztlich maßgeblich das Erreichen der verfolgten Zwecke[329] abhängt. Das Argument geringerer Eignung kann auch nicht mit dem Einwand entkräftet werden, dass auch bei der Videobeobachtung die technischen Möglichkeiten gegenüber der menschlichen Wahrnehmung nur insoweit von größerem Vorteil sind, als sie durch aufmerksame menschliche Beobachtung des Monitors, an den die Bilder übermittelt werden, verwertet werden. Letztlich hängt die erfolgreiche Videobeobachtung ebenso wie die unmittelbare polizeiliche Beobachtung zwar von der Wahrnehmung des jeweils eingesetzten Polizeibeamten ab. Der Einsatz von Videotechnik ist der Beobachtung durch Polizeibeamte aber jedenfalls insofern überlegen, als er die Wahrnehmungsmöglichkeiten des menschlichen Beobachters aufgrund der zwischengeschalteten technischen Möglichkeiten[330] erhöht.

Das bisweilen angeführte Argument, die Videobeobachtung sei schon aus Gründen der Kostenersparnis gegenüber dem Einsatz von Polizeibeamten die geeignetere Maßnahme,[331] vermag die Erforderlichkeit der Videoüberwachung jedoch nicht zu begründen. Denn der Vergleich mehrerer Maßnahmen ist nur im Hinblick auf solche Zwecke zulässig, die von der Rechtsordnung auch gebilligt werden und also legitim sind. Hierzu zählt die Kostenersparnis durch Verringerung des personellen Einsatzes der Polizei aber nicht.[332]

Insgesamt bestehen an der Erforderlichkeit von Videobeobachtungsmaßnahmen im Hinblick auf die in Betracht gezogenen Zwecke und die sich bietenden Alternativmaßnahmen keine ernsthaften Zweifel.[333]

ddd) Angemessenheit von Maßnahmen der Videobeobachtung

Besondere Bedeutung kommt schließlich der Frage zu, ob – unter Berücksichtigung aller wesentlichen Aspekte – Maßnahmen der Videobeobachtung ein angemessenes Mittel

---

[328] *Röger/Stephan*, NWVBl 2001, 201/208; VG *Karlsruhe*, Urt. v. 10.10.2001 – 11 K 191/01, NVwZ 2001, 117/118; *Büllesfeld*, S. 196; zur Eingriffsqualität einer großen Polizeipräsenz siehe *Waechter*, NdsVBl 2001, 77/85.

[329] Insbesondere präventive Straftatenbekämpfung durch Abschreckung und Schnelleinsätze.

[330] Übersichtsaufnahme eines großen Platzes, Zoom et cetera.

[331] *Hasse*, ThürVBl 2000, 197/201.

[332] Siehe hierzu oben 1. Kapitel:II.3.b)bb)aaa) (S. 58).

[333] So auch *Geiger*, S. 192; *Röger/Stephan*, NWVBl 2001, 201/208; *Waechter*, NdsVBl 2001, 77/80; anders wohl *Koch*, S. 124.

sind, um die zuvor dargestellten Zwecke[334] zu verwirklichen.[335] Das ist der Fall, wenn die Nachteile der in Rede stehenden Maßnahme noch in einem angemessenen Verhältnis zu den aus ihr resultierenden Vorteilen für das Gemeinwohl stehen.[336] Der Einzelne muss Einschränkungen des Rechts auf informationelle Selbstbestimmung letztlich nur hinnehmen, wenn ein überwiegendes Allgemeininteresse an den die Eingriffe bedingenden Maßnahmen besteht.[337]

Ein angemessener Ausgleich zwischen dem betroffenen und dem geschützten Rechtsgut kann nur unter Berücksichtigung der *abstrakten* Bedeutung dieser Rechtsgüter einerseits, sowie der Betroffenheit im *konkreten* Fall andererseits erzielt werden.[338]

Zunächst kann festgestellt werden, dass den hier in Rede stehenden Rechtsgütern jeweils besondere grundsätzliche Bedeutung zukommt: Das Recht auf informationelle Selbstbestimmung ist keineswegs ein zu vernachlässigender Teilaspekt des umfassenden Persönlichkeitsrechts jedes Einzelnen, sondern Garant für die Freiheit, aus eigener Selbstbestimmung zu planen und zu entscheiden.[339] Die eigene Selbstbestimmung ist letztlich elementare Funktionsbedingung des freiheitlichen demokratischen Gemeinwesens, das auf die Mitwirkungsfähigkeit seiner Bürger angewiesen ist.[340] Dem Recht auf informationelle Selbstbestimmung kommt aufgrund seines verfassungsrechtlichen Ranges daher besondere Bedeutung zu.

Ihm stehen andererseits Belange der Allgemeinheit gegenüber. Das Bundesverfassungsgericht hat mehrfach hervorgehoben, dass das Grundgesetz die Spannung zwischen Individuum und Gemeinschaft im Sinne der Gemeinschaftsbezogenheit und -gebundenheit des Einzelnen entschieden hat, denn nur so sei letztlich ein geordnetes Zusammenleben in einer Gesellschaft möglich.[341] Das Allgemeinwohl als Kriterium für die Funktionsfähigkeit des Staates ist mithin von besonderer Bedeutung.[342] Ob dem Allgemeinwohl allerdings auch ein verfassungsrechtlicher Rang beizumessen ist, ist nicht generell, sondern

---

[334] Siehe zu den Zwecken oben 1. Kapitel:II.3.b)bb)aaa) (S. 58).
[335] Verhältnismäßigkeit im engeren Sinne, so die verwendete Terminologie z.B. bei *v. Mangoldt/Klein/Starck (Sommermann)*, Art. 20 Abs. 3 Rdn. 304, und *Degenhart*, Rdn. 397.
[336] BVerfG, Beschlüsse v. 20.6.1984 – 1 BvR 1494/78, BVerfGE 67, 157/178; v. 17.10.1990 – 1 BvR 283/85, BVerfGE 83, 1/19; *v. Mangoldt/Klein/Starck (Sommermann)*, Art. 20 Abs. 3 Rdn. 304; *Degenhart*, Rdn. 397 f.; *Sachs (Sachs)*, Art. 20 Rdn. 154.
[337] BVerfG, Urt. v. 15.12.1983 – 1 BvR 209, 269, 362, 420, 440, 484/83, BVerfGE 65, 1/44.
[338] *Degenhart*, Rdn. 397 f.
[339] BVerfG, Urt. v. 15.12.1983 – 1 BvR 209, 269, 362, 420, 440, 484/83, BVerfGE 65, 1/43.
[340] BVerfG, Urt. v. 15.12.1983 – 1 BvR 209, 269, 362, 420, 440, 484/83, BVerfGE 65, 1/43.
[341] BVerfG, Urteile v. 15.12.1983 – 1 BvR 209, 269, 362, 420, 440, 484/83, BVerfGE 65, 1/44; v. 14.7.1999 – 1 BvR 2226/94, 2420/95 und 2437/95, NJW 2000, 55/61; v. 1.3.1979 – 1 vR 532, 533/77, 419/78 und 1 BvL 21/78, BVerfGE 50, 290/353; v. 20.7.1954 – 1 BvR 459, 484, 548, 555, 623, 651, 748, 783, 801/52, 5, 9/53, 96, 114/54, BVerfGE 4, 7/15 f.; Beschlüsse v. 16.7.1969 – 1 BvL 19/63, BVerfGE 27, 1/7; v. 13.1.1981 – 1 BvR 116/77, BVerfGE 56, 37/49.
[342] *Isensee/Kirchhof (Schmitt Glaeser)*, Handbuch des Staatsrechts, Band 6, § 129 Rdn. 103.

anhand der *konkreten Zwecke*, die mit den belastenden Maßnahmen verfolgt werden, zu beantworten, da nicht jedem irgendwie gearteten Interesse für das Allgemeinwohl verfassungsrechtliche Bedeutung zukommen kann.

Maßnahmen der Videobeobachtung dienen insbesondere der vorbeugenden Straftatbekämpfung,[343] der hierdurch bedingten Steigerung des Sicherheitsgefühls sowie der Gefahrenabwehr.[344] Damit kommen die Maßnahmen im Wesentlichen der Grundrechtsausübung jedes Einzelnen und damit in besonderer Weise auch dem Allgemeinwohl zugute. Die Förderung des Allgemeinwohls erlangt im Falle gesetzlicher Grundlagen für Videoüberwachungsmaßnahmen aufgrund des mit diesen verfolgten Zwecks der präventiven Verhinderung von Straftaten sowie der Gefahrenabwehr verfassungsrechtliche Bedeutung,[345] da hinter den vorgenannten Zwecken letztlich die präventive Verhinderung von Grundrechtsverletzungen steht, der die verfassungsrechtliche Bedeutung nicht abgesprochen werden kann.

Eine Einschränkung des vorgenannten Ergebnisses dürfte sich allerdings insoweit ergeben, als Videoüberwachungsmaßnahmen der Gefahrenabwehr dienen sollen, sofern diese auch den Schutz der öffentlichen Ordnung umfasst.[346] Zwar geht die überwiegende Ansicht davon aus, dass das Schutzgut der öffentlichen Ordnung verfassungsrechtlichen Anforderungen im Hinblick auf den Bestimmtheitsgrundsatz noch genügt.[347] Dieses Ergebnis erhebt das Schutzgut der öffentlichen Ordnung aber noch nicht auf die Ebene von Verfassungsrang. Ebenso wenig vermag es das Ergebnis der Angemessenheitsprüfung zu Gunsten der öffentlichen Ordnung vorwegzunehmen. Es ist schon zweifelhaft, ob der polizeiliche und ordnungsrechtliche Schutz der öffentlichen Ordnung, das heißt derjenigen ungeschriebenen Regeln für das Verhalten des Einzelnen in der Öffentlichkeit, deren Beachtung nach den jeweils herrschenden Anschauungen als unerlässliche Voraussetzung eines geordneten staatsbürgerlichen Zusammenlebens betrachtet werden,[348] überhaupt noch als im Interesse der Allgemeinheit angesehen werden kann. Zwar sind die Verhaltensregeln selbst sicherlich insofern im Allgemeininteresse, als sie ja gerade die herrschenden Anschauungen widerspiegeln. An einem Allgemeininteresse am polizeilichen und ordnungsrechtlichen Schutz hingegen beziehungsweise an einer erzwungenen Durchsetzung der ungeschriebenen Regeln, die keine Rechtsnormen sind,[349] bestehen jedoch Be-

---

[343] Durch Abschreckung oder durch Unterbindung der Straftat vor ihrer Begehung.

[344] Zu den Zweckbestimmungen im Einzelnen siehe oben 1. Kapitel:II.3.b)bb)aaa) (S. 58).

[345] Hierzu BVerfG, Urt. v. 14.7.1999 – 1 BvR 2226/94, 2420/95 und 2437/95, NJW 2000, 55; LVerfG Mecklenburg-Vorpommern, Urt. v. 21.10.1999 – LVerfG 2/98, LKV 2000, 149/154; *Geiger*, S. 191; wohl auch *Hasse*, ThürVBl 2000, 197/199.

[346] Siehe bspw. § 32 Abs. 3 i. V. mit § 1 SOG Mecklenburg-Vorpommern, sowie § 14 Abs. 3 i. V. mit § 1 Hessisches SOG.

[347] Siehe hierzu schon oben 1. Kapitel:II.3.a)cc) (S. 45).

[348] *Götz*, Rdn. 122; *Knemeyer*, Rdn. 102.

[349] *Götz*, Rdn. 122.

denken. Denn das Phänomen der sozialen Kontrolle wird ersetzt durch das Institut der polizeilichen Kontrolle. Die vermeintliche Notwendigkeit der zwanghaften Durchsetzung ungeschriebener Wertvorstellungen suggeriert die Unfähigkeit und Unmündigkeit der Bürger, sich ohne obrigkeitsstaatliche Hilfe mit ihren unterschiedlichen Wertvorstellungen auseinanderzusetzen.

Unterstellt man trotz erheblicher Zweifel ein Allgemeinwohlinteresse an der polizeilichen und ordnungsrechtlichen Durchsetzung der öffentlichen Ordnung, müsste diesem Interesse gegenüber demjenigen der potentiell durch die Videoüberwachungsmaßnahmen Betroffenen, also dem Recht auf informationelle Selbstbestimmung, in der Abwägung der Vorzug zu geben sein. Dies ist nicht der Fall. Der Schutz ungeschriebener Wertvorstellungen und damit der Schutz der öffentlichen Ordnung vermag nicht, das Recht auf informationelle Selbstbestimmung zu überwiegen, da Wertvorstellungen, soweit sie der Verwirklichung von Grundrechten dienen, bereits im Rahmen des Schutzes der öffentlichen Sicherheit zur Geltung verholfen wird.[350] Eingriffe in das Recht auf informationelle Selbstbestimmung zum Schutze der öffentlichen Ordnung sind daher *per se* unangemessen und damit verfassungswidrig.[351]

Im Übrigen kann festgehalten werden, dass es sich bei den in Rede stehenden Belangen sowohl auf Seiten der potentiell Betroffenen (informationelles Selbstbestimmungsrecht) als auch auf Seiten der Allgemeinheit (Wohl der Allgemeinheit) angesichts der jeweiligen Bedeutung für die Grundrechte um solche von Verfassungsrang handelt. Mangels einer allgemeinen grundgesetzlichen Wertrangordnung besteht grundsätzlich kein Übergewicht eines der betroffenen Rechtsgüter gegenüber dem anderen.[352]

(a)   Abkehr vom Grundsatz der Störerverantwortlichkeit
In die Abwägung einzubeziehen und damit auch für die Anforderungen an eine Befugnisnorm betreffend Videobeobachtung zu berücksichtigen ist der Umstand, dass sich die Maßnahmen gegen Störer und Nichtstörer gleichermaßen richten.[353] Unbeteiligte, die keinen Anlass hierfür gegeben haben, werden einem Eingriff in ihr Recht auf informationelle Selbstbestimmung ausgesetzt, weil sie sich zu einer bestimmten Zeit an einem bestimmten Ort aufhalten. Grundsätzlich sehen die Polizei- und Ordnungsgesetze der Länder vor, dass nur der für eine Gefahr Verantwortliche zu Maßnahmen herangezogen werden darf.[354] Ausnahmen sind für Situationen des polizeilichen Notstands[355] vorgesehen, der

---

[350] Zum Begriff der öffentlichen Sicherheit siehe *Götz*, Rdn. 89 f. m. w. Nachw.
[351] So auch *Waechter*, NdsVBl 2001, 77/84, sowie *Büllesfeld*, S. 189/190.
[352] *Sachs (Sachs)*, Art. 20 Rdn. 156; *Schwarz*, ZG 2001, 246/265; ebenso *Büllesfeld*, S. 205.
[353] Zum Begriff des Störers siehe *Götz*, Rdn. 188 f.
[354] *Bäumler (Lisken)*, S. 39; bspw. §§ 4 und 5 PolG Nordrhein-Westfalen; §§ 6 und 7 PolG Baden-Württemberg; §§ 6 und 7 Hessisches SOG; §§ 5 und 6 Brandenburgisches PolG.
[355] *Bäumler (Lisken)*, S. 39; siehe bspw. § 6 PolG Nordrhein-Westfalen; § 9 PolG Baden-Württemberg; § 9 Hessisches SOG; § 7 Brandenburgisches PolG.

für Maßnahmen der Videobeobachtung regelmäßig nicht vorliegen wird,[356] da insoweit grundsätzlich das Bestehen einer erheblichen gegenwärtigen Gefahr Voraussetzung ist.[357] Fraglich ist, ob der Gesetzgeber in einer Befugnisnorm von den Grundsätzen der Störerverantwortlichkeit dergestalt abweichen darf, dass auch Nichtstörer unter bestimmten Umständen grundrechtsbeschränkende Maßnahmen hinnehmen müssen.

Ausgangspunkt für die rechtliche Beurteilung dieser Problematik dürfte der allgemeine Grundsatz des Vorrangs des spezielleren und des zeitlich nachfolgenden Gesetzes sein.[358] Danach ist es dem Gesetzgeber grundsätzlich freigestellt, durch den gegebenenfalls späteren Erlass einer spezielleren Regelung von den vormals aufgestellten Grundsätzen und Regelungen abzuweichen.[359] Dies gilt jedenfalls im Verhältnis von Rechtsnormen derselben Rechtsquelle.[360] Das in den Polizei- und Ordnungsgesetzen verankerte Prinzip der Störerverantwortlichkeit könnte somit wirksam durch den Erlass einer Befugnisnorm zu Videobeobachtungsmaßnahmen, die auch Nichtstörer betrifft, außer Kraft gesetzt werden. Bisweilen werden jedoch Bedenken an der Zulässigkeit von Überwachungsmaßnahmen, die sich auch gegen Nichtstörer richten, mit dem Argument erhoben, die Überwachung, soweit sie sich auch gegen Nichtstörer richte, verstoße gegen die Redlichkeits- beziehungsweise die Unschuldsvermutung.[361] Voraussetzung für einen derartigen Verstoß wäre allerdings zunächst einmal, dass die vorgenannten Grundsätze den einfachgesetzlichen Befugnisnormen betreffend die Videobeobachtung vorgehen; sie müssten mithin von Verfassungsrang sein. Dies ist unzweifelhaft der Fall für die durch Art. 6 Abs. 2 EMRK in das positive Recht der Bundesrepublik eingeführte Unschuldsvermutung,[362] nach der es unzulässig ist, einen nicht rechtskräftig verurteilten Bürger als schuldig zu behandeln.[363] Die Unschuldsvermutung wird durch gegen jedermann gerichtete Maßnahmen der Videobeobachtung allerdings gar nicht berührt, da die Überwachung nicht unmittelbar der Strafverfolgung dient, sondern die Begehung von Straftaten gerade verhindern soll. Videobeobachtungsmaßnahmen stellen die Unschuld der Bürger mangels eines im Zeitpunkt des Eingriffs gegen irgendjemand gerichteten Anfangsverdachts i. S. des § 160 Abs. 1 StPO gar nicht in Frage. Ein Verstoß gegen die Unschuldsvermutung kommt daher nicht in Betracht.

---

[356] *Bäumler (Lisken)*, S. 39.

[357] Siehe hierzu *Götz*, Rdn. 261 f., sowie bspw. § 6 PolG Nordrhein-Westfalen; § 9 Hessisches SOG; § 7 Brandenburgisches PolG.

[358] *„Lex specialis derogat legi generali"* sowie *„lex posterior derogat legi priori"*, siehe hierzu *Götz*, Rdn. 193, sowie *Maurer*, Allgemeines Verwaltungsrecht, § 4 Rdn. 37.

[359] *Maurer*, Allgemeines Verwaltungsrecht, § 4 Rdn. 37.

[360] *Maurer*, Allgemeines Verwaltungsrecht, § 4 Rdn. 37.

[361] *Bäumler (Lisken)*, S. 40; *Volkmann*, NVwZ 2000, 361/366; *Hohmann (Schwan)*, S. 307.

[362] BVerfG, Beschlüsse v. 15.12.1965 – 1 BvR 513/65, BVerfGE 19, 342/347; v. 19.7.1967 – 2 BvR 489/66, BVerfGE 22, 254/265, in der letzten Entscheidung wird die Unschuldsvermutung aus dem Rechtsstaatsprinzip hergeleitet.

[363] BVerfG, Beschl. v. 19.7.1967 – 2 BvR 489/66, BVerfGE 22, 254/265.

Ob sich neben der Unschuldsvermutung aus dem Rechtsstaatsprinzip noch eine verfassungsrechtliche Vermutung der Redlichkeit oder der Rechtstreue herleiten lässt, erscheint zweifelhaft.[364] Ein solches Prinzip unterscheidet sich von der Unschuldsvermutung insofern, als ein Anfangsverdacht im Hinblick auf eine konkrete Straftat noch gar nicht besteht. Die Vermutung der Redlichkeit geht von der Prämisse aus, dass der Bürger sich grundsätzlich rechtstreu verhält. Die Frage, ob einer Vermutung der Rechtstreue ein Verfassungsrang überhaupt zukommt, und somit ob ein Verstoß gegen höherrangiges Recht durch den Erlass einer einfach-gesetzlichen Befugnisnorm in Betracht kommt, die Eingriffe auch in die Rechte Unbeteiligter vorsieht, kann hier jedoch dahinstehen. Befugnisnormen zu Videobeobachtungsmaßnahmen stellen die Redlichkeit der durch sie betroffenen Bürger nämlich nicht grundsätzlich in Frage. Die Normen sind vielmehr nur die Konsequenz für die unbestrittene und erwiesene Tatsache, dass Einzelne sich immer wieder, insbesondere durch die Begehung von Straftaten, gegen die Rechtsordnung wenden. Insofern lassen die Befugnisnormen zwingend nur den Schluss zu, *einzelnen* – im Zeitpunkt der Maßnahme noch unbestimmten – Bürgern werde die Vermutung der Redlichkeit nicht zuteil. Der Kern des Problems rechtsstaatlich möglicherweise bedenklicher Befugnisnormen verlagert sich somit von der Frage eines etwaigen Verstoßes gegen eine vielleicht anzuerkennende verfassungsrechtlich verdichtete Redlichkeitsvermutung zu derjenigen, ob die *Verhältnismäßigkeit* noch gewahrt ist, wenn Eingriffe sich gegen Störer und Nichtstörer gleichermaßen richten.[365]

Zu diesem Ergebnis gelangen letztlich auch die Verfechter eines verfassungsrechtlichen Grundsatzes der Redlichkeitsvermutung aufgrund der Überlegung, dass die Nichtstörer wegen ihres Eintritts in die örtliche und zeitliche Sondersituation eines videobeobachteten Ortes in der Weise nothilfs- beziehungsweise sozialpflichtig sind, dass sie die Überwachungsmaßnahmen nach Maßgabe des Verhältnismäßigkeitsgrundsatzes über sich ergehen lassen müssen.[366]

---

[364] So etwa BVerwG, Urt. v. 9.2.1967 – I C 57.66, BVerwGE 26, 169/170 mit Einschränkungen; *Lisken*, NVwZ 1998, 22/24, sowie *Bäumler (Lisken)*, S. 38 f.; dagegen LVerfG Mecklenburg-Vorpommern, Urt. v. 21.10.1999 – LVerfG 2/98, LKV 2000, 149/153; *Schwabe*, NVwZ 1998, 709 f.; zweifelnd *Volkmann*, NVwZ 2000, 361/366.

[365] Ähnlich auch *Geiger*, S. 177.

[366] *Bäumler (Lisken)*, S. 39; siehe hierzu auch *Hasse*, ThürVBl 2000, 197/198; *Geiger*, S. 193; *Waechter*, NdsVBl 2001, 77/82, der das Argument der Zurechnung aufgrund der örtlichen Sondersituation nicht ohne interne Differenzierungen verwenden wissen will: Der Zurechnungsgrund werde um so stärker, je kleiner der fragliche Ort sei und je leichter es sei, einen Aufenthalt dort zu vermeiden, d.h. je stärker das personale Element sei (Vermeidungsmöglichkeit des Eingriffs), S. 83. Konsequenterweise müsste dann aber nicht nur auf die Größe des überwachten Ortes allein, sondern auch auf die Häufung einzelner Überwachungsorte abgestellt werden, denn die Kumulation vieler kleiner Überwachungsorte vermag ebenfalls, die autonome Entscheidung über die Vermeidung des Eingriffs zu beeinträchtigen; zum Zurechnungszusammenhang bei der Schleierfahndung siehe LVerfG Mecklenburg-Vorpommern, Urt. v. 21.10.1999 – LVerfG 2/98, LKV 2000, 149/153, sowie *Waechter*, DÖV 1999, 138/146.

Die Tatsache, dass auch Nichtstörer Maßnahmen der Videobeobachtung ausgesetzt werden, führt also nicht *per se* schon zur Unzulässigkeit der jeweiligen Befugnisnorm, sondern wird im Rahmen der Angemessenheit und den aus ihr hervorgehenden Anforderungen an die Eingriffsermächtigungen zu berücksichtigen sein.[367]

(b) *Abkehr vom Erfordernis einer konkreten Gefahr*

Dies gilt ebenso für den Umstand, dass die spezialgesetzlichen Befugnisnormen die Durchführung von Videobeobachtungsmaßnahmen nicht an das Vorliegen einer konkreten Gefahr knüpfen. Tatbestandliche Voraussetzung für die Zulässigkeit von Videobeobachtungsmaßnahmen ist in der Regel lediglich, dass Tatsachen die Annahme rechtfertigen, an bestimmten Orten werden künftig Straftaten begangen.[368] Damit setzen die Ermächtigungsgrundlagen für die Rechtmäßigkeit von Videobeobachtungsmaßnahmen lediglich das Vorliegen einer abstrakten Gefahr voraus, wonach eine Verletzung von Schutzgütern in gedachten typischen Fällen nach allgemeiner Lebenserfahrung aufgrund von Anhaltspunkten möglich erscheint.[369] Die hinreichende Wahrscheinlichkeit und die zeitliche Nähe eines Schadenseintritts bei geschützten Rechtsgütern, folglich das Vorliegen einer konkreten Gefahr,[370] sind damit gerade nicht konstitutive Voraussetzungen für die Rechtmäßigkeit der Überwachungsmaßnahmen.

Durch das Erfordernis einer abstrakten Gefahr unterscheiden sich Maßnahmen der Videobeobachtung demgegenüber auch von denjenigen der sog. (präventiven) Schleierfahndung. Die Schleierfahndung, also die präventiv-polizeiliche Befugnis zur weitgehend anlass- und ereignislosen Identitätsfeststellung von jedermann,[371] ist letztlich nicht einmal notwendigerweise an das Vorliegen einer abstrakten Gefahr gebunden.[372]

Der Umstand, dass durch die Reduktion vom Erfordernis der konkreten auf dasjenige der abstrakten Gefahr die Eingriffsschwelle für die Durchführung von Videobeobachtungsmaßnahmen faktisch herabgesetzt wird, ist verfassungsrechtlich nicht zu beanstanden. Er wird getragen von der Erkenntnis, dass eine effektive Abwehr konkreter Gefahren durch Polizei- und Ordnungsbehörden die Notwendigkeit voraussetzt, bereits im Vorfeld ihrer Entstehung Maßnahmen zu ihrer Verhinderung oder späteren Abwendung vorzunehmen.[373] Diese Erkenntnis ist insbesondere für die hier gegenständlichen Videobeobach-

---

[367] So auch *Büllesfeld*, S. 105.
[368] Siehe bspw. § 15a PolG Nordrhein-Westfalen, § 16 Abs. 2 SOG Sachsen-Anhalt, § 31 Abs. 3 Brandenburgisches PolG oder auch § 27 Abs. 2 Saarländisches PolG.
[369] BayVerfGH, Entsch. v. 19.10.1994 – Vf. 13 – VIII – 92 –, DVBl 1995, 347/349 m. w. Nachw.; *Hasse*, ThürVBl 2000, 197/198; zum Begriff der abstrakten Gefahr siehe auch *Götz*, Rdn. 145.
[370] BayVerfGH, Entsch. v. 19.10.1994 – Vf. 13 – VIII – 92 –, DVBl 1995, 347/349; OLG *Frankfurt/M.*, Beschl. v. 21.2.2002 – 20 W 55/02, NVwZ 2002, 626/627; *Götz*, Rdn. 140.
[371] *Waechter*, DÖV 1999, 138.
[372] *Bäumler (Lisken)*, S. 42.
[373] So im Ergebnis auch *Büllesfeld*, S. 99/100.

tungsmaßnahmen bedeutsam. Die Durchführung der Videobeobachtung verfolgt unter anderem das Ziel, konkrete Gefahrensituationen zu erkennen, um sodann weitere Maßnahmen zu ihrer Abwehr vornehmen zu können. Das Erfordernis des Vorliegens einer konkreten Gefahr würde dieses Ziel unerreichbar und die Videobeobachtungsmaßnahme insoweit obsolet machen, als die Einleitung weiterer Maßnahmen gerade voraussetzt, dass die konkrete Gefahr zuvor erkannt wurde.

Der im Rahmen dieser Problematik vorgebrachte Einwand, der Verzicht auf die Notwendigkeit konkreter Gefahrenlagen führe durch eine Reduktion der Eingriffsschwelle zu einer Preisgabe grundrechtlich geschützter Positionen,[374] kann unter der Prämisse, dass an die Befugnisnormen im Hinblick auf die Bestimmtheit sowie die Verhältnismäßigkeit entsprechend höhere Anforderungen gestellt werden, entkräftet werden. Die Reduktion der Anforderungen für Videobeobachtungsmaßnahmen vom Erfordernis der konkreten auf dasjenige der abstrakten Gefahr führt damit ebenso wenig wie die Durchführung der Maßnahmen gegenüber Nichtstörern *per se* zur Unzulässigkeit der jeweiligen Ermächtigungsgrundlage.[375]

(c) Psychologische Folgen als Abwägungskriterium

Ebenfalls sind in die Abwägung die Nachteile der Überwachungsmaßnahmen einzustellen, die sich für die Allgemeinheit ergeben, deren Wohl maßgebliches Rechtfertigungskriterium ist.[376] Denn gerade unerwünschte und nicht beabsichtigte nachteilige Nebenfolgen der Überwachungsmaßnahmen vermögen das Ausmaß der Vorteile für das Allgemeinwohl insgesamt zu mindern. Hier ist insbesondere die vielfach angeführte psychologische Folge eines „latenten Anpassungsdrucks" der Überwachten von Bedeutung.[377] Ein Erklärungsansatz für diesen durch Videoüberwachung hervorgerufenen Anpassungsdruck kann der Abhandlung von *Frey*, *Wicklund* und *Schreier* zum Phänomen der objektiven Selbstaufmerksamkeit entnommen werden. Die Aufmerksamkeit eines Menschen sei in einem bestimmten Augenblick entweder überwiegend auf das Selbst oder überwiegend auf externe Ereignisse gerichtet. Objektive Aufmerksamkeit bewirke eine Intensivierung und Aktualisierung der Aspekte des Selbst, die Gegenstand der Aufmerksamkeit sind, und habe zur Folge, dass sich die Person ihrer Intra-Selbst-Diskrepanzen bewusst wird. Es ent-

---

[374] Nachweise siehe bei *Büllesfeld*, S. 95 f.

[375] So i. E. schon BayVerfGH, Entsch. v. 19.10.1994 – Vf. 13 – VIII – 92 –, DVBl 1995, 347/349, zu Art. 30-49 Bayerisches PAG (Maßnahmen der präventiven Schleierfahndung); *Büllesfeld*, S. 101/102.

[376] BVerfG, Urt. v. 15.12.1983 – 1 BvR 209, 269, 362, 420, 440, 484/83, BVerfGE 65, 1/44.

[377] So etwa *Möller/v. Zezschwitz (Höfling)*, S. 36; *Möller/v. Zezschwitz (Möller)*, S. 12; *Jacob*, Der Städtetag 2000, 30; *Schwarz*, ZG 2001, 246/249; *Reimer*, DuD 2000, 178; *Dolderer*, NVwZ 2001, 130/132; *Röger/Stephan*, NWVBl 2001, 201/208; *Hasse*, ThürVBl 2000, 169/172; Entschließung der 59. Konferenz der Datenschutzbeauftragten des Bundes und der Länder v. 14./15.3.2000, Städte- und Gemeinderat 2000 (8), 7; *Müller*, MschrKrim 2002, 33/37; hierzu auch *Büllesfeld*, S. 74 f., sowie *Vahle*, DVP 2003, 1.

stehe dadurch eine Motivation, diese Diskrepanzen zu reduzieren.[378] Der Anpassungsdruck vermag insbesondere auch durch neue Überwachungsmethoden wie intelligenten
Verfahren[379] verstärkt zu werden, da die Videoüberwachung hier von bestimmten „ver-
dächtigen" Verhaltensweisen abhängig ist, wie etwa das Äußern von Nervosität.

Die derzeitige Quantität an Videobeobachtungsanlagen dürfte bislang jedoch noch nicht
ausreichen, die Bürger in der Öffentlichkeit latent einem solchen Anpassungsdruck auszu-
setzen, der die mit den Videobeobachtungsmaßnahmen beabsichtigten allgemeinwohl-
und grundrechtsfördernden Zwecke vollständig entwerten könnte. Etwas anderes könnte
allerdings gelten, wenn die Videobeobachtung ein Ausmaß erreichte, das einen nicht ü-
berwachten Verkehr im öffentlichen Raum nahezu unmöglich machte. Die mit dem dann
zu erwartenden Überwachungsdruck einhergehenden grundrechtlichen Beschränkungen
könnten mit einer Förderung des Allgemeinwohls kaum mehr gerechtfertigt werden.

(d) Konkrete Anforderungen an die gesetzlichen Befugnisnormen
Für die Frage der Angemessenheit von Videobeobachtungsmaßnahmen beziehungsweise
den ihnen zugrunde liegenden Befugnisnormen gilt es zu berücksichtigen, dass ein konkreter Sachverhalt nicht Gegenstand der vorliegenden Abhandlung ist.[380] Insofern ist zu
untersuchen, wie gesetzliche Regelungen betreffend die Videobeobachtung ausgestaltet
sein müssten, um einen angemessenen Interessenausgleich im Einzelfall zu ermöglichen.
Es geht also um die Frage der gesetzlichen Rahmenbedingungen,[381] die jedenfalls so gestaltet sein müssen, dass die ausführende Verwaltung nicht schon *per se* durch die Geset-
zesanwendung verfassungswidrig handelt. Diese Grenzen der Gesetzgebung wären beispielsweise überschritten, wenn die Befugnisnorm ausschließlich *heimliche* (verdeckte) Videoüberwachungsmaßnahmen vorsähe, ohne dass die Exekutive durch verfassungskonforme Anwendung der entsprechenden Norm die Möglichkeit hätte, im Wege des redu-
zierten Ermessens allein (rechtmäßige) *offene* Videoüberwachungsmaßnahmen durchzuführen.[382]

Um, auch unter Berücksichtigung der vorangehenden Aspekte, die Interessen des Einzelnen und diejenigen der Allgemeinheit zu einem angemessenen Ausgleich zu führen, hat
der Gesetzgeber beim Erlass von Ermächtigungsgrundlagen zur Durchführung von Videobeobachtungsmaßnahmen die nachfolgenden Anforderungen zu beachten. Dabei stehen diejenigen Anforderungen im Vordergrund, welche als Konkretisierung verfassungsrechtlicher Mindestvorgaben bei Erlass gesetzlicher Befugnisnormen für Maßnahmen der

---

[378] *Frey/Irle (Frey/Wicklund/Schreier)*, Band 1, S. 192 f.
[379] Siehe hierzu oben Einleitung-IV (S. 9).
[380] Siehe hierzu schon oben einleitend zum 1. Teil (S. 12).
[381] *Dreier (Schulze-Fielitz)*, Art. 20 (Rechtsstaat) Rdn. 177; *Waechter*, NdsVBl 2001, 77/80.
[382] Da eine solche Anwendung im Beispielsfall *contra legem* wäre; zur Verfassungswidrigkeit
  heimlicher Videoüberwachungsmaßnahmen siehe schon oben 1. Kapitel:II.2.d) (S. 37).

Videobeobachtung gegebenenfalls zu berücksichtigen sind – nachfolgend (aa) bis (cc). Im Übrigen handelt es sich um verfassungspolitische Empfehlungen, denen zwar nicht als notwendiger Mindestgehalt gesetzlicher Befugnisnormen Bedeutung zukommt, wohl aber als Maßnahmen, die der Herstellung eines angemessenen Ausgleichs der betroffenen Interessen förderlich sind – nachfolgend (dd) bis (gg).

(aa) Strenge Zweckbindung

Befugnisnormen zur Durchführung von Videobeobachtungsmaßnahmen bedürfen einer strengen Zweckbindung.[383] Zwar gebietet der Bestimmtheitsgrundsatz bereits eine hinreichend genaue Niederlegung des mit einer Regelung verfolgten Zwecks, damit die von ihr Betroffenen die Rechtslage erkennen und ihr Verhalten danach richten können.[384] Für die Frage der Angemessenheit kommt der Zweckbindung aber darüber hinaus eine besondere Bedeutung zu. Denn je strengere Voraussetzungen der Gesetzgeber an die Zweckbindung knüpft, desto eher wird ein angemessenes Verhältnis zwischen den Nachteilen für den Betroffenen und den Vorteilen für das Allgemeinwohl bestehen. Angesichts der Schutzwürdigkeit des Rechts auf informationelle Selbstbestimmung erscheint die Zweckbestimmung der vorbeugenden Kriminalitätsbekämpfung daher nur dann angemessen, wenn dem durch den in Rede stehenden Eingriff zu schützenden Gut[385] ebenfalls eine entsprechende Gewichtigkeit zukommt. Straftaten jedweder Art oder gar Ordnungswidrigkeiten vermögen nicht, Eingriffe in das Recht auf informationelle Selbstbestimmung zu rechtfertigen.[386] Insofern ist die Forderung eines Straftatenkatalogs,[387] in den allerdings zur Wahrung der Angemessenheit nur Straftaten von hinreichendem Gewicht[388] aufzunehmen sind, durchaus berechtigt.[389]

---

[383] Entschließung der 59. Konferenz der Datenschutzbeauftragten des Bundes und der Länder v. 14./15.3.2000, Städte- und Gemeinderat 2000 (8), 7; *Schwarz*, ZG 2001, 246/265 f.

[384] Siehe oben 1. Kapitel:II.3.a)cc) (S. 45).

[385] Das durch die vorbeugende Straftatbekämpfung geförderte Wohl der Allgemeinheit.

[386] LVerfG Mecklenburg-Vorpommern, Urt. v. 21.10.1999 – LVerfG 2/98, LKV 2000, 149/154, für die Schleierfahndung; *Reimer*, DuD 2000, 178.

[387] So etwa *Schwarz*, ZG 2001, 246/266.

[388] *Reimer*, DuD 2000, 178; LVerfG Mecklenburg-Vorpommern, Urt. v. 21.10.1999 – LVerfG 2/98, LKV 2000, 149/154, für die Schleierfahndung.

[389] Siehe beispielhaft § 15a Abs. 4 PolG Nordrhein-Westfalen in der bislang geltenden Fassung, sowie § 32 Abs. 3 i. V. mit § 49 SOG Mecklenburg-Vorpommern. Nach dem Gesetzesentwurf der Landesregierung zur Änderung u.a. des § 15a PolG Nordrhein-Westfalen (Landtagsdrucks. 13/2854) soll gerade diese vorbildliche Beschränkung in der nordrhein-westfälischen Regelung beseitigt werden, so dass künftig Straftaten jeder Art grundsätzlich Videoüberwachungsmaßnahmen rechtfertigen können.

(bb)Offenheit der Videobeobachtungsmaßnahmen

Maßnahmen der Videoüberwachung haben grundsätzlich offen zu erfolgen, das heißt die Videoüberwachung muss für die betroffenen Personen klar erkennbar sein.[390] An der durch Hinweisschilder zu bewirkenden Erkennbarkeit könnte allerdings insofern gezweifelt werden, als Videoüberwachungsmaßnahmen oftmals auch an Orten erfolgen, die nicht unerheblich von der deutschen Sprache nicht mächtigen Touristen, in Deutschland lebenden Ausländern oder eingebürgerten Deutschen frequentiert werden, welche die in deutscher Sprache abgefassten Hinweisschilder nicht verstehen. Der Hinweis auf die Verwaltungsverfahrensgesetze der Länder, nach denen Amtssprache deutsch ist,[391] vermag an der gegenüber vorgenannten Personengruppen möglicherweise fehlenden Transparenz der Videoüberwachung nichts zu ändern. Gerade im Zuge der Neuinstallation von Videoüberwachungsanlagen und den zur Wahrung der Transparenz ohnehin in der Regel notwendigen Hinweisschildern bedarf es keines übermäßigen Aufwandes, Hinweisschilder zumindest auch in englischer Sprache abzufassen.[392] Denkbar ist auch die – zusätzliche – Verwendung eines international gebräuchlichen Piktogramms.[393] Praktikabilitätserwägungen können gegen diese Forderung jedenfalls nicht angeführt werden. Denn der Belastung der Verwaltung durch die gesetzliche Verpflichtung, mehrsprachige Hinweisschilder aufzustellen, stehen ungleich schwerer wiegende Nachteile derjenigen gegenüber, die mangels einer solchen Verpflichtung die nur auf deutsch abgefassten Hinweisschilder nicht verstünden.[394]

(cc) Tatbestandliche Differenzierung zwischen den unterschiedlichen Formen der Videoüberwachung

Zum Teil wird die Forderung nach einer differenzierten Abstufung zwischen Übersichtsaufnahmen, dem gezielten Beobachten einzelner Personen und dem Aufzeichnen von Bilddaten erhoben.[395] Eine solche Abstufung ist zwar grundsätzlich sinnvoll, da jede einzelne Maßnahme unterschiedlich intensiv in das Recht auf informationelle Selbstbestimmung eingreift. Für jede einzelne Maßnahme könnten also entsprechend der Intensität des jeweiligen Eingriffs individuell die Anforderungen beziehungsweise Voraussetzungen festgelegt werden, unter denen die Maßnahme angemessen und damit zulässig ist.

---

[390] Entschließung der 59. Konferenz der Datenschutzbeauftragten des Bundes und der Länder v. 14./15.3.2000, Städte und Gemeinderat 2000 (8), 7; *Bäumler*, RDV 2001, 67/68; *Waechter*, NdsVBl 2001, 77/84; *Möller/v. Zezschwitz (Bäumler)*, S. 62.

[391] Siehe z.B. § 23 Abs. 1 VwVfG Nordrhein-Westfalen; *Röger/Stephan*, NWVBl 2001, 201/205.

[392] So auch *Büllesfeld*, S. 221; siehe beispielhaft ein Hinweisschild in der Leipziger Innenstadt, abgebildet bei *Lachmann*, Städte- und Gemeinderat 2000 (8), 8; *Simitis (Bizer)*, § 6b Rdn. 69.

[393] Auch erwogen von *Simitis (Bizer)* § 6b Rdn. 69.

[394] Dies wird verkannt von *Gola/Schomerus*, § 6b Rdn. 26, die die Forderung nach Mehrsprachigkeit von Informationsschildern als eindeutig überzogen bezeichnen.

[395] Entschließung der 59. Konferenz der Datenschutzbeauftragten des Bundes und der Länder v. 14./15.3.2000, Städte und Gemeinderat 2000 (8), 7; in diesem Sinne auch *Weichert*, DuD 2000, 662/668; *Möller/v. Zezschwitz (Höfling)*, allerdings nur im Hinblick auf eine Differenzierung zwischen Beobachtung und Aufzeichnung.

Unproblematisch dürfte eine gesetzlich festgelegte und auch dem Bürger in der praktischen Anwendung durch Hinweisschilder kommunizierte Abstufung möglich sein für
Maßnahmen der Videobeobachtung und der Videoaufzeichnung, jedenfalls sofern allein
die eine oder die andere Maßnahme dauerhaft durchgeführt wird.[396] Schwieriger erweist
sich die Differenzierung allerdings zwischen Übersichts- und Großbildaufnahmen sowie
Videobeobachtung und Videoaufzeichnung, sofern ein spontaner Wechsel von der einen
zur anderen Maßnahme möglich sein soll.[397] Zwar wäre es durchaus möglich, eine genaue
Abstufung zwischen den einzelnen Maßnahmen und den Anforderungen an ihre Durchführung im Rahmen einer gesetzlichen Regelung vorzunehmen mit der Folge, dass die
Verwaltung bei der Ausführung der entsprechenden Befugnisnorm an die gesetzlichen
Vorgaben gebunden wäre. Objektiv entspräche die jeweils gerade durchgeführte Maßnahme dann also den gesetzlichen Vorgaben. Für die Frage der grundrechtlichen Vereinbarkeit der Maßnahmen ist aber von wesentlicher Bedeutung, dass die betroffenen Bürger
Kenntnis von der jeweils zu einem bestimmten Zeitpunkt durchgeführten Einzelmaßnahme haben.[398] Es genügt also nicht, dass in der Ermächtigungsgrundlage genau zwischen den einzelnen Maßnahmen und den für ihre Durchführung erforderlichen Voraussetzungen differenziert wird, wenn die Bürger mangels ebenso genau differenzierenden
Hinweises im konkreten Fall über die gerade durchgeführte Einzelmaßnahme im Unklaren sind. Denn aufgrund der Unkenntnis über den konkreten Eingriff und der mit ihr
einhergehenden Unsicherheit werden die Betroffenen nicht selten den schwerst möglichen Eingriff vermuten: Die Aufzeichnung ihrer Person in individualisierbarer Form. Die
Forderung differenzierter Abstufung zwischen den einzelnen Maßnahmen müsste sich
konsequenterweise also auch auf eine ebenso differenzierte Inkenntnissetzung der Betroffenen erstrecken. Nur diese vermag eine differenzierte grundrechtliche Bewertung – gerade im Hinblick auf die Angemessenheit der jeweiligen Einzelmaßnahme – zu rechtfertigen. Wie die zu bestimmten Zeiten gerade durchgeführten Einzelmaßnahmen den Betroffenen allerdings zu kommunizieren sind, ist insbesondere eine Frage der Praktikabilität
und gegebenenfalls auch der technischen Möglichkeiten. Am einfachsten wäre es, sich für
die konkrete Überwachung auf eine einzige Maßnahme festzulegen.[399] Dies würde den
Anforderungen an einen flexiblen Einsatz der Videotechnik allerdings kaum gerecht. *Weichert* schlägt in diesem Zusammenhang ein Kennzeichnungssystem vor, wonach Kamera-

---

[396] Siehe bspw. § 16 Abs. 2 SOG Sachsen-Anhalt; § 27 Abs. 2 Saarländisches PolG – nur Videoaufzeichnung; § 32 Abs. 5 Niedersächsisches GefahrenabwehrG – nur Videobeobachtung.
[397] Also etwa ein Wechsel von der Übersichtsaufnahme zur Großbildaufnahme oder von der
Videobeobachtung zur Videoaufzeichnung, und umgekehrt; siehe für letztere Variante bspw.
§ 15a PolG Nordrhein-Westfalen in seiner bislang geltenden Fassung; § 31 Abs. 3 Brandenburgisches PolG; § 32 Abs. 3 SOG Mecklenburg-Vorpommern.
[398] Siehe schon die Ausführungen zur Videobeobachtung in Form von Übersichtsaufnahmen, 1.
Kapitel:II.2.b) (S. 30).
[399] Bspw. Hinweisschild, dass nur Übersichtsaufnahmen erfolgen oder ausschließlich Über-
sichtsbeobachtung durchgeführt wird.

systeme farblich unterschiedlich gestaltet werden.[400] So könnten Kamera-Monitor-Systemen andere Farben zugeordnet werden als etwa Aufzeichnungssystemen.[401] Dieser Vorschlag vermag aber noch keine Lösung zu bieten für die Frage, wie die Betroffenen von sich ständig ändernden Einzelmaßnahmen desselben Systems (Übersicht, Großbild) Kenntnis erlangen sollen.

Die vorangehenden Überlegungen zeigen, dass am Ende eine gesetzliche Abstufung beziehungsweise Differenzierung zwischen den einzelnen Maßnahmen nur insoweit sinnvoll ist, wie sie den Betroffenen auch kommuniziert werden kann. Im Übrigen bleibt es bei dem Ergebnis, dass bei mehreren im Einzelfall möglichen Maßnahmen aufgrund der bestehenden Unsicherheit für die Betroffenen von derjenigen Maßnahme auszugehen ist, die den schwersten Eingriff in das Recht auf informationelle Selbstbestimmung bedeutet. Daher ist unabhängig von der tatsächlich im jeweiligen Einzelfall durchgeführten Maßnahme die Frage der Angemessenheit und schließlich diejenige der Verfassungsmäßigkeit für die aus der verobjektivierten Sicht der Betroffenen[402] jeweils in Betracht kommende schwerste Maßnahme zu beantworten.

(dd)Gebot kontinuierlicher Eignungsprüfung
Einem angemessenen Ausgleich zwischen dem betroffenen und dem geschützten Rechtsgut ist des Weiteren eine gesetzliche Regelung förderlich, die eine regelmäßige Überprüfung der Wahrscheinlichkeit und des Ausmaßes vorsieht, durch Videoüberwachung die gesetzlich festgelegten Ziele noch zu erreichen.[403] Zwar ist die Frage, inwieweit Maßnahmen der Videoüberwachung den gesetzgeberischen Zwecken förderlich sind, bereits im Rahmen der Geeignetheit erörtert worden.[404] Sie ist aber auch im Rahmen der Angemessenheit von eigenständiger und erheblicher Bedeutung. Bei der Frage der Eignung gilt es lediglich festzustellen, dass die in Rede stehende Maßnahme die mit ihr verfolgten Ziele zu fördern vermag. Die Eignung sagt aber noch nichts aus über die Angemessenheit der Maßnahme. Obwohl durch sie der gewünschte Erfolg noch gefördert werden kann, könnte eine Maßnahme dadurch unangemessen sein, dass das „mehr" an noch möglicher Zweckerreichung in keinem Verhältnis mehr steht zur Schwere des durch die Maßnahme verursachten Eingriffs.[405] *Waechter*[406] spricht in diesem Zusammenhang von der Anwendung des Ertragsgesetzes, wonach jede zusätzliche, über das bereits erreichte Maß hinausgehende Minderung des Gefahrenniveaus mit überproportional wachsendem Aufwand

---

[400] DuD 2000, 662/669.
[401] DuD 2000, 662/668.
[402] Siehe hierzu schon oben 1. Kapitel:II.2.b) (S. 30).
[403] Entschließung der 59. Konferenz der Datenschutzbeauftragten des Bundes und der Länder v. 14./15.3.2000, Städte und Gemeinderat 2000 (8), 7; *Schwarz*, ZG 2001, 246/267; *Möller/v. Zezschwitz (Höfling)*, S. 41; *Geiger*, S. 18.
[404] Siehe oben 1. Kapitel:II.3.b)bb)bbb) (S. 61).
[405] Siehe hierzu *Waechter*, NdsVBl 2001, 77/85.
[406] NdsVBl 2001, 77/85.

erkauft werden müsse. Der Gesetzgeber sollte somit sich ändernden Umständen im Hinblick auf die Eignung von Videoüberwachungsmaßnahmen durch eine Regelung Rechnung tragen, durch welche die Verwaltung zur regelmäßigen Überprüfung der noch möglichen Zweckförderung sowie der sich aus ihr ergebenden Angemessenheit der Maßnahme verpflichtet wird.

(ee) Melde- und Anzeigegebot für Videoüberwachungsanlagen

Um einer flächendeckenden Überwachung durch Videokameras vorzubeugen und um die Transparenz der Maßnahmen auch in quantitativer Hinsicht zu gewährleisten, sollten die Befugnisnormen bei der Installation neuer Kameras eine Melde- beziehungsweise Anzeigepflicht[407] für die dem Anwendungsbereich des jeweiligen Gesetzes unterliegenden Ausführungsorgane vorsehen.[408] Zwar vermag eine derartige Anzeigepflicht und die mit ihr einhergehende Transparenz nicht, den durch die Überwachungsmaßnahmen begründeten Eingriff zu beseitigen. Sie könnte aber dazu beitragen, im Hinblick auf die Überwachungsorte Unsicherheiten bei den potentiell Betroffenen zu beseitigen.

(ff) Gebot maßnahmebegleitender Untersuchungen

Im Hinblick auf bestehende Unsicherheiten hinsichtlich der Eignung von Videoüberwachungsmaßnahmen sollten gesetzliche Regelungen ferner die Verpflichtung der Verwaltung zu begleitenden Studien statuieren, welche die Erfahrungen und Ergebnisse hinsichtlich der Geeignetheit der Maßnahmen erfassen und auswerten.[409] Nur so könnte schließlich eine zuverlässige Aussage darüber getroffen werden, ob Maßnahmen der Videoüberwachung tatsächlich zur Verwirklichung der erstrebten Ziele förderlich sind. Eine solche Verpflichtung stellt das im Rahmen der Eignungsprüfung erzielte Ergebnis nicht in Frage. Trotz bestehender Unsicherheiten hinsichtlich der zu erreichenden Zwecke ist aufgrund der gesetzgeberischen Einschätzungsprärogative grundsätzlich von der Eignung der Maßnahmen auszugehen.[410] Der Umstand bestehender Zweifel ist allerdings im Rahmen der Angemessenheit zu berücksichtigen. Insoweit ist nämlich fraglich, ob und wie ein angemessener Ausgleich zwischen dem *mit Sicherheit* beeinträchtigten und dem nur *möglicherweise* geförderten Rechtsgut hergestellt werden kann. Begleitstudien können bestehende Unsicherheiten zu Gunsten oder zu Lasten der Eingriffsnormen beseitigen. Entweder stellt sich die Ungeeignetheit der Maßnahmen heraus, was *ex nunc* zur Verfassungswidrigkeit der Befugnisnormen führen würde. Oder aber die Eignung kann nachgewiesen werden,

---

[407] Keine Genehmigungspflicht, da sonst die Befugnisse der jeweils zuständigen Behörde sehr eingeschränkt würden.

[408] So auch Entschließung der 59. Konferenz der Datenschutzbeauftragten des Bundes und der Länder v. 14./15.3.2000, Städte und Gemeinderat 2000 (8), 7; *Weichert*, DuD 2000, 662/667 f.; *Schwarz*, ZG 2001, 246/267; *Möller/v. Zezschwitz (Bäumler)*, S. 62.

[409] Entschließung der 59. Konferenz der Datenschutzbeauftragten des Bundes und der Länder v. 14./15.3.2000, Städte und Gemeinderat 2000 (8), 7; *Bäumler*, RDV 2001, 67/68.

[410] Siehe schon oben 1. Kapitel:II.3.b)bb)bbb) (S. 61).

so dass die Förderung des Allgemeinwohls außer Frage steht, was letztlich zu einem angemessenen Ausgleich der betroffenen Rechtsgüter führt. Im Übrigen vermögen Begleitstudien auch, der vielfach skizzierten verhängnisvollen Eigendynamik vorzubeugen, die möglicherweise durch eine Verlagerung beziehungsweise Verdrängung von Kriminalität in vormals unbewachte, nunmehr ebenfalls durch Videokameras zu überwachende Gebiete in Gang gesetzt wird.[411]

(gg) Gebot zeitlicher Überwachungsbeschränkungen
Schließlich ist auch eine Beschränkung der Überwachungsmaßnahmen auf bestimmte Tageszeiten in Erwägung zu ziehen.[412] Dies könnte insbesondere an Orten praktiziert werden, an denen die Begehung von Straftaten nur zu bestimmten Zeiten zu befürchten ist, etwa nachts. Hierdurch würde das Ausmaß der Videoüberwachung aufgrund der geringeren Quantität der insgesamt Betroffenen gemindert werden.[413] Die Beschränkung von Überwachungsmaßnahmen auf bestimmte Zeiten kommt einem angemessenen Ausgleich der betroffenen Interessen also zugute. Eine solche Beschränkung müsste allerdings, um im Rahmen der Angemessenheit Berücksichtigung finden zu können, den potentiell Betroffenen kommuniziert werden, um etwaige Unsicherheiten im Hinblick auf zu einem bestimmten Zeitpunkt durchgeführte Überwachungsmaßnahmen zu beseitigen.

4. Kurze Zusammenfassung der Ergebnisse
Die Ergebnisse zur Frage, inwieweit gesetzliche Regelungen betreffend Maßnahmen der Videobeobachtung mit dem Allgemeinen Persönlichkeitsrecht und insbesondere mit dessen Ausprägung als Recht auf informationelle Selbstbestimmung vereinbar sind, lassen sich wie folgt zusammenfassen:

Maßnahmen der Videobeobachtung fallen in den Schutzbereich des Rechts auf informationelle Selbstbestimmung. Der Schutzbereich des Rechts am eigenen Bild ist hingegen nicht betroffen, da durch die Videobeobachtung eine öffentliche Verbreitung der Videobilder nicht erfolgt.

Des Weiteren greifen Videobeobachtungsmaßnahmen, und zwar sowohl Übersichtsmaßnahmen als auch Großbildaufnahmen, in das Recht auf informationelle Selbstbestimmung ein unabhängig davon, ob sie offen oder verdeckt erfolgen.

---

[411] So *Kaufmann*, Städte- und Gemeinderat 2000 (8), 13; *Roggan*, NVwZ 2001, 134/140; *Saeltzer*, DuD 2000, 194/198; *Volkmann*, NVwZ 2000, 361/365.

[412] *Greiner*, Die Polizei 2000, 120, der von „tatrelevanten Zeiten" spricht.

[413] Dies bezweifelt *Waechter*, NdsVBl 2001, 77/83 zwar zunächst mit der Frage, in welches Rechtsgut der Staat eingreife, wenn er besonders viele Personen belastet. Er kommt allerdings ebenso zu dem „offenkundigen" (S. 83) Ergebnis, dass die Zahl der betroffenen Personen bei der Beurteilung der Angemessenheit eine Rolle spielt; so auch BVerfG, Urt. v. 14.7.1999 – 1 BvR 2226/94, 2420/95 und 2437/95, NJW 2000, 55/61.

Das Recht auf informationelle Selbstbestimmung ist unter bestimmten Voraussetzungen beschränkbar. In formeller Hinsicht unterliegen gesetzliche Regelungen dem Parlamentsvorbehalt. Der Gesetzgeber hat alle wesentlichen Entscheidungen über die Voraussetzungen, die Umstände und die Folgen von Eingriffen durch förmliches Gesetz selbst zu treffen, ohne von der Möglichkeit der Delegation an die Verwaltung Gebrauch machen zu können. Gesetzliche Regelungen sind des Weiteren so auszugestalten, dass sie den Anforderungen an den Bestimmtheitsgrundsatz genügen. Die derzeit bestehenden landesrechtlichen Regelungen werden diesen Anforderungen im Wesentlichen gerecht.

In materieller Hinsicht ist zu beachten, dass gesetzliche Ermächtigungsgrundlagen nicht in den unantastbaren Kernbereich des Rechts auf informationelle Selbstbestimmung eingreifen. Diesem Erfordernis entsprechen verdeckte Videoüberwachungsmaßnahmen nicht. Von herausragender Bedeutung für die verfassungsrechtliche Rechtfertigung ist die Beachtung des Grundsatzes der Verhältnismäßigkeit. Im Rahmen der Angemessenheit ist insbesondere zu berücksichtigen, dass Störer und Nichtstörer gleichermaßen von Maßnahmen der Videobeobachtung betroffen sind. Um die widerstreitenden Interessen zu einem angemessenen Ausgleich zu führen, haben gesetzliche Regelungen Maßnahmen der Videobeobachtung einer strengen Zweckbindung zu unterwerfen. Der Umstand der Videoüberwachung ist für die Betroffenen deutlich erkennbar zu machen. Hinweisschilder sind gegebenenfalls mehrsprachig zu gestalten. Darüber hinaus sind die Eingriffe einer regelmäßigen Kontrolle sowie einer Melde- beziehungsweise Anzeigepflicht zu unterwerfen. Schließlich hat der Gesetzgeber bestehende Unsicherheiten im Hinblick auf die Eignung der von ihm gewählten Maßnahme durch entsprechende Begleitstudien zu beseitigen.

III. Vereinbarkeit mit dem Recht auf Freizügigkeit

Neben der Verletzung des informationellen Selbstbestimmungsrechts als spezieller Ausprägung des Allgemeinen Persönlichkeitsrechts ist eine Verletzung des durch Art. 11 GG garantierten Rechts auf Freizügigkeit in Betracht zu ziehen. Wie bereits im Rahmen der Gesetzgebungskompetenz ausgeführt,[414] wird mit Freizügigkeit das Recht bezeichnet, unbehindert durch die deutsche Staatsgewalt an jedem Ort innerhalb der Bundesrepublik Aufenthalt und Wohnsitz zu nehmen.[415] Selbst wenn Videobeobachtungsmaßnahmen in Einzelfällen dazu führen können, dass Personen sich aufgrund der als störend empfundenen Beobachtung durch Videokameras nicht mehr an bestimmten Orten aufhalten beziehungsweise einen Ortswechsel unterlassen, kann hieraus noch keine Verletzung von Art. 11 GG hergeleitet werden. Denn die Videobeobachtung ist lediglich eine Maßnahme,

---

[414] Siehe hierzu oben 1. Kapitel:I (S. 15).
[415] BVerfG, Beschlüsse v. 6.6.1989 – 1 BvR 921/85, BVerfGE 80, 137/150, und v. 7.5.1953 – 1 BvL 104/52, BVerfGE 2, 266/273; *v. Mangoldt/Klein/Starck (Heintzen)*, Art. 73 Rdn. 28; *Sachs (Degenhart)*, Art. 73 Rdn. 14.

welche die Ausübung oder die Nichtausübung des Rechts auf Freizügigkeit für die Kontrollstelle sichtbar macht, wobei es den Betroffenen unbenommen bleibt, ihren Aufenthalt selbst zu bestimmen. Selbstauferlegte Einschränkungen im Hinblick auf Aufenthalt und Ortswechsel, etwa aufgrund eines empfundenen Anpassungsdrucks, betreffen nicht das Recht auf Freizügigkeit, sondern das Allgemeine Persönlichkeitsrecht in Form des Rechts auf informationelle Selbstbestimmung.[416] Die Eröffnung des Schutzbereichs von Art. 11 GG durch Maßnahmen der Videobeobachtung ist daher abzulehnen.[417]

---

[416] Anders wohl *Möller/v. Zezschwitz (Höfling)*, S. 32, sowie *Garstka*, DuD 2000, 192/193: Das Grundrecht auf Freizügigkeit gewähre nicht nur die Möglichkeit, sich frei zu bewegen, sondern auch, dass dies nicht festgehalten und später den Grundrechtsträgern entgegengehalten werde. Diese Ansicht findet jedoch weder in der Literatur noch in der Rechtsprechung eine hinreichende Stütze.

[417] So im Ergebnis auch *Büllesfeld*, S. 234 f., *Waechter*, NdsVBl 2001, 77/79, und *Röger/Stephan*, NWVBl 2001, 201/208.

2. Kapitel: Verfassungsrechtliche Zulässigkeit von Maßnahmen der Videoaufzeichnung

Gegenstand dieses zweiten Kapitels ist die Frage der rechtlichen Zulässigkeit von Maßnahmen der Videoaufzeichnung. Als Videoaufzeichnung wird im Folgenden die Videoüberwachung bezeichnet, bei der die Bildaufnahmen gespeichert werden. Der Begriff der Videoaufzeichnung umfasst dabei sowohl die Aufzeichnung von Übersichts- als auch von Großbildaufnahmen.[1]

I. Gesetzgebungszuständigkeit

Für die Gesetzgebungszuständigkeit nach den Artikeln 70 f. GG ergeben sich gegenüber den Maßnahmen der Videobeobachtung bei der Speicherung von Bildmaterial im Hinblick auf den der konkurrierenden Gesetzgebung unterliegenden Kompetenzbereich des gerichtlichen Verfahrens einige Besonderheiten.

Wie bereits im Rahmen der Gesetzgebungszuständigkeit für Maßnahmen der Videobeobachtung ausgeführt, umfasst der Begriff des gerichtlichen Verfahrens in Art. 74 Abs. 1 Nr. 1 GG die Strafverfolgung, auch soweit sie die polizeiliche beziehungsweise staatsanwaltschaftliche Ermittlungstätigkeit vor Erhebung der öffentlichen Klage betrifft.[2] Der Bundesgesetzgeber hat für den Bereich der Strafverfolgung durch Erlass der StPO von seiner vorrangigen Gesetzgebungskompetenz nach Art. 74 Abs. 1 Nr. 1 GG abschließend Gebrauch gemacht.[3] Den Ländern käme eine Gesetzgebungszuständigkeit für Maßnahmen der Videoaufzeichnung folglich nur dann zu, wenn Videoaufzeichnungsmaßnahmen nicht oder zumindest nicht im Schwerpunkt[4] dem Bereich der Strafverfolgung zuzuordnen wären.

Zur Beurteilung der mit Maßnahmen der Videoaufzeichnung verfolgten Zwecke und damit der Gesetzgebungszuständigkeit können grundsätzlich zwei Fallgestaltungen unterschieden werden:

Bei der ersten ermächtigt die Befugnisnorm Polizei- oder Ordnungsbehörden grundsätzlich nur zur Durchführung von Videobeobachtungsmaßnahmen. Eine Speicherung ist demnach im Regelfall unzulässig. Etwas anderes gilt allerdings, wenn eine Unregelmäßigkeit, wie insbesondere die Begehung einer Straftat, bemerkt wird. In diesem Fall sollen Polizei- beziehungsweise Ordnungsbehörden befugt sein, die den entsprechenden Sachverhalt betreffenden Bilder aufzuzeichnen. Beispielhaft sei hier § 15a PolG Nordrhein-

---

[1] Zu den Begrifflichkeiten siehe schon oben Einleitung-II (S. 3).
[2] Siehe hierzu schon oben 1. Kapitel:I (S. 15) sowie Nachweise oben in Fußn. 21 und 22.
[3] Nachweise siehe in Fußn. 24.
[4] Zur Gesetzgebungszuständigkeit bei sog. doppelfunktionalen Maßnahmen siehe schon oben 1. Kapitel:I (S. 15).

Westfalen in seiner bislang geltenden Fassung[5] genannt, dessen Absatz 2 Satz 2 über die vorgenannten Regelungsgegenstände hinaus eine Zweckbestimmung enthält, wonach die Aufzeichnungen nur zur Verfolgung von Straftaten verwendet werden dürfen.[6]

Bei der zweiten Fallgestaltung werden Polizei- oder Ordnungsbehörden unter bestimmten Voraussetzungen grundsätzlich zur Durchführung von Maßnahmen der Videoaufzeichnung ermächtigt, unabhängig davon, ob ein konkreter Verdacht einer unmittelbar bevorstehenden oder bereits begangenen Straftat besteht oder nicht.[7]

Es stellt sich die Frage, welche Gesetzgebungszuständigkeit für Maßnahmen der Videoaufzeichnung in beiden Fallgestaltungen gegeben ist, ob die Gesetzgebungskompetenz für die beiden Fallgestaltungen dieselbe ist und schließlich, ob eine unterschiedliche Behandlung der Fallgestaltungen geboten ist.

Für die erste Fallgestaltung liegt der Zweck der Aufzeichnung zum einen darin, zur späteren Überführung des Täters Beweise zu sichern. Die Videoaufzeichnung wird aufgrund einer schon begonnenen oder unmittelbar bevorstehenden Straftat durchgeführt. Damit ist ein Anfangsverdacht i. S. des § 160 Abs. 1 StPO in dem Zeitpunkt gegeben, in dem mit der Videoaufzeichnung begonnen wird.[8] Es handelt sich bei der Videoaufzeichnung in der ersten Fallgestaltung – jedenfalls soweit sie die Überführung des Täters bezweckt – um eine Maßnahme der Strafverfolgung, die grundsätzlich der Gesetzgebungskompetenz des Bundes unterliegt.[9]

---

5   Die Landesregierung hat bereits einen Gesetzesentwurf zur Änderung u.a. des § 15a PolG Nordrhein-Westfalen eingebracht, Drucks. 13/2854 vom 16.7.2002. Nach der vorgeschlagenen Fassung sollen für die Videoaufzeichnung gegenüber der Videobeobachtung keine unterschiedlichen Voraussetzungen mehr gelten. Siehe zum Ganzen auch *N.N.*, Landtag Intern 2003, Heft 1, S. 13.

6   Siehe als Beispiel für die erste Fallgestaltung auch § 32 Abs. 3 SOG Mecklenburg-Vorpommern; Einschränkend dagegen § 31 Abs. 3 Satz 2 Brandenburgisches PolG: „Über Personen, bei denen auf Grundlage ihres gegenwärtigen Verhaltens an den in Satz 1 genannten Orten Tatsachen die Annahme rechtfertigen, dass sie dort Straftaten begehen wollen, darf die Polizei Daten erheben sowie Bildaufzeichnungen anfertigen, soweit dies zur *vorbeugenden* Bekämpfung von Straftaten erforderlich ist."

7   Siehe bspw. § 21 Abs. 3 PolG Baden-Württemberg, § 27 Abs. 2 Saarländisches PolG, § 14 Abs. 3 Satz 1 Hessisches SOG.

8   Davon unabhängig ist die Frage, ob in materiell-rechtlicher Hinsicht das Stadium des Versuchs schon erreicht wurde, da ein Anfangsverdacht auch schon bestehen kann, wenn objektiv die Schwelle des Versuchs noch nicht überschritten ist. Dies zu klären ist gerade Aufgabe des Ermittlungsverfahrens.

9   § 31 Abs. 3 Satz 2 Brandenburgisches PolG sowie § 32 Abs. 3 SOG Mecklenburg-Vorpommern beschränken sich bei der Videoaufzeichnung nicht – wie § 15a PolG Nordrhein-Westfalen in der bislang geltenden Fassung – auf die Strafverfolgung. So soll die Aufzeichnung des Bildmaterials auch dann zulässig sein, wenn Tatsachen die Annahme rechtfertigen, dass Personen an bestimmten Orten Straftaten begehen wollen, so dass mit der Aufzeichnung auch die Vereitelung der Tat bezweckt sein kann.

Fraglich ist, ob der durch Begehung oder unmittelbar bevorstehende Begehung einer Straftat ausgelösten Videoaufzeichnung neben der Strafverfolgungsaufgabe auch noch präventive Funktionen zukommt. In diesem Fall nämlich würde es sich um eine doppelfunktionale Maßnahme handeln, die präventive und repressive Zwecke in sich vereint. Die Zuständigkeit für die gesetzliche Regelung doppelfunktionaler Maßnahmen wird danach ermittelt, zu welcher Materie für den gesamten Regelungsbereich eine vorrangige, wesensmäßige oder historische Zugehörigkeit besteht.[10] Diese Formel wird zumeist auf das Kriterium des Schwerpunktes der Vorschrift reduziert.[11] Für die erste Fallvariante würde sich im Hinblick auf die zuvor ermittelte Gesetzgebungszuständigkeit des Bundes aufgrund des repressiven Charakters nur dann zu Gunsten der Länder etwas ändern, wenn der Zweck der Strafverfolgung gegenüber anderen, präventiven Zwecken nur eine untergeordnete Rolle spielte. Bei einer Gesamtbetrachtung müsste der Schwerpunkt der in der ersten Fallvariante dargestellten Maßnahme also auf der Prävention liegen.

Ein Ansatz für die Begründung überwiegend präventiver Zwecke in der ersten Fallgestaltung könnte darin liegen, die Videobeobachtung als mildere Maßnahme[12] von der nur bei etwaigen Unregelmäßigkeiten durchgeführten Videoaufzeichnung[13] als mitumfasst zu betrachten. Denn wie schon im ersten Kapitel ausgeführt, dienen Maßnahmen der Videobeobachtung ausschließlich präventiven Zwecken, da mangels Speicherung eine Tauglichkeit für die Strafverfolgung nicht besteht.[14] Bei einer Gesamtbetrachtung der ersten Fallgestaltung dergestalt, dass die Aufzeichnung zu repressiven und die Videobeobachtung zu präventiven Zwecken vom Anwendungsbereich der Befugnisnorm umfasst wären, könnte die Gesetzgebungszuständigkeit der Länder also mit dem auf präventiven Zwecken liegenden Schwerpunkt der Maßnahme begründet werden.[15] Ob bei vorstehender Gesamtbetrachtung ein Schwerpunkt zu Gunsten präventiver Zwecke anzunehmen ist oder nicht, kann letztlich allerdings dahinstehen, da die Videobeobachtung als mildere Maßnahme nicht im Wege eines *argumentum a maiore ad minus* als von der Videoaufzeichnung mitumfasst betrachtet werden kann.[16] Dies gilt jedenfalls für die hier in Rede stehende erste Fallgestaltung, da die Befugnisnorm klar zwischen Maßnahmen der Videobeobachtung

---

[10] BVerfG, Beschlüsse v. 14.6.1978 – 2 BvL 2/78, BVerfGE 48, 367/373; v. 28.11.1973 – 2 BvL 42/71, BVerfGE 36, 193/202 f.; v. 4.6.1957 – 2 BvL 16/56, 17/56, 22/56, 29/56, 39/56, BVerfGE 7, 29/40; Urt. v. 15.12.1970 – 2 BvF 1/69, 2 BvR 629/68 und 308/69, BVerfGE 30, 1/29; *Erichsen*, Jura 1993, 385/387; *Degenhart*, Rdn. 132; *Schoreit*, KritV 1989, 201/204; *Tegtmeyer*, KritV 1989, 213/223.

[11] *Degenhart*, Rdn. 132; *Schoreit*, KritV 1989, 201/204; *v. Mangoldt/Klein/Starck (Oeter)*, Art. 74 Rdn. 25; in diesem Sinne wohl auch *Schmitt Glaeser*, BayVBl 2002, 584/587.

[12] *Möller/v. Zezschwitz (Bäumler)*, S. 62; *Brenneisen/Staak*, DuD 1999, 447/449; *Koch*, S. 121.

[13] Im Folgenden auch als situative Videoaufzeichnung bezeichnet.

[14] Siehe oben 1. Kapitel:I (S. 15) sowie 1. Kapitel:II.3.b)bb)aaa) (S.58).

[15] So *Büllesfeld*, S. 174/175.

[16] In diesem Sinne wohl auch *Schmitt Glaeser*, BayVBl 2002, 584/588, der darauf hinweist, dass Videobeobachtung und Videoaufzeichnung nicht automatisch eine Einheit bilden.

und denjenigen der Videoaufzeichnung differenziert. Insofern wäre es nicht sachgerecht, zur Begründung der Gesetzgebungskompetenz der Länder diese ausdrückliche Trennung und die Tatsache unberücksichtigt zu lassen, dass der Aufzeichnung explizit nur der Zweck der Strafverfolgung zugeordnet ist.

Die Gesetzgebungskompetenz der Länder für Befugnisnormen im Sinne der ersten Fallgestaltung könnte also nur noch gegeben sein, wenn allein mit der Aufzeichnung im Schwerpunkt präventive Zwecke verfolgt werden. Präventiver Charakter könnte der Aufzeichnung insoweit zukommen, als sie neben der Strafverfolgung als repressiver Maßnahme in besonderer Weise auch präventive Wirkung entfaltet. In Betracht kommt insbesondere eine durch repressive Maßnahmen bewirkte situative Prävention, da durch jeden einzelnen Fall der Aufzeichnung und Verfolgung einer Straftat ein Abschreckungseffekt erzielt wird. Jede Erhöhung des Verfolgungsdrucks bringt stets auch präventive Wirkungen mit sich.[17] Ob ein präventiver Zweck, der vornehmlich durch repressive Maßnahmen zu erreichen wäre, zulässigerweise auf die Gesetzgebungskompetenz der Länder gestützt werden kann, ist zweifelhaft,[18] jedoch für die Beurteilung der ersten Fallgestaltung letztlich nicht von Belang. Denn die durch Repression bewirkte Prävention im Rahmen der ersten Fallgestaltung kann jedenfalls nicht als *Schwerpunkt* der Videoaufzeichnung, sondern allenfalls als ein Nebeneffekt erachtet werden.[19]

Das Überwiegen repressiver Elemente im Rahmen der ersten Fallgestaltung ist neben der Tatsache, dass das aufgezeichnete Bildmaterial der späteren Strafverfolgung dienen soll, insbesondere auch damit zu begründen, dass bereits der bloßen Videoüberwachung ohne Aufzeichnung ihre abschreckende Wirkung nicht abgesprochen werden kann.[20] Die Entscheidung des potentiellen Straftäters, das Risiko der späteren Entdeckung einzugehen oder nicht, kann bereits durch Maßnahmen der Videobeobachtung beeinflusst werden, da der potentielle Straftäter regelmäßig über die konkret durchgeführte Einzelmaßnahme keine Kenntnis hat.[21] Auch Videobeobachtungsmaßnahmen ohne gleichzeitig durchgeführte Aufzeichnung entfalten daher in der Regel eine abschreckende Wirkung. Dieser Umstand wird von *Büllesfeld*, der auch für die erste Fallgestaltung von der Gesetzgebungszuständigkeit der Länder ausgeht,[22] nicht berücksichtigt, wenngleich gerade die Unkenntnis der von Videoüberwachungsmaßnahmen Betroffenen im Hinblick auf die konkret

---

[17] *Waechter*, NdsVBl 2001, 77/78; so auch *Schmitt Glaeser*, BayVBl 2002, 584/588.

[18] Die Zulässigkeit von „Prävention durch Repression" wird ausführlich behandelt von *Roggan*, Auf Legalem Weg in einen Polizeistaat, S. 34; siehe auch *Roggan*, NVwZ 2001, 134/138; *Büllesfeld* (S. 87/88) bezweifelt entgegen *Roggan* (NVwZ 2001, 134/138), dass es sich bei der Durchführung von Maßnahmen der Videoüberwachung um eine unzulässige Prävention durch Repression handelt.

[19] So auch *Schmitt Glaeser*, BayVBl 2002, 584/587 m. w. Nachw.

[20] Siehe hierzu bereits oben 1. Kapitel:II.3.b)bb)aaa) (S. 58).

[21] Siehe bereits oben 1. Kapitel:II.2.b) (S. 30), sowie *Büllesfeld*, S. 143.

[22] *Büllesfeld*, S. 172 f.

durchgeführte Einzelmaßnahme zur Begründung der Eingriffsqualität herangezogen wird.[23]

Selbst wenn man der Aufzeichnung entsprechend der ersten Fallgestaltung im Vergleich zur bloßen Videobeobachtung eine größere Abschreckungswirkung beimessen sollte, was gemäß den vorangehenden Ausführungen durchaus bezweifelt werden kann, lässt sich damit insgesamt jedoch nicht ein Schwerpunkt auf der Prävention begründen. Insofern geht auch die Begründung von *Fischer* fehl, die Länder wären für Maßnahmen der Videoaufzeichnung schon aufgrund der Tatsache gesetzgebungsbefugt, dass die Aufzeichnung nicht rein repressiv motiviert sei, sondern auch präventiven Zwecken diene.[24] Zwar ist *Fischer* im Hinblick auf die dargelegte präventive Wirkung von Videoaufzeichnung zuzustimmen. Unberücksichtigt bleibt bei seiner Argumentation aber, dass es im Rahmen eines Zweckbündels für die Begründung der Gesetzgebungszuständigkeit der Länder eines Schwerpunktes der Videoaufzeichnung im Sinne der ersten Fallgestaltung auf der Prävention bedurft hätte.[25]

Ein solcher lässt sich entgegen *Büllesfeld* auch nicht mit dem Aspekt der Steigerung des Sicherheitsgefühls der Bevölkerung konstruieren.[26] In Anlehnung an die vorangehenden Ausführungen kann bereits der bloßen Videobeobachtung ihre abschreckende Wirkung auf potentielle Straftäter nicht abgesprochen werden. Insofern vermag auch die bloße Videobeobachtung unabhängig von der mit ihr einhergehenden Aufzeichnung grundsätzlich, das Sicherheitsgefühl in der Bevölkerung zu stärken. Im Übrigen ist auch hier wieder auf den Umstand abzustellen, dass den Bürgern die konkret durchgeführte Videoüberwachungsmaßnahme in der Regel nicht ersichtlich ist. Es ist daher anzunehmen, dass auch bloße Videobeobachtungsmaßnahmen eine Steigerung des Sicherheitsgefühls bewirken können, so dass diesem Aspekt im Rahmen der ersten Fallgestaltung jedenfalls keine ausschlaggebende Rolle zukommt.

Des Weiteren kann *Fischer* nicht zugestimmt werden, wenn er zur Begründung der Gesetzgebungsbefugnis der Länder anführt, eine Aufsplitterung der Polizeimaßnahme Videoüberwachung in die Videobeobachtung und die Videoaufzeichnung würde die Maßnahme der Videoüberwachung willkürlich auseinanderreißen.[27] Videobeobachtung und

---

[23] *Büllesfeld*, S. 142 f.

[24] VBlBW 2002, 89/90 f.

[25] Dies wird auch von *Büllesfeld* (S. 88 f.) verkannt, der sich mit der Frage auseinandersetzt, warum die Abschreckung als ein im Gefahrenabwehrrecht anerkanntes Motiv nicht ohne weiteres *vollständig* dem strafrechtlichen Bereich zugeordnet werden könne. Zwar ist *Büllesfeld* (S. 89/90) insoweit beizupflichten, als Maßnahmen der situativen Prävention nicht *per definitionem* repressiven Charakter haben. Es fehlt jedoch an Ausführungen dazu, warum der *Schwerpunkt* der situativen Videoüberwachung auf der Prävention liegen soll.

[26] *Büllesfeld*, S. 90.

[27] VBlBW 2002, 89/91; wie *Fischer* auch *Büllesfeld*, S. 91/92, der sich mit der Frage der getrennten Untersuchung von Videobeobachtung und Videoaufzeichnung erst beschäftigt,

Videoaufzeichnung seien als zwei Facetten der Videoüberwachung in den Tatbeständen des Landesrechts jeweils aufeinander bezogen und werden aufeinander abgestimmten Voraussetzungen unterworfen. Es sei daher unerlässlich, dass der Landesgesetzgeber im Rahmen der präventiven Videoüberwachung die Aufzeichnung mitregele.[28] Dogmatisch könne man dies mit einer Zuständigkeit kraft Sachzusammenhangs begründen.[29]

Nach der Rechtsprechung des Bundesverfassungsgerichts kann eine Gesetzgebungszuständigkeit begründet werden, wenn ein Übergreifen in nicht zugewiesene Materien unerlässliche Voraussetzung ist für die Regelung einer zugewiesenen Materie.[30] Wann ein solch zwingender Konnex besteht, lasse sich nicht generell und abstrakt, sondern nur unter Berücksichtigung der Besonderheiten des jeweiligen Regelungsgegenstandes bestimmen.[31] Jedenfalls aber seien ungeschriebene Gesetzgebungskompetenzen nur in äußerst engen Grenzen anerkannt.[32] Das Bedürfnis nach einheitlicher Regelung reiche hierfür nicht aus.[33] In der Literatur werden die Vorgaben des Bundesverfassungsgerichts dahingehend konkretisiert, dass der Regelungsschwerpunkt insgesamt im Bereich der Hauptmaterie liegen müsse, deren Funktionsfähigkeit sichergestellt werden soll.[34]

Ob es der Figur der Zuständigkeit kraft Sachzusammenhangs angesichts der Möglichkeit, Kompetenznormen auszulegen und so eine kompetenzmäßige Zuordnung nach dem Schwerpunkt der Maßnahme zu erreichen, überhaupt bedarf, ist bereits zweifelhaft.[35] Jedenfalls aber ist nicht ersichtlich, dass die Regelung der Videoaufzeichnung durch die Länder unerlässliche Voraussetzung ist für eine sinnvolle Regelung der Videobeobachtung. Auch der Videobeobachtung ohne Aufzeichnung kann die abschreckende Wirkung nicht abgesprochen werden, da potentielle Täter jederzeit befürchten müssen, bei ihrer Tat videobeobachtet und umgehend gefasst zu werden, und im Übrigen regelmäßig ohnehin keine Kenntnis von der jeweils gerade durchgeführten Einzelmaßnahme haben.

---

nachdem er die Videoüberwachung undifferenziert bereits insgesamt als präventive Maßnahme beurteilt hat.

[28] *Fischer*, VBlBW 2002, 89/91.

[29] *Fischer*, VBlBW 2002, 89/91 in Fußn. 14.

[30] BVerfG, Urt. v. 27.10.1998 – 1 BvR 2306, 2314/96, 1108, 1109, 1110/97, BVerfGE 98, 265/299; Rechtsgutachten des BVerfG v. 16.6.1954 – 1 PBvV 2/52, BVerfGE 3, 407/421, jeweils für die Begründung einer Bundesgesetzgebungskompetenz kraft Sachzusammenhangs. Die Zulässigkeit einer Landesgesetzgebungskompetenz kraft Sachzusammenhangs ist ebenso anerkannt, siehe hierzu *v. Mangoldt/Klein/Starck (Rozek)*, Art. 70 Abs. 1 Rdn. 42 Fußn. 207 sowie Rdn. 45 m. w. Nachw. auch zur Rechtsprechung des Bundesverfassungsgerichts.

[31] BVerfG, Urt. v. 27.10.1998 – 1 BvR 2306, 2314/96, 1108, 1109, 1110/97, BVerfGE 98, 265/300; so auch *v. Mangoldt/Klein/Starck (Rozek)*, Art. 70 Abs. 1 Rdn. 42.

[32] BVerfG, Urt. v. 27.10.1998 – 1 BvR 2306, 2314/96, 1108, 1109, 1110/97, BVerfGE 98, 265/299; so auch *Degenhart*, Rdn. 137.

[33] BVerfG, Urt. v. 27.10.1998 – 1 BvR 2306, 2314/96, 1108, 1109, 1110/97, BVerfGE 98, 265/299.

[34] *v. Mangoldt/Klein/Starck (Rozek)*, Art. 70 Abs. 1 Rdn. 43.

[35] *Dreier (Stettner)*, Art. 70 Rdn. 18; *Degenhart*, Rdn. 138.

Das Argument aufeinander abgestimmter Voraussetzungen und Regelungen der Videoüberwachung ist allenfalls für die Zweckmäßigkeit einheitlicher Gesetzgebungskompetenz
tauglich. Es vermag nicht, eine den grundgesetzlich festgelegten Kompetenzkatalogen
zuwiderlaufende und nur für Ausnahmefälle vorgesehene ungeschriebene Gesetzgebungszuständigkeit der Länder zu begründen.

Zwar ist *Fischer* ist zuzugestehen, dass es praktikabler und möglicherweise auch zweckmä-
ßiger wäre, die Regelung von Maßnahmen der Videoüberwachung in die Hand *eines* Gesetzgebers zu legen. Solche Erwägungen taugen indes nicht, die Gesetzgebungszuständigkeit auf rechtlich sicheren Boden zu stellen. Hierfür hätte es mehr bedurft als des kurzen
Hinweises auf eine ungeschriebene Gesetzgebungskompetenz im Rahmen einer Fußno-
te.[36] Letztlich sind die Nachteile, die sich aus der Unzweckmäßigkeit geteilter Gesetzgebungszuständigkeiten ergeben, auf den deutschen Föderalismus und die ihn unter anderem widerspiegelnde grundgesetzliche Kompetenzverteilung nach den Artikeln 70 f. GG
zurückzuführen. Eine Ergebniskorrektur – wie hier im Falle gesetzlicher Regelungen
betreffend Maßnahmen der Videoüberwachung von *Fischer* aus Zweckmäßigkeitserwägungen angedacht – würde die verfassungsrechtlich gewollte Verteilung der Gesetzgebungszuständigkeiten zwischen Bund und Ländern missachten.

Bei der Videoaufzeichnung in der ersten Fallgestaltung handelt es sich aufgrund des
Schwerpunktes auf der Repression insgesamt um eine repressive Maßnahme, für die allein
der Bund gesetzgebungsbefugt ist, der für Maßnahmen der Videoaufzeichnung durch Erlass von § 100c StPO von seiner Gesetzgebungsbefugnis auch abschließend Gebrauch
gemacht hat.[37] § 15a Abs. 2 PolG Nordrhein-Westfalen in der bislang geltenden Fassung
verstößt gegen die grundgesetzliche Kompetenzverteilung und ist mithin verfassungswidrig.[38]

In der zweiten Fallgestaltung kommt der Videoaufzeichnung insbesondere auch der
Zweck zu, vorsorglich für die Verfolgung einer noch zu begehenden Straftat Beweismate-

---

[36] Siehe *Fischer*, VBlBW 2002, 89/91, Fußn. 14.

[37] 1. Kapitel:I (S. 15).

[38] Bedenken im Hinblick auf die Verfassungsmäßigkeit haben auch *Vahle*, NVwZ 2001,
       165/166; *Haurand*, Städte- und Gemeinderat 2000 (8), 6/7; *N.N.*, Kriminalistik 2000, 542;
       undifferenziert dagegen *Röger/Stephan*, NWVBl 2001, 201/205, die eine Schwerpunktbe-
       stimmung vornehmen, ohne zu hinterfragen, ob nicht die in § 15a PolG Nordrhein-Westfalen
       enthaltenen Regelungen getrennt zu prüfen sind. Die verfassungsrechtlichen Bedenken kön-
       nen für § 31 Abs. 3 Satz 2 Brandenburgisches PolG sowie § 32 Abs. 3 SOG Mecklenburg-
       Vorpommern nicht ohne weiteres geteilt werden, da die genannten Normen sich jedenfalls
       auch auf einen vor dem strafprozessualen Anfangsverdacht liegenden Zeitpunkt beziehen
       können, so dass eine auf diesen Zeitpunkt reduzierte und damit verfassungskonforme Ausle-
       gung möglich ist; gegen die Verfassungswidrigkeit *Büllesfeld*, S. 173 f.; der nunmehr von der
       Landesregierung eingebrachte Gesetzesentwurf (Landtagsdrucks. 13/2854) zur Änderung u.a.
       von § 15a PolG Nordrhein-Westfalen berücksichtigt die verfassungsrechtlichen Bedenken.

rial zu sichern.[39] Die Videoaufzeichnung ist in dieser Fallgestaltung also nicht unmittelbar an die Begehung oder unmittelbar bevorstehende Begehung einer Straftat geknüpft. Sie setzt bereits in deren Vorfeld an, indem vorsorgend für eine etwaige spätere Strafverfolgung Beweismaterial gesichert werden soll. Im Hinblick auf die Gesetzgebungszuständigkeit kommt der Frage erhebliche Bedeutung zu, ob Maßnahmen der *vorsorgenden* Strafverfolgung[40] eher dem Bereich der Prävention,[41] demjenigen der Repression[42] oder möglicherweise einem dritten, neben den herkömmlichen Kategorien der Gefahrenabwehr und der Strafverfolgung stehenden Bereich zuzuordnen sind.[43] Die aufgeworfene Problematik kann im Rahmen dieser Abhandlung nicht weiter behandelt und abschließend entschieden werden. Wird jedoch die vorsorgende Strafverfolgung dem Bereich der Repression zugeordnet, wäre jedenfalls der Bundesgesetzgeber für den Erlass von Regelungen betreffend Videoaufzeichnungsmaßnahmen zuständig, da unabhängig von besonderen, gerade mit der Aufzeichnung verbundenen präventiven Zwecken die Strafverfolgung und damit eine repressive Maßnahme im Vordergrund der Regelung stünde. Landesrechtliche Regelungen von Maßnahmen der Videoaufzeichnung wären verfassungswidrig. Etwas anderes ergibt sich allerdings, wenn die Strafverfolgungsvorsorge dem Bereich der Prävention oder auch dem dritten, neben den Kategorien der Prävention und der Repression stehenden Bereich zugeordnet wird. Für den Erlass von Regelungen aus diesen beiden Bereichen wären mangels ausdrücklicher Zuweisung an den Bundesgesetzgeber die Landesgesetzgeber zuständig. Für Regelungen von Maßnahmen der Videoaufzeichnung im Rahmen der zweiten Fallgestaltung müsste die überwiegende Ansicht also zu einer Zuständigkeit der Landesgesetzgeber gelangen.

Die in sich konsistenten Ergebnisse der beiden Fallgestaltungen im Hinblick auf die Gesetzgebungszuständigkeit führen bei einem direkten Vergleich möglicherweise zu einem Wertungswiderspruch. Landesrechtliche Normen wie beispielsweise § 15a PolG Nord-

---

[39] *Waechter*, NdsVBl 2001, 77/78; *Fischer*, VBlBW 2002, 89/90.
[40] Zur Begrifflichkeit und zur Abgrenzung vom Begriff der vorbeugenden Straftatenbekämpfung siehe *Lisken/Denninger (Denninger)*, Handbuch des Polizeirechts, E, Rdn. 187 f.; siehe auch *Koch*, S. 50.
[41] So die überwiegende Ansicht, siehe bspw. BVerwG, Urteile v. 20.2.1990 – 1 C 29.86, NJW 1990, 2765/2766; v. 20.2.1990 – 1 C 30.86, NJW 1990, 2768/2769; LVerfG Mecklenburg-Vorpommern, Urt. v. 21.10.1999 – LVerfG 2/98, LKV 2000, 149/151; *Kniesel*, ZRP 1989, 329/330; *Roos*, Kriminalistik 1994, 674.
[42] So etwa *Merten/Merten*, ZRP 1991, 213/218; *Schoreit*, KritV 1989, 201/203; *Waechter*, DÖV 1999, 138/140; *Roggan*, NVwZ 2001, 134/138 f., der von „antizipierter Repression" spricht; *Roggan*, Auf Legalem Weg in einen Polizeistaat, S. 33 f.; *Lisken/Denninger (Denninger)*, Handbuch des Polizeirechts, E, Rdn. 187 f., die anhand systematisch-begrifflicher Erwägungen zu dem Ergebnis kommen, dass die Vorsorge für die Verfolgung von Straftaten antizipierte Repression sei, aber auch beachtenswerte praxisbezogene Argumente für eine Regelung von Maßnahmen der vorsorgenden Strafverfolgung im Zusammenhang mit dem präventiven Aufgabenkreis sehen.
[43] So *Koch*, S. 51.

rhein-Westfalen in seiner bislang geltenden Fassung,[44] welche die Videoaufzeichnung als punktuelle Maßnahme auf den Fall der konkreten Straftatbegehung beziehungsweise der unmittelbar bevorstehenden Straftat beschränken, sind wegen Verstoßes gegen die grundgesetzlich festgelegte Zuständigkeitsverteilung nach Artikel 70 f. GG verfassungswidrig. Dieses Schicksal teilen hingegen diejenigen Normen nicht, welche die Videoaufzeichnung als Regelmaßnahme zur vorsorgenden Strafverfolgung festlegen, sofern man jedenfalls den Bereich der vorsorgenden Strafverfolgung der Gesetzgebungskompetenz der Länder zuordnet.

Letztlich scheint also derjenige Landesgesetzgeber mit der Verfassungswidrigkeit der von ihm erlassenen Befugnisnormen bestraft zu werden, der seine Bürger mit den grundrechtlich weniger einschneidenden Maßnahmen belastet. Es gilt allerdings zu bedenken, dass die formelle Verfassungsmäßigkeit eben nicht die Frage grundrechtlicher Eingriffe, also materielle Fragen zum Gegenstand hat, sondern – im Rahmen der vorliegenden Abhandlung – lediglich die Aufteilung von Gesetzgebungszuständigkeiten zwischen Bund und Ländern. Selbst wenn also eine Gesetzgebungszuständigkeit der Länder für die Dauermaßnahme Videoaufzeichnung anzunehmen ist, indiziert die formelle nicht gleichsam auch die materielle Verfassungsmäßigkeit. Als gegenüber der situativen Videoaufzeichnung stärker in grundgesetzlich geschützte Rechte eingreifende Maßnahme wird die Videoaufzeichnung in Form der Daueraufzeichnung in materiell-rechtlicher Hinsicht strengeren Anforderungen unterworfen sein als die situative Videoaufzeichnung. Die Gesetzgebungszuständigkeit der Länder allein für die Daueraufzeichnung und nicht für die situative Videoaufzeichnung könnte also schließlich sogar dazu führen, dass angesichts strengerer materieller Anforderungen an die Daueraufzeichnung summa summarum die Maßnahme der Videoaufzeichnung seltener zulässig ist, als dies der Fall wäre, wenn der Landesgesetzgeber auch für den Erlass von Regelungen der situativen Videoaufzeichnung entsprechend der ersten Fallgestaltung zuständig wäre.

Ansonsten vermag der – vermeintliche – Widerspruch für die hier untersuchten Maßnahmen der Videoüberwachung nur dadurch aufgelöst zu werden, dass entweder die Zuordnung der vorsorgenden Strafverfolgung zu einem der Gesetzgebungskompetenz der Länder unterfallenden Bereich in Frage gestellt wird, oder aber die Gesetzgebungszuständigkeit im Falle doppelfunktionaler Maßnahmen nicht durch eine Schwerpunktbestimmung und damit einseitige Zuordnung zur Prävention beziehungsweise Repression entschieden wird.

---

[44] Zum Gesetzesentwurf betreffend u.a. die Änderung des § 15a PolG Nordrhein-Westfalen siehe Nachweis in Fußn. 5.

II. Vereinbarkeit mit dem Allgemeinen Persönlichkeitsrecht

Im Hinblick auf die Speicherung von Bildmaterial sind für Maßnahmen der Videoaufzeichnung gegenüber denjenigen der Videobeobachtung einige Besonderheiten zu beachten.

1. *Eingriff in den Schutzbereich vom Allgemeinen Persönlichkeitsrecht umfasster Einzelverbürgungen*

Zunächst ist zu untersuchen, ob sich im Hinblick auf die Ergebnisse des ersten Kapitels, wonach Videobeobachtungsmaßnahmen in das Recht auf informationelle Selbstbestimmung, nicht aber das Recht am eigenen Bild eingreifen, aufgrund der Speicherung der Bilder etwas ändert.

a) *Eingriff in den Schutzbereich des informationellen Selbstbestimmungsrechts*[45]

Die Frage, ob eine Verkürzung des Schutzbereichs des informationellen Selbstbestimmungsrechts gegeben ist oder nicht, ist auch im Rahmen der rechtlichen Beurteilung der Videoaufzeichnung für jede Einzelmaßnahme gesondert zu beantworten. Zu unterscheiden ist hierbei zwischen offenen Großbildaufnahmen[46] sowie offenen Übersichtsaufnahmen.[47] Verdeckte Videoaufzeichnungsmaßnahmen werden angesichts der Ausführungen im ersten Kapitel nicht mehr eigens behandelt.[48]

aa) *Offene Videoaufzeichnung durch Erstellen von Großbildaufnahmen*

Maßnahmen der Videoaufzeichnung, bei denen einzelne Personen durch das Erstellen von Großbildaufnahmen eindeutig erkennbar werden, sind nach allgemeiner Ansicht als Eingriff in das Recht auf informationelle Selbstbestimmung zu qualifizieren.[49] Aufgrund der Speicherung von Bildmaterial wird der Vergleich mit dem nur beobachtenden Polizis-

---

[45] Für die Bestimmung des Schutzbereichs sei auf die Ausführungen zu den Maßnahmen der Videobeobachtung verwiesen, siehe oben 1. Kapitel:II.1 (S. 21).

[46] Zur Begriffsbestimmung der Großbildaufnahme siehe oben Einleitung-II (S. 3).

[47] Zum Begriff der Übersichtsaufnahme siehe Einleitung-II (S. 3).

[48] Siehe 1. Kapitel:II.3.b)aa) (S. 51).

[49] VG *Halle*, Beschl. v. 17.1.2000 – 3 B 121/99 HAL, LKV 2000, 164/165; VG *Karlsruhe*, Urt. v. 10.10.2001 – 11 K 191/01, NVwZ 2002, 117, das vage feststellt, ein Eingriff in das Recht auf informationelle Selbstbestimmung scheine jedenfalls nicht ausgeschlossen, wenn Aufnahmen auf einem Server gespeichert werden und die Möglichkeit digitaler Bearbeitung besteht; *Vahle*, DVP 2000, 398/400; *Waechter*, NdsVBl 2001, 77/79; *Roos*, Kriminalistik 1994, 674/675; *Robrecht*, NJ 2000, 348 f.; *Röger/Stephan*, NWVBl 2001, 201/206 f.; *N.N.*, DRiZ 2001, 85/87; *Möller/v. Zezschwitz (Höfling)*, S. 36/39; *Keller*, Kriminalistik 2000, 187/188; *Kloepfer/Breitkreutz*, DVBl 1998, 1149/1152; *Horst*, NZM 2000, 937/941, sowie DWW 2001, 122/125 – jeweils zum Bürgerlichen Recht; *Hasse*, ThürVBl 2000, 169/171; *Dolderer*, NVwZ 2001, 130/131; *Brenneisen/Staak*, DuD 1999, 447; *Geiger*, S. 187; *Schneider/Daub*, Die Polizei 2000, 322/323 – e contrario; *Schwarz*, ZG 2001, 246/255 f.; *Fischer*, VBlBW 2002, 89/92; *Schmitt Glaeser*, BayVBl 2002, 584/585; *Büllesfeld*, S. 142 f.

ten während eines Streifenganges vom VG *Halle* für Maßnahmen der Videoaufzeichnung nicht herangezogen.[50]

Zur Begründung der Eingriffsqualität kann im Wesentlichen schon auf die für Maßnahmen der Videobeobachtung in Form von Großbildaufnahmen vorgebrachten Argumente verwiesen werden.[51] Durch die Speicherung kommt erschwerend der Aspekt des potentiellen Datenmissbrauchs hinzu.[52] An der Eingriffsqualität von Videoaufzeichnungsmaßnahmen, bei der einzelne Personen eindeutig identifizierbar sind, kann letztlich nicht gezweifelt werden.

bb) Offene Videoaufzeichnung durch Erstellen von Übersichtsaufnahmen

Die Eingriffsqualität für Videoaufzeichnungsmaßnahmen in Form von Übersichtsaufnahmen wird hingegen nicht einheitlich beurteilt. Zum Teil wird ein Eingriff in das informationelle Selbstbestimmungsrecht abgelehnt,[53] wobei dies dann nicht gelten soll, wenn eine spätere Identifizierung – etwa durch Bearbeitung des gespeicherten Bildmaterials – möglich ist.[54] Überwiegend wird demgegenüber die Ansicht vertreten, dass auch Übersichtsaufnahmen im Rahmen von Videoaufzeichnungsmaßnahmen einen Eingriff in das Recht auf informationelle Selbstbestimmung begründen,[55] wobei einschränkend bisweilen die Individualisierbarkeit einzelner Personen zur Voraussetzung gemacht wird.[56]

Zur Begründung der Eingriffsqualität der Videoaufzeichnung in Form von Übersichtsaufnahmen kann im Wesentlichen schon auf die Ausführungen zur Videobeobachtung verwiesen werden. Zum einen werden Kameras nicht installiert, um lediglich Über-

---

[50] Siehe zu diesem Argument VG *Halle*, Beschl. v. 17.1.2000 – 3 B 121/99 HAL, LKV 2000, 164/165.

[51] Siehe oben 1. Kapitel:II.2.a) (S. 26).

[52] Hierzu *Vahle*, NWB 2000, 1635, sowie *Möller/v. Zezschwitz (Brückner)*, S. 19/20.

[53] *Weichert*, DuD 2000, 662/663; *Saeltzer*, DuD 1997, 462; *Geiger*, S. 187; *Keller*, Kriminalistik 2000, 187/188; *Waechter*, NdsVBl 2001, 77/79; wohl auch VG *Karlsruhe*, Urt. v. 10.10.2001 – 11 K 191/01, NVwZ 2002, 117/118, jedenfalls soweit Personen in nicht individualisierbarer Weise erfasst werden. Unklar bleibt, welche Anforderungen an die Individualisierbarkeit zu stellen sind, insbesondere ob die technischen Möglichkeiten, die eine Bearbeitung und damit eine Identifizierung in der Regel erlauben, zur Annahme der Individualisierbarkeit und damit eines Eingriffs ausreichen; zweifelnd *Schmitt Glaeser*, BayVBl 2002, 584/585.

[54] *Weichert*, DuD 2000, 662/663; *Waechter*, NdsVBl 2001, 77/79; *Saeltzer*, DuD 1997, 462; *Keller*, Kriminalistik 2000, 187/188; *Geiger*, S. 187.

[55] VG *Halle*, Beschl. v. 17.1.2000 – 3 B 121/99 HAL, LKV 2000, 164/165; *Vahle*, NWB 2000, 1635/1638; *Schwarz*, ZG 2001, 246/255 f.; *Robrecht*, NJ 2000, 348 f.; *Roos*, Kriminalistik 1994, 674/675; *Röger/Stephan*, NWVBl 2001, 201/206 f.; *Möller/v. Zezschwitz (Höfling)*, S. 36/39; *Brenneisen/Staak*, DuD 1999, 447; *N.N.*, DRiZ 2001, 85/87; *Schneider/Daub*, Die Polizei 2000, 322/323; *Roggan*, NVwZ 2001, 134/136; wohl auch *Kloepfer/Breitkreutz*, DVBl 1998, 1149/1152; *Dolderer*, NVwZ 2001, 130/131; *Fischer*, VBlBW 2002, 89/92; *Büllesfeld*, S. 142 f.

[56] *Schneider/Daub*, Die Polizei 2000, 322/323; *N.N.*, DRiZ 2001, 85/87. Insoweit kommen letztgenannte und erstgenannte Ansicht, soweit im Falle der Individualisierbarkeit ein Eingriff gegeben sein soll, nicht zu unterschiedlichen Ergebnissen.

sichtsaufnahmen zu erstellen.[57] Sie sollen unter bestimmten Voraussetzungen auch Vergrößerungen zulassen.[58] Zum anderen kommt gerade für Videoaufzeichnungsmaßnahmen hinzu, dass hier die Möglichkeit der nachträglichen Bearbeitung besteht, die gerade auch die Vergrößerung und Identifizierung einzelner Personen umfasst.[59] Insofern beeinträchtigt die Videoaufzeichnung, auch soweit sie lediglich Übersichtsaufnahmen betrifft, die Befugnis des Einzelnen, grundsätzlich über die Offenbarung persönlicher Lebenssachverhalte selbst zu entscheiden.[60] Denn die durch das Erstellen von Übersichtsaufnahmen mögliche Identifizierung Einzelner vermag schließlich zu einem Informationsgewinn und zu Rückschlüssen über persönliche Lebensumstände zu führen. Schließlich sei in diesem Zusammenhang auch auf den durch Videoüberwachung ausgelösten Überwachungsdruck[61] hingewiesen, der mangels praktikabler Möglichkeit individueller Kenntnisnahme auch unabhängig von der jeweils durchgeführten Einzelmaßnahme entsteht. Subjektive Elemente werden für die Frage der Eingriffsqualität von Videoüberwachungsaufnahmen nur insoweit berücksichtigt, als der Bürger bei *objektiver* Betrachtungsweise und aufgrund *objektiv* zu beurteilender Umstände Anlass hat, eine gegen ihn gerichtete Videoüberwachungsmaßnahme zu vermuten.[62] In Anlehnung an die Ausführungen zur Eingriffsqualität der Videobeobachtung in Form von Übersichtsaufnahmen sowie die darüber hinaus vorgebrachten Argumente ist es sachgerecht, auch die Videoaufzeichnung in Form von Übersichtsaufnahmen als Eingriff in das Recht auf informationelle Selbstbestimmung zu qualifizieren.

b)   Eingriff in den Schutzbereich des Rechts am eigenen Bild

Zu untersuchen ist des Weiteren, ob Maßnahmen der Videoaufzeichnung aufgrund der Speicherung von Bildmaterial einen Eingriff in das Recht am eigenen Bild als eigenständige Konkretisierung des aus Art. 2 Abs. 1 i. V. mit Art. 1 Abs. 1 GG abgeleiteten Allgemeinen Persönlichkeitsrechts begründen können. Dies ist ebenso wie für die Durchführung von Videobeobachtungsmaßnahmen zweifelhaft, da auch die Speicherung von Videobildern nicht automatisch zu deren Verbreitung in der Öffentlichkeit führt. Im Regelfall werden Bildaufzeichnungen nach Ablauf einiger Zeit gelöscht,[63] ohne dass es zu einer Verwendung des aufgezeichneten Bildmaterials – etwa im Wege der Verbreitung – kommt. Etwas anderes kann gelten, wenn der Verdacht einer begangenen Straftat besteht und das Aufzeichnungsmaterial als Beweismittel im Rahmen eines Strafverfahrens dient.

---

[57]   *Roggan*, NVwZ 2001, 134/136; *Röger/Stephan*, NWVBl 2001, 201/206.
[58]   *Roggan*, NVwZ 2001, 134/136.
[59]   *Hasse*, ThürVBl 2000, 169/171.
[60]   Zur individuellen Selbstbestimmung siehe BVerfG, Urt. v. 15.12.1983 – 1 BvR 209, 269, 362, 420, 440, 484/83, BVerfGE 65, 1/42.
[61]   *Kloepfer/Breitkreutz*, DVBl 1998, 1149/1152.
[62]   Siehe hierzu schon oben 1. Kapitel:II.2.b) (S. 30).
[63]   Zu den unterschiedlichen Löschungsfristen nach bundes- und landesrechtlichen Regelungen siehe noch 2. Kapitel:II.2.d)dd)2. Kapitel:II.2.d)dd)aaa) (S. 105).

Als öffentliche Verbreitung kommt in diesem Zusammenhang das Einbringen der Bilder in die – grundsätzlich öffentliche[64] – Hauptverhandlung in Betracht.[65] Hierbei handelt es sich allerdings um eine der Aufzeichnung nachfolgende Maßnahme, die grundsätzlich getrennt von der Speicherung des Bildmaterials zu beurteilen ist. In der Aufzeichnung selbst kann eine Verbreitung von Videobildern in der Öffentlichkeit nicht gesehen werden.

Büllesfeld ist unter Verweis auf die Rechtsprechung des Bundesgerichtshofs[66] der Ansicht, dass zur Gewährleistung eines umfassenden grundrechtlichen Schutzes bereits die Herstellung des Videobildes das Recht am eigenen Bild berühre.[67] Dieser Annahme kann jedoch nicht gefolgt werden. Zum einen stellt der Bundesgerichtshof in dem zitierten Urteil – worauf *Büllesfeld* durchaus hinweist[68] – lediglich fest, dass die Speicherung von Videobildern im öffentlich zugänglichen Raum auch ohne Verbreitungsabsicht einen Eingriff in das Allgemeine Persönlichkeitsrecht begründen kann.[69] Hinweise darauf, dass die Videoaufzeichnung gerade in die grundrechtliche Einzelverbürgung des Rechts am eigenen Bild, nicht aber in das Recht auf informationelle Selbstbestimmung eingreifen soll, können dem Urteil nicht entnommen werden. Zum anderen ist nicht ersichtlich, in wie weit die Eröffnung des Schutzbereichs des Rechts am eigenen Bild zur umfassenden Gewährleistung eines grundrechtlichen Schutzes beitragen kann. Dieser Annahme steht schon entgegen, dass *Büllesfeld* im Rahmen seiner nachfolgenden Ausführungen zum Verhältnis zwischen den beiden Ausprägungen des Allgemeinen Persönlichkeitsrechts dem Recht am eigenen Bild gegenüber dem Recht auf informationelle Selbstbestimmung nur eine untergeordnete Rolle beimisst und aus diesem Grund das Recht am eigenen Bild von der weiteren Untersuchung gänzlich ausschließt.[70]

Zur Beurteilung der Frage, ob Videoaufzeichnungsmaßnahmen den Schutzbereich des Rechts am eigenen Bild betreffen, ist in Anlehnung an die vorangehenden Ausführungen lediglich auf die Maßnahme der Aufzeichnung selbst, nicht aber auf ihr nachfolgende Maßnahmen wie die Verwendung des Aufzeichnungsmaterials in einem späteren Gerichtsverfahren abzustellen. Da durch die Videoaufzeichnung eine Verbreitung von Videobildern in der Öffentlichkeit nicht erfolgt, vermag die Speicherung von Videobildern einen Eingriff in das Recht am eigenen Bild nicht zu begründen.

2. Verfassungsrechtliche Rechtfertigung

Im Hinblick auf die verfassungsrechtliche Rechtfertigung von Maßnahmen der Videoaufzeichnung sind gegenüber reinen Videobeobachtungsmaßnahmen einige Besonderheiten

---

[64] Siehe § 169 GVG.
[65] *Büllesfeld*, S. 126.
[66] Urt. v. 25.4.1995 – VI ZR 272/94, NJW 1995, 1955 f.
[67] *Büllesfeld*, S. 127.
[68] *Büllesfeld*, S. 127.
[69] BGH, Urt. v. 25.4.1995 – VI ZR 272/94, NJW 1995, 1955.
[70] *Büllesfeld*, S. 128/129.

zu beachten, die sich auf die materiellen Anforderungen an die Befugnisnormen betreffend die Videoaufzeichnung auswirken.

a)   Anforderungen an den Parlamentsvorbehalt

Schon Maßnahmen der Videobeobachtung sind von so wesentlicher Bedeutung für die
Ausübung des Rechts auf informationelle Selbstbestimmung, dass dies für Maßnahmen
der Videoaufzeichnung erst recht gilt, da sie den ungleich schwereren Eingriff darstellen.[71]

Aufgrund der Eingriffsschwere sind daher an die Vorgaben des förmlichen Gesetzgebers
– im Verhältnis zu denjenigen betreffend Videobeobachtungsmaßnahmen – noch höhere
Anforderungen zu stellen.[72]

Neben den wesentlichen Voraussetzungen und der Reichweite des grundrechtlichen Eingriffs, etwa durch eindeutige Zweckbestimmung und Festlegung des geographischen und
personalen Anwendungsbereichs,[73] hat der Gesetzgeber für Maßnahmen der Videoaufzeichnung auch den Umgang mit dem gewonnenen Bildmaterial zu regeln. Dies kann
durch die Normierung von Mindestanforderungen für das Verarbeiten von Aufzeichnungen erfolgen.[74, 75] Um den Anforderungen an den Parlamentsvorbehalt in besonderem
Maße zu genügen, sollte die zu Videoaufzeichnungen ermächtigende Norm auch ein
Recht des potentiell Betroffenen auf Auskunft über etwaige Aufzeichnungen beinhalten.[76]

b)   Anforderungen an das Gebot der Normenklarheit

Neben dem zuvor schon im Rahmen der Zulässigkeit von Videobeobachtungsmaßnahmen abgehandelten Bestimmtheitsgrundsatz[77] müssen gesetzliche Regelungen des Weiteren dem Gebot der Normenklarheit entsprechen.[78] Danach muss der Gesetzesadressat
den Inhalt der rechtlichen Regelung auch ohne spezielle Kenntnisse mit hinreichender
Sicherheit feststellen können.[79] Gesetze müssen mithin verständlich, widerspruchsfrei und

---

[71]   *Möller/v. Zezschwitz (Bäumler)*, S. 62; *Brenneisen/Staak*, DuD 1999, 447/449: *Keller*, Krimi-
       nalistik 2000, 187/189.
[72]   *Jarass/Pieroth (Jarass)*, Art. 20 Rdn. 54 m. w. Nachw.; *Maurer*, Allgemeines Verwaltungs-
       recht, § 6 Rdn. 11.
[73]   Siehe hierzu schon oben 1. Kapitel:II.3.a)bb) (S. 43).
[74]   Löschungspflichten sind bspw. geregelt in § 15a Abs. 2 PolG Nordrhein-Westfalen; § 14 Absät-
       ze 1 und 2 Hessisches SOG; § 21 Abs. 4 PolG Baden-Württemberg. Ob diese allerdings hinrei-
       chend präzise sind, um die Eingriffe insgesamt rechtfertigen zu können, bedarf noch einer
       näheren Untersuchung.
[75]   *Geiger*, S. 183; für das Volkszählungsgesetz im Hinblick auf Löschungsvorschriften BVerfG,
       Urt. v. 15.12.1983 – 1 BvR 209, 269, 362, 420, 440, 484/83, BVerfGE 65, 1/46.
[76]   *Geiger*, S. 185.
[77]   Siehe oben 1. Kapitel:II.3.a)cc) (S. 45).
[78]   BVerfG, Urt. v. 15.12.1983 – 1 BvR 209, 269, 362, 420, 440, 484/83, BVerfGE 65, 1/44;
       Beschl. v. 22.6.1977 – 1 BvR 799/76, BVerfGE 45, 400/420; *Dreier (Schulze-Fielitz)*, Art. 20
       (Rechtsstaat) Rdn. 129 f.; *Bäumler (Denninger/Petri)*, S. 13.
[79]   *Dreier (Schulze-Fielitz)*, Art. 20 (Rechtsstaat) Rdn. 129 m. w. Nachw. auch zur Rechtspre-
       chung.

praktikabel sein, damit rechtliche Entscheidungen voraussehbar sind.[80] Zum Teil wird zwischen dem Bestimmtheitsgrundsatz und dem Gebot der Normenklarheit nicht differenziert.[81] Ob eine begriffliche Differenzierung sinnvoll ist oder nicht, kann aber letztlich dahinstehen, denn jedenfalls besteht im Hinblick auf die mit dem Gebot der Normenklarheit umschriebenen Anforderungen grundsätzlich Einigkeit.

Das Gebot der Normenklarheit ist in besonderem Maße für gesetzliche Regelungen betreffend die Videoaufzeichnung von Bedeutung, da hier im Gegensatz zur reinen Videobeobachtung aufgrund des gewonnenen Bildmaterials Löschungsvorkehrungen und Benachrichtigungspflichten zur Regelungsmaterie gehören. Hierdurch wird die Komplexität des gesamten Regelungsgegenstandes der Videoüberwachung erheblich erhöht, was wiederum den Zugang zum Normengeflecht und dessen Verständnis erschwert.

Von besonderer Bedeutung für Regelungen der Videoüberwachung ist das Kriterium der Widerspruchsfreiheit der Gesetzgebung,[82] mit dem die Verständlichkeit und Praktikabilität der Normen einhergehen. Unklarheiten für den Normanwender und den Betroffenen können auftreten, wenn Wertungswidersprüche zwischen verschiedenen Gesetzeswerken, oder aber innerhalb desselben Regelungswerks bestehen.[83] Regelungswidersprüche zwischen Normen unterschiedlichen Rangs werden nach den allgemeinen Konkurrenzregeln aufgelöst,[84] so dass als Verstoß gegen das Gebot der Widerspruchsfreiheit nur Widersprüche innerhalb derselben Ebene der Normenhierarchie verbleiben.[85]

Ermächtigungsgrundlagen für die Videoaufzeichnung und die mit ihr einhergehenden Fragen der Löschung und der Benachrichtigung des Betroffenen finden sich sowohl im Bundesdatenschutzgesetz[86] als auch in den Polizei-[87] und Datenschutzgesetzen[88] der Länder. Diese Vielfalt an Befugnisnormen könnte zu einer unklaren Rechtslage führen, wenn sich die Anwendungsbereiche der jeweiligen Gesetze zumindest teilweise überschnitten.

---

[80] *Dreier (Schulze-Fielitz)*, Art. 20 (Rechtsstaat) Rdn. 129.
[81] BVerfG, Beschl. v. 9.8.1995 – 1 BvR 2263/94 und 229, 534/95, BVerfGE 93, 213/238 f.; wohl auch Beschl. v. 22.6.1977 – 1 BvR 799/76, BVerfGE 45, 400/420; *Degenhart*, Rdn. 349; wohl auch nicht *v. Mangoldt/Klein/Starck (Sommermann)*, Art. 20 Abs. 3 Rdn. 279 f.; anders *Sachs (Sachs)*, Art. 20 Rdn. 126, wenngleich darauf hingewiesen wird, dass der Bestimmtheitsgrundsatz von dem Gebot der Normenklarheit nicht eindeutig abgrenzbar sei; *Bäumler (Denninger/Petri)*, S. 13; *Dreier (Schulze-Fielitz)*, Art. 20 (Rechtsstaat) Rdn. 129.
[82] BVerfG, Beschl. v. 12.2. 1969 – 1 BvR 687/62, BVerfGE 25, 216/227; *Dreier (Schulze-Fielitz)*, Art. 20 (Rechtsstaat) Rdn. 129; *Bäumler (Denninger/Petri)*, S. 13/14.
[83] *Bäumler (Denninger/Petri)*, S. 13/14.
[84] Siehe etwa Art. 31 GG.
[85] *Bäumler (Denninger/Petri)*, S. 13/14.
[86] § 6b BDSG.
[87] Bspw. § 15a PolG Nordrhein-Westfalen, § 14 Hessisches SOG, § 21 PolG Baden-Württemberg, § 31 Brandenburgisches PolG, § 38 Sächsisches PolG.
[88] Bspw. § 29b DSG Nordrhein-Westfalen, § 33c Brandenburgisches DSG; § 20 DSG Schleswig-Holstein.

Auf das Verhältnis zwischen § 6b BDSG und den landesrechtlichen Vorschriften betreffend die Videoüberwachung ist das Gebot der Normenklarheit aufgrund des Rangunterschiedes der bundes- und landesrechtlichen Normen nicht anwendbar. Insofern gilt der Grundsatz, wonach Bundesrecht dem Landesrecht vorgeht, Art. 31 GG. Der Vorrang des Bundesrechts vermag allerdings nur in den Fällen Geltung zu beanspruchen, in denen zwischen der bundesrechtlichen und einer landesrechtlichen Norm ein echtes Konkurrenzverhältnis besteht, wenn also für die Regelung eines Lebenssachverhaltes mehrere Normen unterschiedlichen Ranges zur Verfügung stehen, die bei ihrer Anwendung zu verschiedenen Ergebnissen führen können.[89] Ein solches Konkurrenzverhältnis, das über Art. 31 GG zu lösen wäre, besteht zwischen § 6b BDSG und den landesrechtlichen Regelungen betreffend Videoüberwachung jedoch nicht. Gemäß § 1 Abs. 2 Nr. 1 BDSG ist das Bundesdatenschutzgesetz auf öffentliche Stellen des Bundes anzuwenden. Auf diese sind die landesrechtlichen Regelungen zur Videoüberwachung nicht anwendbar; die Länder wären zum Erlass entsprechender Regelungen ohnehin nicht gesetzgebungsbefugt. Nach § 1 Abs. 2 Nr. 2 BDSG gilt das Bundesdatenschutzgesetz unter bestimmten Voraussetzungen auch für Stellen der Länder, u.a. soweit der Datenschutz nicht durch Landesgesetz geregelt ist. Diese Subsidiaritätsklausel führt im Falle der Videoüberwachung bereits zu einem Ausschluss des Bundesdatenschutzgesetzes, soweit die Länder diesbezüglich Regelungen erlassen haben, so dass es jedenfalls nicht zu einer Häufung von Befugnisnormen kommen kann. Schließlich eröffnet § 6b BDSG unter bestimmten Voraussetzungen den Anwendungsbereich des Bundesdatenschutzgesetzes für nichtöffentliche Stellen. Auch für diesen Regelungsbereich kann keine Normenkonkurrenz festgestellt werden, da es landesrechtliche Regelungen betreffend Videoüberwachung durch Private mangels Gesetzgebungszuständigkeit der Länder nicht geben kann. Auf das Verhältnis zwischen § 6b BDSG und den landesrechtlichen Befugnisnormen betreffend Videoüberwachung ist mithin weder das Gebot der Normenklarheit noch Art. 31 GG anzuwenden.

Innerhalb derselben Ebene der Normenhierarchie ist das Gebot der Normenklarheit allerdings zu beachten. Daraus folgt, dass Wertungswidersprüche weder zwischen den einzelnen Gesetzeswerken eines Landes, noch innerhalb desselben Regelungswerkes bestehen dürfen. Wertungswidersprüche können sich daraus ergeben, dass Ermächtigungsgrundlagen und Folgeregelungen[90] für Maßnahmen der Videoaufzeichnung sowohl in einem Polizei- als auch in einem Datenschutzgesetz desselben Bundeslandes verankert sind, wie dies beispielsweise in Nordrhein-Westfalen und Brandenburg der Fall ist.[91] In den genannten Beispielsfällen enthalten die jeweiligen Datenschutzgesetze allerdings auch eine

---

[89] BVerfG, Beschlüsse v. 29.1.1974 – 2 BvN 1/69, BVerfGE 36, 342/363, und v. 15.10.1997 – 2 BvN 1/95, NJW 1998, 1296/1298.

[90] Zum Beispiel Löschungsvorschriften und Benachrichtigungspflichten.

[91] § 15a PolG Nordrhein-Westfalen und § 29b DSG Nordrhein-Westfalen; § 31 Brandenburgisches PolG und § 33c Brandenburgisches DSG.

Regelung, welche die grundsätzlich bestehende Anwendungskonkurrenz dahingehend löst, dass besondere Rechtsvorschriften den Vorschriften des Datenschutzgesetzes vorgehen, *soweit* jene auf die Verarbeitung personenbezogener Daten[92] anzuwenden sind, § 2 Abs. 3 DSG Nordrhein-Westfalen sowie § 2 Abs. 3 Satz 2 Brandenburgisches DSG.[93] Die Nichtanwendbarkeit der Datenschutzgesetze setzt allerdings nicht die Verarbeitung *personenbezogener Daten* voraus, wie der Wortlaut möglicherweise vermuten lässt. Handelt es sich im zu beurteilenden Einzelfall nämlich nicht um die Verarbeitung personenbezogener, sondern sonst irgendwelcher Daten, so finden die Datenschutzgesetze ohnehin keine Anwendung,[94] so dass es erst gar nicht zu einem Konkurrenzverhältnis kommen kann. Im Hinblick auf Videoüberwachungsmaßnahmen schließt die Anwendung spezieller polizeirechtlicher Befugnisnormen betreffend Videoüberwachung diejenigen des Datenschutzgesetzes grundsätzlich aus. Dem Gebot der Normenklarheit ist damit genügt.

Um dem Gebot der Normenklarheit allerdings noch besser Rechnung zu tragen, wäre die Vereinheitlichung und Vereinfachung datenschutzrechtlicher Bestimmungen in den jeweiligen Gesetzen eines Landes wünschenswert. Dies könnte insbesondere durch die Technik der Verweisung erreicht werden. Danach sollten spezielle Gesetze wie das Polizeigesetz grundsätzlich auf die allgemeinen Vorschriften des Datenschutzgesetzes, wie etwa Löschungs- und Benachrichtigungspflichten, verweisen. Eigene Regelungen sollten nur insoweit in die besonderen Rechtsvorschriften aufgenommen werden, als dies zur ordnungsgemäßen Aufgabenerfüllung der betreffenden Stelle notwendig ist.

c)   Wesensgehalt des Rechts auf informationelle Selbstbestimmung

An der Beurteilung, dass Maßnahmen der Videobeobachtung nicht den Wesensgehalt des informationellen Selbstbestimmungsrechts berühren,[95] ändert sich nichts aufgrund des Umstandes, dass nicht nur videobeobachtet, sondern das Beobachtete auch aufgezeichnet wird.[96] Die Speicherung von Bildaufnahmen hat zwar die Verfügbarkeit persönlicher Daten und damit die Möglichkeit zur Folge, die gespeicherten Daten zu einem Persönlichkeitsprofil zu verknüpfen. Ein solcher Zweck ist jedoch weder in den gesetzlichen Befugnisnormen vorgesehen noch wird ein solcher den Bürgern – etwa als Abschreckungsmaßnahme – kommuniziert. Der Erstellung von Persönlichkeitsprofilen im Wege gezielter Informationsbeschaffung stehen im Übrigen auch die Löschungsvorschriften im Wege. Wenngleich diese die Vernichtung aufgezeichneten Bildmaterials bisweilen innerhalb einer

---

[92]   Zum Begriff der personenbezogenen Daten siehe bspw. § 3 Abs. 1 DSG Nordrhein-Westfalen, § 4 Abs. 1 Berliner DSG, § 3 Abs. 1 DSG Rheinland-Pfalz; zur Subsumtion von Videoüberwachungsmaßnahmen unter den Begriff der personenbezogenen Daten siehe *Möller/ v. Zezschwitz (Schwabe)*, S. 105; *Geiger*, S. 181.

[93]   Siehe auch § 2 Abs. 7 DSG Rheinland-Pfalz, § 2 Abs. 4 Berliner DSG.

[94]   Siehe bspw. § 1 DSG Nordrhein-Westfalen.

[95]   Siehe hierzu oben 1. Kapitel:II.3.b)aa) (S. 51).

[96]   So i. E. auch *Waechter*, NdsVBl 2001, 77/79 in Fußn. 17.

kürzeren Frist vorsehen sollten,[97] sind Löschungsfristen von maximal zwei Monaten kaum mit dem Zweck der Informationsbeschaffung zur Erstellung von Persönlichkeitsprofilen zu vereinbaren, wenn spätestens nach Ablauf der Aufbewahrungsfrist das gespeicherte Bildmaterial unwiderruflich gelöscht wird.

d) *Grundsatz der Verhältnismäßigkeit*

Für Maßnahmen der Videoaufzeichnung gelten auch im Hinblick auf die Verhältnismäßigkeit, das heißt Zweck, Eignung, Erforderlichkeit und Angemessenheit, gegenüber bloßen Videobeobachtungsmaßnahmen einige Besonderheiten.[98]

aa) *Untersuchung der Zweckbestimmungen*

Zum einen dienen Maßnahmen der Videoaufzeichnung in besonderem Maße der Vorsorge für die Verfolgung künftiger Straftaten.[99] Diese gehört zu den Pflichtaufgaben des Staates unabhängig davon, ob man sie dem Bereich der Repression, demjenigen der Prävention oder einer eigenständigen und neben den vorgenannten Bereichen stehenden dritten Kategorie zuordnet. Denn die vorsorgende Strafverfolgung ist entweder als eher präventive oder als eher repressive Maßnahme eine Aufgabe im Interesse des Staates und der Allgemeinheit.[100]

Zum anderen zählt zu den legitimen Zwecken, die mit Maßnahmen der Videoaufzeichnung verfolgt werden, auch die vorbeugende Bekämpfung von Straftaten. Hierbei kommt der Aufzeichnung gegenüber der bloßen Beobachtung insoweit Bedeutung zu, als Täter gerade durch die Fixierung des Geschehens auf einem Videoband befürchten müssen, von den Strafverfolgungsbehörden überführt zu werden.[101] Dieses gesetzgeberische Ziel ist allerdings insoweit nicht als legitim zu erachten, als bei Erlass der gesetzlichen Regelung die Strafverfolgung selbst – also eine repressive Maßnahme – im Vordergrund steht, da der Landesgesetzgeber für den Erlass von Regelungen betreffend repressive Maßnahmen nicht gesetzgebungsbefugt ist.[102] In dieser Folgerung kann eine Verlagerung des Problems der Gesetzgebungszuständigkeit in die materielle Rechtmäßigkeitsprüfung nicht gesehen werden. Denn ist ein gesetzgeberischer Zweck nicht von der jeweiligen vom Grundgesetz vorgesehenen vertikalen Erlasskompetenz gedeckt, ist die Regelung formell verfassungswidrig. Polizeiliche Maßnahmen sind jedoch oftmals doppelfunktional, also sowohl präventiver als auch repressiver Natur. Die Gesetzgebungszuständigkeit eines

---

[97] Zu den Löschungsfristen siehe unten 2. Kapitel:II.2.d)dd)2. Kapitel:II.2.d)dd)aaa) (S. 105).

[98] Zur Verhältnismäßigkeit von Videobeobachtungsmaßnahmen siehe oben 1. Kapitel:II.3.b)bb) (S. 57).

[99] Siehe schon oben 2. Kapitel:I (S. 84) sowie Nachweise in Fußn. 39.

[100] BVerfG, Beschlüsse v. 1.8.1978 – 2 BvR 1013, 1019, 1034/77, BVerfGE 49, 24/56 f.; v. 8.3.1972 – 2 BvR 28/71, BVerfGE 32, 373/380 f.; Urt. v. 5.6.1973 – 1 BvR 536/72, BVerfGE 35, 202/220.

[101] *N.N.*, DRiZ 2001, 85/88.

[102] Siehe oben 2. Kapitel:I (S. 84).

Landes kann also dadurch gegeben sein, dass die betreffende Regelung eine doppelfunktionale Maßnahme zum Gegenstand hat, deren Schwerpunkt auf der Prävention liegt. Dies impliziert jedoch nicht, dass der repressive, mitgeregelte Teil der Maßnahme im Rahmen der materiellen Rechtmäßigkeitsprüfung[103] Berücksichtigung findet.[104]

In engem Zusammenhang mit dem Zweck der Strafverfolgung und damit ebenso unzulässig dürfte eine Regelung sein, welche Aufzeichnungen nur zu dem Zweck zulässt, Straftaten letztlich durch repressive Maßnahmen verhindern zu wollen.[105] Die Abschreckungswirkung und damit die Prävention von Straftaten darf nicht nur dadurch zu erreichen gesucht werden, dass das Aufzeichnungsmaterial von vornherein nur zu dem Zweck erstellt wird, Täter zu überführen.

Es verbleibt also als legitimer Zweck neben der Vorsorge für die Strafverfolgung nur die durch Abschreckung zu bewirkende vorbeugende Bekämpfung von Straftaten. Die Wirkung der Abschreckung muss sich dabei aus dem legitimen Zweck der Strafverfolgungsvorsorge ergeben, also aus der Aufzeichnung von Personen, die noch keinem strafprozessualen Anfangsverdacht ausgesetzt sind.[106] Insofern besteht die Abschreckungswirkung nicht unmittelbar in repressiven, sondern nur in *potentiell* repressiven Maßnahmen.

bb) Eignung für die verfolgten Zwecke

Die Förderung der Vorsorge für eine etwaige künftige Strafverfolgung liegt bei der Videoaufzeichnung auf der Hand, da die Speicherung der gefilmten Geschehnisse die spätere Identifizierung von Tätern ermöglicht und damit das aufgezeichnete Bildmaterial die Beweisführung in Ermittlungsverfahren und Strafprozess erleichtert. Maßnahmen der Videoaufzeichnung kann die Eignung für den Zweck der Strafverfolgungsvorsorge folglich nicht abgesprochen werden.[107, 108]

Daneben erhöht sich aufgrund der Speicherung zum Zweck der vorsorgenden Strafverfolgung der Verfolgungsdruck auf potentielle Täter, da diese befürchten müssen, anhand der aufgezeichneten Bilder identifiziert und einer Verurteilung zugeführt zu werden. Damit sind Videoaufzeichnungs- ebenso wie Videobeobachtungsmaßnahmen durch ihre Abschreckungswirkung geeignet, Straftaten vorbeugend zu bekämpfen.[109]

---

[103] Insbesondere im Rahmen der Verhältnismäßigkeitsprüfung.
[104] In diesem Sinne auch *Roggan*, NVwZ 2001, 134/138.
[105] Sog. „Prävention durch Repression", siehe schon oben 2. Kapitel:I (S. 84).
[106] Die Frage, ob die Vorsorge für die Strafverfolgung von der den Ländern obliegenden Aufgabe der Gefahrenabwehr umfasst ist, wird nicht einheitlich beurteilt, siehe zum Ganzen 2. Kapitel:I (S. 84).
[107] Zur Definition der Eignung siehe oben 1. Kapitel:II.3.b)bb)bbb) (S. 61).
[108] *Waechter*, NdsVBl 2001, 77/78; *Tammen*, RDV 2000, 15/17; *Schneider/Daub*, Die Polizei 2000, 322/325.
[109] *Waechter*, NdsVBl 2001, 77/78.

cc) Erforderlichkeit der Maßnahmen

Im Hinblick auf die Erforderlichkeit von Maßnahmen der Videoaufzeichnung ist neben den bereits für die Videobeobachtung diskutierten Ersatzmaßnahmen[110] insbesondere zu überlegen, ob Videoüberwachung *ohne* Aufzeichnung als weniger belastendes Mittel[111] zur Verwirklichung der gerade mit der Aufzeichnung verbundenen Ziele ebenso geeignet ist wie die Videoaufzeichnung und ob damit die Videobeobachtung als Alternativmaßnahme in Betracht kommt.

Die Fixierung von Bildern für ihre spätere Abrufbarkeit soll insbesondere der vorsorgenden Strafverfolgung und damit auch der Abschreckung von potentiellen Tätern dienen. Eine spätere Strafverfolgung wird gerade durch die Aufzeichnung ermöglicht, so dass dieser eine besondere Funktion zukommt, die durch die Videobeobachtung nicht wahrgenommen werden kann, da bei dieser die aufgenommenen Bilder sofort und unwiderruflich verloren gehen.[112] Die Videoaufzeichnung stellt sich im Hinblick auf den mit ihr verfolgten Zweck der Strafverfolgungsvorsorge damit als erforderliches Mittel dar.

Die Aufzeichnung der Videobilder steigert aufgrund der drohenden Identifikation und Strafverfolgung des Weiteren den Verfolgungsdruck auf potentielle Täter und ist damit geeignet, eine eigenständige Abschreckungswirkung zu entfalten.[113] Potentielle Täter müssen bei Maßnahmen der Videoaufzeichnung befürchten, *während* der Tat aufgrund der für gewöhnlich erfolgenden Übertragung an eine Überwachungszentrale beobachtet und darüber hinaus *nach* der Tat aufgrund der Speicherung der übertragenen Bilder identifiziert und strafrechtlich verfolgt zu werden. Ob die durch die Aufzeichnung bewirkte Kumulation der Risiken von Entdeckung und strafrechtlicher Verfolgung im Rahmen der Täterlogik und -vernunft Berücksichtigung findet, kann bei der Beurteilung der Erforderlichkeit dahinstehen. Entscheidend ist lediglich, dass *ex ante* eine Steigerung der Abschreckungswirkung jedenfalls möglich ist.[114] Voraussetzung hierfür ist allerdings, dass der Umstand der Aufzeichnung kommuniziert und so die Möglichkeit des Abschreckungseffekts überhaupt erst geschaffen wird.

Eine gegenüber der bloßen Videobeobachtung gesteigerte Abschreckung potentieller Täter dürfte im Übrigen aber auch dann anzunehmen sein, wenn die – kommunizierte – Videoaufzeichnung ohne gleichzeitige Videobeobachtung erfolgt. Zum einen ist es dem Täter in der Regel nicht ersichtlich, ob die Aufzeichnung von einer Überwachung übermittelter Bilder an Kontrollmonitoren begleitet wird. Zum anderen birgt schon die Speicherung von Videobildern allein ein gegenüber der bloßen Videobeobachtung objektiv höhe-

---

[110] Siehe oben 1. Kapitel:II.3.b)bb)ccc) (S. 65).

[111] *Möller/v. Zezschwitz (Bäumler)*, S. 62; *Brenneisen/Staak*, DuD 1999, 447/449; *Weichert*, DuD 2000, 662/668.

[112] *Schneider/Daub*, Die Polizei 2000, 322/325; *N.N.*, DRiZ 2001, 85/88.

[113] Siehe hierzu oben 2. Kapitel:II.2.d)aa)(S. 101).

[114] Zur Einschätzungsprärogative des Gesetzgebers siehe oben 1. Kapitel:II.3.b)bb)bbb) (S. 61).

res Entdeckungsrisiko, da das aufgezeichnete Bildmaterial zur Identifikation des Täters zur Verfügung steht.

Der Videoaufzeichnung kommt daher im Hinblick auf den Abschreckungseffekt gegenüber der Videobeobachtung eine eigenständige Bedeutung zu, so dass die reine Beobachtung als Alternativmaßnahme zur Aufzeichnung nicht in Frage kommt. Auch für die Abschreckung potentieller Straftäter und damit als Maßnahme der Prävention kann der Videoaufzeichnung die Erforderlichkeit nicht abgesprochen werden.

dd) *Angemessenheit von Maßnahmen der Videoaufzeichnung*

Die Tatsache, dass Maßnahmen der Videoaufzeichnung gegenüber denjenigen der Videobeobachtung der schwerere Eingriff sind, ist insbesondere auch bei der Beurteilung der Angemessenheit von Bedeutung.[115] Aufgrund der möglichen Abstufung zwischen Eingriffen durch Videobeobachtung und solchen durch Videoaufzeichnung ist zu berücksichtigen, dass letztgenannte Maßnahme gegenüber der Videobeobachtung eine *zusätzliche* Förderung des Allgemeinwohls im Wesentlichen nur im Hinblick auf den Zweck der Strafverfolgungsvorsorge bewirken kann. Bedeutsam ist daneben noch eine Verstärkung des Abschreckungseffekts, wobei noch nicht nachgewiesen ist, dass die Tatsache der Speicherung die Abschreckungswirkung gegenüber reinen Videobeobachtungsmaßnahmen wesentlich zu erhöhen vermag.

Zunächst ist festzuhalten, dass auch Maßnahmen der Videoaufzeichnung nicht gegen den in Art. 6 Abs. 2 EMRK normierten und im Übrigen aus dem Rechtsstaatsprinzip abgeleiteten Grundsatz der Unschuldsvermutung verstoßen.[116] Zwar kommt der Aufzeichnung von Bildern gegenüber der bloßen Beobachtung insbesondere auch der Zweck vorsorgender Strafverfolgung zu.[117] Der Vorsorge für die Strafverfolgung kann eine gewisse Nähe zur Strafverfolgung selbst nicht abgesprochen werden. Im Gegensatz zu der durch einen Anfangsverdacht i. S. des § 160 Abs. 1 StPO veranlassten Strafverfolgung fehlt es im Stadium der Vorsorge für die gegebenenfalls später noch durchzuführende Strafverfolgung jedoch – ebenso wie für Maßnahmen der Videobeobachtung – an einem gegen eine bestimmte Person gerichteten Anfangsverdacht.

Im Hinblick auf die Angemessenheit von Befugnisnormen, die zur Speicherung von Bildaufnahmen ermächtigen, wird zum einen den Aufbewahrungs- beziehungsweise Löschungsregelungen (sogleich aaa) und zum anderen gesetzlich normierten Benachrichtigungspflichten (unten bbb) besondere Bedeutung beigemessen.

---

[115] Siehe hierzu *Schwarz*, ZG 2001, 246/255, der darauf hinweist, dass je nach Eingriffsintensität auch unterschiedliche Anforderungen an die verfassungsrechtliche Rechtfertigung grundrechtsrelevanter Maßnahmen bestehen.
[116] Siehe hierzu schon oben 1. Kapitel:II.3.b)bb)ddd)α) (S. 70).
[117] Siehe oben 2. Kapitel:I (S. 84).

aaa) Löschung aufgezeichneten Bildmaterials

Der gegenüber der Videobeobachtung als schwerer zu qualifizierende Eingriff durch Videoaufzeichnungsmaßnahmen resultiert aus der Speicherung persönlicher Daten[118] und den mit ihr einhergehenden Missbrauchsmöglichkeiten. Gerade hier gilt es, etwaigen Gefahren des Missbrauchs durch gesetzliche Regelungen entgegenzuwirken, die den Umgang mit dem gespeicherten Material klar und der Bedeutung des Rechts auf informationelle Selbstbestimmung entsprechend festlegen.[119] Inwieweit der Gesetzgeber zur Regelung des Umgangs mit den gewonnenen Daten von Verfassungs wegen verpflichtet ist, hängt von Art, Umfang und denkbaren Verwendungen der erhobenen Daten sowie der Gefahr ihres Missbrauchs ab.[120] Diese Gefahr vermag insbesondere durch präzise und kurze Löschungsfristen erheblich verringert zu werden.[121]

Die Videoaufzeichnung bezweckt insbesondere die Vorsorge für eine spätere Strafverfolgung sowie eine Abschreckung potentieller Täter, die aufgrund der Fixierung des Bildmaterials bewirkt wird.[122] Für diese Zwecke wird allgemein eine kurze Speicherfrist gefordert.[123] Fraglich ist aber, was im Hinblick auf die verfolgten Zwecke unter einer „kurzen" Speicherfrist zu verstehen ist. So wird zum Teil vertreten, das gespeicherte Bildmaterial sei *unverzüglich* zu löschen, wenn es zur Erreichung des Zwecks nicht mehr erforderlich ist.[124] Bisweilen ist von einer „angemessenen Frist" die Rede.[125] Diese generalklauselartigen Löschungstatbestände werden allerdings teilweise auch durch Zeitvorgaben konkretisiert, wonach eine Löschung innerhalb einer Frist, die zwischen 24 Stunden und zwei Wochen liegt, zu erfolgen habe.[126]

---

[118] Zum Begriff der personenbezogenen Daten siehe schon oben 2. Kapitel:II.2.b) (S. 97) sowie Fußn. 92; siehe auch unten 3. Kapitel:I (S. 114).

[119] BVerfG, Urt. v. 15.12.1983 – 1 BvR 209, 269, 362, 420, 440, 484/83, BVerfGE 65, 1/44.

[120] BVerfG, Urt. v. 15.12.1983 – 1 BvR 209, 269, 362, 420, 440, 484/83, BVerfGE 65, 1/46.

[121] Zu den speziellen Löschungsregelungen in den Polizeigesetzen der Länder siehe *Koch*, S. 229 f.

[122] Siehe oben 2. Kapitel:II.2.d)aa) (S. 101).

[123] Siehe für alle *Schwarz*, ZG 2001, 246/267, sowie Entschließung der 59. Konferenz der Datenschutzbeauftragten des Bundes und der Länder v. 14./15.3.2000, Städte- und Gemeinderat 2000 (8), 7.

[124] *Weichert*, DuD 2000, 662/669; *Scholand*, DuD 2000, 202/203; Berliner Beauftragter für den Datenschutz, Bericht 1996, RDV 1997, 187; § 15a PolG Nordrhein-Westfalen in seiner bislang geltenden Fassung: Soweit die Aufzeichnungen nicht oder nicht mehr für die Strafverfolgung benötigt werden, sind sie unverzüglich zu löschen; ähnlich auch § 21 Abs. 4 PolG Baden-Württemberg.

[125] *Schneider/Daub*, Die Polizei 2000, 322/324; *Waechter*, NdsVBl 2001, 77/85.

[126] *Scholand*, DuD 2000, 202/203: Zeitraum im Regelfall zwischen 24 Stunden und zwei Wochen; *Schneider/Daub*, Die Polizei 2000, 322/324: Löschung in der Regel innerhalb 48 Stunden; die Landesgesetze sehen bisweilen eine Löschungsfrist von bis zu zwei Monaten vor, siehe bspw. § 14 Abs. 3 Satz 2 Hessisches SOG; der Gesetzesentwurf zur Änderung u.a. des § 15a PolG Nordrhein-Westfalen (Landtagsdrucks. 13/2854) legt eine Löschungsfrist von einem Monat fest, ebenso wie die neue Fassung des § 33 Thüringer PAG, nach dessen Abs. 3 die Löschung von Aufzeichnungen spätestens bis zum Ablauf eines Monats zu erfolgen hat; Kritik an einer

Angesichts des erheblichen Eingriffs in das Recht auf informationelle Selbstbestimmung durch die Speicherung von Bildmaterial kann ein angemessener Ausgleich der betroffenen Interessen nur dadurch erzielt werden, dass Löschungsfristen keinem zu weiten Ermessen der aufzeichnenden Behörde unterliegen, sondern präzise und einheitlich (jedenfalls innerhalb desselben Gesetzeswerkes) festgelegt werden. Es ist nicht ersichtlich, dass solche festen Löschungsfristen der Förderung der Regelungszwecke im Wege stehen, zumal gerade für das hier relevante Polizei- und Ordnungsrecht[127] die mit der Videoaufzeichnung verfolgten Zwecke begrenzt und eindeutig bestimmbar sind.[128] Eine Notwendigkeit, für bestimmte „Eventualitäten" gespeichertes Material vorrätig zu halten, ist nicht ersichtlich.[129] Ein Abschreckungseffekt kann auch bei sehr kurzen Löschungsfristen erreicht werden, da potentielle Täter auch dann befürchten müssen, identifiziert und strafrechtlich verfolgt zu werden.

Auch die Verwirklichung des Hauptzwecks der vorsorgenden Strafverfolgung wird durch gesetzlich festgelegte kurze Löschungsfristen nicht beeinträchtigt. Maßgeblich ist nämlich nur, dass innerhalb der Löschungsfrist überhaupt Anhaltspunkte für eine strafbare Handlung vorliegen. Ist dies der Fall, richtet sich die Verwendung des Datenmaterials ohnehin nicht mehr nach dem Polizeirecht, sondern aufgrund des nunmehr bestehenden Anfangsverdachts nach dem Strafprozessrecht. Dem Landesgesetzgeber obliegt es insoweit nur, eine gesetzliche Regelung betreffend die Übermittlung von Daten an die Strafverfolgungsbehörden zu erlassen beziehungsweise – sofern die Daten bei der Polizei verbleiben sollen – die Umwidmung der Daten von der präventiven zur repressiven Zweckbestimmung gesetzlich zu normieren.[130] Allein die Frage, ob überhaupt der Verdacht einer strafbaren Handlung besteht, kann im Regelfall innerhalb kurzer Zeit durch Hinweise vom Opfer selbst oder aus der Bevölkerung, gegebenenfalls auch durch eine entsprechende Auswertung des Bildmaterials festgestellt werden.

Damit vermag der Gesetzgeber durch die Normierung kurzer Löschungsfristen die im Rahmen präventiver Aufgabenerfüllung verfolgten Zwecke, insbesondere eine *vorsorgende* Strafverfolgung, zu verwirklichen. In Betracht kommt etwa eine gesetzliche Regelung, wonach aufgezeichnetes Bildmaterial binnen einer Frist von 48 Stunden, also zwei Tagen, zu löschen ist.[131] Einer Verwendungsmöglichkeit des Bildmaterials durch die Strafverfol-

---

solch langen Löschungsfrist wird unter Verweis auf § 29 Abs. 3 Bremisches PolG geübt von *Kutscha,* LKV 2003, 114/115.

[127] Siehe zum Untersuchungsgegenstand oben Einleitung-I.

[128] Hierzu oben 2. Kapitel:II.2.d)aa)(S. 101).

[129] So auch *Schneider/Daub,* Die Polizei 2000, 322/325.

[130] Siehe hierzu *Koch,* S. 154 f.; zu den Folgemaßnahmen der Videoüberwachung siehe unten 4. Kapitel: (S. 126).

[131] In diesem Sinne wohl auch *Schneider/Daub,* Die Polizei 2000, 322/325; dem Einwand von *Schmitt Glaeser* (BayVBl 2002, 584/588), die kurze Aufbewahrungsfrist von 48 Stunden sei für den Fall, dass Daten vom Geschehen auf öffentlichen Plätzen erlangt werden sollen, un-

gungsbehörden ist nicht durch längere Löschungsfristen Rechnung zu tragen, sondern einzig durch eine gesetzliche Grundlage, wonach die zu präventiven Zwecken erhobenen Daten aufgrund eines bestehenden Anfangsverdachts den Strafverfolgungsbehörden zur Verfügung gestellt werden dürfen.[132] Der gegebenenfalls hier zu erwartende Einwand, eine so kurze Frist mache die Strafverfolgung unmöglich, verkennt die strikt zu beachtende Trennung zwischen präventivem und repressivem polizeilichen Tätigwerden. Der Landesgesetzgeber ist nur befugt, eine gesetzliche Grundlage für die Weiterleitung oder Umwidmung des Bildmaterials für nunmehr repressive Zwecke zu schaffen. Die weitere Verwendung für umgewidmete oder übermittelte Daten entzieht sich seiner Regelungsbefugnis. Denn eine Löschungsregelung für die den Strafverfolgungsbehörden zur Verfügung gestellten Daten ist vom Bundesgesetzgeber zu erlassen, der auf dem Gebiet des Strafprozessrechts abschließend von seiner Gesetzgebungsbefugnis Gebrauch gemacht hat.[133]

Im Hinblick auf die vorangehenden Ausführungen werden Löschungsfristen von über 48 Stunden, über welche die Verwaltung womöglich ohne Ermessensbeschränkung entscheiden kann, dem Grundsatz der Verhältnismäßigkeit und damit der Bedeutung des Rechts auf informationelle Selbstbestimmung nicht gerecht.[134]

Mit der Forderung kurzer Löschungsfristen bis 48 Stunden geht das Verbot der Sammlung von Bildmaterial auf Vorrat einher.[135] Das Landesverfassungsgericht Mecklenburg-Vorpommern hält unter Hinweis auf das Volkszählungsurteil des Bundesverfassungsgerichts[136] allerdings nur die Informationssammlung zur Prophylaxe ohne jeglichen konkreten oder bestimmbaren Zweck für verfassungswidrig.[137] Die vorbeugende Bekämpfung grenzüberschreitender Kriminalität sei ein hinreichender Zweck, so dass eine Datensammlung auf Vorrat für diesen Zweck zulässig sei.[138] Ob eine Vergleichbarkeit des dem landesverfassungsgerichtlichen Urteil zugrundeliegenden § 29 Abs. 1 SOG Mecklenburg-Vorpommern und dem dem Urteil des Bundesverfassungsgerichts zugrundeliegenden Volkszählungsgesetz angesichts der unterschiedlichen Gesetzeszwecke überhaupt gegeben ist und ob daher der Ansicht des Landesverfassungsgerichts zuzustimmen ist, ist zweifelhaft. Dies kann hier jedoch, ebenso wie die Frage, wo genau die Grenze für eine

---

sinnig, kann angesichts der Ausführungen in diesem Gliederungspunkt nicht zugestimmt werden.

[132] In diesem Sinne wohl auch *Koch*, S. 157/158.

[133] Siehe hierzu oben 1. Kapitel:I (S. 15) sowie 2. Kapitel:I (S. 84).

[134] Anders *Büllesfeld*, S. 227/228; bedenklich sind insoweit § 31 Abs. 3 Satz 4 Brandenburgisches PolG sowie § 38 Abs. 3 Sächsisches PolG; zulässig hingegen § 16 Abs. 4 Satz 1 SOG Sachsen-Anhalt.

[135] *Schneider/Daub*, Die Polizei 2000, 322/325; *Schwarz*, ZG 2001, 246/267; *Geiger*, S. 192.

[136] BVerfG, Urt. v. 15.12.1983 – 1 BvR 209, 269, 362, 420, 440, 484/83, BVerfGE 65, 1/46.

[137] Urt. v. 21.10.1999 – LVerfG 2/98, LKV 2000, 149/157.

[138] LVerfG Mecklenburg-Vorpommern, Urt. v. 21.10.1999 – LVerfG 2/98, LKV 2000, 149/157.

ausreichende Bestimmbarkeit des Zwecks zu ziehen ist, dahinstehen. Denn die vorsorgende Straftatbekämpfung genügt den Anforderungen an einen hinreichend konkreten oder bestimmbaren Zweck zur Legitimierung von Datensammlungen auf Vorrat jedenfalls nicht.

bbb) Pflicht zur Benachrichtigung von der Videoaufzeichnung Betroffener
Des Weiteren wird vielfach gefordert, der Gesetzgeber müsse eine Benachrichtigungspflicht[139] für den Fall vorsehen, dass ein durch die Videoaufzeichnung Betroffener identifiziert wird.[140] Diese soll jedenfalls dann bestehen, wenn der Zweck der Aufzeichnung durch die Benachrichtigung nicht gefährdet wird[141] beziehungsweise soweit es nicht um Zwecke der Strafverfolgung geht.[142]

Die Forderung nach einer gesetzlich festgelegten Benachrichtigungspflicht kommt den Interessen der Betroffenen zugute und könnte daher zu einem angemessenen Ausgleich der betroffenen Rechtsgüter beitragen. In diesem Zusammenhang ist jedoch fraglich, ob die Gesetzgebungsbefugnis des Landesgesetzgebers, die für Regelungen auf dem Gebiet des hier vornehmlich relevanten Polizei- und Ordnungsrechts[143] grundsätzlich gegeben ist, sich auch auf die Normierung einer Benachrichtigungspflicht bei Identifikation des Betroffenen erstreckt. Nur in diesem Fall könnte die Benachrichtigungspflicht im Rahmen der Angemessenheit als ein den Eingriff mildernder Umstand berücksichtigt werden.[144]

Zweifel hinsichtlich der Gesetzgebungsbefugnis sind aufgrund der Überlegung angebracht, dass eine Identifizierung in der Regel erst erfolgt, nachdem Anhaltspunkte für die Begehung einer Straftat bereits festgestellt worden sind. Insofern erfüllt die Aufzeichnung genau den wesentlich mit ihr verfolgten Zweck: die Vorsorge für eine spätere Strafverfolgung. Bestehen nämlich Anhaltspunkte für eine begangene Straftat, besteht also ein Anfangsverdacht, wird das im Zeitpunkt der Aufzeichnung nur dem Zweck der Vorsorge für eine etwaige Strafverfolgung dienende Material nunmehr tatsächlich für den eingetretenen Fall der Strafverfolgung verwendet. Eine maßgebliche Art der Verwendung des gespeicherten Materials liegt gerade in der Identifikation einzelner Personen, etwa durch Bildvergrößerung oder Ähnlichem, um den Sachverhalt aufzuklären und den Täter zu über-

---

[139] Zur Benachrichtigungspflicht in den Polizeigesetzen der Länder siehe *Koch*, S. 196 f.
[140] Entschließung der 59. Konferenz der Datenschutzbeauftragten des Bundes und der Länder v. 14./15.3.2000, Städte- und Gemeinderat 2000 (8), 7; *Weichert*, DuD 2000, 662/668; *Schwarz*, ZG 2001, 246/267.
[141] Entschließung der 59. Konferenz der Datenschutzbeauftragten des Bundes und der Länder v. 14./15.3.2000, Städte- und Gemeinderat 2000 (8), 7.
[142] *Schwarz*, ZG 2001, 246/267.
[143] Zum Untersuchungsgegenstand siehe oben Einleitung-I (S. 1).
[144] So im Zusammenhang mit der Bestimmung der legitimen und damit im Rahmen der Abwägung zu berücksichtigenden Zwecke *Roggan*, NVwZ 2001, 134/138.

führen. Dem weiteren mit der Aufzeichnung verbundenen Zweck der Abschreckung ist die Identifikation Einzelner jedoch nicht dienlich, da sich der Abschreckungseffekt insofern bereits auf die bestehende *Möglichkeit* der Identifikation im Falle einer strafbaren Handlung gründet.

Es kann daher festgehalten werden, dass die Identifikation Einzelner nur im Stadium eines bestehenden Anfangsverdachts und damit im Stadium der Strafverfolgung von Bedeutung ist. Eine etwaige, der Identifikation zeitlich folgende Benachrichtigung betroffener Personen erfolgt somit ebenfalls im Stadium der Strafverfolgung. Gesetzliche Regelungen von Maßnahmen im Rahmen der Strafverfolgung unterliegen jedoch nicht der Gesetzgebungskompetenz der Länder, sondern derjenigen des Bundes.[145]

Eine Gesetzgebungszuständigkeit der Länder lässt sich auch nicht unter Verweis auf einen Sachzusammenhang begründen. Zwar ist die Benachrichtigung der von der Aufzeichnung betroffenen Personen eng mit der Aufzeichnung selbst verbunden. Dies kann aber nicht dazu führen, den Ländern die Regelungsbefugnis auch für Maßnahmen zuzuerkennen, die der grundgesetzlichen Kompetenzverteilung entsprechend vom Bundesgesetzgeber zu regeln sind. Eine Notwendigkeit für eine landesrechtliche Regelung betreffend die Benachrichtigungspflicht besteht auch nicht. Eine Benachrichtigung Betroffener kann ohnehin erst nach der Identifikation erfolgen. Da schon die Identifikation in der Regel dem Bereich der Strafverfolgung zuzuordnen sein wird, vermag eine Benachrichtigungspflicht lediglich, im Rahmen repressiven Handelns einen angemessenen Ausgleich der betroffenen Rechtsgüter herzustellen. Die Angemessenheit der noch zu präventiven Zwecken erfolgenden Videoaufzeichnung wird durch eine Pflicht zur Benachrichtigung des Betroffenen hingegen nicht berührt.

Dieser Befund führt schließlich auch zu dem Ergebnis, dass das Postulat landesrechtlicher Normierung von Benachrichtigungspflichten, jedenfalls soweit diese das Stadium der Strafverfolgung betreffen, mangels Gesetzgebungszuständigkeit der Länder und damit formeller Verfassungswidrigkeit im Rahmen der Angemessenheit keine Berücksichtigung finden kann.[146, 147]

---

[145] Siehe oben 1. Kapitel:I (S. 15).

[146] So sehen die landesrechtlichen Befugnisnormen für Maßnahmen der Videoaufzeichnung in der Regel auch keine Benachrichtigungspflicht Betroffener vor. Eine Ausnahme hiervon machen allerdings bspw. Mecklenburg-Vorpommern, siehe § 32 Abs. 3 Satz 3 SOG, sowie Nordrhein-Westfalen, siehe § 15a PolG Nordrhein-Westfalen in der bislang geltenden Fassung. Die nordrhein-westfälische Landesregierung hat allerdings einen Gesetzesentwurf zur Änderung u.a. des § 15a PolG Nordrhein-Westfalen (Landtagsdrucks. 13/2854) eingebracht, wonach von der zuvor normierten Benachrichtigungspflicht nunmehr abgesehen werden soll.

[147] Insofern ist der Bundesgesetzgeber gefragt, die Regelung des § 101 StPO zu ergänzen und eine Benachrichtigungspflicht auch für Videoüberwachungsmaßnahmen vorzusehen, die nach landesrechtlichen Regelungen zu präventiven Zwecken erhoben wurden. Gegebenenfalls ist § 101 StPO auch ohne Änderungen entsprechend auszulegen.

e) Kurze Zusammenfassung der Ergebnisse

Im Hinblick auf die Vereinbarkeit von gesetzlichen Regelungen betreffend die Videoaufzeichnung kann zusammenfassend festgehalten werden: Maßnahmen der Videoaufzeichnung stellen im Vergleich zu Videobeobachtungsmaßnahmen aufgrund der Speicherung
des Bildmaterials den schwereren Eingriff in das Recht auf informationelle Selbstbestimmung dar. Daher sind an die verfassungsrechtliche Rechtfertigung höhere Anforderungen
zu stellen.

Neben den schon für Maßnahmen der Videobeobachtung zu berücksichtigenden Anforderungen hat der Gesetzgeber im Hinblick auf das Gebot der Normenklarheit das in diesem verankerte Prinzip der Widerspruchsfreiheit der Rechtsordnung zu beachten. Der
Grundsatz in sich stimmiger Regelungen, insbesondere innerhalb desselben Gesetzeswerkes, ist angesichts der gerade für die Videoaufzeichnung bestehenden Regelungsvielfalt –
etwa durch den zu normierenden Bereich des Umgangs mit den gewonnenen Daten –
von großer Bedeutung. Obwohl ein Verstoß landesrechtlicher Regelungen betreffend die
Videoüberwachung gegen das Prinzip der widerspruchsfreien Rechtsordnung nicht festgestellt werden kann, ist eine Vereinheitlichung und eine Vereinfachung datenschutzrechtlicher Bestimmungen in den jeweiligen Gesetzen eines Landes wünschenswert.

Zur Herstellung eines angemessenen Ausgleichs der betroffenen Interessen ist angesichts
der mit der Speicherung von Bildmaterial einhergehenden Missbrauchsmöglichkeiten eine
kurze Löschungsfrist von maximal 48 Stunden zu fordern.

Die vielfach geforderte und gesetzlich zu normierende Benachrichtigungspflicht von Betroffenen im Falle ihrer Identifikation unterliegt angesichts ihrer Zuordnung zur Strafverfolgung nicht der Regelungsbefugnis der Länder. Sie kann daher im Rahmen der Beurteilung der Angemessenheit landesrechtlicher Regelungen nicht herangezogen werden.

III. Vereinbarkeit mit dem Demokratieprinzip

Vereinzelt wird in der Literatur die Frage aufgeworfen, ob die gesetzlichen Eingriffsbefugnisse zu Maßnahmen der Videoüberwachung, insbesondere in Form der Aufzeichnung, geeignet sind, das in Art. 20 Absätze 1 und 2 GG[148] niedergelegte Demokratieprinzip zu verletzen.[149]

---

[148] Nach dem in Art. 28 Abs. 1 GG niedergelegten Homogenitätsgrundsatz hat die verfassungsmäßige Ordnung in den Ländern den Grundsätzen des demokratischen Rechtsstaats im Sinne des Grundgesetzes zu entsprechen. Da nicht nur Landesverfassungsrecht, sondern auch
Gesetze im materiellen Sinne tragenden Staatsprinzipien wie dem Demokratieprinzip zu entsprechen haben, wird der Begriff der verfassungsmäßigen Ordnung weit verstanden, so dass
auch formelle Landesgesetze von der verfassungsmäßigen Ordnung i. S. des Art. 28 Abs. 1
Satz 1 GG erfasst sind, siehe hierzu BVerfG, Beschl. v. 27.4.1959 – 2 BvF 2/58, BVerfGE 9,
268/281 f.; *Jarass/Pieroth (Pieroth)*, Art. 28 Rdn. 3; *v. Münch/Kunig (Löwer)*, Art. 28 Rdn. 11.
[149] So etwa *Bäumler*, RDV 2001, 67, der von einer Unvereinbarkeit mit der Volksherrschaft
spricht.

Eine abschließende Bestimmung des Begriffs der Demokratie ist wegen der von ihm umfassten vielfältigen Ausprägungen und seiner hierin begründeten Unschärfe nicht möglich.[150] Seinem griechischen Wortursprung gemäß heißt Demokratie Volksherrschaft.[151] Neben seinen Ausprägungen politischer Mit- und Selbstgestaltungsrechte des Volkes sowie der Legitimation staatlicher Macht durch das Volk ist dem Prinzip der Demokratie unter anderem die Idee der freien Selbstbestimmung aller Bürger immanent.[152] Den Bürgern muss es grundsätzlich ermöglicht werden, sich nach eigener Entscheidung zu entfalten.[153] Die informationelle Selbstbestimmung ist letztlich nur ein Aspekt dieses weit reichenden Entfaltungsrechts. Sie wird von *Besson/Jasper* als Freiheit der Kontrolle über die Informationen verstanden, die der Staat über den einzelnen Bürger sammelt.[154]

In Abgrenzung zur grundrechtlichen Verbürgung der informationellen Selbstbestimmung im Rahmen des Allgemeinen Persönlichkeitsrechts stellt der zuvor genannte Aspekt der freien Selbstbestimmung als in diesem Sinne verstandener Teil des Demokratieprinzips eine eigenständige Beschränkung für den Gesetzgeber dar.[155] Die grundrechtliche Vereinbarkeit einer gesetzlichen Bestimmung indiziert daher nicht notwendig auch ihre Vereinbarkeit mit Staatsstrukturprinzipien wie dem Demokratieprinzip, da deren Schutzrichtung mit derjenigen der Grundrechte nicht zwangsläufig identisch ist.[156] Während die Beachtung der Grundrechte als subjektive Abwehrrechte gegenüber dem Staat primär den Interessen des Einzelnen zugute kommen soll, stehen bei der gesetzgeberischen Bindung an einzelne Konkretisierungen von Staatsstrukturprinzipien Gesellschaft und Staat als Ganzes im Vordergrund.[157] Eine Verletzung freier Selbstbestimmung als Element objektiver Ordnung der grundgesetzlichen Demokratie ist folglich nicht schon gegeben, wenn vereinzelt Bürger in ihrer informationellen Selbstbestimmung verletzt sind, denn einzelne Grundrechtseingriffe vermögen regelmäßig nicht, der Demokratie ernsthaften Schaden zuzufügen.[158] Entscheidend ist vielmehr, ob ein gesetzgeberischer Akt trotz seiner grundrechtlichen Vereinbarkeit in seinem Wirkungskreis[159] die freie Selbstbestimmung in einem

---

[150] *v. Mangoldt/Klein/Starck (Sommermann)*, Art. 20 Abs. 1 Rdn. 85; *Dreier (Dreier)*, Art. 20 (Demokratie) Rdn. 57.

[151] *Dreier (Dreier)*, Art. 20 (Demokratie) Rdn. 58 m. w. Nachw.

[152] BVerfG, Urt. v. 2.3.1977 – 2 BvE 1/76, BVerfGE 44, 125/142; *v. Mangoldt/Klein/Starck (Sommermann)*, Art. 20 Abs. 1 Rdn. 80; *Dreier (Dreier)*, Art. 20 (Demokratie) Rdn. 58.

[153] *Besson/Jasper*, Das Leitbild der modernen Demokratie, S. 13.

[154] Das Leitbild der modernen Demokratie, S. 13.

[155] Zur Bedeutung der Staatsstrukturprinzipien in Abgrenzung zu den Grundrechten siehe *Brohm*, JZ 1994, 213/215.

[156] In diesem Sinne *Isensee*, Der Staat 20, S. 161/162, sowie *Brohm*, JZ 1994, 213/215; zum Doppelcharakter der Grundrechte als subjektive Abwehrrechte und Elemente objektiver Ordnung der grundgesetzlichen Demokratie siehe *Schuppert*, EuGRZ 1985, 525/526.

[157] *Isensee*, Der Staat 20, S. 161/162.

[158] So wohl *Jarass/Pieroth (Pieroth)*, Art. 79 Rdn. 6 und 7.

[159] Also auf Bundes- oder Landesebene.

solchen Maße zu beschränken oder aufzuheben vermag, dass das Prinzip freier Selbstbestimmung faktisch in Frage gestellt wird.

Eine Verletzung des Demokratieprinzips durch Maßnahmen der Videoüberwachung käme letztlich also nur dann in Betracht, wenn Videoüberwachungsmaßnahmen beziehungsweise die ihnen zugrunde liegenden Befugnisnormen, wonach die Überwachungsmaßnahmen einzeln betrachtet rechtmäßig sein mögen, eine in quantitativer Hinsicht so erhebliche Videoüberwachung ermöglichten, dass eine freie Selbstbestimmung als konstitutives Element einer demokratischen Gesellschaft nicht mehr gewährleistet wäre. Ein solches Ausmaß und damit eine Verletzung des Demokratieprinzips könnte insbesondere durch flächendeckende Videoüberwachung erreicht werden, da von ihr die Gefahr ausgeht, dass sich der ursprüngliche Zweck des Schutzes der Allgemeinheit in den der Überwachung des Volkes umkehrt. Mit der Volksherrschaft wäre es unvereinbar, wenn das Volk auf Schritt und Tritt vom Staat überwacht wird.[160]

Die bisherige polizei- und ordnungsbehördliche Praxis der Videoüberwachung auf Grundlage der Polizei- und Datenschutzgesetze der Länder gibt keinen begründeten Anlass, eine Verletzung oder eine drohende Verletzung des Demokratieprinzips zu vermuten. Entscheidend für die Aufrechterhaltung dieser Einschätzung dürfte insbesondere die Vermeidung flächendeckender Videoüberwachung sein, wobei noch offen ist, was unter „flächendeckend" überhaupt zu verstehen ist.[161] Wesentliche Bedeutung für die Beurteilung flächendeckender Videoüberwachung dürfte der Anzahl der Kameras im Überwachungsgebiet sowie der Anzahl, Größe und Frequentierung der Überwachungsgebiete zukommen. Zur Vermeidung exorbitanter Videoüberwachung sollte in jedem einzelnen Fall die Überwachungssituation des in Rede stehenden abgrenzbaren Überwachungsgebiets, wie etwa eines Stadtteils oder einer ganzen Stadt, unter dem Aspekt des schon erreichten und durch die Installation weiterer Überwachungskameras zu erreichenden Ausmaßes der Gesamtüberwachung überprüft werden.[162]

Der Umstand, dass die Befugnisnormen bislang kein gezieltes Beschaffen und Sammeln von Informationen über persönliche Lebenssachverhalte vorsehen, kann als Argument dafür, dass das Demokratieprinzip nicht verletzt ist, jedoch nur eingeschränkt angeführt werden. Denn in Anlehnung an die Ausführungen zur Videobeobachtung in Form von Übersichtsaufnahmen ist zur Beurteilung der Frage, ob das Demokratieprinzip verletzt ist oder nicht, auch auf die verobjektivierte Bürgersicht abzustellen.[163] Selbst wenn die gesetzlichen Befugnisnormen einer Finalität der Videoüberwachung zur Informationsbe-

---

[160] *Bäumler*, RDV 2001, 67.

[161] In DRiZ 2001, 85 (*N.N.*) wird kritisiert, dass in Literatur und Rechtsprechung der Begriff der flächendeckenden Videoüberwachung verwendet wird, ohne dass er näher definiert wird.

[162] Ähnlich *Bäumler*, RDV 2001, 67/68.

[163] Siehe hierzu schon oben 1. Kapitel:II.2.b) (S. 30).

schaffung entbehren, vermag eine exorbitante Videoüberwachung bei den Bürgern zur objektiv begründeten Vermutung führen, sie seien reine Informationsobjekte des Staates. Eine solche begründete Vermutung, wenngleich objektiv unzutreffend, wäre durchaus geeignet, den Grundsatz freier Selbstbestimmung und damit das Demokratieprinzip zu verletzen. Voraussetzung hierfür wäre allerdings, dass die objektiv begründete Vermutung staatlicher Informationsbeschaffung als allgemeines und nicht lediglich vereinzeltes Phänomen in der Bevölkerung festgestellt werden könnte.

3. Kapitel: Folgemaßnahmen der Videoüberwachung

Die Videoüberwachung beschränkt sich in der Regel nicht auf Maßnahmen der Beobachtung und der Aufzeichnung. Vielmehr schließen sich – insbesondere an Maßnahmen der Videoaufzeichnung – regelmäßig Folgemaßnahmen an. Zu nennen sind hier insbesondere das Bearbeiten des aufgezeichneten Bildmaterials (sogleich I), die Umwidmung und Nutzung des Bildmaterials zu einem anderen als dem ursprünglichen Zweck (unten II), das Weiterleiten von Bildmaterial an andere Stellen (unten III) und schließlich das Abgleichen von Videobildern mit Datenbeständen (unten IV).

Da die Verwendungsmöglichkeiten des Bildmaterials sowohl im Hinblick auf die involvierte Stelle als auch die verfolgten Zwecke sehr vielfältig sind, soll im Folgenden lediglich ein Überblick verschafft werden über die zahlreichen Rechtsgrundlagen in den Polizei- und Datenschutzgesetzen der Länder. In Anlehnung an die ersten beiden Kapitel finden ausschließlich Folgemaßnahmen Berücksichtigung, die von Polizei und Ordnungsbehörden durchgeführt werden. Fragen, die sich im Zusammenhang mit der Durchführung von Folgemaßnahmen durch andere als die vorgenannten Stellen ergeben, werden gegebenenfalls an entsprechender Stelle behandelt.

I. Bearbeiten von Bildmaterial

Unter „Bearbeiten" wird im Rahmen dieser Abhandlung das Verändern von Bildmaterial verstanden, etwa durch nachträgliche Vergrößerung von Videoaufzeichnungen, Zusammenschnitt von Bildmaterial und sonstige technische Bearbeitung wie beispielsweise Maßnahmen der Bildaufhellung zur besseren Erkennbarkeit einzelner Personen. „Verändern" bezeichnet entsprechend den Definitionen in den Datenschutzgesetzen des Bundes[1] und der Länder[2] das inhaltliche Umgestalten gespeicherter Daten. Die Frage der rechtlichen Zulässigkeit des Bearbeitens von Bildmaterial wird letztlich also nur als Folgemaßnahme zur Videoaufzeichnung bedeutsam, da bei der Videobeobachtung eine Speicherung nicht erfolgt.[3]

Die Beurteilung der rechtlichen Zulässigkeit von Maßnahmen der Bildbearbeitung hängt wesentlich von der bearbeitenden Stelle ab. Für die Polizei beurteilt sich die Zulässigkeit regelmäßig nach den Polizeigesetzen der Länder, die seit einigen Jahren detaillierte datenschutzrechtliche Vorschriften enthalten. Diese gehen, soweit sie auf die Verarbeitung personenbezogener Daten anzuwenden sind, den Vorschriften der Datenschutzgesetze vor.[4]

---

[1] Siehe § 3 Abs. 4 Nr. 2 BDSG.
[2] Siehe bspw. § 3 Abs. 2 Satz 2 Nr. 3 DSG Nordrhein-Westfalen, § 3 Abs. 2 Satz 2 Nr. 3 Brandenburgisches DSG sowie § 3 Abs. 2 Satz 2 Nr. 3 DSG Baden-Württemberg.
[3] Zum Begriff der Videoaufzeichnung siehe oben Einleitung-II (S. 3).
[4] Siehe etwa § 2 Abs. 3 DSG Nordrhein-Westfalen, § 2 Abs. 7 Hamburgisches DSG sowie § 2 Abs. 3 Satz 2 Brandenburgisches DSG.

Für die Frage des Anwendungsvorrangs ist letztlich jedoch nicht von Bedeutung, ob die Verarbeitung personenbezogener Daten in Rede steht, da die Datenschutzgesetze ohnehin keine Anwendung finden, wenn personenbezogene Daten gar nicht vorliegen.[5] Zunächst ist allerdings fraglich, ob es für die Bearbeitung von Bildmaterial überhaupt einer Befugnisnorm bedarf. Dies ist der Fall, wenn es sich bei der Bearbeitung um eine den Bürger belastende Maßnahme handelt.[6]

Die Eingriffsqualität von Maßnahmen der Datenverarbeitung ergibt sich bereits aus der durch sie erzeugten Unsicherheit der Betroffenen, die aufgrund der vielfältigen Verarbeitungs- und Nutzungsmöglichkeiten des Datenmaterials nicht mehr mit hinreichender Sicherheit überschauen können, welche sie betreffenden Informationen welchen Stellen in welcher Form und in welchem Umfang bekannt sind.[7] Insofern stellt jede Nutzung und Verwendung von Videoaufnahmen einen neuen Eingriff in das Recht auf informationelle Selbstbestimmung dar, der einer Ermächtigungsgrundlage bedarf.[8] Ob es sich bei dem aufgezeichneten Bildmaterial um Großbild- oder Übersichtsaufnahmen handelt, ist für die Beurteilung der Eingriffsqualität nicht von Belang. Denn ist schon das Videoaufzeichnen in Form von Übersichtsaufnahmen als Eingriff in das Recht auf informationelle Selbstbestimmung zu qualifizieren, ist kein Grund ersichtlich, die Bearbeitung des aus Übersichtsaufnahmen gewonnenen Materials nicht dem Schutz des informationellen Selbstbestimmungsrechts zu unterstellen.[9]

Die speziellen Befugnisnormen zur Durchführung von Maßnahmen der Videoüberwachung in den Polizeigesetzen enthalten keine Regelungen betreffend die Bearbeitung des gewonnenen Bildmaterials. Dennoch stellt sich die Frage, ob und gegebenenfalls inwieweit diese Befugnisnormen auch als Grundlage für die Bildbearbeitung herangezogen werden können. Von den Befugnisnormen, welche die Videoaufzeichnung zulassen,[10] dürfte die Vergrößerung von Bildern umfasst sein, die nur in Form von Übersichtsaufnahmen festgehalten wurden. Dies gilt jedenfalls, sofern die zur Videoaufzeichnung ermächtigenden Normen eine Beschränkung auf das Erstellen von Übersichtsaufnahmen nicht vornehmen. Dann nämlich hätte die Polizei ohnehin von vornherein Großbildauf-

---

[5] Siehe hierzu schon oben 2. Kapitel:II.2.b) (S. 97).

[6] Hierzu schon oben 1. Kapitel:II.3 (S. 38) mit Nachw. zu Rechtsprechung und Literatur.

[7] *Koch*, S. 162 mit Verweis auf das BVerfG, Urt. v. 15.12.1983 – 1 BvR 209, 269, 362, 420, 440, 484/83, BVerfGE 65, 1/43.

[8] So im Ergebnis auch *Waechter*, NdsVBl 2001, 77/86 für Maßnahmen des Datenabgleichs, was einen Erst-Recht-Schluss zulässt; *Geiger*, S. 188.

[9] Eine Differenzierung zwischen Großbild- und Übersichtsaufnahmen zur Begründung oder Ablehnung der Eingriffsqualität wird von den in Fußn. 7 und 8 Genannten auch nicht vorgenommen.

[10] Siehe bspw. § 15a PolG Nordrhein-Westfalen, § 21 PolG Baden-Württemberg, § 14 Hessisches SOG, § 31 Brandenburgisches PolG, § 38 Sächsisches PolG, Art. 32 Bayerisches PAG, § 16 SOG Sachsen-Anhalt, § 27 Saarländisches PolG, § 32 SOG Mecklenburg-Vorpommern sowie § 32 Niedersächsisches GefahrenabwehrG.

nahmen erstellen dürfen. Die Vergrößerung von Übersichtsaufnahmen stellt sich in diesem Fall also nur als die Fortsetzung der Maßnahme „Videoaufzeichnung in Form der Großbildaufnahme" dar.

Etwas anderes dürfte allerdings für andere Formen der Bildbearbeitung gelten, wie etwa besondere technische Verfahren der Bearbeitung, die über das Aufzeichnen von Großbildaufnahmen qualitativ hinausgehen. Für solche Maßnahmen ist auf die allgemeinen Regelungen der Datenverarbeitung in den Polizeigesetzen der Länder zurückzugreifen, da nicht ersichtlich ist, dass die Nichtregelung von Folgemaßnahmen in den Spezialermächtigungen eine Ausschlusswirkung gegenüber den allgemeinen polizeirechtlichen Normen betreffend die Datenverarbeitung entfalten sollte.

Nach der gängigen Generalklausel in den Polizeigesetzen der Länder kann die Polizei personenbezogene Daten in Akten oder Dateien speichern, verändern und nutzen, soweit dies zur Erfüllung ihrer Aufgaben erforderlich ist.[11] Voraussetzung für die Anwendbarkeit der polizeirechtlichen Datenverarbeitungsklauseln ist in jedem Fall aber, dass es sich bei den in Rede stehenden Informationen um *personenbezogene Daten* handelt. Zwar enthalten die Polizeigesetze keine Definition des Begriffs der personenbezogenen Daten. Jedoch können zur Ausfüllung dieses Begriffs die Legaldefinitionen in den landesrechtlichen Datenschutzgesetzen als gleichrangigem Recht ohne weiteres herangezogen werden. Personenbezogene Daten sind Einzelangaben über persönliche oder sachliche Verhältnisse einer bestimmten oder bestimmbaren natürlichen Person.[12] Personenbezogen bedeutet, dass eine beliebige Einzelangabe über persönliche oder sachliche Verhältnisse einer Person zugeordnet werden kann.[13] Dies können auch scheinbar belanglose beziehungsweise triviale oder offenkundige Daten sein.[14] Als Einzelangaben über persönliche Verhältnisse kommen zum Beispiel Informationen über persönliche Tatsachen, Eigenschaften, Errungenschaften oder Vorlieben in Betracht. Einzelangaben über sachliche Verhältnisse betreffen insbesondere Informationen über Eigentumsverhältnisse.[15] Bildaufnahmen enthalten zahlreiche Informationen beispielsweise über Kleidung, Aussehen, mitgeführte Gegenstände, Begleitung et cetera einzelner Personen. Sie enthalten damit Einzelangaben insbesondere über persönliche Verhältnisse. Fraglich ist allerdings, ob die Person, der die einzelnen Informationen zugeordnet werden, bestimmt oder wenigstens bestimmbar ist.

---

[11] Siehe bspw. § 24 PolG Nordrhein-Westfalen, § 39 Brandenburgisches PolG, §§ 37 und 38 PolG Baden-Württemberg, § 20 Hessisches SOG, § 43 Sächsisches PolG, Art. 37 Bayerisches PAG, § 22 SOG Sachsen-Anhalt, § 30 Saarländisches PolG, § 38 Niedersächsisches GefahrenabwehrG; zum Ganzen auch *Koch*, S. 160 f.

[12] Siehe bspw. § 3 Abs. 1 DSG Nordrhein-Westfalen, § 4 Abs. 1 Berliner DSG, § 3 Abs. 1 DSG Rheinland-Pfalz, § 3 Abs. 1 Niedersächsisches DSG, § 3 Abs. 1 Thüringer DSG, sowie auch § 3 Abs. 1 BDSG.

[13] *Bergmann/Möhrle/Herb*, § 3 Rdn. 21.

[14] *Bergmann/Möhrle/Herb*, § 3 Rdn. 21.

[15] *Bergmann/Möhrle/Herb*, § 3 Rdn. 24 und 25; *Gola/Schomerus*, § 3 Rdn. 5 und 6.

Eine Bestimmbarkeit ist gegeben, wenn die verantwortliche Stelle – hier die Polizei – den Bezug mit den ihr normalerweise zur Verfügung stehenden Hilfsmitteln ohne unverhältnismäßigen Aufwand herstellen kann.[16] Für Großbildaufnahmen dürfte die Personenbestimmbarkeit anzunehmen sein, da einzelne Personen aufgrund ihrer eindeutigen Erkennbarkeit identifizierbar sind.[17] Bei Übersichtsaufnahmen wird bisweilen allerdings die Bestimmbarkeit der nur sehr klein abgebildeten Personen verneint, da einzelne Personen aufgrund der Abbildungsgröße im Regelfall nicht zu erkennen sind.[18] Hiergegen wendet sich *Schwabe* mit dem Argument, dass Übersichtsaufnahmen in der Regel problemlos vergrößert werden können.[19] Diese Überlegung und die Annahme der Personenbestimmbarkeit bei Übersichtsaufnahmen wird auch dadurch getragen, dass ein wesentliches Ziel der Videoaufzeichnung, auch im Falle bloßer Übersichtsaufnahmen, die Vorsorge für die spätere Strafverfolgung ist. Dieses Ziel wäre aber nur dann zu verwirklichen, wenn das Aufzeichnungsmaterial für die spätere Strafverfolgung auch tauglich wäre, was die Identifizierung der Täter voraussetzt. Es wäre widersprüchlich, der Videoaufzeichnung in Form der Übersichtsaufnahme einerseits die legitimen Zwecke der Täterabschreckung und der Strafverfolgungsvorsorge zuzuerkennen, andererseits aber die Personenbestimmbarkeit zu verneinen, die gerade unabdingbare Voraussetzung für die Verwirklichung der vorgenannten Zwecke ist. Auch Übersichtsaufzeichnungen enthalten mithin personenbezogene Daten.

Damit bestimmt sich die Zulässigkeit der Bildbearbeitung durch die Polizei nach den Generalklauseln der Datenverarbeitung in den Polizeigesetzen der Länder. Als zu erfüllende Aufgaben kommen insbesondere die in den Polizeigesetzen der Länder[20], aber auch die von der Polizei als Hilfsbeamte der Staatsanwaltschaft gemäß § 152 Abs. 2 GVG i. V. mit den entsprechenden landesrechtlichen Rechtsverordnungen vorgesehenen Aufgaben in Betracht.[21]

Für Ordnungsbehörden ergibt sich die rechtliche Grundlage für die Bildbearbeitung aus derselben Generalklausel wie für die Polizei, wenn die Vorschriften, wie etwa in Hessen oder Mecklenburg-Vorpommern, sowohl auf Ordnungs- als auch auf Polizeibehörden

---

[16] *Bergmann/Möhrle/Herb*, § 3 Rdn. 16; *Gola/Schomerus*, § 3 Rdn. 9.

[17] So wohl *Röger/Stephan*, NWVBl 2001, 243/244.

[18] *Röger/Stephan*, NWVBl 2001, 243/244; auch *Gola/Schomerus*, § 6b Rdn. 3.

[19] In *Möller/v. Zezschwitz*, S. 105; wenngleich *Schwabe* diese Aussage nur für die Videobeobachtung macht, kann im Falle der Videoaufzeichnung nichts anderes gelten.

[20] Siehe die polizeirechtlichen Vorschriften oben in Fußn. 261.

[21] Dies ergibt sich für das Bayerische PAG bspw. aus der Vollzugsbekanntmachung v. 12.4.1991 (AllMBl, S. 196 f.) zu Art. 42 Bayerisches PAG, wonach die Übermittlung personenbezogener Daten durch öffentliche Stellen an die Polizei zulässig ist, wenn anzunehmen ist, dass die Datenübermittlung zur Erfüllung polizeilicher Aufgaben erforderlich sein kann. Dies gelte insbesondere, wenn öffentliche Stellen zureichende tatsächliche Anhaltspunkte für das Bevorstehen oder Vorliegen einer Straftat haben.

anwendbar sind.[22] Sie kann sich auch durch eine Verweisungsnorm in einem Ordnungs-
behördengesetz ergeben, wie dies zum Beispiel in Nordrhein-Westfalen oder Brandenburg der Fall ist.[23] Im Übrigen richtet sich die Zulässigkeit der Bildbearbeitung nach den
landesrechtlichen Datenschutzgesetzen, deren Generalklauseln betreffend die Datenverarbeitung eine Bearbeitung zur rechtmäßigen Erfüllung der Aufgaben der öffentlichen
Stelle zulassen.[24]

II. Umwidmung des Bildmaterials

Möglicherweise bedarf es einer Bearbeitung nicht, damit das Bildmaterial zum Einsatz
gelangt. In vielen Fällen, insbesondere was durch die Polizei erhobenes Bildmaterial anbelangt, soll dieses ohne Bearbeitung zu einem anderem Zweck als dem der Erhebung
zugrunde liegenden verwendet werden. Hierbei handelt es sich um eine Umwidmung beziehungsweise Zweckänderung des Bildmaterials.[25] Die Umwidmung des der Erhebung
zugrunde liegenden Zwecks kommt für eine beträchtliche Anzahl an Fallkonstellationen
und zu Gunsten einer Vielzahl anderer Zwecke in Betracht. Im Zusammenhang mit dem
aus der Videoaufzeichung gewonnenen Bildmaterial kommt der späteren Verwendung
für die Strafverfolgung die bedeutsamste Rolle zu. Insofern ist die Maßnahme der Zweckänderung insbesondere für die Polizei von Bedeutung, da diese – im Gegensatz zu den
Ordnungsbehörden – aufgrund ihres doppelfunktionalen Tätigwerdens[26] das vormals zu
präventiven Zwecken gewonnene Bildmaterial für Strafverfolgungszwecke nutzen könnte.
Es handelt sich in diesem Fall also um eine Änderung der präventiv ausgerichteten Zwecke der Täterabschreckung und der Strafverfolgungsvorsorge hin zum repressiven Zweck
der Strafverfolgung.[27]

Für die Nutzung des Bildmaterials gilt grundsätzlich das Zweckbindungsgebot. Danach
dürfen personenbezogene Daten nur zu dem Zweck genutzt werden, zu dem sie erlangt
worden sind.[28] Da jede Datennutzung als Eingriff in das Recht auf informationelle

---

[22] Siehe bspw. § 20 Hessisches SOG sowie §§ 2 und 36 SOG Mecklenburg-Vorpommern.
[23] § 24 OBG i. V. mit § 24 PolG Nordrhein-Westfalen, § 23 Brandenburgisches OBG i. V. mit § 39
Brandenburgisches PolG bzw. § 26 Thüringer OBG i. V. mit § 20 Thüringer DSG.
[24] Siehe bspw. § 13 Brandenburgisches DSG, § 13 Hamburgisches DSG, § 15 DSG Baden-
Württemberg, § 11 Hessisches DSG.
[25] Siehe zum Ganzen *Koch*, S. 154 f.
[26] Siehe hierzu schon die Ausführungen zur Gesetzgebungskompetenz für Maßnahmen der
Videobeobachtung und der Videoaufzeichnung, 1. Kapitel:I (S. 15) und 2. Kapitel:I (S. 84).
[27] Zu den präventiv verfolgten Zwecken siehe oben 2. Kapitel:II.2.d)aa) (S. 101).
[28] Siehe bspw. § 23 PolG Nordrhein-Westfalen, § 37 Abs. 2 PolG Baden-Württemberg, § 20
Abs. 3 Hessisches SOG, § 38 Abs. 1 Brandenburgisches PolG, § 43 Abs. 1 Sächsisches PolG,
Art. 37 Abs. 2 Bayerisches PAG, § 22 Abs. 2 SOG Sachsen-Anhalt, § 30 Abs. 1 Saarländisches
PolG, § 36 Abs. 1 SOG Mecklenburg-Vorpommern.

Selbstbestimmung zu qualifizieren ist, bedarf die Nutzung zu einem anderen als dem der Erhebung zugrunde liegenden Zweck einer eigenen Befugnisnorm.[29] Eine explizite Nutzungsregelung von Bildmaterial zu Zwecken der Strafverfolgung enthält beispielsweise § 15a Abs. 2 PolG Nordrhein-Westfalen in der bislang geltenden Fassung, der jedoch insgesamt aufgrund seiner Beschränkung auf repressive Zwecke verfassungsrechtlichen Bedenken ausgesetzt ist.[30] Auch kann § 481 Abs. 1 Satz 1 StPO i. V. mit den Polizeigesetzen der Länder nicht als Befugnisnorm zur Zweckänderung des Bildmaterials herangezogen werden, da diese Norm lediglich den umgekehrten Fall der Nutzung strafprozessual erlangter Daten zu präventiven Zwecken zum Regelungsgegenstand hat. Die Frage, ob zur Gefahrenabwehr gewonnene Daten zum Zweck der Strafverfolgung verwendet werden dürfen, ist polizeigesetzlich nicht geregelt worden.[31] Insofern könnte eine Zweckänderung polizeigesetzlich nur auf den Ausnahmetatbestand zum Grundsatz der Zweckbindung gestützt werden, wonach die Nutzung zu einem anderen Zweck zulässig ist, wenn die Daten zu diesem Zweck hätten erhoben werden dürfen.[32] Ein Rückgriff auf die Datenschutzgesetze, soweit diese die Weiterleitung von Daten durch öffentliche Stellen an die Strafverfolgungsbehörden vorsehen,[33] kommt wegen des spezialgesetzlichen Charakters der polizeilichen Datenverarbeitungsregelungen wohl nicht in Betracht.[34]

III. Weiterleiten von Bildmaterial

Als weitere der Videoaufzeichnung folgende wesentliche Maßnahme ist das Weiterleiten des Bildmaterials an eine andere als die erhebende Behörde zu nennen. In Betracht kommt hier zum einen, dass die Polizei das durch die Videoaufzeichnung gewonnene Bildmaterial, sofern sie die Ermittlungen im Strafverfahren nicht selbst unter der Obhut der Staatsanwaltschaft durchführt, der Staatsanwaltschaft zuleitet. Von Bedeutung ist die Übermittlung von Bildmaterial aber auch für die die Videoaufzeichnung durchführenden Ordnungsbehörden, die das Bildmaterial im Falle des Verdachts einer Straftat regelmäßig an die Polizei oder die Staatsanwaltschaft weiterleiten werden.[35]

---

[29] Hierzu schon oben 3. Kapitel:I (S. 114); siehe auch *Geiger*, S. 184.

[30] Siehe oben 2. Kapitel:I (S. 84).

[31] Zu diesem Problemkreis siehe *Koch*, S. 157 f.

[32] Siehe bspw. § 23 PolG Nordrhein-Westfalen, § 37 Abs. 2 PolG Baden-Württemberg, § 20 Abs. 3 Hessisches SOG, § 38 Abs. 1 Brandenburgisches PolG, § 43 Abs. 1 Sächsisches PolG, Art. 37 Abs. 2 Bayerisches PAG, § 30 Abs. 1 SOG Sachsen-Anhalt.

[33] So etwa § 13 Abs. 2 Satz 1 lit. h DSG Nordrhein-Westfalen, § 13 Abs. 2 Nr. 5 Hamburgisches DSG, § 15 Abs. 2 Nr. 8 DSG Baden-Württemberg, Art. 17 Abs. 2 Nr. 10 Bayerisches DSG.

[34] In Erwägung gezogen von *Koch*, S. 157.

[35] Von der Übermittlung personenbezogener Daten ist die Frage der Verwertbarkeit zu präventiven Zwecken erlangter Daten im Strafprozess zu unterscheiden, siehe hierzu *Welp*, Anmerkung zu BGH, Beschl. v. 7.6.1995 – 2 BJs 127/93 – StB 16/95 (NStZ 1995, 601 f.), NStZ 1995, 602/603.

Das Übermitteln personenbezogener Daten stellt ebenso wie die Bearbeitung oder Nutzung der Daten einen eigenständigen Eingriff in das informationelle Selbstbestimmungsrecht des Betroffenen dar.[36] Dem Einwand von *Röger/Stephan*,[37] Übersichtsaufnahmen enthielten mangels Bestimmbarkeit der abgebildeten Personen keine personenbezogenen Daten, so dass es einer Ermächtigungsgrundlage nicht bedürfe, kann in Anlehnung an die Ausführungen zur Bearbeitung von Bildmaterial[38] nicht gefolgt werden. Auch kann dem Argument zur Ablehnung des Eingriffscharakters der Übermittlung von Übersichtsaufnahmen nicht gefolgt werden, das sich auf die vermeintlich fehlende Vergleichbarkeit des Erstellens und des Weiterleitens von Bildmaterial bezieht. *Röger/Stephan*[39] führen aus, dass die Eingriffsqualität durch Maßnahmen der Übersichtsaufzeichnung, die sich im Wesentlichen auf die vom Einzelnen nicht beeinflussbare und nicht erkennbare Möglichkeit des Zoomens stützt, zur Begründung der Eingriffsqualität von Maßnahmen der Datenübermittlung nicht herangezogen werden könne, wenn objektiv ausschließlich Übersichtsaufnahmen weitergeleitet würden. Eine solche Beurteilung verkennt, dass die Bürger, die schon im Falle des Erstellens von Bildaufzeichnungen nicht wissen, ob Großbild- oder nur Übersichtsaufnahmen gefertigt werden, folglich ebenso wenig im Klaren darüber sein können, ob sich die Übermittlung auf Großbild- oder Übersichtsaufnahmen bezieht. Die Betroffenen haben daher objektiv Anlass zu befürchten, sie würden im Großformat aufgezeichnet und die Großbildaufnahmen würden an andere Stellen zur weiteren Verwendung übermittelt.

Grundsätzlich kann die Polizei personenbezogene Daten nur zu dem Zweck an andere Behörden übermitteln, zu dem die Daten erlangt oder gespeichert worden sind.[40] Als mit der Videoaufzeichnung verfolgte Zwecke sind insbesondere die Täterabschreckung sowie die Strafverfolgungsvorsorge zu nennen.[41] Insofern könnte sich die Polizei für die Übermittlung von Bildmaterial an die Staatsanwaltschaft auf die allgemeinen Regelungen betreffend die Datenübermittlung stützen,[42] jedenfalls solange ein Anfangsverdacht i. S. des § 160 Abs. 1 StPO nicht besteht, das Bildmaterial damit zunächst also nur für die Strafverfolgungsvorsorge übermittelt wird.

Ob eine Zweckidentität zwischen Vorsorge für die Strafverfolgung und der Strafverfolgung selbst angenommen werden kann, erscheint aufgrund der strikten Trennung präven-

---

[36] *Welp*, Anmerkung zu BGH, Beschl. v. 7.6.1995 – 2 BJs 127/93 – StB 16/95 (NStZ 1995, 601 f.), NStZ 1995, 602/603; *Geiger*, S. 189.
[37] NWVBl 2001, 243/244.
[38] Siehe oben 3. Kapitel:I (S. 114).
[39] NWVBl 2001, 243/244 in Fußn. 72.
[40] Siehe bspw. § 41 Abs. 1 Brandenburgisches PolG, § 26 Abs. 1 PolG Nordrhein-Westfalen, § 26 Abs. 1 SOG Sachsen-Anhalt, § 32 Abs. 1 Saarländisches PolG, § 39 Abs. 1 SOG Mecklenburg-Vorpommern, § 40 Abs. 1 Niedersächsisches GefahrenabwehrG.
[41] Siehe hierzu schon oben 2. Kapitel:II.2.d)aa) (S. 101).
[42] Siehe schon die in Fußn. 40 genannten polizeirechtlichen Regelungen.

tiver und repressiver Aufgaben zweifelhaft.[43] Denn die überwiegend präventiv beurteilte *Vorsorge* für eine künftige Strafverfolgung ist eben noch keine Strafverfolgung.[44] Auf die allgemeinen polizeilichen Regelungen der Datenübermittlung in den Polizeigesetzen der Länder kann sich die Polizei für die Übermittlung von Bildmaterial an die Staatsanwaltschaft im Falle eines bestehenden Anfangsverdachts i. S. des § 160 Abs. 1 StPO mithin nicht berufen. Als Ermächtigungsgrundlage zur Übermittlung von Daten im vorgenannten Fall wird von *Welp* § 163 Abs. 2 Satz 1 StPO angeführt, der die Polizei als eine auf das Legalitätsprinzip festgelegte Instanz dazu verpflichte, die von ihr gewonnenen Erkenntnisse der Staatsanwaltschaft zu übermitteln.[45] Ob der Legalitätsgrundsatz tatsächlich als rechtliche Grundlage für die Übermittlung erlangter Daten im Rahmen präventiver polizeilicher Tätigkeit in Betracht kommt, ist aufgrund der klaren Trennung zwischen präventivem und repressivem polizeilichem Tätigwerden zweifelhaft, kann aber aufgrund der Änderung des § 161 StPO durch das Strafverfahrensänderungsgesetz 1999[46] nunmehr dahinstehen. Gemäß § 161 Abs. 1 StPO ist die Staatsanwaltschaft zu den in § 160 Abs. 1 bis 3 StPO bezeichneten Zwecken befugt, von allen Behörden Auskunft zu verlangen und Ermittlungen jeder Art entweder selbst vorzunehmen oder durch die Behörden und Beamten des Polizeidienstes vornehmen zu lassen, soweit nicht andere gesetzliche Vorschriften ihre Befugnisse besonders regeln. Die Behörden und Beamten des Polizeidienstes sind ihrerseits gemäß § 161 Abs. 1 Satz 2 StPO verpflichtet, dem Ersuchen oder Auftrag der Staatsanwaltschaft zu entsprechen, und in diesem Falle befugt, von allen Behörden Auskunft zu verlangen.[47] Im Hinblick auf die Übermittlung von Bildmaterial ist der praktisch bedeutende Anwendungsfall, das Weiterleiten des durch Maßnahmen der Videoaufzeichnung gewonnenen Bildmaterials durch die Polizei an die Staatsanwaltschaft, nunmehr aufgrund der §§ 161 Abs. 1 Satz 1, 160 Abs. 1 StPO gesetzlich geregelt.[48]

Für die Ordnungsbehörden richtet sich die Datenübermittlung an die Polizei zum Teil unmittelbar nach einem für Polizei und Ordnungsbehörden geltenden Gesetz, wie dies beispielsweise für Berlin,[49] Hessen,[50] Mecklenburg-Vorpommern[51] und Niedersachsen[52] der Fall ist. Danach können zwischen Ordnungsbehörden und Polizei personenbezogene

---

[43] Allgemein problematisiert bei *Lisken/Denninger (Bäumler)*, Handbuch des Polizeirechts, J, Rdn. 64.

[44] Zur Strafverfolgungsvorsorge siehe schon oben 2. Kapitel:I (S. 84).

[45] Anmerkung zu BGH, Beschl. v. 7.6.1995 – 2 BJs 127/93 – StB 16/95 (NStZ 1995, 601 f.), NStZ 1995, 602/603.

[46] Gesetz zur Änderung und Ergänzung des Strafverfahrensrechts vom 2.8.2000, BGBl. I, S. 1253 f.

[47] Zur strafprozessualen Verwendung präventiv erlangter Daten siehe *Brodersen*, NJW 2000, 2536/2538; hierzu und unter Bezug auf *Brodersen* auch *Wollweber*, NJW 2000, 3623/3624.

[48] Siehe zum Ganzen auch *Büllesfeld*, S. 213.

[49] § 44 Abs. 1 Allgemeines SOG Berlin.

[50] § 22 Abs. 1 Satz 3 i. V. mit § 1 Abs. 4 Hessisches SOG.

[51] § 40 Abs. 1 Satz 1 i. V. mit § 1 SOG Mecklenburg-Vorpommern.

[52] § 41 Abs. 1 Satz 1 i. V. mit § 1 Abs. 1 Satz 3 Niedersächsisches GefahrenabwehrG.

Daten übermittelt werden, soweit das zur Erfüllung ordnungsbehördlicher oder polizeilicher Aufgaben[53] erforderlich ist.

Im Übrigen enthalten die Ordnungsbehördengesetze der Länder selbst keine eigenen Regelungen für die Datenübermittlung, sondern allenfalls eine Verweisungsnorm auf die jeweiligen polizeirechtlichen Vorschriften.[54] Diese gelangen jedoch nur dann zur Anwendung, soweit dies zur Erfüllung ordnungsbehördlicher Aufgaben erforderlich ist, was die Datenübermittlung zur Erfüllung polizeilicher Aufgaben gerade nicht einschließt.

Schließlich enthalten zahlreiche Polizeigesetze Regelungen, wonach öffentliche Stellen personenbezogene Daten an die Polizei übermitteln können, wenn dies zur Erfüllung polizeilicher Aufgaben erforderlich ist.[55] Eventuell noch bestehende Regelungslücken werden durch die jeweiligen Datenschutzgesetze der Länder ausgefüllt,[56] nach denen zur Erfüllung der Aufgaben einer anderen öffentlichen Stelle personenbezogene Daten weitergegeben werden können.[57]

IV. Datenabgleich

Als letzte wesentliche Folgemaßnahme der Videoüberwachung ist der Abgleich von Bildern mit Datenbeständen zu nennen, der insbesondere für die polizeiliche Tätigkeit von großer Bedeutung ist. Im Hinblick auf die rechtlichen Voraussetzungen des Datenabgleichs ist dabei zu differenzieren zwischen den jeweiligen Durchführungsmodalitäten zum einen sowie den Datenbeständen, auf die zugegriffen werden soll, zum anderen. Unabhängig von der konkreten Art und Weise des Datenabgleichs bedarf es für den Abgleich einer Rechtsgrundlage, da der Datenabgleich ebenso wie das Bearbeiten[58], Umwidmen[59] und Übermitteln[60] personenbezogener Daten oder von Bildmaterial, das solche enthält,[61] als Eingriff in das Recht auf informationelle Selbstbestimmung zu qualifizieren ist.[62]

---

[53] Hiervon sind auch repressiv ausgerichtete Aufgaben eingeschlossen, siehe schon oben Fußn. 21.

[54] Siehe bspw. § 24 Nr. 11 OBG Nordrhein-Westfalen i. V. mit §§ 28 bis 30 PolG Nordrhein-Westfalen sowie § 23 Brandenburgisches OBG i. V. mit § 41 Brandenburgisches PolG.

[55] § 30 PolG Nordrhein-Westfalen, § 27 Abs. 5 SOG Sachsen-Anhalt, § 44 Abs. 7 Allgemeines SOG Berlin, § 41 Abs. 7 Thüringer PAG, Art. 42 Bayerisches PAG, § 45 Brandenburger PolG.

[56] *Brodersen*, NJW 2000, 2536/2537.

[57] Siehe bspw. § 14 Brandenburgisches DSG, § 14 Hamburgisches DSG, § 16 DSG Baden-Württemberg.

[58] Siehe oben 3. Kapitel:I (S. 114).

[59] Siehe oben 3. Kapitel:II (S. 118).

[60] Siehe oben 3. Kapitel:III (S. 119).

[61] Zur Differenzierung siehe *Geiger*, S. 181.

[62] *Geiger*, S. 188; *Waechter*, NdsVBl 2001, 77/86; *Koch*, S. 188.

Die Polizei hat zunächst die Möglichkeit, Videobilder mit dem Inhalt eigener polizeilicher Dateien abzugleichen.[63] Ob es sich dabei um einen Abgleich von aufgezeichnetem Bildmaterial oder unmittelbar von im Wege der Videobeobachtung[64] übertragenen Bildern handelt, ist für die rechtliche Beurteilung des Abgleichs unerheblich, da die dem Abgleich vorausgehende Maßnahme als eigenständiger hoheitlicher Akt einer gesonderten rechtlichen Überprüfung bedarf.[65] Die Polizeigesetze der Länder sehen in der Regel vor, dass personenbezogene Daten mit dem Inhalt polizeilicher Dateien abgeglichen werden dürfen, wenn Tatsachen die Annahme rechtfertigen, dass dies zur Erfüllung einer bestimmten polizeilichen Aufgabe erforderlich ist.[66] Diese Voraussetzung entfällt regelmäßig, soweit der Abgleich personenbezogene Daten von Störern beziehungsweise von solchen Personen betrifft, bei denen Tatsachen die Annahme rechtfertigen, dass sie Straftaten von erheblicher Bedeutung begehen werden.[67] Sofern spezielle Regelungen für den Abgleich personenbezogener Daten mit den eigenen polizeilichen Dateien nicht geschaffen wurden, richtet sich der Datenabgleich nach den allgemeinen Regelungen betreffend die Nutzung personenbezogener Daten.[68]

Der Datenabgleich ist des Weiteren dadurch zu realisieren, dass die Polizei auf *fremde* Datenbestände zugreift, um so das von ihr im Wege der Videoaufzeichnung gewonnene Bildmaterial mit fremden Dateien abzugleichen.[69] Die entsprechenden Regelungen in den Polizeigesetzen der Länder sehen vor, dass die Polizei von öffentlichen und nichtöffentlichen Stellen die Übermittlung von personenbezogenen Daten bestimmter Personengruppen aus Dateien zum Zweck des Abgleichs mit anderen Datenbeständen verlangen kann.[70] Voraussetzung ist, dass die Maßnahme zur Abwehr einer gegenwärtigen Gefahr für den Bestand oder die Sicherheit des Bundes oder eines Landes oder für Leib, Leben oder Freiheit einer Person erfolgt.[71] Zum Teil werden darüber hinaus Tatsachen verlangt,

---

[63] Zum Ganzen *Koch*, S. 184 f.

[64] Zum Begriff der Videobeobachtung siehe bereits oben Einleitung-II (S. 3).

[65] Siehe ausführlich zu dem Maßnahmen der Videobeobachtung und der Videoaufzeichnung die ersten beiden Kapitel des ersten Teils, S. 15 und 84.

[66] Siehe bspw. § 25 Abs. 1 PolG Nordrhein-Westfalen, § 39 Abs. 1 PolG Baden-Württemberg, § 5 Abs. 1 Hessisches SOG, § 46 Sächsisches PolG, Art. 43 Abs. 1 Bayerisches PAG, § 30 Abs. 1 SOG Sachsen-Anhalt, § 36 Abs. 1 Saarländisches PolG, § 43 Abs. 1 SOG Mecklenburg-Vorpommern.

[67] Siehe Nachweise in Fußn. 66.

[68] Dies ist bspw. in Rheinland-Pfalz der Fall.

[69] Sog. präventive Rasterfahndung; zum Ganzen *Koch*, S. 187 f.

[70] Siehe bspw. § 31 Abs. 1 PolG Nordrhein-Westfalen, § 40 Abs. 1 PolG Baden-Württemberg, § 26 Abs. 1 Hessisches SOG, § 46 Abs. 1 Brandenburgisches PolG, § 47 Abs. 1 Satz 1 Nr. 1 Sächsisches PolG, § 31 Abs. 1 SOG Sachsen-Anhalt, § 37 Abs. 1 Saarländisches PolG, § 44 Abs. 1 SOG Mecklenburg-Vorpommern, § 44 Abs. 1 Thüringer PAG, § 25d PolG Rheinland-Pfalz, § 47 Abs. 1 Allgemeines SOG Berlin.

[71] Für Beispiele mit den genannten Tatbestandsvoraussetzungen siehe die in Fußn. 70 genannten Regelungen, mit Ausnahme der nunmehr geänderten Thüringer Vorschrift zur Rasterfahndung.

welche die Annahme rechtfertigen müssen, dass der Eingriff zur Abwehr der Gefahr erforderlich ist.[72] Bisweilen bestehen Unterschiede in der Ausgestaltung des Tatbestands. So ist die präventive Rasterfahndung zum Teil auch zur vorbeugenden Bekämpfung von Straftaten erheblicher Bedeutung[73] sowie zu deren Abwehr[74] oder Verhinderung[75] zulässig. Das Kriterium bestehender Tatsachen zur Rechtfertigung der Annahme, dass die Maßnahme zur Abwehr der Gefahr erforderlich ist, findet sich darüber hinaus nicht in allen Regelungen wieder.[76]

Von besonderer Bedeutung ist schließlich – ungeachtet noch bestehender technischer Defizite[77] – der automatische Abgleich von Bildmaterial mit externen Datenbanken.[78] In Betracht kommt hier insbesondere der Abgleich von Kfz-Kennzeichen[79] oder etwa Personen anhand biometrischer Merkmale[80] mit fremden Datenbeständen. So könnten die von einer Kamera übertragenen Bilder von Personen mit den in einer Fahndungsdatei gespeicherten Bildern gesuchter Personen automatisch und im Wege einer direkten Verbindung zur Datenbank abgeglichen werden, ohne dass zuvor Daten aus fremden Datenbeständen an die Polizei übermittelt werden. Soweit diese Form des Datenabgleichs präventiven Zwecken zu dienen bestimmt ist, richtet sich die Zulässigkeit des Abgleichs nach den Polizeigesetzen der Länder.

Die Einrichtung des zuvor beschriebenen automatisierten Abrufverfahrens ist nach den polizeigesetzlichen Regelungen grundsätzlich zulässig, soweit diese Form der Datenübermittlung unter Berücksichtigung der schutzwürdigen Belange der betroffenen Personen und der Erfüllung polizeilicher Aufgaben angemessen ist.[81] Bisweilen wird die Maßnahme davon abhängig gemacht, dass das öffentliche Interesse an dem Abrufverfahren gegenüber möglichen Gefahren für die schutzwürdigen Belange der Betroffenen überwiegt.[82] Die Vorschriften zum automatisierten Abrufverfahren verdeutlichen, dass ein angemessenes Verhältnis zwischen polizeilicher Tätigkeit und Belangen der Betroffenen hergestellt

---

[72] So bspw. § 26 Abs. 1 Hessisches SOG, § 31 Abs. 1 SOG Sachsen-Anhalt, § 37 Abs. 1 Saarländisches PolG, § 44 Abs. 1 SOG Mecklenburg-Vorpommern, § 25d PolG Rheinland-Pfalz, § 47 Abs. 1 Allgemeines SOG Berlin.

[73] So bspw. § 40 Abs. 1 PolG Baden-Württemberg.

[74] Siehe bspw. Art. 44 Abs. 1 Bayerisches PAG.

[75] Siehe bspw. § 47 Abs. 1 Satz 1 Nr. 2 Sächsisches PolG.

[76] Bspw. nicht in Nordrhein-Westfalen, Baden-Württemberg und Sachsen.

[77] Hierzu oben Einleitung-IV (S. 9).

[78] Siehe zum Ganzen *Koch*, S. 179 f.

[79] Hierauf wird hingewiesen bei *Kaufmann*, Städte- und Gemeinderat 2000 (8), 13; *Weichert*, Bürgerrechte & Polizei 1998, 12/15; *Nürnberger*, Die Polizei 2000, 230/232.

[80] Hierzu *Weichert*, Detektiv-Kurier 2001, Heft 4, S. 9/16; *Weichert*, Bürgerrechte & Polizei 1998, 12/18; *Waechter*, NdsVBl 2001, 77/85 f.; *König*, S. 157 f.

[81] Siehe bspw. § 33 Abs. 5 PolG Nordrhein-Westfalen, § 24 Abs. 1 Hessisches SOG, § 49 Abs. 1 Brandenburgisches PolG, Art. 46 Abs. 1 Bayerisches PAG, § 29 Abs. 1 SOG Sachsen-Anhalt, § 35 Abs. 1 Saarländisches PolG, § 42 Abs. 1 SOG Mecklenburg-Vorpommern.

[82] § 27 Abs. 1 des Gesetzes über die Datenverarbeitung der Polizei in Hamburg.

werden soll, wobei letztlich die Verhältnismäßigkeit für jeden einzelnen Fall unter Berücksichtigung der betroffenen Interessen zu beurteilen ist.[83]

---

[83] *Koch*, S. 181.

4. Kapitel: Videoüberwachung durch öffentliche Einrichtungen

Maßnahmen der Videoüberwachung werden nicht nur durch Polizei und Ordnungsbehörden, sondern in erheblichem Umfang auch durch sonstige öffentliche Einrichtungen durchgeführt. Bislang wurde diese Tatsache im Rahmen der datenschutzrechtlichen Diskussionen kaum berücksichtigt; die Zulässigkeit von Videoüberwachungsmaßnahmen wurde vielfach und ohne weitere Begründung auf ein öffentlich-rechtliches Hausrecht gestützt.[1] Der Bundes- und ihm folgend einige Landesgesetzgeber haben jedoch jüngst die Diskussionen über die Zulässigkeit von Videoüberwachungsmaßnahmen öffentlicher Einrichtungen durch den Erlass spezieller Befugnisnormen neu in Gang gebracht.[2] Diese Entwicklung soll daher zum Anlass genommen werden, die neuen Befugnisnormen sowie die im Übrigen bestehenden Rechtsgrundlagen für Videoüberwachungsmaßnahmen durch öffentliche Einrichtungen zu untersuchen.

Zunächst gilt es, den dieser Untersuchung zugrunde liegenden Begriff der öffentlichen Einrichtung näher zu bestimmen (I). Im Anschluss daran sollen einige, den verschiedenen Maßnahmen der Videoüberwachung zugrunde liegende Rechtsgrundlagen exemplarisch auf ihre Tatbestandsvoraussetzungen und ihre Verfassungsmäßigkeit hin untersucht werden (II und III).

I. Der Begriff der öffentlichen Einrichtung

Wie bereits im Rahmen des verfassungsrechtlichen Bestimmtheitsgebots ausgeführt, ist der Begriff der öffentlichen Einrichtung mit erheblichen Bedeutungsunschärfen verbunden.[3] Wenngleich in zahlreichen landesrechtlichen Vorschriften verwendet,[4] ist er bislang nicht gesetzlich definiert. Die fehlende Bedeutungsschärfe, die dem Begriff der öffentlichen Einrichtung immanent ist, führt letztlich dazu, dass Rechtsprechung und Literatur überwiegend einzelfallbezogen entscheiden, ob es sich bei einer in Rede stehenden Stelle um eine öffentliche Einrichtung handelt oder nicht.[5] Bisweilen werden die Schwierigkei-

---

[1] Siehe bspw. *Weichert*, DuD 2000, 662/666.

[2] § 6b BDSG, § 29b DSG Nordrhein-Westfalen, § 33c Brandenburgisches DSG, § 20 DSG Schleswig-Holstein; siehe auch § 14 Abs. 4 Satz 1 Nr. 2 i. V. mit Satz 2 Hessisches SOG, sowie § 37 DSG Mecklenburg-Vorpommern und § 30 DSG Sachsen-Anhalt.

[3] Siehe oben 1. Kapitel:II.3.a)cc) (S. 45); *Erichsen*, Jura 1986, 148/149, sowie Kommunalrecht des Landes Nordrhein-Westfalen, § 10, A, S. 236.

[4] Siehe bspw. § 14 Abs. 4 Satz 1 Nr. 2 Hessisches SOG, § 8 Abs. 2 GO Nordrhein-Westfalen, § 6 Abs. 1 KreisO Nordrhein-Westfalen; weitere Nachweise siehe bei *Horn*, VBlBW 1992, 5 in Fußn. 1.

[5] *Erichsen*, Kommunalrecht des Landes Nordrhein-Westfalen, § 10, A, S. 236 m. w. Nachw.; siehe bspw. *Maurer*, Allgemeines Verwaltungsrecht, § 3 Rdn. 26; *Püttner/Lingemann*, JA 1984, 121/122; *Schmidt-Aßmann (Schmidt-Aßmann)*, Besonderes Verwaltungsrecht, 1. Abschnitt, Rdn. 105.

ten der Begriffsbestimmung auch durch ein sehr weites Verständnis der „öffentlichen Einrichtung" zu umgehen gesucht.[6] Wenngleich eine präzise und begrenzende Definition der öffentlichen Einrichtung kaum möglich erscheint, soll diesem vierten Kapitel die weite in der Literatur verwendete Begriffsbestimmung zugrunde gelegt werden, um so wenigstens eine begriffliche Annäherung an diejenige Stelle zu erreichen, deren Videoüberwachungsmaßnahmen Untersuchungsgegenstand sein sollen. Danach ist unter „öffentlicher Einrichtung" eine Sachgesamtheit zu verstehen, die der Benutzung durch den einzelnen Berechtigten zur Erfüllung von Bedürfnissen aus dem wirtschaftlichen, sozialen und kulturellen Bereich nach allgemeiner und gleicher Regelung offen steht.[7] Der Begriff der öffentlichen Einrichtung ist damit wesentlich weiter als derjenige der öffentlichen Anstalt, die im Gegensatz zur öffentlichen Einrichtung über eine spezielle Organisationsform verfügt.[8] Als Beispiele für öffentliche Einrichtungen werden in Literatur und Rechtsprechung genannt: öffentliche Schulen, Museen, Kinder- und Altenheime, Friedhöfe, Stadthallen, Theater, Obdachlosenunterkünfte, Versorgungs- und Verkehrsbetriebe, Schwimmbäder, Verkehrslandeplätze und andere.[9]

II. Zulässigkeit von Maßnahmen der Videobeobachtung

Als Rechtsgrundlagen für Videobeobachtungsmaßnahmen[10] durch öffentliche Einrichtungen sind insbesondere zunächst die in die Datenschutzgesetze der Länder und des Bundes neu eingefügten speziellen Befugnisnormen betreffend die Videoüberwachung in Betracht zu ziehen. In Ermangelung spezieller Regelungen ist weiters zu untersuchen, inwieweit die allgemeinen Regelungen der Datenverarbeitung in den jeweiligen Datenschutzgesetzen oder aber das regelmäßig nicht normierte öffentlich-rechtliche Hausrecht taugliche Grundlage für den Eingriff in das informationelle Selbstbestimmungsrecht sein können.

---

6 *Horn*, VBlBW 1992, 5; siehe bspw. *Büchner*, Beilage zu VBlBW 2002, Heft 4, S. 21/22; *Erichsen*, Jura 1986, 148/149; *Achterberg/Püttner/Würtenberger (Schröder)*, Besonderes Verwaltungsrecht, Band 2, Kapitel 5 (Kommunalrecht), G, Rdn. 110.

7 *Horn*, VBlBW 1992, 5 m. w. Nachw. in Fußn. 9; ähnlich auch *Büchner*, Beilage zu VBlBW 2002, Heft 4, S. 21/22 mit Nachw.

8 *Horn*, VBlBW 1992, 5; *Schmalz*, Rdn. 685; *Achterberg/Püttner/Würtenberger (Schröder)*, Besonderes Verwaltungsrecht, Band 2, Kapitel 5 (Kommunalrecht), G, Rdn. 110; *Schmidt-Aßmann (Schmidt-Aßmann)*, Besonderes Verwaltungsrecht, 1. Abschnitt, Rdn. 105.

9 *Horn*, VBlBW 1992, 5, mit Nachw. auch zur Rechtsprechung; *Achterberg/Püttner/Würtenberger (Schröder)*, Besonderes Verwaltungsrecht, Band 2, Kapitel 5 (Kommunalrecht), G, Rdn. 110; *Erichsen*, Jura 1986, 148/149, sowie Kommunalrecht des Landes Nordrhein-Westfalen, § 10, A, S. 236 mit Nachw. auch zur Rechtsprechung; *Maurer*, Allgemeines Verwaltungsrecht, § 3 Rdn. 26.

10 Zum Begriff siehe oben Einleitung-II (S. 3).

1. Landesrechtliche Befugnisnormen

Die rechtliche Zulässigkeit von Videobeobachtungsmaßnahmen richtet sich grundsätzlich nach den landesrechtlichen Bestimmungen, soweit es sich nicht um öffentliche Einrichtungen des Bundes handelt oder aber um solche öffentlichen Einrichtungen der Länder, die Bundesrecht ausführen oder als Organe der Rechtspflege tätig werden.[11]

a) Spezialgesetzliche Befugnisnormen in den Datenschutzgesetzen der Länder

Spezielle Regelungen betreffend Maßnahmen der Videoüberwachung finden sich bislang nur in wenigen Datenschutzgesetzen. So haben Brandenburg und Schleswig-Holstein Regelungen erlassen, wonach öffentliche Stellen mit optisch-elektronischen Einrichtungen öffentlich zugängliche Räume beobachten dürfen, soweit dies zur Erfüllung ihrer Aufgaben oder zur Wahrnehmung des Hausrechts erforderlich ist und überwiegende schutzwürdige Interessen Betroffener nicht beeinträchtigt werden.[12] Nordrhein-Westfalen und Mecklenburg-Vorpommern verfügen mit § 29b DSG Nordrhein-Westfalen beziehungsweise § 37 DSG Mecklenburg-Vorpommern ebenfalls über eine spezialgesetzliche Befugnisnorm für die Videoüberwachung. Danach ist die nicht mit einer Speicherung verbundene Beobachtung öffentlich zugänglicher Bereiche mit optisch-elektronischen Einrichtungen zulässig, soweit dies der Wahrnehmung des Hausrechts dient und schutzwürdige Interessen betroffener Personen nicht überwiegen. Nach § 30 DSG Sachsen-Anhalt schließlich ist die Durchführung von Maßnahmen der Videobeobachtung zulässig zur Wahrnehmung des Hausrechts, zum Schutz des Eigentums oder Besitzes sowie ferner zur Kontrolle von Zugangsberechtigungen, sofern keine Anhaltspunkte bestehen, dass schutzwürdige Interessen von Personen überwiegen, die sich im Aufnahmebereich der Einrichtung befinden.

Die Anwendung dieser speziellen – und auch der allgemeinen – datenschutzrechtlichen Regelungen setzt zunächst die Anwendbarkeit der Datenschutzgesetze voraus. Sachlich ist der Anwendungsbereich der Datenschutzgesetze der Länder eröffnet, wenn die Verarbeitung personenbezogener Daten[13] in Rede steht.[14] Die Datenverarbeitung umfasst unter anderem das Erheben, Speichern, Übermitteln und sonstige Nutzen personenbezogener

---

[11] Dies ergibt sich aus dem Anwendungsbereich des Bundesdatenschutzgesetzes, § 1 Abs. 2 BDSG. Soweit Organe der Rechtspflege in Verwaltungsangelegenheiten tätig werden, bestimmt sich die Zulässigkeit von Videoüberwachungsmaßnahmen ebenfalls nach Landesrecht, § 1 Abs. 2 Nr. 2 lit. b BDSG.

[12] § 33c Abs. 1 Satz 1 Brandenburgisches DSG sowie § 20 Abs. 1 DSG Schleswig-Holstein.

[13] Zum Begriff des personenbezogenen Daten sowie der Subsumtion von Videoüberwachungsmaßnahmen hierunter siehe schon oben 3. Kapitel:I (S. 114).

[14] Siehe bspw. §§ 1 und 2 DSG Schleswig-Holstein, § 2 Abs. 1 Brandenburgisches DSG, § 2 Abs. 1 DSG Rheinland-Pfalz, §§ 1 und 2 DSG Baden-Württemberg, §§ 1 und 2 Hamburgisches DSG.

Daten.[15] Unter Erheben ist dabei das Beschaffen von Daten zu verstehen, ohne dass es zu einer Speicherung kommt.[16] In den Verwaltungsvorschriften zum Vollzug des Thüringer Datenschutzgesetzes[17] wird in Punkt 3.2 zu § 3 die Verarbeitungsform des Erhebens näher bestimmt. Danach fällt unter das Erheben jegliche Form der gezielten Informationsgewinnung, ungeachtet der dabei verwendeten Medien, Datenübertragungswege und Datenaufnahmeverfahren. Im Zuge der Videobeobachtung werden personenbezogene Daten über die Betroffenen ohne Speicherung der Daten beschafft, so dass das Merkmal der Datenerhebung gegeben ist.

Der personale Anwendungsbereich der Datenschutzgesetze der Länder ist regelmäßig sehr weit gefasst und setzt lediglich voraus, dass die Datenverarbeitung durch eine öffentliche Stelle, das heißt eine Behörde oder einen sonstigen Träger der öffentlichen Verwaltung, durchgeführt wird.[18] Für öffentliche Einrichtungen im Sinne der vorangehenden Begriffsbestimmung ist der personale Anwendungsbereich mithin eröffnet.[19]

In der Anwendung beschränken sich die genannten Befugnisnormen auf öffentlich zugängliche Räume.[20] Unter solchen sind Bereiche zu verstehen, die nach dem erkennbaren Willen des Berechtigten von jedermann betreten oder genutzt werden können,[21] so etwa öffentliche Museen, Versorgungs- und Verkehrsbetriebe oder Schwimmbäder.

Maßnahmen der Videobeobachtung dürfen zur Wahrnehmung des Hausrechts durchgeführt werden. Nach der nordrhein-westfälischen Regelung muss die Videobeobachtung der Wahrnehmung des Hausrechts lediglich *dienlich* sein, während nach den Bestimmungen in den übrigen Bundesländern *Erforderlichkeit* verlangt wird. Diese Unterschiede sind letztlich allerdings nicht von Belang. Die Dienlichkeit einer Maßnahme bezeichnet nichts

---

[15] § 2 Abs. 2 DSG Schleswig-Holstein, § 3 Abs. 2 Brandenburgisches DSG, § 3 Abs. 2 DSG Rheinland-Pfalz, § 3 Abs. 2 DSG Baden-Württemberg, § 4 Abs. 2 Hamburgisches DSG.

[16] Siehe bspw. § 3 Abs. 2 Thüringer DSG, § 2 Abs. 2 Nr. 1 DSG Schleswig-Holstein, § 3 Abs. 2 Nr. 1 Brandenburgisches DSG, § 3 Abs. 2 Nr. 1 DSG Rheinland-Pfalz, § 3 Abs. 2 Nr. 1 DSG Baden-Württemberg, § 4 Abs. 2 Satz 2 Nr. 1 Hamburgisches DSG.

[17] v. 29.10.1991, GVBl., S. 516.

[18] § 3 Abs. 1 DSG Schleswig-Holstein, § 2 Abs. 1 Brandenburgisches DSG, § 2 Abs. 1 DSG Rheinland-Pfalz, § 2 Abs. 1 DSG Baden-Württemberg, § 2 Abs. 1 Satz 1 Hamburgisches DSG.

[19] Die öffentlichen Einrichtungen werden zum Teil in den datenschutzrechtlichen Vorschriften zum Anwendungsbereich als Beispiele für den weiter gefassten Begriff der öffentlichen Stellen genannt, siehe etwa § 2 Abs. 1 Brandenburgisches DSG, § 2 Abs. 1 DSG Rheinland-Pfalz.

[20] Die in § 29b Abs. 1 Satz 1 DSG Nordrhein-Westfalen sowie § 30 Abs. 1 DSG Sachsen-Anhalt verwandte Formulierung „*öffentlich zugängliche Bereiche*" führt in der Subsumtion zu keinem anderen Ergebnis als diejenige der „*öffentlich zugänglichen Räume*", wie sie in Brandenburg, Schleswig-Holstein und Mecklenburg-Vorpommern verwendet wird; Zum Begriff der öffentlich zugänglichen Räume siehe auch noch unten 5. Kapitel:I.1(S. 145).

[21] *Weichert*, Detektiv-Kurier 2001, Heft 4, S. 9/13 zum neuen § 6b BDSG, der sich zum Teil mit der Fassung der landesrechtlichen Normen deckt; siehe zum Ganzen auch *Königshofen*, RDV 2001, 220, der darauf hinweist, dass die Frage der öffentlichen Zugänglichkeit nicht von einer entsprechenden Widmung abhängig zu machen ist; hierzu auch *Gola/Schomerus*, § 6b Rdn. 8.

anderes als ihre Eignung für die Verwirklichung des verfolgten Zwecks. Insofern sind in § 29b DSG Nordrhein-Westfalen sowie in den Bestimmungen der übrigen Bundesländer mit der Dienlichkeit und der Erforderlichkeit nur Anforderungen normiert, die Ausfluss des Verhältnismäßigkeitsgrundsatzes sind. Dieser ist bei der Anwendung der Normen in jedem Fall zu beachten.

Das Hausrecht bezeichnet die Befugnis, in einem räumlich abgegrenzten Bereich und im Rahmen der zur Erfüllung der widmungsgemäßen Verwaltungsaufgaben die zur Aufrechterhaltung beziehungsweise zur Wiederherstellung des ordnungsgemäßen Amtsbetriebs notwendigen Maßnahmen zu treffen.[22] In seiner geographischen Reichweite beschränkt sich das Hausrecht auf das Grundstück des jeweiligen Hoheitsträgers.[23] Es reicht folglich nur bis an die Grundstücksgrenzen des Hoheitsträgers, was das Umfeld der betreffenden öffentlichen Einrichtung nicht mit einschließt.[24] Des Weiteren ist das Hausrecht funktionsbezogen.[25] Es kann nur im Rahmen der widmungsgemäßen Verwaltungsaufgaben ausgeübt werden und berechtigt daher nicht zu Übergriffen in die Zuständigkeit anderer Verwaltungsträger.[26]

Für die Regelungen in den Datenschutzgesetzen Nordrhein-Westfalens und Mecklenburg-Vorpommerns erschöpft sich in der Wahrnehmung des Hausrechts die Zulässigkeit von Videobeobachtungsmaßnahmen durch öffentliche Einrichtungen. § 33c Abs. 1 Satz 1 Brandenburgisches DSG sowie § 20 Abs. 1 DSG Schleswig-Holstein gehen über die Wahrnehmung des Hausrechts weit hinaus.[27] So soll die Videobeobachtung allgemein auch zur Aufgabenerfüllung der durchführenden Stelle zulässig sein. Welche Aufgaben gemeint sind, bleibt im Dunkeln.[28] Die Formulierung der Regelungen legt nahe, dass letztlich jede Aufgabe die Überwachung ermöglicht, soweit der Widmungszweck der betreffenden Einrichtung nicht überschritten wird. Jedenfalls aber wird deutlich, dass die Zweckbestimmung der Aufgabenerfüllung deutlich weiter gefasst ist als diejenige der

---

[22] OVG *Münster*, Urt. v. 14.10.1988 – 15 A 188/86, NVwZ-RR 1989, 316; zum Hausrecht siehe auch *Zeiler*, DVBl 1981, 1000 f.

[23] *Lisken/Denninger (Denninger)*, Handbuch des Polizeirechts, E, Rdn. 13; *Zeiler*, DVBl 1981, 1000; *Gola/Schomerus*, § 6b Rdn. 7.

[24] So wohl *Schwarz*, ZG 2001, 246/260, der die ansonsten bestehende Konkurrenz zu den Organen staatlicher Gefahrenabwehr als verfassungsrechtlich bedenklich einstuft; ebenso *Wohlfarth*, RDV 1995, 10/12.

[25] *Wohlfarth*, RDV 2000, 101/103, sowie 1995, 10/12.

[26] *Wohlfarth*, RDV 1995, 10/12, der sich auf das gemeindliche Tätigwerden bezieht.

[27] Diese Beurteilung dürfte nicht ohne weiteres auch auf § 30 DSG Sachsen-Anhalt zutreffen. Dessen Abs. 1 Nr. 2 und 3 sieht zwar auch die Videobeobachtung zum Schutz von Eigentum, Besitz und zur Kontrolle von Zugangsberechtigungen vor. *De facto* dürften sich dadurch aber wohl nur in Ausnahmefällen über die Wahrnehmung des Hausrechts weiter reichende Einsatzmöglichkeiten für die Videobeobachtung ergeben, da Eigentums- und Besitzschutz sowie Zugangskontrolle regelmäßig im geographischen und sachlichen Rahmen des Hausrechts erfolgen.

[28] *Schwarz*, ZG 2001, 246/260.

Wahrnehmung des Hausrechts. Im Gegensatz zum Hausrecht vermag die allgemeine Aufgabenerfüllung auch Videobeobachtungsmaßnahmen zuzulassen, die über die räumliche Begrenzung der Einrichtung hinausgehen, also beispielsweise das räumliche Umfeld der Einrichtung umfassen. Das Kriterium der Erforderlichkeit ist zwar geeignet, die Durchführung von Videobeobachtungsmaßnahmen einzuschränken. An der weit gefassten Zweckbestimmung allgemeiner Aufgabenerfüllung ändert sich deshalb allerdings nichts.

Das hohe Maß an Unbestimmtheit der vorgenannten Zweckbestimmung lässt Zweifel an der Verfassungsmäßigkeit der betreffenden Regelungen im Hinblick auf das Bestimmtheitsgebot[29] aufkommen. Denn Bürger und normanwendende Behörde müssen letztlich in der Lage sein, anhand von Tatbestand und Rechtsfolge die Rechtslage zu erkennen und ihr Verhalten danach auszurichten.[30] Hieran bestehen für die Zweckbestimmungen der allgemeinen Aufgabenerfüllung jedoch erhebliche Zweifel. Weder normanwendende Stellen noch Betroffene können aufgrund des weiten tatbestandlichen Anwendungsspielraums auch nur einigermaßen abschätzen, nach welchen Kriterien und in welchem Umfang Videobeobachtungsmaßnahmen erfolgen sollen. Zwar ist der Gesetzgeber oft nicht in der Lage, die Vielfalt der Verwaltungsaufgaben in klar umrissenen Begriffen zu erfassen, was die Verwendung von Generalklauseln und unbestimmten Rechtsbegriffen notwendig macht.[31] Diese Erkenntnis fungiert allerdings nicht als Blankett für eine generalklauselartige Ausgestaltung der Befugnisnormen.

Bei der Beurteilung, ob gesetzlich normierte Eingriffsbefugnisse den Anforderungen an das Bestimmtheitsgebot noch genügen, ist die Bedeutung des beeinträchtigten Rechtsguts ein gewichtiges Kriterium. Mit steigender Intensität der Beeinträchtigungen der von der Regelung Betroffenen steigen auch die Anforderungen an die Bestimmtheit der Norm.[32] Die Befugnisnormen ermöglichen Eingriffe in das Recht auf informationelle Selbstbestimmung, welchem vom Bundesverfassungsgericht im Volkszählungsurteil ein hoher Stellenwert eingeräumt wird.[33] Hieraus folgt, dass die Eingriffsnormen von vornherein nur solche Zweckbestimmungen enthalten dürfen, die zumindest eine Gleichwertigkeit zwischen dem durch die Maßnahme verletzten und dem geschützten Rechtsgut erkennen lassen. Diesem Erfordernis werden die in Rede stehenden Befugnisnormen nicht gerecht. Eingriffe in das informationelle Selbstbestimmungsrecht sind letztlich zu Gunsten jedes von der durchführenden Stelle verfolgten legitimen Zwecks möglich. Der Einschränkung, dass schutzwürdige Belange Betroffener nicht überwiegen dürfen,[34] kann eine Zweckbe-

---

29 Zum Bestimmtheitsgebot siehe schon oben 1. Kapitel:II.3.a)cc) (S. 45).
30 Nachweise siehe oben 1. Kapitel:II.3.a)cc) (S. 45) in Fußn. 185.
31 Nachweise siehe oben 1. Kapitel:II.3.a)cc) (S. 45) in Fußn. 189.
32 Nachweise siehe oben 1. Kapitel:II.3.a)cc) (S. 45) in Fußn. 191.
33 BVerfG, Urt. v. 15.12.1983 – 1 BvR 209, 269, 362, 420, 440, 484/83, BVerfGE 65, 1/42 f.
34 § 20 Abs. 1 DSG Schleswig-Holstein.

grenzung auf die Erfüllung von Aufgaben von herausragender Bedeutung – etwa den Schutz verfassungsrechtlich garantierter Rechte der die betreffende Einrichtung nutzenden Bürger – nicht entnommen werden.

Eine hinreichende Bestimmtheit der in Rede stehenden Normen kann auch nicht durch Verweis auf die spezialgesetzlichen Befugnisnormen in den Polizeigesetzen der Länder begründet werden. Diese sehen bisweilen Maßnahmen der Videobeobachtung zur Erfüllung allgemeiner – polizeilicher – Aufgaben vor.[35] Im Unterschied zu den datenschutzgesetzlichen Regelungen sind die polizeilichen Aufgaben jedoch gesetzlich normiert und damit leichter zu bestimmen als die allgemeinen ungeschriebenen Aufgaben öffentlicher Einrichtungen. Diese können im Übrigen durch Widmungsakt eher einer Änderung unterzogen werden als die für die Polizei gesetzlich festgelegten Aufgaben. § 33c Abs. 1 Satz 1 Brandenburgisches DSG sowie § 20 Abs. 1 DSG Schleswig-Holstein verstoßen aufgrund der weiten Zweckbestimmung der Aufgabenerfüllung gegen das Bestimmtheitsgebot und sind daher schon aus diesem Grunde verfassungswidrig.[36]

Die oben bereits angeführte Einschränkung, wonach schutzwürdige Belange Betroffener nicht überwiegen dürfen, besteht auch für § 29b DSG Nordrhein-Westfalen,[37] § 37 DSG Mecklenburg-Vorpommern sowie § 30 DSG Sachsen-Anhalt. *Weichert*[38] geht davon aus, dass überwiegende schutzwürdige Interessen Betroffener in denjenigen Bereichen nicht bestehen, in denen davon auszugehen ist, dass dort die freie Entfaltung der Persönlichkeit oder die Wahrnehmung von Freiheitsrechten eher untypisch ist. Als Beispiele werden von ihm Durchgangszonen und U-Bahnhöfe genannt.[39] Der Rückgriff auf das Merkmal des „Typischen" wirft allerdings weitere Fragen auf und ermöglicht es kaum, das Überwiegen schutzwürdiger Interessen Betroffener mit Sicherheit festzustellen. Im Übrigen verkennt diese Auslegung, dass es nach dem Volkszählungsurteil des Bundesverfassungsgerichts unter den Bedingungen der automatischen Datenverarbeitung ein belangloses Datum nicht mehr geben kann.[40] Insofern erscheint es als ein zweifelhaftes Vorgehen, bestimmte Bereiche im Hinblick auf den Schutz des informationellen Selbstbestimmungsrechts von vornherein als weniger schutzwürdig zu deklarieren und damit den Weg für Videobeobachtungsmaßnahmen zu ebnen. Letztlich wird es – wovon *Weichert*[41] wohl auch auszu-

---

[35] Etwa § 31 Abs. 3 Satz 1 i. V. mit § 1 Abs. 1 Brandenburgisches PolG, wobei des Weiteren Straftaten drohen müssen, und § 32 Abs. 3 Satz 1 i. V. mit § 1 SOG Mecklenburg-Vorpommern.

[36] Verfassungsrechtliche Bedenken werden auch von *Schwarz*, ZG 2001, 246/260 geäußert.

[37] Allerdings ist hier nicht von „Belangen" sondern von „Interessen" die Rede, was in der Sache letztlich keinen Unterschied machen dürfte.

[38] Detektiv-Kurier 2001, Heft 4, S. 9/15, zu § 6b BDSG.

[39] *Weichert*, Detektiv-Kurier 2001, Heft 4, S. 9/15.

[40] BVerfG, Urt. v. 15.12.1983 – 1 BvR 209, 269, 362, 420, 440, 484/83, BVerfGE 65, 1/45; dies wird auch verkannt von *Gola/Schomerus*, § 6b Rdn. 19.

[41] Detektiv-Kurier 2001, Heft 4, S. 9/15: bei der Abwägung der Interessen müsse eine pauschalierte verallgemeinernde Würdigung der zumeist gegenläufigen Interessen erfolgen.

gehen scheint – auf eine Abwägung der jeweils betroffenen Interessen ankommen. Dafür hätte es des wenig aussagekräftigen Zusatzes in den Befugnisnormen angesichts des verfassungsrechtlichen Grundsatzes der Verhältnismäßigkeit[42] allerdings nicht bedurft.

Die vorgenannten landesrechtlichen Befugnisnormen sehen des Weiteren vor, dass die Tatsache der Beobachtung den Betroffenen erkennbar sein muss beziehungsweise durch geeignete Maßnahmen erkennbar zu machen ist, soweit sie nicht offenkundig ist. Die offene Durchführung von Videoüberwachungsmaßnahmen ist unabdingbare Voraussetzung für ihre Zulässigkeit.[43] Insofern könnten auch im Hinblick auf die notwendige Offenheit der Maßnahme Zweifel an der Verfassungsmäßigkeit des § 33c Abs. 1 Satz 1 Brandenburgisches DSG sowie des § 20 Abs. 1 DSG Schleswig-Holstein bestehen. Die im Gegensatz zu § 29b DSG Nordrhein-Westfalen fehlende Festlegung der offenen Durchführung von Videobeobachtungsmaßnahmen führt zwar nicht *per se* schon zur Verfassungswidrigkeit der Normen. Diese sind gegebenenfalls verfassungskonform so auszulegen, dass die Befugnisnormen auf offene Maßnahmen zu beschränken sind. Eine verfassungskonforme Auslegung setzt allerdings voraus, dass die Normen verschiedene Deutungen überhaupt zulassen, von denen jedenfalls *eine* verfassungsrechtlichen Anforderungen entspricht.[44] Zweifel an der auszulegenden Beschränkung auf offene Videobeobachtungsmaßnahmen sind angebracht, da für Maßnahmen der Videoaufzeichnung ausdrücklich eine Kenntlichmachung vorgesehen ist.[45] Dies legt die Vermutung nahe, der Gesetzgeber habe für Maßnahmen der Videobeobachtung absichtlich von diesem Erfordernis abgesehen. Zu Gunsten des Gesetzgebers ist allerdings davon auszugehen, dass sich die Kenntlichmachung insbesondere auf die Tatsache der Aufzeichnung beziehen muss, der allgemeine Hinweis auf die Durchführung von Videoüberwachung somit nicht ausreichen soll. Insofern ist der Schluss, Videobeobachtungsmaßnahmen seien absichtlich vom Erfordernis der Kenntlichmachung ausgenommen, nicht zwingend. § 33c Abs. 1 Satz 1 Brandenburgisches DSG und § 20 Abs. 1 DSG Schleswig-Holstein sind mithin verfassungskonform dahingehend auszulegen, dass auch Maßnahmen der Videobeobachtung offen zu erfolgen haben.

b)   Die spezialgesetzliche Befugnisnorm des § 14 Abs. 4 Satz 1 Nr. 2 i. V. mit Satz 2 Hessisches SOG

Einen Fremdkörper im Hessischen Sonderordnungsgesetz stellt § 14 Abs. 4 Satz 2 dar, der den Anwendungsbereich des § 14 Abs. 4 Satz 1 Nr. 2 auch für den Inhaber des Hausrechts[46] eröffnet. Das Hausrecht beschränkt sich dabei allerdings auf ein öffentlich-

---

[42]   Zum Verhältnismäßigkeitsgrundsatz siehe oben 1. Kapitel:II.3.b)bb) (S. 57).
[43]   Siehe hierzu oben 1. Kapitel:II.3.b)aa) (S. 51).
[44]   BVerfG, Beschl. v. 16.1.1980 – 1 BvR 249/79, BVerfGE 58, 135/147.
[45]   § 20 Abs. 2 DSG Schleswig-Holstein, § 33c Abs. 1 Satz 2 Brandenburgisches DSG.
[46]   Zur Begriffsbestimmung und Reichweite des Hausrechts siehe schon oben 4. Kapitel:II.1.a)
       (S. 128).

rechtliches, da der Landesgesetzgeber zur Regelung eines privatrechtlichen Hausrechts nicht gesetzgebungsbefugt ist.[47]

Im Gegensatz zu den speziellen Befugnisnormen in den Datenschutzgesetzen enthält die hessische Norm im Sonderordnungsgesetz eine Bestimmung, die deutlich höhere Anforderungen an den mit der Videoüberwachung verfolgten Zweck stellt. Die Durchführung von Maßnahmen der Videoüberwachung setzt gemäß § 14 Abs. 4 Satz 1 Nr. 2 Hessisches SOG eine *besondere Gefährdung* öffentlicher Einrichtungen[48] voraus. Eine Gefährdung ist gegeben, wenn eine Sachlage in gedachten typischen Fällen nach allgemeiner Lebenserfahrung wahrscheinlich zu einem Schaden für ein Rechtsgut führt (abstrakte Gefahr).[49] Fraglich ist, was unter dem Kriterium der *besonderen* Gefährdung zu verstehen ist. Eine besondere Gefährdung könnte zum einen den Grad der Wahrscheinlichkeit einer Rechtsgutsverletzung an dem geschützten Objekt betreffen, zum anderen aber auch das Ausmaß des zu erwartenden Schadens im Falle der Verletzung des zu schützenden Objekts. Da bei dauerhafter Videoüberwachung die Wahrscheinlichkeit irgendeiner Rechtsgutsverletzung ohnehin als sehr hoch einzuschätzen ist, ist die besondere Gefährdung auf das Ausmaß des zu erwartenden Schadens zu beziehen. Als Beispiele für besonders gefährdete öffentliche Einrichtungen werden in der Literatur kern- oder gentechnische Anlagen, Botschaften und Konsulate, aber auch U-Bahnstationen genannt.[50]

§ 14 Abs. 4 Satz 1 Nr. 2 i. V. mit Satz 2 Hessisches SOG ist sowohl auf die Durchführung von Maßnahmen der Videobeobachtung als auch auf solche der Videoaufzeichnung anzuwenden. Die im Hinblick auf die tatbestandlichen Voraussetzungen fehlende Differenzierung zwischen den vorgenannten Maßnahmen führt nicht schon von vornherein zur Unangemessenheit der Norm, da die Durchführung beider Formen der Videoüberwachung aufgrund der Beschränkung auf besonders gefährdete öffentliche Einrichtungen strengen Anforderungen unterliegt.

c) *Allgemeine Rechtsgrundlagen in den Datenschutzgesetzen der Länder und öffentlich-rechtliches Hausrecht*

Mangels spezieller Befugnisnormen für Maßnahmen der Videobeobachtung in den Datenschutzgesetzen zahlreicher Bundesländer stellt sich die Frage, ob und unter welchen Voraussetzungen Maßnahmen der Videobeobachtung durch öffentliche Einrichtungen erfolgen können. Zum einen kommen hier die allgemeinen Regelungen zur Datenverar-

---

[47] Zur Gesetzgebungskompetenz siehe oben 1. Kapitel:I (S. 15).
[48] Zum Begriff der öffentlichen Einrichtung siehe oben 4. Kapitel:I (S. 126).
[49] BayVerfGH, Entsch. v. 19.10.1994 – Vf. 13 – VIII – 92 –, DVBl 1995, 347/349; *Götz*, Rdn. 140; *Knemeyer*, Rdn. 91.
[50] *Weichert*, DuD 2000, 662/665; *Keller*, Kriminalistik 2000, 187/189; *v. Zezschwitz*, DuD 2000, 670/671.

beitung in den Datenschutzgesetzen der Länder[51] und zum anderen das öffentlich-rechtliche Hausrecht[52] als Rechtsgrundlagen in Betracht.

Die allgemeinen Bestimmungen in den Datenschutzgesetzen der Länder sehen zumeist vor, dass das Erheben personenbezogener Daten nur insoweit zulässig ist, als ihre Kenntnis zur rechtmäßigen Erfüllung der Aufgaben der erhebenden Stelle erforderlich ist.[53] Der Anwendungsbereich dieser allgemeinen datenschutzrechtlichen Bestimmungen ist für Maßnahmen der Videobeobachtung eröffnet, da es sich – sowohl für Übersichts- als auch für Großbildaufnahmen – um die Erhebung personenbezogener Daten handelt.[54] Bisweilen wird allerdings bezweifelt, dass es sich bei den Generalklauseln zur Datenerhebung tatsächlich um Befugnisnormen handelt. So sind *Gola/Schomerus*[55] der Ansicht, die Generalklauseln regeln lediglich die Zulässigkeit der Erhebung, also den Rahmen der Ausnahme vom grundsätzlichen Verbot der Datenerhebung.[56] Hiergegen wendet sich jedoch die ganz überwiegende Literatur, welche die allgemeinen Bestimmungen zur Erhebung personenbezogener Daten als taugliche Rechtsgrundlage für Eingriffe in das informationelle Selbstbestimmungsrecht qualifiziert.[57] Für diese Beurteilung spricht bereits die sprachliche Fassung der Bestimmungen, welche die Qualifikation als Befugnisnormen und nicht als Rahmenbedingungen für die Zulässigkeit der Datenerhebung nahe legt. Die Frage kann letztlich aber dahinstehen, da jedenfalls entweder die genannten Bestimmungen oder aber die diesen vorangestellten allgemeinen Bedingungen über die Zulässigkeit der Datenverarbeitung[58] taugliche Rechtsgrundlage sind.

Die allgemeinen Bestimmungen zur Erhebung personenbezogener Daten sind – ebenso wie § 33c Abs. 1 Satz 1 Brandenburgisches DSG und § 20 Abs. 1 DSG Schleswig-Holstein – weit gefasst, so dass Zweifel im Hinblick auf die verfassungsmäßige Be-

---

[51] Siehe bspw. § 12 Abs. 1 DSG Nordrhein-Westfalen, § 12 Abs. 1 Hamburgisches DSG, § 13 Abs. 1 DSG Baden-Württemberg, § 9 Abs. 1 Berliner DSG, § 12 Abs. 1 DSG Rheinland-Pfalz, § 9 Abs. 1 Niedersächsisches DSG; zur Anwendbarkeit der Datenschutzgesetze siehe bereits oben 4. Kapitel:II.1.a) (S. 128).

[52] Hierzu schon oben 4. Kapitel:II.1.a) (S. 128).

[53] Siehe bspw. § 12 Abs. 1 Satz 1 DSG Nordrhein-Westfalen, § 12 Abs. 1 DSG Rheinland-Pfalz, § 13 Abs. 1 DSG Baden-Württemberg, § 12 Abs. 1 Hamburgisches DSG, § 9 Abs. 1 Niedersächsisches DSG, § 12 Abs. 1 Saarländisches DSG, § 8 DSG Mecklenburg-Vorpommern.

[54] Hierzu oben 3. Kapitel:I (S. 114) sowie 4. Kapitel:II.1.a) (S. 128); so i. E. auch *Saeltzer*, DuD 1997, 462/463; *Weichert*, Detektiv-Kurier 2001, Heft 4, 9/14, der sogar davon ausgeht, dass die allgemeinen Verarbeitungsregelungen im Bundesdatenschutzgesetz anwendbar bleiben unabhängig davon, ob die Voraussetzungen des § 6b BDSG vorliegen oder nicht.

[55] § 13 BDSG Rdn. 2.

[56] Siehe bspw. § 4 BDSG, § 4 Abs. 1 Thüringer DSG, § 4 Abs. 1 DSG Nordrhein-Westfalen, § 4 Abs. 1 Brandenburgisches DSG.

[57] *Auernhammer*, § 13 Rdn. 4; *Bergmann/Möhrle/Herb*, § 13 Rdn. 6; *Weyer*, § 12 DSG Nordrhein-Westfalen Rdn. 1.

[58] Siehe bspw. § 4 Abs. 1 Brandenburgisches DSG, § 4 Abs. 1 DSG Nordrhein-Westfalen, § 4 Abs. 1 Thüringer DSG.

stimmtheit[59] der Normen aufkommen könnten. Im Gegensatz zu den vorgenannten speziellen Befugnisnormen beschränken sich die datenschutzrechtlichen Generalklauseln nicht auf die Durchführung einer Einzelmaßnahme wie die Videoüberwachung. Die allgemeinen Bestimmungen für die Datenerhebung dienen vielmehr als Rechtsgrundlage für eine Vielzahl von Maßnahmen, die als Eingriff in das informationelle Selbstbestimmungsrecht zu qualifizieren sind.[60] Insofern ist es dem Gesetzgeber nicht möglich, jeden Fall einer Datenerhebung und folglich eines Eingriffs in das informationelle Selbstbestimmungsrecht bereichsspezifisch und im Detail zu regeln.[61] Einem solchen Erfordernis stehen Sinn und Zweck datenschutzrechtlicher Generalklauseln entgegen, da diese nur dann ihre Funktion als Auffangnormen erfüllen können, wenn ihre Tatbestände eine hinreichend flexible Anwendung ermöglichen. Diesem Umstand ist daher im Hinblick auf die Anforderungen an den Bestimmtheitsgrundsatz Rechnung zu tragen, so dass die allgemeinen Regelungen zur Datenerhebung trotz ihrer weit gefassten Zweckbestimmungen noch als hinreichend bestimmt zu qualifizieren sind.

Allerdings beinhaltet die Verwendung von Generalklauseln und unbestimmten Rechtsbegriffen nicht gleichsam auch die Befugnis zu umfassender Datenerhebung. Die normanwendende Behörde ist vielmehr berufen, die grundrechtlichen Belange der von der Videoüberwachung Betroffenen hinreichend im Rahmen der Verhältnismäßigkeit zu berücksichtigen.[62] Die Möglichkeit, Videoüberwachungsmaßnahmen mangels spezialgesetzlicher Rechtsgrundlagen auf die allgemeinen datenschutzrechtlichen Generalklauseln zu stützen, impliziert gleichsam auch die Pflicht, den Anforderungen zu genügen, die für die Verhältnismäßigkeit und insbesondere die Angemessenheit der Maßnahme unentbehrlich sind.[63]

Des Weiteren ist das öffentlich-rechtliche Hausrecht[64] als Rechtsgrundlage für Maßnahmen der Videobeobachtung in Betracht zu ziehen.[65] Es bezeichnet die Befugnis, in einem

---

59 Zum Bestimmtheitsgebot siehe schon oben 1. Kapitel:II.3.a)cc) (S. 45).
60 Nachweise siehe schon zu Fußn. 57 (S. 135).
61 *Robrecht*, NJ 2000, 348/351; siehe hierzu schon oben 1. Kapitel:II.3.a)cc) (S. 45).
62 *Röger/Stephan*, NWVBl 2001, 243/248.
63 Zu diesen Anforderungen im Einzelnen oben 1. Kapitel:II.3.b)bb) (S. 57) sowie 2. Kapitel:II.2.d) (S. 101).
64 *Waechter*, NdsVBl 2001, 77/78 zieht im Zusammenhang mit Maßnahmen der Videoüberwachung die öffentlich-rechtliche Anstaltsgewalt als Rechtsgrundlage in Erwägung.
65 So *Weichert*, DuD 2000, 662/666, jedoch nur, soweit dem Hausrecht unterliegende Flächen nicht öffentlich zugänglich oder für den öffentlichen Verkehr bestimmt sind, da dann für Betroffene nicht mehr erkennbar sei, wo das Hausrecht beginnt und die öffentliche Sphäre endet; *v. Zezschwitz*, DuD 2000, 670; *Schwarz*, ZG 2001, 246/259 f.; *Büllesfeld* (S. 28/29) zieht als Rechtsgrundlage für Maßnahmen gemeindlicher Videoüberwachung das jeweilige Landesdatenschutzgesetz i. V. mit dem öffentlich-rechtlichen Hausrecht heran. Unklar bleibt allerdings, in welchem Verhältnis das öffentlich-rechtliche Hausrecht zu den Normen des jeweiligen Landesdatenschutzgesetzes steht. Die spezialgesetzlichen Normen zur Videoüberwachung bleiben gänzlich unberücksichtigt.

räumlich abgegrenzten Bereich und im Rahmen der zur Erfüllung der widmungsgemäßen
Verwaltungsaufgaben die zur Aufrechterhaltung beziehungsweise zur Wiederherstellung
des ordnungsgemäßen Amtsbetriebs notwendigen Maßnahmen zu treffen.[66]

Die Berufung auf ein öffentlich-rechtliches Hausrecht als Rechtsgrundlage für Maßnahmen der Videobeobachtung wirft allerdings die Frage auf, in welchem Anwendungsverhältnis das öffentlich-rechtliche Hausrecht zu den allgemeinen Bestimmungen in den Datenschutzgesetzen steht. Die Datenschutzgesetze sind nicht anwendbar, soweit besondere
Rechtsvorschriften betreffend die Verarbeitung personenbezogener Daten den Vorschriften des jeweiligen Datenschutzgesetzes vorgehen.[67] Beim öffentlich-rechtlichen Hausrecht handelt es sich allerdings nicht um eine besondere Rechtsvorschrift im Sinne der
Datenschutzgesetze, sondern lediglich um eine ungeschriebene Befugnis, welche die Anwendbarkeit der datenschutzgesetzlichen Vorschriften nicht einzuschränken vermag.

Als grundsätzlich ungeschriebene und nur gelegentlich gesetzlich normierte Befugnis[68] hat
das öffentlich-rechtliche Hausrecht vielmehr gegenüber dem geschriebenen Recht zu-
rückzutreten.[69] Dies gilt auch gegenüber rangniedrigem Recht wie beispielsweise einer
Satzung.[70] Bei den allgemeinen Bestimmungen zur Erhebung personenbezogener Daten
handelt es sich also gegenüber dem öffentlich-rechtlichen Hausrecht um ranghöheres und
spezielleres Recht. Soweit folglich Maßnahmen der Videobeobachtung in den Anwendungsbereich datenschutzgesetzlicher Vorschriften fallen, bleibt für die Anwendung eines
öffentlich-rechtlichen Hausrechts kein Raum.[71]

Das öffentlich-rechtliche Hausrecht kann allenfalls dann noch als Rechtsgrundlage herangezogen werden, soweit für eine Maßnahme der Videoüberwachung die Bestimmungen in
den Datenschutzgesetzen eine Regelungslücke enthalten. Dies ist beispielsweise für das
Aufstellen einer Kameraattrappe von Bedeutung, da es hier zu einer im Anwendungsbereich der Datenschutzgesetze liegenden Maßnahme nicht kommt.

---

[66] OVG *Münster*, Urt. v. 14.10.1988 – 15 A 188/86, NVwZ-RR 1989, 316; zum Hausrecht siehe
auch *Zeiler*, DVBl 1981, 1000 f.; siehe zum Ganzen bereits oben 4. Kapitel:II.1.a) (S. 128).

[67] Siehe bspw. § 2 Abs. 3 DSG Nordrhein-Westfalen, § 2 Abs. 3 Satz 2 Brandenburgisches DSG,
§ 2 Abs. 7 DSG Rheinland-Pfalz, § 2 Abs. 4 Berliner DSG.

[68] Siehe bspw. § 51 Abs. 1 GO Nordrhein-Westfalen.

[69] *Weichert*, Detektiv-Kurier 2001, Heft 4, S. 9/13 zur Subsidiarität gegenüber § 6b BDSG; i. E.
wohl auch *Wolff/Bachof/Stober*, Verwaltungsrecht, Band 2, § 65 Rdn. 47.

[70] *Reimer*, DuD 2000, 618/619 zur Subsidiarität des Hausrechts gegenüber der vom Verwaltungsträger erlassenen Friedhofssatzung.

[71] Das öffentlich-rechtliche Hausrecht wird demgegenüber von der öffentlichen Verwaltung in
zahlreichen Fällen als Rechtsgrundlage für Maßnahmen der Videoüberwachung herangezogen, siehe hierzu *Reimer*, DuD 2003, 115/116.

2. Maßnahmen der Videobeobachtung nach § 6b BDSG

Wird die Videobeobachtung nicht durch öffentliche Einrichtungen der Länder, sondern durch solche des Bundes durchgeführt, richtet sich die Frage der rechtlichen Zulässigkeit nach dem Bundesdatenschutzgesetz.[72]

Gemäß § 6b BDSG ist die Beobachtung öffentlich zugänglicher Räume mit optisch-elektronischen Einrichtungen nur zulässig, soweit sie zur Aufgabenerfüllung öffentlicher Stellen, zur Wahrnehmung des Hausrechts oder zur Wahrnehmung berechtigter Interessen für konkret festgelegte Zwecke erforderlich ist und keine Anhaltspunkte bestehen, dass schutzwürdige Interessen der Betroffenen überwiegen. Die Voraussetzungen für Videobeobachtungsmaßnahmen entsprechen im Wesentlichen denjenigen des § 33c Abs. 1 Satz 1 Brandenburgisches DSG und des § 20 Abs. 1 DSG Schleswig-Holstein. Im Unterschied zu den vorgenannten landesrechtlichen Regelungen besteht über den exorbitanten Zweck allgemeiner Aufgabenerfüllung[73] sowie denjenigen der Wahrnehmung des Hausrechts nach der bundesrechtlichen Regelung hinaus die Möglichkeit, die Videobeobachtung zur Wahrnehmung berechtigter Interessen für konkret festgelegte Zwecke durchzuführen. Welcher Art diese Interessen sein müssen, lässt § 6b BDSG offen. Nach *Weichert* sollen grundsätzlich alle rechtlich zugelassenen Zwecke umfasst sein.[74] Eine Einschränkung dieser Anwendungsvariante erfolgt lediglich durch den Zusatz, wonach die jeweiligen Zwecke konkret festgelegt werden müssen. Unklar bleibt allerdings, welchen Modalitäten die Festlegung der Zwecke unterliegt. So hat die die Videobeobachtung durchführende Einrichtung es wohl selbst in der Hand, die Überwachungszwecke, für die ein berechtigtes Interesse bestehen soll, festzulegen. Eine signifikante Einschränkung vermag das Erfordernis der Festlegung bestimmter Zwecke letztlich also nicht zu bewirken.[75] *Gerhold/Heil*[76] rechtfertigen den weiten Anwendungsbereich des § 6b BDSG damit, dass es nicht allein um die Durchsetzung des Grundrechts auf informationelle Selbstbestimmung auf Seiten der Betroffenen gehe. Vielmehr können sich private Stellen zur Durchführung von Videobeobachtungsmaßnahmen ihrerseits auf den Schutz ihrer Grundrechte, etwa Art. 14 GG, berufen. Ob diesem Argument beizupflichten ist oder nicht, kann im Rahmen dieses vierten Kapitels dahinstehen, da jedenfalls öffentliche Einrichtungen sich zur Durchführung von Videobeobachtungsmaßnahmen nicht auf die genannten Grundrechte stützen können.

---

[72] Zum Anwendungsbereich des Bundesdatenschutzgesetzes siehe § 1 Abs. 2 BDSG.
[73] Zu den verfassungsrechtlichen Bedenken siehe bereits oben 4. Kapitel:II.1.a) (S. 128), sowie *Schwarz*, ZG 2001, 246/260.
[74] Detektiv-Kurier 2001, Heft 4, S. 9/15; siehe auch *Tinnefeld*, NJW 2001, 3078/3082.
[75] So auch *Weichert*, Detektiv-Kurier 2001, Heft 4, S. 9/15; anders aber wohl *Gola/Schomerus*, § 6b Rdn. 15.
[76] DuD 2001, 377/380.

Im Hinblick auf den Bestimmtheitsgrundsatz kann im Wesentlichen auf die Ausführungen zu § 33c Brandenburgisches DSG sowie § 20 DSG Schleswig-Holstein verwiesen werden.[77] Zum einen ermöglicht § 6b Abs. 1 Nr. 1 BDSG die Videobeobachtung[78] ebenso wie die vorgenannten landesrechtlichen Normen zur allgemeinen Aufgabenerfüllung. Allein diese Zweckbestimmung genügt aufgrund ihres sehr weiten und nicht mehr klar abgrenzbaren Anwendungsbereichs den Anforderungen an eine hinreichende Bestimmtheit nicht mehr.

Nichts anderes kann für die in § 6b Abs. 1 Nr. 3 BDSG festgelegte Zweckbestimmung der Wahrnehmung berechtigter Interessen gelten. Selbst bei der vielfach geforderten engen Auslegung der vorgenannten Bestimmung[79] verbleibt ein nicht hinreichend bestimmbarer Anwendungsbereich. Denn weder normanwendende Stellen noch betroffene Bürger werden in der Lage sein, anhand der festgelegten Zwecke die Rechtmäßigkeit der in Rede stehenden Videoüberwachungsmaßnahme zuverlässig zu beurteilen, zumal die Festlegung der Überwachungszwecke mangels gesetzlicher Vorgaben variabel ist. Die Wahrnehmung berechtigter Interessen als gesetzlich normierter Zweck für Maßnahmen der Videoüberwachung wird der Bedeutung des Rechts auf informationelle Selbstbestimmung auf Seiten der Betroffenen nicht gerecht. Eine Notwendigkeit, die eine solch weit gefasste Zweckbestimmung rechtfertigen könnte, ist nicht ersichtlich.

Aufgrund dieser Erwägungen kann im Ergebnis festgehalten werden, dass § 6b Abs. 1 Nr. 1 und 3 BDSG wegen Verstoßes gegen den Bestimmtheitsgrundsatz verfassungsrechtlichen Anforderungen nicht mehr genügen.

III. Zulässigkeit von Maßnahmen der Videoaufzeichnung

Maßnahmen der Videoaufzeichnung sind gegenüber der Videobeobachtung, bei der es zu einer Speicherung des Bildmaterials nicht kommt, als schwererer Eingriff in das Recht auf informationelle Selbstbestimmung zu qualifizieren.[80] Daher gilt es zu untersuchen, ob und inwieweit dieser Umstand im Hinblick auf die tatbestandlichen Voraussetzungen der Befugnisnormen Berücksichtigung findet.

1. *Landesrechtliche Befugnisnormen*

Als Rechtsgrundlagen für Maßnahmen der Videoaufzeichnung sind zunächst die spezialgesetzlichen Befugnisnormen in Betracht zu ziehen. Sind spezielle Normen nicht vorhan-

---

[77] Siehe oben 4. Kapitel:II.1.a) (S. 128).
[78] Auch die Videoaufzeichnung.
[79] *Tinnefeld*, NJW 2001, 3078/3082; *Gerhold/Heil*, DuD 2001, 377/380.
[80] Siehe hierzu schon oben 2. Kapitel:I (S. 84), 2. Kapitel:II.2.a) (S. 97) sowie 2. Kapitel:II.2.d)cc) (S. 103).

den, richtet sich die Zulässigkeit der Videoaufzeichnung nach den allgemeinen daten-schutzrechtlichen Regelungen.[81]

a) *Spezialgesetzliche Befugnisnormen in den Datenschutzgesetzen der Länder*

Die Datenschutzgesetze von Brandenburg, Schleswig-Holstein und Sachsen-Anhalt re-geln zwar explizit die Speicherung von Bildmaterial, knüpfen aber an deren Zulässigkeit keine grundsätzlich von der Videobeobachtung abweichenden Voraussetzungen.[82] Nach § 33c Abs. 1 Satz 2 Brandenburgisches DSG sowie § 20 Abs. 2 DSG Schleswig-Holstein darf das Bildmaterial gespeichert werden, wenn die Tatsache der Aufzeichnung den Be-troffenen durch geeignete Maßnahmen erkennbar gemacht ist. Nach § 30 Abs. 3 DSG Sachsen-Anhalt muss die Speicherung – ebenso wie die allgemeine Erhebung personen-bezogener Daten – erforderlich oder unvermeidlich sein. Damit legen die vorgenannten Regelungen gegenüber der Videobeobachtung keine beziehungsweise lediglich eine zu-sätzliche Voraussetzung fest,[83] die jedoch im Wege der verfassungskonformen Auslegung auch schon im Rahmen der Zulässigkeit von Videobeobachtungsmaßnahmen zu berück-sichtigen ist.[84] Im Übrigen stellen sich die vorgenannten Regelungen lediglich als Rah-menbedingungen dar, da sie außer der Kenntlichmachung die tatbestandlichen Vorausset-zungen für die Zulässigkeit von Maßnahmen der Videoaufzeichnung selbst nicht festle-gen. Diese sind vielmehr den Regelungen zur Videobeobachtung zu entnehmen, § 33c Abs. 1 Satz 1 Brandenburgisches DSG, § 20 Abs. 1 DSG Schleswig-Holstein sowie § 30 Abs. 1 DSG Sachsen-Anhalt.

Im Hinblick auf das Bestimmtheitsgebot kann im Hinblick auf § 33c Abs. 1 Satz 2 Bran-denburgisches DSG sowie § 20 Abs. 2 DSG Schleswig-Holstein daher grundsätzlich auf die Ausführungen zur Videobeobachtung verwiesen werden.[85] Insbesondere aber auch aufgrund der mit der Speicherung des Bildmaterials verbundenen besonderen Schwere des Eingriffs in das informationelle Selbstbestimmungsrecht[86] ist die unbestimmte Zweckbestimmung allgemeiner Aufgabenerfüllung nicht mehr zu rechtfertigen.[87] Eine Differenzierung und damit eine dem jeweiligen Eingriff entsprechende Abstufung zwi-schen Videobeobachtung und Videoaufzeichnung wäre hilfreich gewesen, einem Verstoß gegen das Bestimmtheitsgebot vorzubeugen.

---

[81] Hierzu schon oben 4. Kapitel:II.1.c) (S. 134).
[82] Dies gilt ebenso für die spezielle Befugnisnorm des § 14 Abs. 4 Satz 1 Nr. 2 i. V. mit Satz 2 Hessisches SOG.
[83] Die Kenntlichmachung der Aufzeichnung.
[84] Siehe bereits oben 4. Kapitel:II.1.a) (S. 128).
[85] Siehe oben 4. Kapitel:II.1.a) (S. 128).
[86] Siehe Verweis in Fußn. 80 (S. 139).
[87] Zur Berücksichtigung der Eingriffsschwere im Rahmen des Bestimmtheitsgrundsatzes siehe oben 1. Kapitel:II.3.a)cc) (S. 45).

Im Gegensatz zu den vorgenannten Befugnisnormen knüpfen die datenschutzrechtlichen Spezialbefugnisse in Nordrhein-Westfalen und Mecklenburg-Vorpommern an die Speicherung besondere Voraussetzungen. Gemäß § 29b Abs. 2 DSG Nordrhein-Westfalen[88] ist die Speicherung von nach Absatz 1 Satz 1 erhobenen Daten nur bei einer konkreten Gefahr zu Beweiszwecken zulässig, wenn dies zum Erreichen der verfolgten Zwecke unverzichtbar ist. Der Verweis auf den ersten Absatz stellt klar, dass eine Speicherung nur desjenigen Bildmaterials zulässig ist, das unter den Voraussetzungen des Absatzes 1 erhoben wurde. Darüber hinaus muss eine *konkrete Gefahr* bestehen. Diese bezeichnet eine Sachlage, die in absehbarer Zeit mit hinreichender Wahrscheinlichkeit zu einem Schaden für ein Rechtsgut führt.[89] Für welches Rechtsgut eine Gefahr bestehen muss, lässt sich nur aus dem systematischen Zusammenhang mit Absatz 1 erschließen. Da Absatz 1 die Videobeobachtung nur zur Wahrnehmung des Hausrechts zulässt, hat sich die Videoaufzeichnung auf das Vorliegen einer konkreten Gefahr für das Hausrecht der in Rede stehenden öffentlichen Einrichtung zu beschränken. Eine weitere Einschränkung ergibt sich aus der für die Videoaufzeichnung festgelegten Zweckbestimmung der Beweissicherung.[90]

Des in § 29b Abs. 2 DSG Nordrhein-Westfalen enthaltenen Halbsatzes, wonach die Videoaufzeichnung zum „Erreichen der verfolgten Zwecke unverzichtbar" sein muss, hätte es angesichts des rechtsstaatlichen Verhältnismäßigkeitsgrundsatzes und des in ihm begründeten Kriteriums der Erforderlichkeit nicht bedurft. Dieser Zusatz trägt durch seine nicht eindeutige Bezugnahme auf die Beweiszwecke[91] vielmehr nur zur sprachlich ungenauen und erheblich auslegungsbedürftigen Fassung des zweiten Absatzes bei.

b)   Allgemeine Rechtsgrundlagen in den Datenschutzgesetzen der Länder
Soweit spezielle Befugnisnormen für die Videoaufzeichnung nicht zur Verfügung stehen, können Videoaufzeichnungsmaßnahmen auf die allgemeinen Bestimmungen betreffend das Speichern, Verändern und Nutzen personenbezogener Daten gestützt werden.[92] Das Speichern von Bildmaterial, mithin von personenbezogenen Daten,[93] ist danach zulässig, wenn es zur rechtmäßigen Erfüllung der Aufgaben der öffentlichen Stelle erforderlich ist.[94] Diese sehr allgemein gehaltene Formulierung genügt zwar angesichts der Unmög-

---

[88] Ähnlich § 37 Abs. 2 DSG Mecklenburg-Vorpommern.
[89] BayVerfGH, Entsch. v. 19.10.1994 – Vf. 13 – VIII – 92 –, DVBl 1995, 347/349; OLG *Frankfurt/M.*, Beschl. v. 21.2.2002 – 20 W 55/02, NVwZ 2002, 626/627; *Götz*, Rdn. 140.
[90] *Vahle*, DVP 2003, 1/4, nennt als Beweiszweck die Notwendigkeit der Speicherung zur Durchsetzung zivilrechtlicher Ansprüche auf Schadensersatz bei Beschädigung öffentlichen Eigentums.
[91] *Haurand*, Städte- und Gemeinderat 2000 (8), 6/8.
[92] Zur Tauglichkeit der allgemeinen datenschutzrechtlichen Bestimmungen als Befugnisnormen siehe oben 4. Kapitel:II.1.c) (S. 134).
[93] Hierzu oben 3. Kapitel:I (S. 114).
[94] Siehe bspw. § 13 Abs. 1 DSG Nordrhein-Westfalen, § 20 Abs. 1 Thüringer DSG, § 13 Abs. 1 DSG Rheinland-Pfalz, § 15 Abs. 1 DSG Baden-Württemberg, § 13 Abs. 1 Hamburgerisches DSG.

lichkeit, jeden Fall der Datenverarbeitung regelungsspezifisch zu erfassen,[95] noch den Anforderungen an das Bestimmtheitsgebot.[96] Allerdings hat die anwendende öffentliche Einrichtung im Rahmen des Verhältnismäßigkeitsgrundsatzes – und hier insbesondere der Angemessenheit – den Umstand der Speicherung und den mit ihr verbundenen erheblichen Eingriff in das informationelle Selbstbestimmungsrecht hinreichend zu berücksichtigen.

2. *Maßnahmen der Videoaufzeichnung nach § 6b BDSG*

Die Videoaufzeichnung beziehungsweise das Speichern von Bildmaterial werden in § 6b BDSG nicht explizit geregelt. In Absatz 3 findet sich vielmehr eine Bestimmung zur Regelung der Verarbeitung und Nutzung von nach Absatz 1 erhobenen Daten, was die Speicherung einschließt, § 3 Abs. 4 BDSG.

Nach § 6b Abs. 3 ist die Verarbeitung oder die Nutzung von nach Absatz 1 erhobenen Daten zulässig, wenn sie zum Erreichen des verfolgten Zwecks erforderlich ist und keine Anhaltspunkte bestehen, dass schutzwürdige Interessen der Betroffenen überwiegen. Damit ergeben sich die Voraussetzungen für die Speicherung im Wesentlichen aus dem ersten Absatz des § 6b BDSG. Absatz 3 legt lediglich fest, dass auch für die Speicherung das Kriterium der Erforderlichkeit Anwendung findet und die Interessen der Betroffenen zu berücksichtigen sind. Insoweit ergeben sich gegenüber dem die Videobeobachtung regelnden Absatz 1 keine Besonderheiten.

Darüber hinaus ist gemäß § 6b Abs. 3 Satz 2 BDSG die Verarbeitung und damit auch die Speicherung zu einem anderen Zweck zulässig, soweit dies zur Abwehr von Gefahren für die staatliche und öffentliche Sicherheit sowie zur Verfolgung von Straftaten erforderlich ist. Bei dieser Regelung handelt es sich um eine Ausweitung der Zulässigkeit von Maßnahmen der Videoaufzeichnung über die in Absatz 1 Nr. 1 bis 3 festgelegten Zwecke hinaus. Sie ist daher als Ausnahmevorschrift zu verstehen, die eng auszulegen ist, um so die – ohnehin schon weit gefassten – Zweckbestimmungen des Absatzes 1 als Regel-Grundtatbestand zu erhalten. Die Anwendung des Absatzes 3 Satz 2 ist daher auf das Vorliegen einer *konkreten* Gefahr oder einer Straftat zu beschränken.[97, 98]

---

[95] *Robrecht*, NJ 2000, 348/351.
[96] Hierzu im Rahmen der Zulässigkeit von Videobeobachtungsmaßnahmen schon oben 4. Kapitel:II.1.c) (S. 134).
[97] Anders der Gefahrenbegriff in den polizeigesetzlichen Befugnisnormen, siehe oben 1. Kapitel:II.3.a)cc) (S. 45).
[98] Zur Löschungsregelung des § 6b Abs. 5 BDSG siehe noch unten 5. Kapitel:II (S. 154).

IV. Kurze Zusammenfassung der Ergebnisse

Für Maßnahmen der Videobeobachtung und der Videoaufzeichnung durch öffentliche Einrichtungen stehen zahlreiche landes- und bundesrechtliche Rechtsgrundlagen zur Verfügung.

§ 33c Brandenburgisches DSG, § 20 DSG Schleswig-Holstein sowie § 6b BDSG als spezialgesetzliche Befugnisnormen lassen Videoüberwachungsmaßnahmen neben der Wahrnehmung des Hausrechts auch zur allgemeinen Aufgabenerfüllung der betreffenden öffentlichen Einrichtung zu. § 6b BDSG ermöglicht die Videoüberwachung darüber hinaus zur Wahrnehmung berechtigter Interessen für konkret festgelegte Zwecke. Diese weiten Zweckbestimmungen und die mit ihr verbundene Unbestimmtheit der Regelungen sind angesichts der Eingriffsschwere – insbesondere im Falle der Videoaufzeichnung – verfassungsrechtlich nicht mehr zu rechtfertigen.

§ 14 Abs. 4 Satz 1 Nr. 2 i. V. mit Satz 2 Hessisches SOG, § 29b DSG Nordrhein-Westfalen sowie § 37 DSG Mecklenburg-Vorpommern knüpfen hingegen sowohl an die Videobeobachtung als auch die Videoaufzeichnung wesentlich strengere Voraussetzungen, die den vorgenannten verfassungsrechtlichen Bedenken nicht ausgesetzt sind.

Die Anwendung sämtlicher Befugnisnormen ist auf die Durchführung *offener* Videoüberwachungsmaßnahmen beschränkt unabhängig davon, ob es zu einer Speicherung von Bildmaterial kommt oder nicht.

Fehlt es an spezialgesetzlichen Befugnisnormen für Maßnahmen der Videoüberwachung, sind die allgemeinen Regelungen betreffend die Erhebung und die Verarbeitung personenbezogener Daten als Rechtsgrundlagen heranzuziehen. Im Gegensatz zu den spezialgesetzlichen Befugnisnormen genügen die allgemeinen Regelungen in den Datenschutzgesetzen dem Bestimmtheitsgrundsatz, da gerade diesen Generalklauseln als Auffangnormen für nicht speziell normierte Bereiche der Datenerhebung und -verarbeitung die Unbestimmtheit immanent ist.

Das vielfach angeführte öffentlich-rechtliche Hausrecht kommt als ungeschriebene Rechtsgrundlage neben den gesetzlichen Bestimmungen der Datenerhebung und -verarbeitung allenfalls subsidiär in Betracht.

5. Kapitel: Videoüberwachung durch private Unternehmen der Daseinsvorsorge

Videoüberwachungstechnik kommt nicht nur durch Träger öffentlicher Gewalt, wie etwa Polizei-, Ordnungsbehörden und öffentliche Einrichtungen zum Einsatz. Insbesondere privatrechtlich organisierte Unternehmen, aber auch Privatpersonen bedienen sich aus Sicherheitsgründen der Videoüberwachung. So finden sich Überwachungskameras beispielsweise in Verkehrsmitteln, Einkaufspassagen, Kaufhäusern, Supermärkten, Tankstellen, Kreditinstituten und an Geldautomaten.[1]

Von großer Bedeutung ist auch die Videoüberwachung durch privatrechtlich organisierte Unternehmen der Daseinsvorsorge wie beispielsweise privatisierte Flughäfen (Fraport AG), die Deutsche Bahn AG und andere. Gerade Verkehrsunternehmen wie die vorgenannten setzen die Videoüberwachung in großem Umfang zur Gewährleistung der Sicherheit ihrer Kunden ein. Das 3-S-Konzept der Deutschen Bahn beruht im Wesentlichen auf einer Videoüberwachung der Fern- und S-Bahnhöfe; der Einsatz von Videotechnik in den Zügen selbst ist geplant.[2]

Die Relevanz der Untersuchung von Videoüberwachungsmaßnahmen durch privatrechtlich organisierte Unternehmen im Rahmen einer Arbeit auf dem Gebiet des öffentlichen Rechts ergibt sich allerdings nicht daraus, dass eine große Personenzahl bei der Nutzung der Verkehrseinrichtungen videoüberwacht wird. Die Bedeutung liegt vielmehr darin, dass Maßnahmen privatrechtlich organisierter Unternehmen der Daseinsvorsorge eine Schnittstelle zwischen dem öffentlichen Recht und dem Privatrecht sind. Denn einerseits ist die Daseinsvorsorge, also das Bereitstellen von Leistungen und Einrichtungen unterschiedlichster Art zur Versorgung der Bevölkerung in wirtschaftlicher, sozialer und kultureller Hinsicht,[3] eine öffentliche Aufgabe. Sie ergibt sich aus der staatlichen Bindung an das in Art. 20 Abs. 1, 28 Abs. 1 GG festgelegte Sozialstaatsprinzip.[4] Andererseits werden öffentliche Aufgaben durch privatrechtlich organisierte Unternehmen in privatrechtlicher Form erfüllt. Diese Verknüpfung zwischen öffentlichem und privatem Recht wird im Rahmen der rechtlichen Beurteilung von Videoüberwachungsmaßnahmen durch privatrechtlich organisierte Unternehmen der Daseinsvorsorge zu berücksichtigen sein.

In diesem fünften und letzten Kapitel des ersten Teils sollen zunächst die Rechtsgrundlagen dargestellt werden, die für Maßnahmen der Videobeobachtung sowie Maßnahmen

---

[1] Beispiele bei *Möller/v. Zezschwitz*, S. 42; *Garstka*, DuD 2000, 192; *Gerhold/Heil*, DuD 2001, 377/379; *Tinnefeld*, NJW 2001, 3078/3082.
[2] *Garstka*, DuD 2000, 192; nach *Borchers*, DuD 2000, 751 ist allein der Leipziger Hauptbahnhof mit 140 Videokameras ausgestattet.
[3] *Maurer*, Allgemeines Verwaltungsrecht, § 2 Rdn. 6.
[4] *Maurer*, Allgemeines Verwaltungsrecht, § 2 Rdn. 6.

der Videoaufzeichnung durch privatrechtliche Unternehmen der Daseinsvorsorge in Betracht kommen. Im Anschluss daran wird in Kürze die Zulässigkeit von Maßnahmen behandelt, die sich an die Videoaufzeichnung anschließen.

I. Zulässigkeit von Maßnahmen der Videobeobachtung

Die Frage der rechtlichen Zulässigkeit von Videobeobachtungsmaßnahmen durch nichtöffentliche Unternehmen der Daseinsvorsorge richtet sich grundsätzlich nach der spezialgesetzlichen Befugnisnorm des § 6b BDSG. Wenn und soweit der Anwendungsbereich des § 6b BDSG nicht eröffnet sein sollte, sind die allgemeinen datenschutzrechtlichen Regelungen sowie das privatrechtliche Hausrecht als Rechtsgrundlagen in Betracht zu ziehen.

1. *§ 6b BDSG als Rechtsgrundlage der Videobeobachtung*

§ 6b BDSG kommt als Rechtsgrundlage für Videobeobachtungsmaßnahmen durch privatrechtlich organisierte Unternehmen nur in Betracht, wenn der personale Anwendungsbereich des Bundesdatenschutzgesetzes für nichtöffentliche Stellen eröffnet ist.

Gemäß § 1 Abs. 2 Nr. 3 BDSG gilt das Bundesdatenschutzgesetz für die Erhebung, Verarbeitung und Nutzung personenbezogener Daten durch nichtöffentliche Stellen, soweit sie die Daten unter Einsatz von Datenverarbeitungsanlagen verarbeiten, nutzen oder dafür erheben oder die Daten in oder aus nicht automatisierten Dateien verarbeiten, nutzen oder dafür erheben. Die Erhebung, Verarbeitung oder Nutzung personenbezogener Daten für ausschließlich persönliche oder familiäre Tätigkeiten ist vom Anwendungsbereich nicht erfasst.

Auch bei der Videobeobachtung durch privatrechtlich organisierte Unternehmen der Daseinsvorsorge werden personenbezogene Daten erhoben.[5] Der Umstand, dass die genaue Bestimmung der videoüberwachten Personen für nichtöffentliche Stellen erheblich schwieriger sein dürfte als beispielsweise für Polizeibehörden, ändert an der Bestimmbarkeit der videobeobachteten Personen nichts. Davon scheint auch der Gesetzgeber auszugehen, da ansonsten für Maßnahmen der Videobeobachtung die Anwendung des § 6b BDSG nicht möglich wäre.[6]

Weitere Voraussetzung für die Anwendbarkeit des Bundesdatenschutzgesetzes auf nichtöffentliche Stellen[7] ist der Einsatz von Datenverarbeitungsanlagen oder nicht automatisierten Dateien, § 1 Abs. 2 Nr. 3 BDSG. Gemäß § 3 Abs. 2 BDSG handelt es sich beim Einsatz von Datenverarbeitungsanlagen um eine Form der automatisierten Datenverar-

---

5   Zum Begriff der personenbezogenen Daten und seiner Anwendung auf Maßnahmen der Videoüberwachung siehe oben 3. Kapitel:I (S. 114).

6   *Weichert*, Detektiv-Kurier 2001, Heft 4, S. 9/13; anders aber *Gola/Schomerus*, § 6b Rdn. 3.

7   Um nichtöffentliche Stellen handelt es sich auch dann, wenn privatrechtlich organisierte Unternehmen von der öffentlichen Hand beherrscht werden, siehe *Wohlfarth*, RDV 1995, 10/11.

beitung. Als nicht automatisierte Datei wird jede nicht automatisierte Sammlung personenbezogener Daten bezeichnet, die gleichartig aufgebaut ist und nach bestimmten
Merkmalen zugänglich ist und ausgewertet werden kann, § 3 Abs. 2 BDSG.

Bei Videobeobachtungssystemen handelt es sich in der Regel um Datenverarbeitungsanlagen i. S. des § 1 Abs. 2 Nr. 3 BDSG, da die Erhebung personenbezogener Daten automatisiert erfolgt. So sind reine Kamera-Monitor-Systeme Datenverarbeitungsanlagen im
Sinne der vorgenannten Norm,[8] da personenbezogene Daten automatisiert an eine Zentrale übermittelt werden.[9] *Königshofen*[10] hingegen sieht die Voraussetzungen einer automatisierten Verarbeitung i. S. des § 3 Abs. 2 BDSG für Kamera-Monitor-Systeme als nicht
gegeben an, da eine weitere Verarbeitung der Daten mittels Datenverarbeitungsanlagen
nicht vorgesehen sei. Dabei verkennt er allerdings, dass die der Erhebung folgende Übermittlung des Bildmaterials an die Monitore bereits eine Datenverarbeitung i. S. des § 3
Abs. 4 BDSG ist. Kamera-Monitor-Systemen ist gerade der Zweck immanent, personenbezogene Daten für die Übermittlung und also die Verarbeitung zu erheben.

Die Voraussetzungen des § 1 Abs. 2 Nr. 3 Variante 1 BDSG sind damit für Videobeobachtungsmaßnahmen nach dem Kamera-Monitor-System gegeben. Für nichtöffentliche
Stellen ist der Anwendungsbereich des Bundesdatenschutzgesetzes bei der Durchführung
von Videobeobachtungsmaßnahmen mithin eröffnet.

Im Hinblick auf die tatbestandlichen Voraussetzungen des § 6b Abs. 1 BDSG kann im
Wesentlichen auf die Ausführungen im vierten Kapitel verwiesen werden.[11] Allerdings gilt
es, einige Besonderheiten darzulegen, die sich insbesondere im Hinblick auf die Durchführung von Videobeobachtungsmaßnahmen durch privatrechtlich organisierte Unternehmen der Daseinsvorsorge ergeben.

Der Anwendungsbereich des § 6b Abs. 1 BDSG ist beschränkt auf öffentlich zugängliche
Räume. Ob eine Örtlichkeit öffentlich zugänglich ist, hängt vom erkennbaren Willen des
Berechtigten ab.[12] Die Tatsache, dass bestimmte Örtlichkeiten beziehungsweise Räume
i. S. des § 6b Abs. 1 BDSG, wie beispielsweise Museen, Züge et cetera, nur gegen ein
Entgelt betreten werden können, ändert an der öffentlichen Zugänglichkeit nichts.[13]
Denn in diesem Fall ist es jedem grundsätzlich möglich, sich durch den Erwerb eines Ti-

---

[8]   *Weichert,* Detektiv-Kurier 2001, Heft 4, S. 9/13; anders aber *Gola/Schomerus,* § 6b Rdn. 1.
[9]   *Bergmann/Möhrle/Herb,* § 6b Rdn. 5, gehen von einem automatisierten Verfahren nur im
      Falle digital durchgeführter Videoüberwachung aus.
[10] RDV 2001, 220/221.
[11] Siehe oben 4. Kapitel:II.1.a) (S. 128) sowie 4. Kapitel:II.2 (S. 138).
[12] Siehe oben 4. Kapitel:II.1.a) (S. 128).
[13] *Königshofen,* RDV 2001, 220; *Gola/Schomerus,* § 6b Rdn. 8; so wohl auch *Schaff-
      land/Wiltfang,* § 6b Rdn. 2; *Bergmann/Möhrle/Herb,* § 6b Rdn. 22 und 23; *Simitis (Bizer),* § 6b
      Rdn. 42.

ckets oder Vergleichbarem eine Zugangsberechtigung zu verschaffen. *Königshofen*[14] ist allerdings der Ansicht, dass eine öffentliche Zugänglichkeit dann nicht mehr gegeben sei, wenn neben der Eintrittskartenkontrolle eine Personen- oder/und Gepäckkontrolle erfolgt, wie dies beispielsweise an Flughäfen beim Check-in beziehungsweise beim Zutritt zu den Gates der Fall ist. Warum sich dieser Fall von demjenigen der Zugbenutzung unterscheiden soll, ist jedoch nicht ersichtlich. Grundsätzlich ist es jedem, der ein Flugticket erwirbt, auch ohne weiteres möglich, die Personen- oder Gepäckkontrolle zu passieren. An dieser Beurteilung vermag auch der Fall der verbotswidrigen Mitnahme gefährlicher Gegenstände, die zu einer Zutrittsverweigerung des Raumes hinter dem Check-in führen könnte, nichts zu ändern. Denn grundsätzlich ist es jedermann möglich, sich durch regelgerechtes oder vertragskonformes Verhalten den Zugang zu den als Beispiel angeführten Räumlichkeiten zu verschaffen. Der Umstand intensiver Personen- oder Gepäckkontrolle ändert an der öffentlichen Zugänglichkeit des Raumes hinter dem Check-in also nichts. Dieses Ergebnis wird auch von der Überlegung getragen, dass nur ein weit reichender Anwendungsbereich des § 6b BDSG es überhaupt ermöglicht, die Zulässigkeit von Videoüberwachungsmaßnahmen für möglichst viele Anwender der Videoüberwachung einheitlichen Voraussetzungen zu unterwerfen. Dies kommt der Rechtsklarheit jedenfalls insoweit zugute, als der große Anwendungsbereich der Befugnisnorm Zweifel ob der rechtlichen Grundlage für Videoüberwachungsmaßnahmen im Wesentlichen zu beseitigen vermag.[15]

Im Hinblick auf die Zweckbestimmungen des § 6b Abs. 1 BDSG kommen für privatrechtlich organisierte Unternehmen der Daseinsvorsorge die Wahrnehmung des Hausrechts (Nr. 2) sowie die Wahrnehmung berechtigter Interessen für konkret festgelegte Zwecke (Nr. 3) in Betracht.

Da der Anwendungsbereich des Bundesdatenschutzgesetzes unter bestimmten Voraussetzungen sowohl für öffentliche als auch für nichtöffentliche Stellen eröffnet ist,[16] bezieht sich § 6b Abs. 1 Nr. 2 BDSG sowohl auf das öffentlich-rechtliche als auch auf das

---

[14] RDV 2001, 220, so auch *Engelien-Schulz*, BWV 2002, 195/197.

[15] Im Ergebnis auch *Leopold*, Forum Recht 2001, 82, der den weiten Anwendungsbereich damit begründet, dass nur so das Ziel erreicht werden könne, einen umfassenden Schutz des informationellen Selbstbestimmungsrechts zu gewährleisten. Diese Begründung erscheint jedoch nicht unbedingt als tragfähig angesichts des Umstands, dass in § 6b BDSG die Zwecke, für die Videoüberwachungsmaßnahmen zulässig sind, unter Verstoß gegen das Bestimmtheitsgebot exorbitant weit gefasst sind. Eine Beschränkung der Zulässigkeit von Videoüberwachungsmaßnahmen kann in § 6b BDSG gegenüber den allgemeinen Regelungen der Datenerhebung und -verarbeitung nämlich nicht notwendig erblickt werden. Von einem besonderen Schutz des Rechts auf informationelle Selbstbestimmung kann daher keine Rede sein, so dass die Forderung eines weiten Anwendungsbereichs der Norm auch nicht mit einem Schutzinteresse der Betroffenen begründet werden kann.

[16] Hierzu oben 5. Kapitel:I.1 (S. 145).

privatrechtliche Hausrecht.[17] Das privatrechtliche Hausrecht als Ausfluss des Eigentums-rechts[18] beinhaltet das Recht, zur Abwehr von schwerwiegenden Beeinträchtigungen des Eigentümers beziehungsweise des Nutzungsberechtigten die notwendigen Maßnahmen zu treffen.[19] Die unter Berufung auf das Hausrecht durchgeführten Maßnahmen müssen unter Abwägung der beteiligten Interessen verhältnismäßig sein und dürfen daher nicht auf Kosten hochrangiger Rechtsgüter unbeteiligter Dritter erfolgen.[20]

Im Hinblick auf die in § 6b Abs. 1 Nr. 3 BDSG enthaltene Zweckbestimmung, wonach Videobeobachtungsmaßnahmen zur Wahrnehmung berechtigter Interessen für konkret festgelegte Zwecke zulässig sind, kann im Wesentlichen auf die Ausführungen zu § 6b Abs. 1 BDSG im vorangehenden Kapitel verwiesen werden.[21] Darüber hinaus gilt nach *Weichert*[22] für die Videobeobachtung durch nichtöffentliche Stellen eine enge Auslegung der in § 6b Abs. 1 Nr. 3 BDSG normierten Zweckbestimmung. So sei die Videobeobach-tung durch nichtöffentliche Stellen nicht zur Verfolgung privater Geschäftszwecke oder sonstiger rein kommerzieller Zwecke zulässig, soweit nicht zusätzlich eine Gefährdung von Sicherheitsbelangen bestehe. Nach *Bizer*[23] soll sich die für die Beobachtung verant-wortliche Stelle für die berechtigten Belange sowohl auf wirtschaftliche als auch auf ideel-le Interessen stützen können.

Dem Ansatz von *Weichert*, die Zulässigkeit der Videobeobachtung durch eine enge Ausle-gung der Zweckbestimmungen zu beschränken, insbesondere was die Wahrnehmung be-rechtigter Interessen betrifft, ist zwar uneingeschränkt zuzustimmen. Aber auch eine enge Auslegung vermag letztlich nicht, die fehlende Bestimmtheit des in § 6b Abs. 1 Nr. 3 BDSG festgelegten Zwecks der Interessenwahrnehmung und die mit ihr einhergehenden Bedeutungsunschärfen zu kompensieren. § 6b Abs. 1 Nr. 3 BDSG verstößt, auch soweit er die Videobeobachtung durch nichtöffentliche Stellen anbelangt, gegen das verfassungs-rechtliche Bestimmtheitsgebot.[24]

Nach § 6b Abs. 1 BDSG ist die Durchführung der Videobeobachtung ferner nur dann zulässig, soweit keine Anhaltspunkte dafür bestehen, dass schutzwürdige Interessen der

---

[17] *Bergmann/Möhrle/Herb*, § 6b Rdn. 34.
[18] KG, Urt. v. 30.11.1999 – 9 U 8222/99, NJW 2000, 2210; *Löwisch/Rieble*, NJW 1994, 2596.
[19] BGH, Urt. v. 25.4.1995 – VI ZR 272/94, NJW 1995, 1955/1956; LG *Berlin*, Urt. v. 31.10.2000 – 65 S 279/00, ZMR 2001, 112.
[20] BGH, Urt. v. 25.4.1995 – VI ZR 272/94, NJW 1995, 1955/1956; LG *Berlin*, Urt. v. 31.10.2000 – 65 S 279/00, ZMR 2001, 112; *Vahle*, NWB 2000, 1635/1636.
[21] Siehe oben 4. Kapitel:II.2 (S. 138).
[22] Detektiv-Kurier 2001, Heft 4, S. 9/14.
[23] in *Simitis*, § 6b Rdn. 52.
[24] Hierzu schon oben 4. Kapitel:II.2 (S. 138); Bedenken werden auch geäußert von *Sokol*, 16. Datenschutzbericht 2003, S. 56.

Betroffenen überwiegen. Dieses gesetzlich normierte Erfordernis macht eine Abwägung der betroffenen Interessen erforderlich.[25]

Im Rahmen dieser Abwägung ist auf Seiten der Videobeobachteten das Allgemeine Persönlichkeitsrecht in seiner Ausprägung als informationelles Selbstbestimmungsrecht zu berücksichtigen, welches durch Maßnahmen der Videobeobachtung betroffen ist, sofern nicht eine wirksame Einwilligung in die Persönlichkeitsverletzung gegeben ist. Demgegenüber können sich bei der privatrechtlich zu qualifizierenden Videobeobachtung auch die videoüberwachenden Betreiber grundsätzlich auf die Verwirklichung von Grundrechten berufen.[26] In Betracht kommt hier insbesondere Art. 14 GG.

Die in die Abwägung einzubeziehenden Interessen der Beteiligten im privatrechtlich zu qualifizierenden Verhältnis unterscheiden sich damit von den betroffenen Interessen im Rahmen eines hoheitlichen Verhältnisses zwischen Staat und Bürger. Im öffentlich-rechtlichen Verhältnis kann sich ein Hoheitsträger zur Durchführung von Videoüberwachungsmaßnahmen nicht auf eigene Grundrechte berufen. Eingriffe in das informationelle Selbstbestimmungsrecht können nur unter Berufung auf das Allgemeinwohl gerechtfertigt werden.[27] Im privatrechtlichen Verhältnis hingegen sind grundrechtlich geschützte Positionen jedenfalls mittelbar über die Auslegung unbestimmter Rechtsbegriffe zu berücksichtigen.[28] So ist das Allgemeine Persönlichkeitsrecht beispielsweise als sonstiges Recht i. S. des § 823 Abs. 1 BGB anerkannt und wird als Prüfungsmaßstab bei Videoüberwachungsmaßnahmen im privatrechtlich zu qualifizierenden Verhältnis herangezogen.[29]

Es erscheint allerdings zweifelhaft, ob die zuvor genannten Grundsätze auch dann noch gelten können, wenn es sich bei dem Betreiber der Videoüberwachung um ein privatrechtlich organisiertes Unternehmen der Daseinsvorsorge handelt, das öffentliche Aufgaben wahrnimmt. Überwiegend wird im Hinblick auf die Grundrechtsbindung und den Grundrechtsschutz privatrechtlich organisierter Unternehmen danach differenziert, ob das Unternehmen allein beherrscht wird durch einen Träger öffentlicher Gewalt oder ob es sich nur um eine mehrheitliche Beherrschung durch die öffentliche Hand handelt.

---

[25] Zum Verhältnismäßigkeitsgrundsatz siehe oben 1. Kapitel:II.3.b)bb) (S. 57).

[26] BGH, Urt. v. 25.4.1995 – VI ZR 272/94, NJW 1995, 1955/1956; AG *Schöneberg*, Urt. v. 10.5.2000 – 12 C 69/00, ZMR 2000, 542; *Möller/v. Zezschwitz (Höfling)*, S. 42; *Kloepfer/Breitkreutz*, DVBl 1998, 1149/1157; *Gerhold/Heil*, DuD 2001, 377/380; *Königshofen*, RDV 2001, 220/222.

[27] Zu den materiellen Voraussetzungen der Rechtfertigung von Eingriffen in das Recht auf informationelle Selbstbestimmung siehe oben 1. Kapitel:II.3.b) (S. 51).

[28] Hierzu *Maurer*, Allgemeines Verwaltungsrecht, § 3 Rdn. 11.

[29] Siehe bspw. BGH, Urt. v. 25.4.1995 – VI ZR 272/94, NJW 1995, 1955/1956; AG *Schöneberg*, Urteile v. 10.5.2000 – 12 C 69/00, ZMR 2000, 542, sowie v. 8.3.2000 – 7 C 471/99, ZMR 2000, 684.

Für die allein von der öffentlichen Hand getragenen privatrechtlich organisierten Verwaltungsrechtssubjekte – zum Beispiel Eigengesellschaften – gelten nach ganz überwiegender Ansicht die grundsätzlichen verfassungsrechtlichen Bindungen der Staatsgewalt, also auch Art. 1 Abs. 3 GG.[30] Ein grundrechtlicher Schutz soll diesen Gesellschaften nicht zuteil werden.[31] Auch das Bundesverfassungsgericht lehnt einen Grundrechtsschutz für privatrechtlich organisierte und von der öffentlichen Hand getragene Unternehmen ab.[32] Bisweilen wird die vorgenannte Auffassung jedoch nicht geteilt.[33] Grundrechtsbindung und Grundrechtsschutz seien nicht von der Trägerschaft des Unternehmens abhängig zu machen. Aus Gründen der Rechtssicherheit komme es allein auf die Rechtsform an. Eine Grundrechtsbindung und eine Versagung des Grundrechtsschutzes privatrechtlich organisierter und von der öffentlichen Hand getragener Unternehmen seien nicht durch eine entsprechende Anwendung des Art. 1 Abs. 3 GG zu verhindern. Es sei vielmehr im Vorfeld zu prüfen, ob die geplante Privatisierung oder privatrechtliche Organisation eines öffentlichen oder öffentliche Aufgaben erfüllenden Unternehmens zulässig sein soll.[34]

Für privatrechtliche Organisationsgebilde, an denen im Gegensatz zur vorgenannten Fallgruppe sowohl die staatliche Verwaltung als auch Private beteiligt sind, wird eine Bindung an die Grundrechte und als Kehrseite eine Versagung des Grundrechtsschutzes überwiegend abgelehnt.[35] Es handele sich in diesen Fällen nicht um die Ausübung von Staatsgewalt, was selbst dann gelte, wenn der Hoheitsträger einen beherrschenden Einfluss auf das Unternehmen auszuüben vermag. Dieses Ergebnis rechtfertige sich insbesondere daraus, dass ansonsten die Rechte der privaten Anteilseigner unberücksichtigt blieben.[36] Das Bundesverfassungsgericht teilt diese Ansicht jedoch im Falle gemischtpublizistischer Privatrechtssubjekte nicht, soweit Unternehmen öffentliche Aufgaben wahrnehmen und von

---

[30] *Erichsen/Ehlers (Ehlers)*, Allgemeines Verwaltungsrecht, § 2 Rdn. 83; *Ehlers*, JZ 1990, 1089/1096; *Jarass/Pieroth (Jarass)*, Art. 1 Rdn. 29; *v. Münch/Kunig (Krebs)*, Art. 19 Rdn. 42; *Dreier (Dreier)*, Art. 1 Rdn. 52; *v. Arnauld*, DÖV 1998, 437/444 m. w. Nachw.

[31] *Ehlers*, JZ 1990, 1089/1096; *v. Münch/Kunig (Gubelt)*, Art. 3 Rdn. 6; *v. Münch/Kunig (Krebs)*, Art. 19 Rdn. 42; *v. Arnauld*, DÖV 1998, 437/444 m. w. Nachw.

[32] BVerfG, Beschlüsse v. 20.12.1979 – 1 BvR 834/79, NJW 1980, 1093; v. 7.6.1977 – 1 BvR 108, 424/73 und 226/74, BVerfGE 45, 63/80; so auch BGH, Urt. v. 23.9.1969 – VI ZR 19/68, BGHZ 52, 325/329.

[33] *Pieroth*, NWVBl 1992, 85 f. m. w. Nachw.; wohl auch KG, Urt. v. 30.11.1999 – 9 U 8222/99, NJW 2000, 2210 f., das einer Tochtergesellschaft der Deutschen Bahn AG die Berufung auf das Allgemeine Persönlichkeitsrecht in Form des Unternehmenspersönlichkeitsrechts zuerkennt.

[34] *Pieroth*, NWVBl 1992, 85 f.

[35] *Kühne*, Anmerkung zu BVerfG, Beschl. v. 16.5.1989 – 1 BvR 705/88 (JZ 1990, 335), JZ 1990, 335 f.; *v. Münch/Kunig (Gubelt)*, Art. 3 Rdn. 7 f.; *Erichsen/Ehlers (Ehlers)*, Allgemeines Verwaltungsrecht, § 2 Rdn. 85; *Ehlers*, JZ 1990, 1089/1096; *Pieroth*, NWVBl 1992, 85/87.

[36] *Kühne*, Anmerkung zu BVerfG, Beschl. v. 16.5.1989 – 1 BvR 705/88 (JZ 1990, 335), JZ 1990, 335/336; *Ehlers*, JZ 1990, 1089/1096; *Pieroth*, NWVBl 1992, 85/87.

der öffentlichen Hand beherrscht werden.[37] Denn es sei nur dann gerechtfertigt, juristische Personen als Grundrechtsinhaber anzusehen und sie in den Schutzbereich bestimmter materieller Grundrechte einzubeziehen, wenn deren Bildung und Betätigung Ausdruck der freien Entfaltung der privaten natürlichen Person ist, insbesondere wenn der „Durchgriff" auf die hinter ihnen stehenden Menschen es als sinnvoll und erforderlich erscheinen lässt. Diese Voraussetzungen seien für juristische Personen des Privatrechts nicht gegeben, wenn ihre Funktion in der Wahrnehmung gesetzlich zugewiesener und geregelter öffentlicher Aufgaben der Daseinsvorsorge liegt und eine Beherrschung durch einen Träger öffentlicher Gewalt gegeben ist.[38]

Ob privatrechtlich organisierte Unternehmen der Daseinsvorsorge sich bei der Durchführung von Videoüberwachungsmaßnahmen auf eigene Grundrechte berufen können beziehungsweise ob sie gegenüber den Betroffenen an Grundrechte gebunden sind, hängt nach überwiegender Ansicht also von der Eigentümerstruktur des jeweiligen Unternehmens ab. Sind – wie etwa bei der Fraport AG – sowohl die öffentliche Hand als auch Private an dem Unternehmen beteiligt, wäre eine unmittelbare Grundrechtsbindung gegenüber den von der Videoüberwachung Betroffenen nicht gegeben. Die Fraport AG könnte sich ihrerseits allerdings – gegenüber Privaten jedenfalls mittelbar – auf die Verwirklichung von Grundrechten berufen. Demgegenüber wäre die Deutsche Bahn AG als von der öffentlichen Hand allein beherrschtes Unternehmen trotz der privatrechtlichen Organisationsform unmittelbar an die Grundrechte gebunden. Sie könnte hingegen die Videoüberwachung nicht auf die Verwirklichung eigener Grundrechte stützen.

Die Differenzierung zwischen Eigentümerstrukturen zur Ermittlung der Grundrechtsbindung und des Grundrechtsschutzes erscheint bedenklich. Wenn zum einen die Tatsache Berücksichtigung findet, dass hinter einem privatrechtlich organisierten Gebilde letztlich der Staat steht und dieser sich seiner Verpflichtungen nicht durch privatrechtliche Organisation seiner Aufgaben entledigen können soll, ist es zweifelhaft, dass jegliche Beteiligung privater Personen die Grundrechtsbindung insgesamt aufzuheben und den Grundrechtsschutz auszulösen vermag. Andererseits würden die Interessen der privaten Anteilseigner nicht hinreichend berücksichtigt, wenn die Privaten zwangsweise einer Grundrechtsbindung unterworfen würden und ihnen ein Grundrechtsschutz versagt bliebe, nur weil sie an einem mehrheitlich in öffentlicher Hand liegenden Unternehmen beteiligt sind. Auch würde die Festlegung eines bestimmten Prozentsatzes staatlicher Beteiligung, die über Grundrechtsbindung und Grundrechtsschutz des privatrechtlich organisierten Un-

---

[37] BVerfG, Beschl. v. 16.5.1989 – 1 BvR 705/88, JZ 1990, 335: die Entscheidung des Bundesverfassungsgerichts erging zwar nur für die Frage des Grundrechtsschutzes gemischtpublizistischer Privatrechtssubjekte. Sie ist im Umkehrschluss aber auch für die Frage der Grundrechtsbindung im vorgenannten Fall bedeutsam; *Jarass/Pieroth (Jarass)*, Art. 1 Rdn. 29; anders aber *Erichsen/Ehlers (Ehlers)*, Allgemeines Verwaltungsrecht, § 2 Rdn. 85.
[38] BVerfG, Beschl. v. 16.5.1989 – 1 BvR 705/88, JZ 1990, 335.

ternehmens insgesamt entscheiden soll, weder den Interessen der privaten Anteilseigner noch denjenigen der außenstehenden Bürger gerecht.[39] Denn die Verletzung der Interessen von am Unternehmen beteiligter Privater wird nicht dadurch abgemildert, dass der Gesamtanteil privater Beteiligung an „ihrem" Unternehmen besonders gering ist.

Auf welche Weise die gegenläufigen Aspekte – Interessen privater Anteilseigner und grundrechtliche Bindung des Staates – in Einklang zu bringen sind, kann im Hinblick auf die hier gegenständliche Videoüberwachung aber letztlich dahinstehen. Zum einen können privatrechtlich organisierte Unternehmen der Daseinsvorsorge unabhängig von ihrer Eigentümerstruktur die mittelbare Geltung beziehungsweise die Drittwirkung des Allgemeinen Persönlichkeitsrechts in seiner Ausprägung als informationelles Selbstbestimmungsrecht nicht ausschließen.[40] Das Recht auf informationelle Selbstbestimmung findet daher in jedem Falle im Rahmen der schutzwürdigen Interessen der Betroffenen i. S. des § 6b Abs. 1 BDSG Berücksichtigung. Zum anderen ist unabhängig von der Frage des Grundrechtsschutzes jedem privatrechtlich organisierten Unternehmen, für das der Anwendungsbereich des § 6b BDSG eröffnet ist, die Berufung auf das Hausrecht möglich. Das privatrechtliche Hausrecht ist letztlich aber nichts anderes als ein sich aus dem Eigentum ergebendes und damit dem Schutz des Art. 14 GG unterliegendes Recht. Schließlich ist auch darauf hinzuweisen, dass sich ein privatrechtlich organisiertes, aber mehrheitlich oder vollständig in öffentlicher Trägerschaft befindliches Unternehmen zwar möglicherweise nicht auf die Verwirklichung *eigener* Grundrechte berufen kann. Dies ändert aber nichts an der Pflicht und dem Recht des Staates, seine Einflussmöglichkeiten zu Gunsten des Schutzes von Grundrechten seiner Bürger geltend zu machen.

Im Rahmen der in § 6b Abs. 1 BDSG normierten Abwägung der betroffenen Interessen findet – jedenfalls mittelbar – das Recht auf informationelle Selbstbestimmung der videoüberwachten Bürger Berücksichtigung. In die Abwägung und zu Gunsten des Betreibers der Videoüberwachung fließt andererseits auch das im Eigentumsrecht und damit in Art. 14 GG begründete privatrechtliche Hausrecht ein.

Im Hinblick auf die Pflicht nach § 6b Abs. 2 BDSG, die Videobeobachtung und die verantwortliche Stelle durch geeignete Maßnahmen erkennbar zu machen, kann auf die Ausführungen im ersten Kapitel verwiesen werden.[41] Als geeignet sind insbesondere auch mehrsprachige Hinweisschilder und international übliche Piktogramme anzusehen.

---

[39] So aber, wenngleich zwischen Grundrechtsbindung und Grundrechtsschutz differenzierend *v. Arnauld,* DÖV 1998, 437/445.
[40] Hierzu schon oben 5. Kapitel:I.1 (S. 145).
[41] Siehe oben 1. Kapitel:II.3.b)bb)ddd)δ)ββ) (S. 77).

2. *Sonstige Rechtsgrundlagen*

Ist der Anwendungsbereich des § 6b BDSG nicht eröffnet, weil beispielsweise die zu ü-
berwachenden Räume nicht öffentlich zugänglich sind, können privatrechtlich organisierte Unternehmen der Daseinsvorsorge die Videoüberwachung grundsätzlich auf die allgemeinen datenschutzrechtlichen Bestimmungen der Datenerhebung, -verarbeitung und -
nutzung für eigene Zwecke stützen, sofern im Übrigen der Anwendungsbereich des Bundesdatenschutzgesetzes eröffnet ist.[42]

Gemäß § 28 Abs. 1 BDSG ist die Datenerhebung und also auch die Videobeobachtung[43]
als Mittel für die Erfüllung *eigener Geschäftszwecke* zulässig. Ob die regelmäßig mit der Videobeobachtung durch privatrechtlich organisierte Unternehmen der Daseinsvorsorge
bezweckte Verbesserung der Sicherheit[44] beziehungsweise die Hebung des Sicherheitsgefühls noch als eigener Geschäftszweck i. S. des § 28 Abs. 1 BDSG bezeichnet werden
kann, erscheint indes zweifelhaft. Eigene Geschäftszwecke i. S. des § 28 Abs. 1 BDSG
werden verfolgt, wenn die Datenerhebung als Hilfsmittel zur Erfüllung bestimmter anderer, eigener Zwecke der datenverarbeitenden Stelle erfolgt.[45] Die Datenerhebung dient
dann als Mittel zur Erreichung eines Geschäftszwecks, ohne jedoch selbst das geschäftliche Interesse zu bilden.[46] Die durch Maßnahmen der Videobeobachtung bezweckte Verbesserung der Sicherheit und die mit ihr einhergehende Stärkung des Sicherheitsgefühls
dienen allenfalls *mittelbar* dem eigentlichen Geschäftszweck, möglichst viele Kunden zur
Inanspruchnahme von Leistungen des betreffenden Unternehmens zu bewegen. § 28
Abs. 1 BDSG ist allerdings gerade für die Anwendung auf diejenige Datenerhebung bestimmt, die nicht unmittelbar das geschäftliche Interesse selbst betrifft.[47] Dies ergibt sich
bereits daraus, dass die nachfolgende Regelung, § 29 BDSG, den Fall des geschäftsmäßi-
gen Datenumgangs zum Gegenstand hat. Eine Beschränkung auf einen bestimmten Grad
an „Mittelbarkeit" des Mittels – hier der Videobeobachtung – zur Verwirklichung der eigenen Geschäftszwecke kann § 28 Abs. 1 BDSG nicht entnommen werden. Es ist daher
– und auch zur Vermeidung von Regelungslücken – von einem weiten Anwendungsbereich des § 28 Abs. 1 BDSG auszugehen, so dass auch einem Sicherheitsinteresse dienende Videobeobachtungsmaßnahmen dem Anwendungsbereich der Norm unterliegen.

Des Weiteren ist die Zulässigkeit der Datenerhebung und damit der Videobeobachtung
an das Vorliegen einer der in den Nummern 1 bis 3 normierten Erhebungsgründe ge-

---

[42] *Weichert*, Detektiv-Kurier 2001, Heft 4, S. 9/14.
[43] Zur Videobeobachtung als dem Erheben personenbezogener Daten siehe oben 4. Kapi-
tel:II.1.a) (S. 128).
[44] Hierzu oben 5. Kapitel: (S. 144).
[45] *Gola/Schomerus*, § 28 Rdn. 4, als Beispiele werden genannt: die Abwicklung von eingegange-
nen Verträgen oder die Betreuung von Kunden.
[46] *Gola/Schomerus*, § 28 Rdn. 4, auch zur Abgrenzung zwischen § 28 und § 29 BDSG.
[47] *Gola/Schomerus*, § 28 Rdn. 4.

knüpft.[48] Nach § 28 Abs. 1 Nr. 1 BDSG ist die Datenerhebung zulässig, wenn sie der Zweckbestimmung eines Vertragsverhältnisses oder vertragsähnlichen Vertrauensverhältnisses mit dem Betroffenen dient. Die Datenerhebung ist ferner zulässig, soweit dies zur Wahrung berechtigter Interessen der verantwortlichen Stelle erforderlich ist[49] (§ 28 Abs. 1 Nr. 2 BDSG) oder schließlich, wenn die Daten allgemein zugänglich sind oder die verantwortliche Stelle die Daten veröffentlichen dürfte (§ 28 Abs. 1 Nr. 3 BDSG). Schutzwürdige Interessen des Betroffenen dürfen nicht überwiegen.[50]

Handelt es sich nicht um den Fall einer Datenerhebung, etwa weil eine präventive Wirkung durch Kameraattrappen zu bewirken gesucht wird, sind die Vorschriften des Bundesdatenschutzgesetzes nicht anwendbar. In diesem Fall ist das privatrechtliche Hausrecht heranzuziehen, das in den zuvor skizzierten Grenzen als taugliche Rechtsgrundlage in Betracht kommt.[51]

II. Zulässigkeit von Maßnahmen der Videoaufzeichnung

Im Hinblick auf Maßnahmen der Videoaufzeichnung nach § 6b Abs. 3 BDSG kann im Wesentlichen auf die Ausführungen im vierten Kapitel verwiesen werden.[52, 53] Auch für private Betreiber gilt aufgrund des Verweises in Absatz 3 eine Beschränkung auf die in § 6b Abs. 1 BDSG enthaltenen Zweckbestimmungen. Im Rahmen der Abwägung ist insbesondere zu berücksichtigen, dass die Videoaufzeichnung gegenüber der Videobeobachtung der stärkere Eingriff ist.[54] Nur entsprechend gewichtige Zwecke werden folglich den durch Maßnahmen der Videoaufzeichnung bewirkten Eingriff in das Recht auf informationelle Selbstbestimmung rechtfertigen können. Allerdings ist die von *Weichert*[55] zitierte Forderung, nach der die Videoaufzeichnung personenbezogener Daten davon abhängig zu machen sei, dass eine Straftat beobachtet wird oder eine konkrete Gefahrenlage besteht, abzulehnen. Dies kann vom Gesetzgeber angesichts der klaren Regelung in § 6b

---

[48] Zu den einzelnen Tatbeständen im Rahmen des § 28 BDSG siehe auch *Duhr/Naujok/Danker/Seiffert*, DuD 2003, 5/6 f.

[49] Die für die ähnlich lautende Zweckbestimmung des § 6b Abs. 1 Nr. 3 BDSG bestehenden Zweifel an der Verfassungsmäßigkeit mangels hinreichender Bestimmtheit sind im Rahmen des § 28 BDSG nicht begründet. In diesem Fall ist nämlich zu berücksichtigen, dass es dem Gesetzgeber nicht möglich ist, jede Form der Datenerhebung oder -verarbeitung bereichsspezifisch zu erfassen, siehe hierzu schon oben 1. Kapitel:II.3.a)cc) (S. 45) sowie 4. Kapitel:II.1.c) (S. 134).

[50] Dies ist explizit geregelt für § 28 Abs. 1 Nr. 2 und 3 BDSG.

[51] Zum privatrechtlichen Hausrecht siehe oben 5. Kapitel:I.1 (S. 145).

[52] Siehe oben 4. Kapitel:III.2 (S. 142).

[53] Im Hinblick auf sonstige Rechtsgrundlagen der Videoaufzeichnung – § 28 Abs. 1 BDSG sowie das privatrechtliche Hausrecht – sei auf die Ausführungen zur Videobeobachtung verwiesen, oben 5. Kapitel:I.2 (S. 153).

[54] *Möller/v. Zezschwitz (Bäumler)*, S. 62; *Brenneisen/Staak*, DuD 1999, 447/449; *Keller*, Kriminalistik 2000, 187/189.

[55] Detektiv-Kurier 2001, Heft 4, S. 9/14.

Abs. 3 Satz 2 BDSG kaum gewollt sein. Beschränkte man die Aufzeichnung nach § 6b Abs. 3 Satz 1 BDSG auf das Vorliegen einer Straftat oder einer konkreten Gefahrenlage, wäre die nachfolgende Regelung zur Zweckänderung in Absatz 3 Satz 2 überflüssig, da sie dann nicht als Erweiterung des Anwendungsbereiches von Satz 1, sondern lediglich als dessen Wiederholung fungierte.

Nach § 6b Abs. 5 BDSG sind die nach Absatz 3 gespeicherten Daten unverzüglich zu löschen, wenn sie zur Erreichung des Zwecks nicht mehr erforderlich sind oder schutzwürdige Interessen der Betroffenen einer weiteren Speicherung entgegenstehen. Schutzwürdige Interessen bestehen nach *Weichert*[56], wenn der Betroffene einen Anspruch geltend macht, für dessen Durchsetzung es auf den Nachweis durch die Videobilder ankommt. Als mögliche Ansprüche werden beispielhaft der Auskunftsanspruch nach § 34 BDSG und der Schadensersatzanspruch nach § 7 BDSG genannt.[57]

§ 6b Abs. 5 BDSG erlaubt den privaten Betreibern der Videoaufzeichnung eine weitestgehend in ihrem Ermessen liegende Auslegung der Löschungsregelung,[58] wobei brauchbare Kriterien zur Ermittlung der zulässigen Aufbewahrungsdauer nicht normiert sind. In Anbetracht der Schwere des grundrechtlichen Eingriffs durch Speicherung und Aufbewahrung personenbezogener Daten dürfte § 6b Abs. 5 BDSG kaum den Anforderungen an das Bestimmtheitsgebot genügen.[59]

Unabhängig von der Frage der hinreichenden Bestimmtheit vermag das Interesse der Betreiber an einer flexiblen Handhabung der Löschung jedenfalls nicht, das Löschungsinteresse der von der Videoaufzeichnung Betroffenen sowie deren Interesse an Rechtsklarheit zu überwiegen. Eine Regelung, welche die Löschung im kaum überprüfbaren Ermessen der videoaufzeichnenden Stelle belässt, ist *per se* unangemessen. Ein anderes Ergebnis lässt sich auch nicht unter Verweis auf die nicht beanstandete Löschungsregelung des § 15a Abs. 2 Satz 3 PolG Nordrhein-Westfalen in der bislang geltenden Fassung begründen. Denn im Unterschied zu § 6b Abs. 5 BDSG ist die Aufbewahrung polizeilich aufgezeichneten Bildmaterials in Nordrhein-Westfalen auf den Zweck der Verfolgung von Straftaten von erheblicher Bedeutung beschränkt.[60]

---

[56] Detektiv-Kurier 2001, Heft 4, S. 9/16.
[57] *Weichert*, Detektiv-Kurier 2001, Heft 4, S. 9/16.
[58] So auch *Leopold*, Forum Recht 2001, 82.
[59] Zum Bestimmtheitsgrundsatz siehe oben 1. Kapitel:II.3.a)cc) (S. 45).
[60] Diese Beschränkung soll nach dem von der Landesregierung eingebrachten Gesetzesentwurf zur Änderung u.a. des § 15a PolG Nordrhein-Westfalen (Landtagsdrucks. 13/2854) jedoch entfallen.

III. Folgemaßnahmen der Videoüberwachung durch privatrechtlich organisierte Unternehmen der Daseinsvorsorge

Als auf die Videoaufzeichnung folgende Maßnahmen durch privatrechtlich organisierte Unternehmen der Daseinsvorsorge sind insbesondere die Bearbeitung und die Übermittlung des Bildmaterials von Bedeutung. Der Abgleich von Bildmaterial mit Datenbeständen wird in der Regel nicht von den Unternehmen selbst durchgeführt. So werden beispielsweise bei der biometrischen Gesichtserkennung an Flughäfen die von den Unternehmen erhobenen Daten unmittelbar an ein – typischerweise am Flughafen selbst eingerichtetes – polizeiliches Kontrollzentrum übermittelt und der Datenabgleich dann von der Polizei durchgeführt.[61, 62]

Für die Maßnahmen des Bearbeitens und des Übermittelns sind nach der speziellen Befugnisnorm des § 6b BDSG die tatbestandlichen Voraussetzungen dieselben, so dass eine differenzierte Darstellung der Rechtsgrundlagen für diese Maßnahmen entbehrlich ist. Für Folgemaßnahmen nach § 28 BDSG sei auf die Ausführungen zur Videobeobachtung verwiesen.[63]

Gemäß § 6b Abs. 3 BDSG ist die Verarbeitung, welche nach § 3 Abs. 4 BDSG das Speichern, Verändern, Übermitteln, Sperren und Löschen personenbezogener Daten umfasst, zulässig, wenn sie zum Erreichen des verfolgten Zwecks erforderlich ist und keine Anhaltspunkte bestehen, dass schutzwürdige Interessen der Betroffenen überwiegen. Die Voraussetzungen, die an das Bearbeiten beziehungsweise die Übermittlung des Bildmaterials geknüpft werden, sind damit dieselben wie die der Videoaufzeichnung.[64] Zu berücksichtigen ist allerdings, dass für die Maßnahmen des Bearbeitens und des Übermittelns jeweils gesondert zu prüfen ist, ob die jeweilige Maßnahme zum Erreichen eines der in § 6b Abs. 1 BDSG genannten Zwecke erforderlich ist und ob das Interesse des Betreibers an der Durchführung der in Rede stehenden Maßnahme gegenüber dem Interesse des Betroffenen an der Unterlassung der Maßnahme überwiegt.

Neben den in § 6b Abs. 1 Nr. 1 bis 3 BDSG aufgeführten Zwecken sind die Bearbeitung und die Übermittlung von Bildmaterial des Weiteren zulässig, soweit dies zur Abwehr von Gefahren für die staatliche und öffentliche Sicherheit sowie zur Verfolgung von Straftaten

---

[61] Zum Ganzen am Beispiel des Flughafens in Reykjavik siehe *v. Lucius*, Frankfurter Allgemeine Zeitung v. 1.8.2002, S. 7 (Politik).

[62] In Deutschland kommt bei der Terroristensuche auch ein Datenabgleich durch den Bundesgrenzschutz in Betracht. Die rechtliche Zulässigkeit solcher Maßnahmen richtet sich dann nach Bundesgrenzschutzgesetz.

[63] Siehe oben 5. Kapitel:I.2 (S. 153); Insbesondere für Übermittlung und Nutzung sind die Voraussetzungen der umfangreichen Regelung des § 28 BDSG zu entnehmen; siehe hierzu auch *Duhr/Naujok/Danker/Seiffert*, DuD 2003, 5/7 f.

[64] Hierzu schon oben 5. Kapitel:II (S. 154).

erforderlich ist, § 6b Abs. 3 Satz 2 BDSG. Eine – im Polizeirecht übliche[65] – Differenzierung danach, ob es sich bei dem Übermittlungsadressaten um eine öffentliche oder um
eine nichtöffentliche Stelle handelt, enthält § 6b Abs. 3 BDSG nicht. So ist die Regelung
als Rechtsgrundlage sowohl für die Datenübermittlung an die Polizei beziehungsweise die
Staatsanwaltschaft als auch für die Übermittlung an einen privaten Auftragnehmer – zum
Beispiel einen Sicherheitsdienst oder einen Detektiv zur weiteren Sachverhaltsaufklärung
– heranzuziehen.[66] Voraussetzung ist nur, dass die Übermittlung für den Zweck der Strafverfolgung oder der Gefahrenabwehr erforderlich ist.[67] Für privatrechtlich organisierte
Unternehmen der Daseinsvorsorge wird zur Verbesserung der Sicherheit die Verfolgung
von Straftaten regelmäßig Zweck der Übermittlung sein. § 6b Abs. 3 Satz 2 BDSG ist hier
folglich von großer praktischer Bedeutung.

IV. Kurze Zusammenfassung der Ergebnisse

Maßnahmen der Videoüberwachung durch privatrechtlich organisierte Unternehmen der
Daseinsvorsorge liegen auf der Schnittstelle zwischen öffentlichem Recht und Privatrecht.
Denn zum einen ist die Daseinsvorsorge eine öffentliche Aufgabe, zu deren Erfüllung der
Staat verfassungsrechtlich verpflichtet ist. Zum anderen bedient sich der Staat zur Erfüllung seiner Aufgaben privatrechtlich organisierter Gesellschaften. Dieses Zusammenspiel
von öffentlichem Recht und Privatrecht wirft Fragen im Hinblick auf die Grundrechtsbindung und den Grundrechtsschutz privatrechtlich organisierter Unternehmen der Daseinsvorsorge auf, die im Rahmen von § 6b BDSG näher zu untersuchen sind.

Der Anwendungsbereich des Bundesdatenschutzgesetzes ist sowohl für Maßnahmen der
Videobeobachtung als auch für Maßnahmen der Videoaufzeichnung durch nichtöffentliche Unternehmen der Daseinsvorsorge eröffnet. Die Voraussetzungen des § 1 Abs. 2
Nr. 3 BDSG sind erfüllt. Zum einen handelt es sich bei der Durchführung von Videoüberwachungsmaßnahmen um die Erhebung beziehungsweise die Verarbeitung personenbezogener Daten. Zum anderen sind sowohl Kamera-Monitor-Systeme, bei denen es
nicht zu einer Speicherung von Bildmaterial kommt, als auch Systeme mit Aufzeichnung
und Übertragungsfunktion Datenverarbeitungsanlagen i. S. des § 1 Abs. 2 Nr. 3 BDSG.

Der Anwendung des § 6b BDSG steht nicht entgegen, dass bestimmte Einrichtungen und
Räumlichkeiten wie beispielsweise Züge oder Museen, nur gegen Entgelt zugänglich sind.
Von einer öffentlichen Zugänglichkeit ist selbst dann noch auszugehen, wenn der Zutritt
nur nach einer Personen- oder/und Gepäckkontrolle möglich ist, wie dies beispielsweise
für den Raum nach dem Check-in beziehungsweise den Zugang zu den Gates an Flughä-

---

[65] Siehe bspw. §§ 26 f. PolG Nordrhein-Westfalen, §§ 41 f. Brandenburgisches PolG sowie §§ 41
      f. PolG Baden-Württemberg.
[66] *Weichert*, Detektiv-Kurier 2001, Heft 4, S. 9/16.
[67] Siehe § 6b Abs. 3 Satz 2 BDSG.

fen der Fall ist. Maßnahmen der Videoüberwachung sind zur Wahrnehmung des (privatrechtlich zu qualifizierenden) Hausrechts sowie zur Wahrnehmung berechtigter Interessen für konkret festgelegte Zwecke zulässig, § 6b Abs. 1 Nr. 2 und 3 BDSG.

Im Rahmen der Abwägung der betroffenen Interessen ist die Frage, ob zu Gunsten des privatrechtlich organisierten Betreibers grundrechtlich geschützte Positionen – insbesondere aus Art. 14 GG – zu berücksichtigen sind, letztlich nicht von Bedeutung. Dies gilt ebenso für die Frage der Grundrechtsbindung. Denn zum einen ist das Allgemeine Persönlichkeitsrecht in seiner Ausprägung als informationelles Selbstbestimmungsrecht zu Gunsten der von der Videoüberwachung Betroffenen jedenfalls mittelbar durch die Auslegung unbestimmter Rechtsbegriffe wie etwa „schutzwürdige Interessen" zu berücksichtigen unabhängig davon, ob das nichtöffentliche Unternehmen einer Grundrechtsbindung unterliegt oder nicht. Zum anderen kann sich auch der privatrechtlich organisierte Betreiber von Videoüberwachungsanlagen jedenfalls auf sein Hausrecht berufen, das Ausfluss des verfassungsrechtlich garantierten Eigentumsrechts aus Art. 14 GG ist. Dies gilt unabhängig von der Frage, ob sich das nichtöffentliche Unternehmen überhaupt auf einen Grundrechtsschutz berufen kann oder nicht.

Sofern die Voraussetzungen des § 6b nicht gegeben sind, können sich privatrechtlich organisierte Unternehmen der Daseinsvorsorge auf die §§ 27 f. BDSG stützen. Videobeobachtung und Videoaufzeichnung als Maßnahmen zur Verbesserung der Sicherheit und zur Stärkung des Sicherheitsgefühls dienen mittelbar der Erfüllung eigener Geschäftszwecke i. S. des § 28 Abs. 1 BDSG, so dass der Anwendungsbereich des § 28 Abs. 1 eröffnet ist.

Maßnahmen, bei denen es nicht zu einer Erhebung personenbezogener Daten kommt – wie etwa das Aufstellen von Kameraattrappen zu präventiven Zwecken –, sind im Rahmen des Hausrechts zulässig.

Die Regelung des § 6b Abs. 5 BDSG stellt die Löschung von Bildmaterial in das fast beliebige Ermessen der videoaufzeichnenden Stelle, ohne dass brauchbare Kriterien zur Ermittlung der zulässigen Aufbewahrungsdauer normiert sind. § 6b Abs. 5 BDSG ist daher im Hinblick auf seine Vereinbarkeit mit dem Bestimmtheitsgrundsatz verfassungsrechtlichen Bedenken ausgesetzt. Unabhängig davon berücksichtigt die Löschungsregelung die Interessen der von der Videoaufzeichnung Betroffenen an einer kurzen und bestimmbaren Löschungsfrist nicht hinreichend, so dass § 6b Abs. 5 BDSG jedenfalls unangemessen und schon aus diesem Grunde verfassungswidrig ist.

Folgemaßnahmen, wie etwa das Bearbeiten oder Übermitteln von Bildmaterial, sind anhand von § 6b Abs. 3 BDSG zu beurteilen, sofern das Bildmaterial bereits nach § 6b Abs. 1 BDSG erhoben wurde. Eine Differenzierung zwischen der Übermittlung von Bildmaterial an öffentliche und der Übermittlung an nichtöffentliche Stellen enthält § 6b Abs. 3 BDSG nicht.

2. Teil: Rechtliche Behandlung der Videoüberwachung in Frankreich

Im nun folgenden zweiten Teil wird die Frage der rechtlichen Zulässigkeit von Videoüberwachungsmaßnahmen in Frankreich im Rahmen des zuvor erläuterten Untersuchungsgegenstands[1] behandelt.

Videoüberwachungsmaßnahmen sind in Frankreich bereits seit einigen Jahrzehnten im privatrechtlich und etwas verzögert auch im öffentlich-rechtlich zu qualifizierenden Bereich ein fester Bestandteil gängiger Sicherheitsmaßnahmen.[2] Ihre sicherheitspolitische Bedeutung nimmt aufgrund des technischen Fortschritts und des mit diesem einhergehenden Preisverfalls der Überwachungskameras stetig zu.[3] Diese Umstände sowie die Tatsache, dass Maßnahmen der Videoüberwachung nicht spezialgesetzlich geregelt waren, hat der französische Gesetzgeber zum Anlass genommen, der Videoüberwachung durch Erlass des Gesetzes n° 95-73 vom 21. Januar 1995[4] einen rechtlichen Rahmen zu geben. Dies wird in der vorliegenden Abhandlung besondere Berücksichtigung finden.

In einem ersten Kapitel[5] sollen zunächst die Entwicklung und der Stand der Rechtslage zur Videoüberwachung in Frankreich dargestellt werden, was für das Verständnis der gegenwärtig diskutierten Rechtsprobleme unentbehrlich ist und im Übrigen auch den Zugang zur Frage der rechtlichen Zulässigkeit von Videoüberwachungsmaßnahmen nach französischem Recht erleichtert. Untersuchungsgegenstände sind zum einen die Rechtslage bis zum Erlass des Gesetzes vom 21. Januar 1995,[6] zum anderen die Rechtslage seit in Krafttreten dieses Gesetzes[7] und unter Berücksichtigung der hierzu ergangenen Entscheidung des Conseil Constitutionnel[8] sowie schließlich die Rechtslage seit der Umsetzung der Richtlinie 95/46/EG des Europäischen Parlaments und Rates vom 24. Oktober 1995 zum Schutz natürlicher Personen bei der Verarbeitung personenbezogener Daten und zum freien Datenverkehr.[9] Die Frage, welche rechtlichen Auswirkungen sich durch die Umsetzung der genannten Richtlinie für das französische Recht ergeben, ist gerade im Falle der Videoüberwachung von großer Bedeutung, da der französische Gesetzgeber die

---

[1] Siehe oben I (S. 1).
[2] Zur Bedeutung der Videoüberwachung in Frankreich siehe oben Einleitung-III (S. 6).
[3] Zum technischen Fortschritt siehe oben Einleitung-IV (S. 9).
[4] Abgedruckt in Dalloz, Code de la communication 2001, S. 1389 f.
[5] Sogleich S. 161.
[6] Siehe unten 1. Kapitel:I (S. 161).
[7] Siehe unten 1. Kapitel:II (S. 168).
[8] Siehe unten 1. Kapitel:II.2 (S. 173).
[9] Amtsblatt der Europäischen Gemeinschaften Nr. L 281 v. 23.11.1995, S. 31 f.; zum Ganzen siehe unten 1. Kapitel:III (S. 178).

Videoüberwachung im Zeitpunkt des Erlasses der Datenschutz-Richtlinie bereits normiert hatte.

Schwerpunkt dieses zweiten Teils bildet zum einen – ebenso wie im ersten Teil – die Frage der Vereinbarkeit von Videoüberwachungsmaßnahmen mit den Grundrechten, welche Gegenstand des zweiten Kapitels ist.[10] Zum anderen soll in einem dritten Kapitel der Frage nachgegangen werden, welchen rechtlichen Anforderungen der französische Gesetzgeber die Durchführung von Videoüberwachungsmaßnahmen im Hinblick auf den Schutz potentiell betroffener Grundrechte unterworfen hat.[11] Eine differenzierte Behandlung von Videobeobachtung und Videoaufzeichnung erfolgt – im Gegensatz zum ersten Teil – nicht. Dies trägt dem Umstand Rechnung, dass weder die einschlägige Literatur noch das Gesetz vom 21. Januar 1995 im Hinblick auf seine tatbestandlichen Voraussetzungen zwischen den vorgenannten Maßnahmen unterscheiden. Wo die Unterscheidung zwischen Videobeobachtung und Videoaufzeichnung von Bedeutung ist, wird sie jedoch berücksichtigt.

In einem vierten und letzten Kapitel sollen in gebotener Kürze die rechtlichen Grundlagen für Maßnahmen untersucht werden, die sich an die Videobeobachtung beziehungsweise die Videoaufzeichnung anschließen.[12]

---

[10] Siehe unten 2. Kapitel: (S. 184).
[11] Siehe hierzu 3. Kapitel: (S. 201).
[12] Siehe unten 4. Kapitel: (S. 213).

1. Kapitel: Entwicklung und gegenwärtiger Stand der Rechtslage in Frankreich

Der französische Gesetzgeber hat Anfang 1995 eine spezialgesetzliche Grundlage betreffend die Videoüberwachung geschaffen, nachdem die Diskussionen um die rechtlichen Voraussetzungen der Videoüberwachung bereits einige Jahre intensiv geführt wurden. Die Darstellung dieser Entwicklung, die sich über einen Zeitraum von ungefähr zwölf bis fünfzehn Jahren erstreckt, ist Gegenstand dieses ersten Kapitels. Sie führt von der Frage der rechtlichen Behandlung der Videoüberwachung vor Erlass einer spezialgesetzlichen Regelung (I), über die Rechtslage seit dem In-Kraft-Treten des Gesetzes vom 21. Januar 1995 (II) bis hin zur Frage, inwieweit der französische Gesetzgeber zur Umsetzung der europäischen Richtlinie betreffend den Datenschutz Modifikationen am Gesetz von 1995 vorzunehmen hat (III).

I. Rechtliche Behandlung der Videoüberwachung bis zum Erlass des Gesetzes vom 21. Januar 1995

Bis zum Erlass einer spezialgesetzlichen Regelung Anfang 1995 wurde die rechtliche Behandlung der Videoüberwachung nicht einheitlich beurteilt, insbesondere was die auf sie anwendbaren Rechtsnormen betrifft.

Soweit der Anwendungsbereich des Gesetzes n° 78-17 vom 6. Januar 1978 betreffend die Datenverarbeitung, Dateien und Grundrechte[1] als eröffnet erachtet wurde, fanden die Regelungen dieses Gesetzes in Gänze oder zum Teil Anwendung unabhängig davon, ob es sich um eine privatrechtlich oder öffentlich-rechtlich zu qualifizierende Videoüberwachungsmaßnahme handelte.[2] Der Frage der Anwendbarkeit des vorgenannten Gesetzes auf Maßnahmen der Videoüberwachung kam aufgrund der im dritten Kapitel[3] normierten Vorabkontrolle automatisierter Datenverarbeitungen durch die *Commission nationale de l'informatique et des libertés (CNIL)*[4] besondere Bedeutung zu. Die CNIL wurde durch das Gesetz vom 6. Januar 1978 mit dem Auftrag gegründet, über die Einhaltung der gesetzlichen Schutzbestimmungen zu wachen, um so den Rechten der im Zuge von Dateierstel-

---

[1] Loi n° 78-17 du 6 janvier 1978 relative à l'informatique, aux fichiers et aux libertés, abgedruckt in Dalloz, Code de la communication 2001, S. 901 f.

[2] Die nachfolgenden Ausführungen beziehen sich auf das Gesetz vom 6. Januar 1978 in der *vor* bzw. *bei* Erlass des Gesetzes vom 21. Januar 1995 geltenden Fassung. Die neue Fassung des Datenschutzgesetzes wird im Rahmen der Richtlinienumsetzung berücksichtigt, siehe unten 1. Kapitel:III (S. 178). Zum Anwendungsbereich des Gesetzes vom 6. Januar 1978 in der bislang geltenden Fassung siehe noch unten 1. Kapitel:I.1 (S. 162).

[3] Siehe Art. 14 f. des Gesetzes vom 6. Januar 1978 in der bislang geltenden Fassung bzw. Art. 22 f. des Gesetzes vom 6. Januar 1978 neue Fassung.

[4] Französische zentrale Datenschutzbehörde.

lung und -nutzung Betroffenen Geltung zu verschaffen.[5] Art. 8 des besagten Gesetzes[6] legt zu diesem Zweck ausdrücklich fest, dass es sich bei dieser zentralen Datenschutzbehörde um eine unabhängige Verwaltungsbehörde handelt. Ihre Mitglieder sind keinen Weisungen unterworfen.[7]

Die Anwendbarkeit des Gesetzes vom 6. Januar 1978 auf Maßnahmen der Videoüberwachung war allerdings problematisch und umstritten. Vor Erlass der spezialgesetzlichen Regelung Anfang 1995 standen sich CNIL, Rechtsprechung und Gesetzgeber im Hinblick auf die Anwendbarkeit des Gesetzes von 1978 auf Videoüberwachungsmaßnahmen mit unterschiedlichen Auffassungen gegenüber.[8] Aber auch nach Erlass des Gesetzes vom 21. Januar 1995 ist die Frage der Anwendbarkeit des Datenschutzgesetzes von 1978 noch von Bedeutung.[9]

Des Weiteren fanden vor Erlass des Gesetzes von 1995 und insbesondere, wenn das Datenschutzgesetz von 1978 für nicht anwendbar erachtet wurde, allgemeine Vorschriften wie Art. 9 Code civil und Rechtsgrundsätze wie das *principe de proportionnalité*[10] Anwendung.[11]

1. Das Gesetz n° 78-17 vom 6. Januar 1978 betreffend die Datenverarbeitung, Dateien und Grundrechte

Der Anwendungsbereich des Gesetzes vom 6. Januar 1978 in der bislang geltenden Fassung ist nicht ausdrücklich festgelegt.[12] Aus einzelnen Bestimmungen ergibt sich allerdings, dass das vorgenannte Gesetz nur anwendbar ist, wenn es sich bei der in Rede stehenden Maßnahme um eine automatisierte Verarbeitung personenbezogener Daten im Sinne der Artikel 4 und 5 des Gesetzes von 1978 a.F. handelt. Dies ergibt sich beispielsweise aus Art. 6 a.F., der die Zuständigkeiten der CNIL festlegt, sowie aus den Artikeln 14 f. a.F. betreffend die Anforderungen an die Einrichtung automatisierter Datenverarbeitungen.

Die automatisierte Datenverarbeitung im Sinne des Gesetzes vom 6. Januar 1978 in seiner bislang geltenden Fassung umfasst gemäß Art. 5 sämtliche automatisch durchgeführten Handlungsmechanismen betreffend die Erhebung, Speicherung, Bearbeitung, Änderung,

---

[5] *Chapus*, Droit administratif général, Band 1, Rdn. 294; zur CNIL siehe auch *Lebreton*, Libertés publiques et droits de l'homme, S. 300 f.

[6] Art. 8 des Gesetzes von 1978 in der bisherigen Fassung; entspricht Art. 11 der neuen Fassung.

[7] Art. 13 des Gesetzes vom 6. Januar 1978 bisherige Fassung; entspricht Art. 21 der neuen Fassung.

[8] Hierzu unten 1. Kapitel:I.1 (S. 162).

[9] Siehe hierzu unten 1. Kapitel:III (S. 178).

[10] Zum Grundsatz der Verhältnismäßigkeit siehe noch unten 2. Kapitel:V.3 (S. 194).

[11] Hierzu unten 1. Kapitel:I.2 (S. 167).

[12] Anders in der nunmehr geltenden Fassung, siehe deren Art. 2.

Aufbewahrung und das Löschen personenbezogener Daten und sämtliche Handlungsmechanismen gleicher Natur, die sich auf die Nutzung von Dateien oder Datenbanken beziehen, sowie insbesondere die Vernetzung oder den Abgleich, das Abfragen oder das Weiterleiten personenbezogener Daten.[13]

Personenbezogene Daten im Sinne des Gesetzes von 1978 a.f. sind gemäß Art. 4 diejenigen Informationen, die, in welcher Form auch immer, direkt oder indirekt die Identifizierung der sie betreffenden natürlichen Personen ermöglichen unabhängig davon, ob die Verarbeitung durch eine natürliche oder eine juristische Person durchgeführt wird.[14]

a)   Das relevante Kriterium bei der Frage der Anwendbarkeit des Gesetzes vom 6. Januar 1978 auf die Videoüberwachung

Ob die Problematik der Anwendbarkeit des Gesetzes von 1978 a.f. daraus resultierte, dass im Falle der Videoüberwachung das Vorliegen einer automatisierten Datenverarbeitung i. S. des Art. 5 bezweifelt wurde oder aber die Qualifikation von Videobildern als personenbezogene Daten i. S. des Art. 4 in Rede stand, kann nicht eindeutig beantwortet werden. Nach *Forest*[15] war die Anwendbarkeit des Gesetzes von 1978 a.F. im Falle von Videoüberwachungsmaßnahmen aufgrund des Kriteriums der automatisierten Datenverarbeitung problematisch. Auch die CNIL hat ihre Unzuständigkeit und also die Unanwendbarkeit des Gesetzes vom 6. Januar 1978 a.F. in ihrem Beschluss n° 93-001 vom 12. Januar 1993 betreffend die Installation eines Videoüberwachungssystems in Levallois-Perret auf das Nichtvorliegen einer automatisierten Datenverarbeitung i. S. des Art. 5 gestützt.[16] In ihrer Bekanntmachung n° 94-056 vom 21. Juni 1994[17] bezieht sich die CNIL zur Begründung der Anwendbarkeit des Gesetzes vom 6. Januar 1978 a.F. unter anderem aber auch auf Art. 4 des vorgenannten Gesetzes und damit also auf die Frage, ob Videobilder als personenbezogene Daten im Sinne dieser Vorschrift zu qualifizieren sein können.

---

[13] Vergleiche die französische Fassung des Art. 5 des Gesetzes n° 78-17 vom 6. Januar 1978: *« Est dénommé traitement automatisé d'informations nominatives au sens de la présente loi tout ensemble d'opérations réalisées par des moyens automatiques, relatif à la collecte, l'enregistrement, l'élaboration, la modification, la conservation et la destruction d'informations nominatives ainsi que tout ensemble d'opérations de même nature se rapportant à l'exploitation de fichiers ou bases de données et notamment les interconnexions ou rapprochements, consultations ou communications d'informations nominatives ».*

[14] Art. 4 des Gesetzes n° 78-17 vom 6. Januar 1978: *« Sont réputées nominatives au sens de la présente loi les informations qui permettent, sous quelque forme que ce soit, directement ou non, l'identification des personnes physiques auxquelles elles s'appliquent, que le traitement soit effectué par une personne physique ou par une personne morale. »*

[15] D.E.S.S., S. 6.

[16] 14e rapport d'activité 1993, S. 67 f.

[17] Abgedruckt in Dalloz, Code de la communication 2001, S. 1387 f.

Das Tribunal de grande instance *Paris*[18] hatte bereits am 22. März 1989 entschieden, dass die Speicherung des Bildes einer Person, das per Computer anhand eines Photos erstellt worden war, nicht als automatisierte Verarbeitung personenbezogener Daten zu qualifizieren sei, wenn keinerlei zusätzliche personenbezogenen Informationen mitabgespeichert werden.[19] Die Entscheidung gibt allerdings keinen Aufschluss darüber, ob die Anwendbarkeit des Gesetzes vom 6. Januar 1978 verneint wurde, weil der Prozess der Bildentstehung nicht als *traitement automatisé* – also als automatisierte Datenverarbeitung – angesehen wurde, oder aber weil ein Bild als solches kein personenbezogenes Datum ist.[20]

Angesichts der bestehenden Unklarheiten und der Tatsache, dass die automatisierte Datenverarbeitung i. S. des Art. 5 des Gesetzes von 1978 a.F. das Vorliegen personenbezogener Daten voraussetzt, ist schließlich *Heilmann* und *Vitalis*[21] zuzustimmen, nach denen die Frage des Problemschwerpunktes bei der Anwendbarkeit des Gesetzes von 1978 a.F. auf Maßnahmen der Videoüberwachung sowohl das Vorliegen einer automatisierten Datenverarbeitung i. S. des Art. 5 als auch die Qualifikation als personenbezogene Daten i. S. des Art. 4 betrifft.

b) Die Anwendbarkeit des Gesetzes vom 6. Januar 1978 auf Maßnahmen der Videoüberwachung
Bis zum Erlass des Gesetzes vom 21. Januar 1995 wurde die Anwendbarkeit des Gesetzes vom 6. Januar 1978 in Rechtsprechung und Literatur im Hinblick auf die Qualifikation von Videoüberwachungsanlagen als automatisierte Datenverarbeitungsanlagen i. S. des Art. 5 a.F. beziehungsweise im Hinblick auf die Qualifikation der Videobilder als personenbezogene Daten i. S. des Art. 4 a.F. nicht einheitlich beurteilt.

Das Tribunal administratif *Marseille* hat in seiner Entscheidung vom 21. Juni 1990[22] das Gesetz vom 6. Januar 1978 a.F. im Falle der geplanten Videoüberwachungsanlage in A-vignon[23] für nicht anwendbar erklärt. Die CNIL sei im zu entscheidenden Fall nicht für die Genehmigung der Videoüberwachungsanlage zuständig, da das geplante System, das regelmäßig nur die Bildübertragung an eine Zentrale und nur in bestimmten Ausnahmefällen die Aufzeichnung der Bilder vorsah, nicht die Erstellung einer Datei im Sinne des

---

[18] 1ère chambre; das *Tribunal de grande instance* ist ein Großinstanzgericht, zumeist am Hauptverwaltungsgericht des Departements. Es löste 1958 das Erstinstanzgericht ab und entspricht etwa dem Landgericht, siehe *Doucet/Fleck* zu „*tribunal de grande instance*".
[19] Zur Entscheidung des TGI *Paris* siehe *Pellet*, Revue administrative 1995, 142/148 (Teil 1).
[20] *Forest*, D.E.S.S., S. 6, ist der Ansicht, das TGI *Paris* habe sich gegen die Anwendbarkeit des Gesetzes von 1978 entschieden, weil ein Photo nicht als personenbezogenes Datum zu qualifizieren sei; ebenso *Pellet*, Revue administrative 1995, 142/148 (Teil 1).
[21] Le Courrier du CNRS 1996, n° 82, S. 47 f.; in diesem Sinne auch *Lorant*, Droit de l'informatique et des télécoms 1995 (4), S. 9/11.
[22] 5e chambre, in Sachen BRUNE c/ Commune d'Avignon – nicht veröffentlicht; zur Entscheidung siehe bei *Pellet*, Revue administrative 1995, 142/148 (Teil 1).
[23] Zum Videoüberwachungssystem in Avignon siehe schon oben Einleitung-III (S. 6).

besagten Gesetzes zum Gegenstand habe.[24] Die Entscheidung des Gerichts, die geplante Installation des Videoüberwachungssystems zu untersagen, beruht letztlich also nicht auf dem Datenschutzgesetz von 1978, sondern allein auf der Anwendung des Verhältnismäßigkeitsgrundsatzes.[25]

In der Anhörung vor der *Assemblée Nationale*[26] am 6. Juni 1994 vertrat die französische Regierung, dass nur die digitale Videoüberwachung dem Gesetz vom 6. Januar 1978 a.f. unterfalle, was Grund für das Tätigwerden des Gesetzgebers sei, bestehende Lücken zu schließen.[27]

Die vorgenannten Beurteilungen wurden von der CNIL nicht immer geteilt, die in der Frage der Anwendbarkeit des Datenschutzgesetzes von 1978 a.f. einen eigenen, sich bisweilen ändernden Lösungsansatz vertrat.[28]

In ihrem Beschluss n° 91-013 vom 12. Februar 1991[29] betreffend das Überwachungssystem in Avignon erachtete die CNIL durch den Erlass eines positiven Bescheids das Gesetz vom 6. Januar 1978 indirekt für anwendbar. Die Videoüberwachung umfasste die Übermittlung der Bilder in digitaler Form an eine Überwachungszentrale, ohne dass die Bilder auch aufgezeichnet wurden. Es wurden allerdings digitale Tonaufnahmen angefertigt, die für eine Dauer von elf Tagen aufbewahrt wurden.

In den Beschlüssen n° 91-127 vom 17. Dezember 1991[30] sowie n° 93-001 vom 12. Januar 1993[31] betreffend die Installation eines Videoüberwachungssystems in Levallois-Perret stellte die CNIL klar, dass nur Videoüberwachungsanlagen, die Bilder in digitaler Form verarbeiten, dem Gesetz von 1978 a.f. unterworfen seien, nicht aber analoge Systeme. Die analoge Videoüberwachung sei keine automatisierte Datenverarbeitung im Sinne des Gesetzes von 1978 a.f.[32] Konsequenterweise erklärte sich die CNIL im vorgenannten Fall für unzuständig, weil die Gemeinde von dem beabsichtigten digitalen Videoüberwachungssystem Abstand nahm, um lediglich Videoüberwachung ohne Aufzeichnung in analoger Form durchzuführen. Die Beschränkung der Anwendbarkeit des Gesetzes vom 6. Januar 1978 a.f. auf digitale Videoüberwachungssysteme findet sich auch im Beschluss der CNIL vom 10. November 1992[33] wieder, der die Installation von Videokameras

---

[24] Siehe bei *Pellet*, Revue administrative 1995, 142/148 (Teil 1).

[25] Zum *principe de proportionnalité* siehe noch unten 2. Kapitel:V.3 (S. 194).

[26] Französische Nationalversammlung, erste Kammer des französischen Parlaments, siehe *Doucet/Fleck* zu „*assemblée nationale*".

[27] Siehe CNIL, 15e rapport d'activité 1994, S. 479.

[28] Sog. doctrine de la CNIL.

[29] CNIL, 12e rapport d'activité 1991, S. 182 f.

[30] CNIL, 12e rapport d'activité 1991, S. 186.

[31] CNIL, 14e rapport d'activité 1993, S. 67/68.

[32] CNIL, 14e rapport d'activité 1993, S. 67/68.

[33] CNIL, Les libertés et l'informatique, vingt délibérations commentées, S. 97 f.

durch die SNCF[34] auf ihren Bahnhöfen betraf. Die CNIL begründete ihre Zuständigkeit und die Anwendbarkeit des Datenschutzgesetzes von 1978 a.f. mit der geplanten *digital* durchgeführten Videoüberwachung.[35]

Im Beschluss vom 12. Januar 1993 wies die CNIL allerdings darauf hin, dass auch die analog durchgeführte Videoüberwachung zumindest partiell dem Anwendungsbereich des Gesetzes von 1978 a.f. unterfallen könne, wenn Bilder aufgezeichnet werden. Die Videoaufzeichnung könne nämlich einer Photosammlung in Papierform gleichgestellt werden, auf welche die Vorschriften des Art. 45 des Gesetzes von 1978 a.f. anwendbar seien.[36] Letztlich sei jedoch die Begründung der Zuständigkeit der CNIL allein aufgrund technischer Kriterien wie der analogen oder digitalen Durchführung von Videoüberwachungsmaßnahmen nicht zufriedenstellend.[37]

In ihrer Bekanntmachung n° 94-056 vom 21. Juni 1994[38] führte die CNIL hingegen aus, dass das Gesetz von 1978 a.f. auch bei analog durchgeführter Videoüberwachung Anwendung finden könne unabhängig davon, ob es zu einer Aufzeichnung komme oder nicht. Denn die Bildnisse einer Person seien als personenbezogene Daten zu qualifizieren, da sie jedenfalls indirekt im Zusammenhang mit anderen Kriterien die Identifizierung der betroffenen Personen ermöglichen.[39]

Diese Auffassung wird bisweilen auch in der Literatur vertreten.[40] So stellt *Forest*[41] fest, man könne kaum verneinen, dass eine Person anhand eines Photos identifizierbar sei. *Lorant*[42] weist darauf hin, dass es ja gerade das Ziel jeder Bildaufzeichnung sei, Delinquenten später anhand der Videobilder zu identifizieren. *Forest*[43] argumentiert ferner, Art. 31 Abs. 1 des Datenschutzgesetzes von 1978 a.f. beinhalte eine Definition des Begriffs der sensiblen Daten, die unter anderem politische Ansichten, den kulturellen Hintergrund, die Religion usw. betreffen.[44] Wenn man annehme, dass es sich bei bestimmten Bildern einer Person, die durch die Videoüberwachung entstehen, um solche sensiblen Daten hande-

---

[34] *Société nationale des chemins de fer*, französische nationale Eisenbahngesellschaft.
[35] CNIL, Les libertés et l'informatique, vingt délibérations commentées, S. 97 f.
[36] CNIL, 14ᵉ rapport d'activité 1993, S. 67/68.
[37] CNIL, 14ᵉ rapport d'activité 1993, S. 70.
[38] Abgedruckt in Dalloz, Code de la communication 2001, S. 1387 f.
[39] CNIL, délibération n° 94-056 vom 21. Juni 1994, abgedruckt in Dalloz, Code de la communication 2001, S. 1387 f.
[40] *Forest*, D.E.S.S., S. 7; *Lorant*, Droit de l'informatique et des télécoms 1995 (4), S. 9/11; *Heilmann/Vitalis*, Le Courrier du CNRS 1996, n° 82, S. 47 f.
[41] D.E.S.S., S. 7.
[42] Droit de l'informatique et des télécoms 1995 (4), S. 9/11.
[43] D.E.S.S., S. 7.
[44] Art. 31 Abs. 1 des Gesetzes vom 6. Januar 1978 a.f. lautet: « *Il est interdit de mettre ou conserver en mémoire informatisée, sauf accord exprès de l'intéressé, des données nominatives qui, directement ou indirectement, font apparaître les origines raciales ou les opinions politiques, philosophiques ou religieuses ou les appartenances syndicales* « *ou les mœurs* » *des personnes.*»

le,[45] dann handele es sich gleichsam um personenbezogene Daten i. S. des Art. 4 des vorgenannten Gesetzes. An diesem Argument ist jedoch lediglich stimmig, dass jedes sensible Datum i. S. des Art. 31 Abs. 1 gleichsam auch ein personenbezogenes Datum ist. Im Übrigen handelt es sich um einen Zirkelschluss, denn ein sensibles Datum i. S. des Art. 31 Abs. 1 *setzt* gerade ein personenbezogenes Datum *voraus*. Damit *wird* nicht jede Information mit politischem, religiösem oder kulturellem Hintergrund *per se* zum personenbezogenen Datum.

Im Hinblick auf die Anwendbarkeit des Gesetzes vom 6. Januar 1978 auf Maßnahmen der Videoüberwachung kann zusammenfassend festgestellt werden, dass die CNIL ihre Zuständigkeit und damit den Anwendungsbereich des Datenschutzgesetzes von 1978 aufgrund der ansonsten bestehenden Regelungslücken stetig ausweitete. Dieser Entwicklung wurde mit Erlass des Gesetzes vom 21. Januar 1995 ein Ende gesetzt.[46]

2. *Sonstige Rechtsgrundlagen*

Neben dem Gesetz vom 6. Januar 1978 a.F. und insbesondere bei dessen Nichtanwendbarkeit kamen allgemeine Rechtsvorschriften und Rechtsgrundsätze zur Beurteilung der rechtlichen Zulässigkeit von Videoüberwachungsmaßnahmen zur Anwendung.

Im privatrechtlichen Verhältnis[47] wurde bisweilen auf den durch das Gesetz n° 70-643 vom 17. Juli 1970 geschaffenen Art. 9 Code civil zurückgegriffen. Gemäß Art. 9 Abs. 1 Code civil hat jeder ein Recht auf Privatleben.[48] Im Rahmen von Videoüberwachungsmaßnahmen wurde dieses Recht insbesondere durch die Verpflichtung zur Information der von der Videoüberwachung betroffenen Personen verwirklicht, wobei durch die Information über die Durchführung der Videoüberwachung das Einverständnis der von ihr betroffenen Personen vermutet wurde.[49] Bei fehlender Information wurde eine Verletzung des Gesetzes vom 17. Juli 1970 allerdings nur dann angenommen, wenn die Beeinträchtigung des Privatlebens der von der Videoüberwachung Betroffenen beabsichtigt war oder aber die Videobilder ohne vorherige Genehmigung der Gefilmten genutzt wurden.[50] Die praktische Relevanz von Art. 9 Code civil im Hinblick auf Videoüberwachungsmaßnahmen war damit denkbar gering.[51]

---

[45] So lasse z.B. der Schleier unschwer Rückschlüsse auf die Religionszugehörigkeit der betroffenen Person zu.

[46] Siehe hierzu unten 1. Kapitel:II.3 (S. 176).

[47] Das schließt private, aber öffentlich zugängliche Räume ein, siehe noch unten 1. Kapitel:II.1.a) (S. 170); zur Anwendbarkeit von Art. 9 Code civil nur auf Private siehe CNIL, 14ᵉ rapport d'activité 1993, S. 69; *Heilmann/Vitalis*, Le Courrier du CNRS 1996, n° 82, S. 47 f., sowie *Velasco*, S. 351.

[48] Art. 9 Abs. 1 Code civil: « Chacun a droit au respect de sa vie privée. »

[49] *Pellet*, Revue administrative 1995, 142/147 (Teil 1).

[50] Von Bedeutung war hier insbesondere die kommerzielle Nutzung, siehe zum Ganzen *Pellet*, Revue administrative 1995, 142/147 (Teil 1).

[51] *Pellet*, Revue administrative 1995, 142/147 (Teil 1).

Im öffentlich-rechtlichen Rechtsverhältnis wurde bei Nichtanwendbarkeit des Datenschutzgesetzes von 1978 das allgemeine *principe de proportionnalité* zur Beurteilung der rechtlichen Zulässigkeit von Videoüberwachungsmaßnahmen herangezogen.[52] So hat das Tribunal administratif *Marseille* mit Entscheidung vom 21. Juni 1990 die Installation eines Videoüberwachungssystems in Avignon mit der Begründung untersagt, dass eine solche Maßnahme weder durch Strafverfolgungsmaßnahmen, noch mit dem Aufrechterhalten der öffentlichen Ordnung, vereinzelt festgestellten Verstößen gegen die Straßenverkehrsordnung oder mit gegenüber Personen beziehungsweise Sachen verübten Rechtsverstößen gerechtfertigt werden könne.[53] Eine generelle Unzulässigkeit von Maßnahmen der Videoüberwachung lässt sich aus der vorgenannten Entscheidung allerdings nicht ableiten.[54]

II. Rechtslage nach Erlass des Gesetzes vom 21. Januar 1995

Mit dem Ziel, bestehende rechtliche Lücken der Videoüberwachung zu schließen, trat am 21. Januar 1995 das Gesetz n° 95-73 in Kraft, das der Videoüberwachung einen rechtlichen Rahmen gibt. Weitere rechtliche Grundlagen im Zusammenhang mit dem Gesetz von 21. Januar 1995 finden sich in der Ausführungsverordnung décret n° 96-926 vom 17. Oktober 1996,[55] welche gemäß Art. 10 Abs. 7 des Gesetzes von 1995 die Anwendungsmodalitäten des Art. 10 betreffend die Videoüberwachung festlegt, sowie in der *circulaire* vom 22. Oktober 1996. *Circulaires* sind französische Verwaltungsvorschriften normkonkretisierender oder norminterpretierender Art.[56] Bei der circulaire vom 22. Oktober 1996 handelt es sich gemäß der in ihr enthaltenen Zielsetzung[57] und im Übrigen ohne weiteres anhand der Ausgestaltung erkennbar um eine norminterpretierende Verwaltungsvorschrift, sog. *circulaire interprétative*. Norminterpretierende Verwaltungsvorschriften richten sich an die zur Anwendung der auszulegenden Norm berufenen Verwaltungsan-

---

[52] Zum *principe de proportionnalité* siehe noch unten 2. Kapitel:V.3 (S. 194).

[53] 5ᵉ chambre, Entsch. v. 21.6.1990, in Sachen BRUNE c/ Commune d'Avignon – nicht veröffentlicht; zur Entscheidung siehe auch *Pellet*, Revue administrative 1995, 142/148 (Teil 1), sowie schon oben Einleitung-III (S. 6).

[54] So wohl auch *de Lajartre*, La Semaine Juridique (JCP) 1996, n° 3955, S. 317/323; anders wohl *Forest*, D.E.S.S., S. 5, der die Entscheidung als generelles Verbot der Videoüberwachung versteht, ausgenommen derjenigen zum Zwecke der Verkehrsüberwachung.

[55] Erlassen als *décret en Conseil d'Etat*, d.h. die Ausführungsverordnung wurde erst nach einer Stellungnahme des Conseil d'Etat erlassen, siehe hierzu *Lebreton*, Droit administratif général, S. 181.

[56] Siehe hierzu *Chapus*, Droit administratif général, Band 1, Rdn. 684, sowie *Lebreton*, Droit administratif général, S. 83 f.

[57] Vor Nummer 1 der circulaire: « *La présente circulaire a pour objectif de commenter les dispositions de cette nouvelle réglementation et de décrire les procédures qu'il vous appartient de mettre en œuvre.* »

gestellten oder -beamten und können von den mittelbar durch sie betroffenen Bürgern nicht angefochten werden.[58]

Neben der Normierung der Tatbestandsvoraussetzungen, die an die Zulässigkeit von Videoüberwachungsmaßnahmen geknüpft werden, sowie einiger Betroffenenrechte sieht das Gesetz vom 21. Januar 1995 insbesondere eine Vorabkontrolle für die Errichtung von Videoüberwachungsanlagen durch eine unabhängige Kommission vor.[59] Die Nichtbeachtung einschlägiger Bestimmungen des Art. 10 ist mit Strafe bewehrt, siehe Art. 10 Abs. 6.[60]

Bei In-Kraft-Treten des Gesetzes bereits bestehende Videoüberwachungssysteme sind binnen einer Übergangsfrist von sechs Monaten in Einklang mit Art. 10 des vorgenannten Gesetzes zu bringen, Art. 10 Abs. 3 Satz 3 des Gesetzes vom 21. Januar 1995.

Soweit der Anwendungsbereich des Gesetzes von 1995 nicht eröffnet ist, können Videoüberwachungsmaßnahmen nach den allgemeinen Rechtsnormen und Rechtsgrundsätzen, wie beispielsweise Art. 9 Code civil,[61] zulässig sein.[62] Das Gesetz entfaltet mithin keine Ausschlusswirkung.

Mit Einführung des Gesetzes vom 21. Januar 1995 bestand erstmals eine spezielle Rechtsgrundlage für die Durchführung von Videoüberwachungsmaßnahmen. Das Gesetz trägt durch die Schaffung eines rechtlichen Rahmens zu einer gewissen Rechtssicherheit im Bereich der Videoüberwachung bei, wirft aber auch neue Rechtsfragen auf. Diese betreffen unter anderem seine Anwendbarkeit (1) sowie das Anwendungsverhältnis zwischen dem Gesetz vom 21. Januar 1995 und dem Datenschutzgesetz vom 6. Januar 1978 (3). Im Rahmen der vorgenannten Untersuchungen ist die Entscheidung des Conseil Constitutionnel vom 18. Januar 1995 betreffend das Gesetz vom 21. Januar 1995 zu berücksichtigen (2). Schließlich ist kurz auf die das Gesetz von 1995 betreffende Kritik einzugehen (4).

1. Der Anwendungsbereich des Gesetzes von 1995

Das Gesetz vom 21. Januar 1995 ist anwendbar, wenn sein geographischer, personaler und sachlicher Anwendungsbereich eröffnet ist. Der geographische Anwendungsbereich betrifft die Frage, für welche Orte und Einrichtungen das Gesetz die Installation von Videoüberwachungsanlagen vorsieht (unten a). Der personale Anwendungsbereich legt die Zuständigkeit derjenigen Stellen oder Personen fest, die zur Durchführung von Videoüberwachungsmaßnahmen beziehungsweise zu der ihr vorausgehenden Einrichtung des

---

[58] *Chapus*, Droit administratif général, Band 1, Rdn. 684.
[59] Zur Vorabkontrolle siehe unten 3. Kapitel:II.3 (S. 205).
[60] Zu Art. 10 Abs. 6 des Gesetzes vom 21. Januar 1995 siehe unten 3. Kapitel:II.6 (S. 211).
[61] Hierzu bereits oben 1. Kapitel:I.2 (S. 167).
[62] So auch Nummer 2.4 der circulaire vom 22. Oktober 1996.

Videoüberwachungssystems befugt sind (unten b). Durch den sachlichen Anwendungsbereich werden schließlich allgemeine weitere Voraussetzungen wie die vom Gesetz umfassten unterschiedlichen technischen Durchführungsmodalitäten der Videoüberwachung festgelegt (unten c).

a) Geographischer Anwendungsbereich

Der geographische Anwendungsbereich des Gesetzes vom 21. Januar 1995 ist gemäß dessen Art. 10 Abs. 2 Satz 1 zum einen für Videoüberwachungsmaßnahmen eröffnet, die im öffentlich-rechtlich zu qualifizierenden Bereich[63] durchgeführt werden. Aus den nachfolgenden Zweckbestimmungen ergibt sich, dass vom öffentlich-rechtlich zu qualifizierenden Bereich auch öffentliche Gebäude und Einrichtungen umfasst sind.[64] Zum anderen ist Art. 10 des vorgenannten Gesetzes auf Maßnahmen der Videoüberwachung anzuwenden, die im öffentlich zugänglichen Bereich oder in öffentlich zugänglichen Einrichtungen durchgeführt werden, Art. 10 Abs. 2 Satz 2.[65] Unter öffentlich zugänglichem Bereich ist derjenige Bereich zu verstehen, der für alle ohne eine besondere Genehmigung zugänglich ist unabhängig davon, ob der Zutritt für lange Dauer und ohne Bedingungen gewährt oder ob er an bestimmte festgelegte Bedingungen wie Zutrittszeiten oder Zutrittsgründe geknüpft wird.[66] Im Übrigen kommt es ebenso wenig darauf an, ob der in Rede stehende öffentlich zugängliche Bereich öffentlich-rechtlich oder privatrechtlich zu qualifizieren ist.[67] Der Anwendungsbereich des öffentlich zugänglichen Bereichs beziehungsweise der öffentlich zugänglichen Einrichtungen dürfte jedoch letztlich auf Private beschränkt sein, da die Videoüberwachung durch öffentliche Stellen, auch soweit sie den Schutz besonders gefährdeter Personen oder Sachen zum Gegenstand hat, bereits von Art. 10 Abs. 2 Satz 1 des Gesetzes umfasst ist.[68]

Als Beispiele für öffentlich zugängliche Räume und Einrichtungen i. S. des Art. 10 Abs. 2 Satz 2 werden in der Literatur öffentlich-rechtlich, aber nicht privatrechtlich organisierte Busfahrgesellschaften sowie öffentlich-rechtliche oder privatrechtliche Einrichtungen genannt, die hinter einem Schalter die Öffentlichkeit empfangen wie beispielsweise Banken, Juweliergeschäfte, Museen, Kinos, Theaterhäuser u.v.m.[69] Nach Nummer 2.4 der circulaire vom 22. Oktober 1996 ist der Umstand, dass fremde Personen Zugang in ein Unter-

---

[63] *„La voie publique"*, siehe Art. 10 Abs. 2 Satz 1 des Gesetzes vom 21. Januar 1995.
[64] Zu den Zweckbestimmungen im Einzelnen siehe noch unten 1. Kapitel:II.1.c) (S. 172).
[65] *« Lieux et établissements ouverts au public ».*
[66] Entscheidung der Cour d'appel (französischer Appellationsgerichtshof, entspricht etwa dem deutschen Oberlandesgericht, siehe *Doucet/Fleck* zu *„Cour d'appel")* Paris v. 19.11.1986 – 1ère chambre A, Gazette du Palais 1987 v. 8.1.1987, S. 18 f., welche die Entscheidung des Tribunal de grande instance Paris v. 23.10.1986, 17e chambre, Gazette du Palais v. 8.1.1987, S. 21 f., bestätigt.
[67] Siehe Nummer 2.3.2 der circulaire vom 22. Oktober 1996.
[68] So wohl auch *de Lajartre*, La Semaine Juridique (JCP) 1996, n° 3955, S. 317/322.
[69] *Ocqueteau*, Les Cahiers de la sécurité intérieure 2001, n° 43, S. 101/106 f.

nehmen haben, kein ausreichender Hinweis dafür, dass es sich bei dem betreffenden Unternehmen um einen öffentlich zugänglichen Ort i. S. des Art. 10 Abs. 2 Satz 2 des Gesetzes von 1995 handelt.[70]

Die Videoüberwachung im öffentlich-rechtlichen Bereich bringt die Gefahr mit sich, dass der sich an diesen anschließende privatrechtliche Bereich ebenfalls überwacht wird. Art. 10 Abs. 2 Satz 3 des Gesetzes vom 21. Januar 1995 sieht daher vor, dass bei der Durchführung von Videoüberwachungsmaßnahmen Wohnhäuser lediglich von außen gefilmt werden dürfen. Das Verbot erstreckt sich ferner auf das gezielte Filmen von Hauseingängen.[71] *Graboy-Grobesco*[72] merkt hierzu an, dass die klare Abgrenzung zwischen gezielter, das heißt beabsichtigter, und nicht beabsichtigter, aber notwendiger Videoüberwachung praktisch nicht getroffen werden könne und dementsprechend eine Kontrolle des Art. 10 Abs. 2 Satz 3 kaum möglich sei.

Im Übrigen, das heißt auf privatrechtlich zu qualifizierende Orte, die nicht öffentlich zugänglich sind, findet das Gesetz vom 21. Januar 1995 keine Anwendung.[73]

b) Personaler Anwendungsbereich

Gemäß Art. 10 Abs. 2 Satz 1 des Gesetzes von 1995 obliegt die Durchführung der Videoüberwachung beziehungsweise die ihr vorausgehende Installation der Videoüberwachungsanlage den zuständigen öffentlichen Stellen.[74] Als Beispiele für zuständige öffentliche Stellen i. S. des Art. 10 Abs. 2 Satz 1 werden in der Nummer 2.3.1.1 der circulaire vom 22. Oktober 1996 Präfekt, Bürgermeister, Verantwortliche der SNCF, der RATP[75] und der öffentlich-rechtlichen Krankenhäuser, öffentlich-rechtliche Einrichtungen wie die Strafvollzugsanstalten sowie Autobahnbetreibergesellschaften als privatrechtlich organisierte Unternehmen der Daseinsvorsorge genannt.[76] Als Zulassungskriterium gilt gemäß der Verwaltungsvorschrift die Fähigkeit, eine Ordnungsgewalt zu einem der in Art. 10 Abs. 2 Satz 1 genannten Zwecke ausüben zu können.[77] Privatrechtlichen Stellen oder Privatpersonen, mit Ausnahme der privatrechtlich organisierten Konzessionsgesellschaften

---

[70] Als Beispiele werden große Lieferhallen und Einkaufszentren genannt.

[71] Art. 10 Abs. 2 Satz 3 des Gesetzes vom 21. Januar 1995 lautet: « *Les opérations de vidéosurveillance de la voie publique sont réalisées de telle sorte qu'elles ne visualisent pas les images de l'intérieur des immeubles d'habitation ni, de façon spécifique, celles de leurs entrées.* »

[72] Petites Affiches v. 18.12.1998, S. 9/15.

[73] So auch klarstellend die Nummer 2.3.3 der circulaire vom 22. Oktober 1996.

[74] Siehe Art. 10 Abs. 2 Satz 1: « les autorités publiques compétentes ».

[75] *Régie autonome des transports parisiens*; zur Videoüberwachung durch die RATP siehe *Boullier*, Les Cahiers de la sécurité intérieure 1995, n° 21, S. 88 f.

[76] Siehe hierzu auch *Georgel*, Les libertés de communication, S. 59 mit der Aufzählung einiger Beispiele, sowie *Lorant*, Droit de l'informatique et des télécoms 1995 (4), S. 9/14.

[77] Siehe Nummer 2.3.1.1 der circulaire vom 22. Oktober 1996.

im öffentlichen Interesse,[78] kann der Betrieb einer Videoüberwachungsanlage nicht genehmigt werden.[79]

Etwas anderes gilt allerdings für die Videoüberwachung in öffentlich zugänglichen Räumen und Einrichtungen, die sowohl öffentlich-rechtlich als auch privatrechtlich zu qualifizieren sein können. Zwar präzisiert Art. 10 Abs. 2 des Gesetzes vom 21. Januar 1995 nicht die für die Durchführung von Videoüberwachungsmaßnahmen an den genannten Orten zuständigen Stellen. Aus dem Zusammenhang ergibt sich aber, dass die in dem jeweils betroffenen öffentlich zugänglichen Bereich beziehungsweise den öffentlich zugänglichen Einrichtungen allgemein zuständigen Stellen auch für die Durchführung von Videoüberwachungsmaßnahmen zuständig sind unabhängig davon, ob es sich um öffentlich-rechtliche oder privatrechtliche Stellen handelt. Denn eine generelle Zuständigkeit der öffentlich-rechtlichen Stellen i. S. des Art. 10 Abs. 2 Satz 1 für öffentlich zugängliche Räume und Einrichtungen i. S. des Art. 10 Abs. 2 Satz 2 kann angesichts der potentiellen Vermischung beziehungsweise Nivellierung öffentlich-rechtlicher und privatrechtlicher Zuständigkeiten nicht angenommen werden.[80]

c) *Sachlicher Anwendungsbereich*

Vom Anwendungsbereich des Gesetzes vom 21. Januar 1995 werden Videoüberwachungsmaßnahmen erfasst unabhängig davon, ob sie analog oder digital durchgeführt werden.[81] Auch ist für die Anwendbarkeit des vorgenannten Gesetzes nicht von Bedeutung, ob eine Aufzeichnung der Bilder erfolgt oder nicht. Dies ergibt sich bereits aus dem Wortlaut des Art. 10 Abs. 2 Satz 1, der sowohl die Videobeobachtung als auch die Aufzeichnung umfasst,[82] sowie ferner aus der Nummer 2.1 der circulaire vom 22. Oktober 1996. Allerdings ist nicht jede Art der Videoüberwachung den Bestimmungen des Gesetzes von 1995 unterworfen. Ausgenommen sind solche Systeme, die weder eine Bildübertragung an eine Zentrale noch eine Aufzeichnung der Bilder vorsehen.[83] Dies ist bei-

---

[78] Bspw. die Autobahngesellschaften.

[79] So Nummer 6.2 der circulaire vom 22. Oktober 1996; ebenso *Luchaire*, Revue du droit public 1995, 575/580.

[80] In diesem Sinne etwa *Lorant*, Droit de l'informatique et des télécoms 1995 (4), S. 9/14.

[81] Eine solche Differenzierung kann schon dem Gesetzeswortlaut nicht entnommen werden; klarstellend insoweit Nummer 2.1 der circulaire vom 22. Oktober 1996; siehe hierzu auch die Anhörung vor der Assemblée nationale am 6. Juni 1994, in CNIL, 15ᵉ rapport d'activité 1994, S. 479.

[82] Dort heißt es: « *La transmission et l'enregistrement des images prises* »; Art. 10 Abs. 1 des Gesetzes vom 21. Januar 1995, in dem nur von Videoaufzeichnungen (« *enregistrements visuels de vidéosurveillance* ») die Rede ist, kann nicht zur Bestimmung des sachlichen Anwendungsbereichs herangezogen werden, da sich dieser Absatz lediglich auf das Anwendungsverhältnis zwischen den Gesetzen vom 21. Januar 1995 und vom 6. Januar 1978 bezieht. Maßnahmen der *Videobeobachtung* mussten von Art. 10 Abs. 1 nicht geregelt werden, da diese – zumindest nach Ansicht des Gesetzgebers – ohnehin nicht dem Anwendungsbereich des Gesetzes vom 6. Januar 1978 unterfallen konnten.

[83] So Nummer 2.2 der circulaire vom 22. Oktober 1996.

spielsweise der Fall, wenn die von einer Videokamera aufgenommenen Bilder an einen für alle Betroffenen sichtbaren Bildschirm weitergeleitet werden, was jedoch die Pflicht zur Information der Betroffenen über die Videoüberwachung nicht berührt.[84]

Des Weiteren ist gemäß Art. 10 Abs. 2 Satz 1 des Gesetzes von 1995 die Durchführung von Videoüberwachungsmaßnahmen im öffentlichen Bereich im Hinblick auf die mit ihnen verfolgten Zwecke beschränkt auf die Gewährleistung der Sicherheit von öffentlichen Gebäuden und Einrichtungen sowie ihrer Umgebung, den Schutz der Einrichtungen, die der nationalen Sicherheit dienen,[85] die Lenkung des Straßenverkehrs, die Feststellung von Verstößen gegen die Verkehrsordnung sowie die Verhinderung von Beeinträchtigungen der Sicherheit von Personen und Sachen an Orten, die Risiken von Angriffen auf Leib oder Leben oder von Diebstahl besonders ausgesetzt sind.[86] Im öffentlich zugänglichen Bereich sowie in öffentlich zugänglichen Einrichtungen ist die Videoüberwachung gemäß Art. 10 Abs. 2 Satz 2 nur zulässig, um an Orten, die in besonderem Maße einem Risiko von Angriffen auf Leib oder Leben oder einem Diebstahlsrisiko ausgesetzt sind, die Sicherheit von Personen und Sachen zu gewährleisten.[87] Die in Art. 10 Abs. 2 Sätze 1 und 2 des Gesetzes vom 21. Januar 1995 genannten und überwiegend präventiv ausgerichteten[88] Zweckbestimmungen sind abschließend.[89]

2. Die Entscheidung des Conseil Constitutionnel vom 18. Januar 1995

Das Gesetz n° 95-73 vom 21. Januar 1995 war Gegenstand einer Verfassungsüberprüfung durch den Conseil Constitutionnel.[90] Dieser wurde am 23. und am 26. Dezember 1994

---

[84] Nummer 2.2 der circulaire vom 22. Oktober 1996; ebenso *Ocqueteau*, Les Cahiers de la sécurité intérieure 2001, n° 43, S. 101/107, sowie *Graboy-Grobesco*, Les Petites Affiches v. 18.12.1998, S. 9/13, der ausführt, dass man im Falle kleiner Supermärkte, die Videokameras installieren und die Bilder auf einen für alle sichtbaren Monitor leiten, nicht von einer Videoüberwachung im Sinne des Gesetze von 1995 sprechen könne.

[85] Diese Zweckbestimmung war in der ersten Gesetzesfassung – Art. 8 – nicht enthalten, siehe Sénat, Projet de loi n° 543, 1993-1994, S. 9.

[86] Art. 10 Abs. 2 Satz 1 des Gesetzes vom 21. Januar 1995 lautet: « *La transmission et l'enregistrement d'images prises sur la voie publique, par le moyen de la vidéosurveillance, peuvent être mis en œuvre par les autorités publiques compétentes aux fins d'assurer la protection des bâtiments et installations publics et de leurs abords, la sauvegarde des installations utiles à la défense nationale, la régulation du trafic routier, la constatation des infractions aux règles de la circulation ou la prévention des atteintes à la sécurité des personnes et des biens dans les lieux particulièrement exposés à des risques d'agression ou de vol.* »

[87] Art. 10 Abs. 2 Satz 2 des Gesetzes vom 21. Januar 1995 lautet: « *Il peut être également procédé à ces opérations dans les lieux et établissements ouverts au public particulièrement exposé à des risques d'agression ou de vol, aux fins d'y assurer la sécurité des personnes et des biens.* »

[88] So auch *Graboy-Grobesco*, Les Petites Affiches v. 18.12.1998, S. 9/11.

[89] Siehe Nummer 2.4 der circulaire vom 22. Oktober 1996, sowie *Luchaire*, Revue du droit public 1995, 575/580.

[90] Zur Zusammensetzung und zu den Aufgaben des Conseil Constitutionnel siehe die Art. 56 f. der Verfassung von 1958, sowie *Robert/Duffar*, Droits de l'homme et libertés fondamentales, S. 132 f. und S. 144 f.

von 62 Abgeordneten der Assemblée nationale sowie 61 Senatoren angerufen, um über die Verfassungsmäßigkeit des vorgenannten Gesetzes zu entscheiden. Eine Entscheidung erging am 18. Januar 1995,[91] also drei Tage vor der endgültigen Verkündung des Gesetzes am 21. Januar 1995.[92]

Die Verfassungskontrolle eines Gesetzes durch den Conseil Constitutionnel ist nur vor seiner Verkündung möglich. Danach gilt der Grundsatz, wonach ein verabschiedetes und verkündetes Gesetz als souveräner Akt des Gesetzgebers keiner Kontrolle mehr unterworfen ist.[93] Eine irgendwie anders geartete Kontrolle der Verfassungsmäßigkeit eines Gesetzes, etwa durch ein abstraktes Normenkontrollverfahren nach der Gesetzesverkündung, mittels inzidenter Kontrolle durch die Gerichte und durch Einleitung eines konkreten Normenkontrollverfahrens oder gar durch den betroffenen Bürger selbst mittels Verfassungsbeschwerde ist in der französischen Verfassung nicht vorgesehen.

Nach Art. 61 Abs. 2 der Verfassung[94] können gewöhnliche Gesetze, also solche, die weder die Schaffung neuer noch die Umgestaltung bestehender Staatsorgane betreffen, dem Conseil Constitutionnel zur Überprüfung der Verfassungsmäßigkeit vorgelegt werden.[95] Anrufungsberechtigt sind der Staatspräsident, der Premierminister, die Präsidenten der Assemblée nationale und des Senats und seit der Verfassungsänderung vom 29. Oktober 1974 auch 60 Abgeordnete der Assemblée nationale oder 60 Senatoren. Gemäß Art. 61 Abs. 3 der Verfassung entscheidet der Conseil Constitutionnel innerhalb eines Monats über die Verfassungsmäßigkeit des ihm zugeleiteten Gesetzes, bei Dringlichkeit beläuft sich die Überprüfungsfrist nur auf acht Tage. Die Feststellung der Verfassungswidrigkeit eines Gesetzes durch den Conseil Constitutionnel führt *ipso facto* zum Verbot seiner Verkündung, Art. 62 Abs. 1 der Verfassung.

In ihrem Antrag rügen die Antragsteller die Vereinbarkeit des Gesetzes n° 95-73 vom 21. Januar 1995 mit der Verfassung und hier insbesondere den Grundrechten. Der Gesetzgeber habe es unterlassen, den von der Videoüberwachung Betroffenen hinreichende Verfahrensgarantien zum Schutz ihrer Grundrechte einzuräumen.[96]

---

[91] Conseil Constitutionnel, Entsch. v. 18.1.1995 – n° 94-352, La Semaine Juridique (JCP) 1995, II, n° 22525, S. 440 f.

[92] Zum ganzen Procedere siehe *Barloy*, Revue administrative 1995, 483.

[93] *Robert/Duffar*, Droits de l'homme et libertés fondamentales, S. 132.

[94] Soweit nichts anders angegeben ist, bezieht sich die genannte Verfassungsnorm auf die Verfassung von 1958.

[95] Gesetze, welche die Schaffung neuer oder die Umgestaltung bestehender Staatsorgane betreffen, sog. *lois organiques* – Verfassungsergänzungsgesetze – *müssen* gemäß Art. 61 Abs. 1 der Verfassung dem Conseil Constitutionnel vor ihrer Verkündung zur Überprüfung der Verfassungsmäßigkeit vorgelegt werden.

[96] Siehe in der Entsch. v. 18.1.1995 – n° 94-352, La Semaine Juridique (JCP) 1995, II, n° 22525, S. 440/441.

Der Conseil Constitutionnel beurteilt die die Videoüberwachung betreffende Rechts-grundlage, Art. 10 des Gesetzes vom 21. Januar 1995, insgesamt als verfassungsgemäß.[97] Er macht allerdings dreimal von seiner Befugnis Gebrauch, Normen verfassungskonform mit Bindungswirkung auszulegen.[98] Zum einen betrifft dies die Zusammensetzung der über die Videoüberwachung in der Vorabkontrolle entscheidenden Kommission.[99] Zum anderen setzt der Conseil Constitutionnel den Ausnahmetatbeständen, die das Recht der Betroffenen auf Einsicht in das Aufzeichnungsmaterial beschränken,[100] Grenzen.[101] Schließlich stellt das Verfassungsgericht präzisierend klar, dass nach Art. 10 Abs. 5 Satz 1 des Gesetzes von 1995 jeder Betroffene das Recht habe, die Kommission im Falle jedwe-der Schwierigkeiten im Zusammenhang mit der Einsicht in das Aufzeichnungsmaterial beziehungsweise dessen Löschung anzurufen.[102]

Lediglich die gesetzlich vorgesehene fingierte Genehmigung zur Installation einer Video-überwachungsanlage wird für verfassungswidrig erklärt.[103] Das Gesetz sah in Art. 10 Abs. 3 vor, dass die beantragte Genehmigung zur Installation einer Videoüberwachungs-anlage als erteilt gilt, wenn der Antrag nicht binnen einer Frist von vier Monaten beschie-den wird. Zwar stellt der Conseil Constitutionnel es dem Gesetzgeber anheim, von dem allgemeinen Rechtsgrundsatz abzuweichen, wonach ein nicht beschiedener Antrag nach Ablauf einer bestimmten Frist als abgelehnt gilt.[104] Fingierte Genehmigungen der Verwal-tung sind also grundsätzlich zulässig. Etwas anderes gelte jedoch für Anträge auf Geneh-migung von Videoüberwachungsanlagen. Da die Überwachungsmaßnahmen möglicher-weise in erheblichem Ausmaß in die Grundrechte der von ihr Betroffenen eingreifen, sei die Überprüfung des Genehmigungsantrags auf seine Vereinbarkeit mit den Bestimmun-

---

[97] Zur Vereinbarkeit mit den Grundrechten siehe noch unten 2. Kapitel: (S. 184).

[98] *Lafay* (Anmerkung zu Conseil Constitutionnel, Entsch. v. 18.1.1995 – n° 94-352 –, JCP 1995, II, n° 22525, S. 443/447) übt Kritik im Hinblick auf den umstrittenen Gebrauch von Ausle-gungsvorbehalten durch den Conseil Constitutionnel. Das Gericht gehe über eine Auslegung des Gesetzes vom 21.1.1995 hinaus, indem es Anforderungen aufstelle, die dem Gesetz selbst nicht zu entnehmen seien.

[99] Conseil Constitutionnel, Entsch. v. 18.1.1995 – n° 94-352, La Semaine Juridique (JCP) 1995, II, n° 22525, S. 440/441, Entscheidungsgrund 5; siehe zur Vorabkontrolle noch unten 3. Ka-pitel:II.3 (S. 205).

[100] Art. 10 Abs. 5 Satz 3 des Gesetzes vom 21. Januar 1995; hierzu noch unten 3. Kapitel:II.5 (S. 209).

[101] Conseil Constitutionnel, Entsch. v. 18.1.1995 – n° 94-352, La Semaine Juridique (JCP) 1995, II, n° 22525, S. 440/442, Entscheidungsgrund 7.

[102] Conseil Constitutionnel, Entsch. v. 18.1.1995 – n° 94-352, La Semaine Juridique (JCP) 1995, II, n° 22525, S. 440/442, Entscheidungsgrund 8.

[103] Conseil Constitutionnel, Entsch. v. 18.1.1995 – n° 94-352, La Semaine Juridique (JCP) 1995, II, n° 22525, S. 440/442, Entscheidungsgrund 11.

[104] Zu diesem allgemeinen Rechtsgrundsatz siehe *Barloy*, Revue Administrative 1995, 483/485; *Luchaire*, Revue du droit public 1995, 575/594 f.; *Favoreu*, Revue française de Droit constitu-tionnel 1995, 361/371 f.; *Mathieu*, Les Petites Affiches v. 7.6.1995, S. 7/9; *van Tuong*, Les Pe-tites Affiches v. 21.4.1995, S. 18/20.

gen des Art. 10 zur Gewährleistung der gesetzlich vorgesehenen Rechte der von der Videoüberwachung Betroffenen unbedingt erforderlich.[105]

3. *Das Anwendungsverhältnis zwischen den Gesetzen vom 6. Januar 1978 und vom 21. Januar 1995*

Durch den Erlass des Gesetzes vom 21. Januar 1995 sind die Diskussionen im Zusammenhang mit der Anwendbarkeit des Gesetzes vom 6. Januar 1978 im Wesentlichen obsolet geworden. Im Hinblick auf die unterschiedlichen Auffassungen zur Frage der Anwendbarkeit des Gesetzes von 1978 stellt Art. 10 Abs. 1 des Gesetzes von 1995 in seiner bislang geltenden Fassung[106] nunmehr ausdrücklich klar, dass Bildaufzeichnungen durch Maßnahmen der Videoüberwachung nur dann personenbezogene Daten im Sinne des Gesetzes vom 6. Januar 1978 betreffend die Datenverarbeitung, Dateien und Grundrechte sind, wenn sie für die Erstellung einer Namensdatei verwendet werden.[107]

Der Anwendungsbereich des Gesetzes von 1978 ist entsprechend der gesetzlichen Regelung des Art. 10 Abs. 1 des Gesetzes von 1995 in seiner bislang geltenden Fassung folglich nur dann eröffnet, wenn die Abbildungen einzelner Personen sowie darüber hinaus andere Informationen, die mit hinreichender Sicherheit die Identifizierung der gefilmten Personen ermöglichen, in einer Datei gespeichert werden. Es ist nicht erforderlich, dass die gefilmten Personen namentlich bezeichnet sind.[108] Nur diese Auslegung des Art. 10 Abs. 1 wird dem Begriff der Personenbeziehbarkeit beziehungsweise dem des personenbezogenen Datums in Art. 4 des Gesetzes von 1978 sowie auch der Auffassung des Gesetzgebers gerecht, wonach Art. 10 Abs. 1 des Gesetzes von 1995 den Anwendungsbereich des Gesetzes von 1978 nicht modifiziere.[109]

Ob die Videoüberwachung analog oder digital durchgeführt wird, ist für die Anwendbarkeit des Gesetzes von 1995 nicht von Bedeutung.[110] Solange die Videoüberwachung nicht der Erstellung einer Namensdatei dient, ist das Gesetz von 1978 wegen der Konkurrenzregelung des Art. 10 Abs. 1 des Gesetzes von 1995 von der Anwendung ausgeschlossen.[111] Insofern kommt auch eine kumulative Anwendung der Gesetze von 1995 und

---

[105] Conseil Constitutionnel, Entsch. v. 18.1.1995 – n° 94-352, La Semaine Juridique (JCP) 1995, II, n° 22525, S. 440/442, Entscheidungsgrund 11.

[106] Zur Änderung des Art. 10 Abs. 1 des Gesetzes vom 21. Januar 1995 siehe noch unten 1. Kapitel:III (S. 178).

[107] Art. 10 Abs. 1 des Gesetzes vom 21. Januar 1995 lautet in seiner bislang geltenden Fassung: « *Les enregistrements visuels de vidéosurveillance ne sont considérés comme des informations nominatives, au sens de la loi n° 78-17 du 6 janvier 1978 relative à l'informatique, aux fichiers et aux libertés, que s'ils sont utilisés pour la constitution d'un fichier nominatif.* »

[108] So aber anscheinend *de Lajartre*, La Semaine Juridique (JCP) 1996, n° 3955, S. 317/322.

[109] *Contremémoire* (Antragserwiderung) der Regierung vor dem Conseil Constitutionnel, siehe bei *Lorant*, Droit de l'informatique et des télécoms 1995 (4), S. 9/11.

[110] Siehe schon oben zum sachlichen Anwendungsbereich 1. Kapitel:II.1.c) (S. 172).

[111] Dies gilt beispielsweise für Maßnahmen der Videobeobachtung; zu deren Definition siehe oben Einleitung-II (S. 3).

1978 nicht in Betracht.[112, 113] Ist die Installation eines Videoüberwachungssystems einschließlich der Erstellung einer Namensdatei beabsichtigt, sieht Art. 5 des Dekrets n° 96-926 vom 17. Oktober 1996[114] vor, dass der Präfekt den Antragsteller an die CNIL verweist.

Der Conseil Constitutionnel beanstandet die Konkurrenzregelung des Art. 10 Abs. 1 des Gesetzes von 1995 nicht. Er pflichtet damit implizit dem Gesetzgeber darin bei, dass nur die Erstellung einer Namensdatei den Anwendungsbereich des Gesetzes von 1978 eröffne und dass folglich das Gesetz von 1995 den Anwendungsbereich des Gesetzes von 1978 nicht modifiziere. Die Annahme des Gegenteils wäre der Auffassung der CNIL gleichgekommen, wonach schon die Aufzeichnung des Bildes einer Person als Erstellen eines personenbezogenen Datums anzusehen ist.[115]

Von seinem Wortlaut her ist Art. 10 Abs. 1 des Gesetzes vom 21. Januar 1995 mehr als nur eine Konkurrenzregelung. Art. 10 Abs. 1 des Gesetzes von 1995 legt positiv fest, wann der Anwendungsbereich des Gesetzes von 1978 eröffnet ist unabhängig davon, ob der Anwendungsbereich des Art. 10 Abs. 2 des Gesetzes von 1995 eröffnet ist. Insofern wäre es möglich, dass aufgrund der Sperrwirkung des Art. 10 Abs. 1 sowie des in Art. 10 Abs. 2 festgelegten Anwendungsbereichs weder das Gesetz von 1978 noch das von 1995 auf die Installation einer Videoüberwachungsanlage anwendbar sind.

4. Kritik am Gesetz von 1995

Das Gesetz vom 21. Januar 1995 hat den Verdienst, der Videoüberwachung und ihren Voraussetzungen einen rechtlichen Rahmen gegeben zu haben.[116] Zum Teil wird jedoch angemerkt, dass der Gesetzgeber auch die Videoüberwachung durch Private, soweit sie im nicht öffentlich zugänglichen Bereich erfolgt, hätte regeln sollen. Insoweit bestünde angesichts des beträchtlichen Einsatzes von Videoüberwachungsanlagen in diesem Bereich nach wie vor eine große Regelungslücke.[117]

---

[112] So auch die Nummer 2.1 der circulaire vom 22. Oktober 1996.

[113] *Heilmann/Vitalis*, Le Courrier du CNRS 1996, n° 82, S. 47, merken an, dass die vom Gesetzgeber beabsichtigte Sperrwirkung des Art. 10 Abs. 1 des Gesetzes von 1995 dadurch gegenstandslos werden könnte, dass in vielen Fällen die (digitale) Videoüberwachung mit einer Aufzeichnung einhergehe und der Erstellung von Namensdateien diene. Denn das Ziel, die Sicherheit zu gewährleisten, erfordere geradezu die Speicherung aller zur Verfügung stehenden Informationen der Delinquenten.

[114] Abgedruckt bei Dalloz, Code de la communication 2001, S. 1391 f.

[115] Das geht auch aus dem *contremémoire* der Regierung vor dem Conseil Constitutionnel hervor, siehe bei *Lorant*, Droit de l'informatique et des télécoms 1995 (4), S. 9/11; siehe zum Ganzen auch *Pellet*, Revue Administrative 1995, 245/250 (Teil 2).

[116] *Lorant*, Droit de l'informatique et des télécoms 1995 (4), S. 9/16.

[117] *Ocqueteau/Heilmann*, Droit et Société 1997, 331/342, sowie *Lorant*, Droit de l'informatique et des télécoms 1995 (4), S. 9/12.

Aufgrund der notwendigen Umsetzung des Gesetzes vom 21. Januar 1995 erwies sich insbesondere der Zeitraum bis zum In-Kraft-Treten des Dekrets n° 96-926 vom 17. Oktober 1996 als rechtlich problematisch. Da der Anwendungsbereich des Gesetzes vom 6. Januar 1978 durch den neu geschaffenen Art. 10 Abs. 1 des Gesetzes von 1995 zwar verbindlich festgelegt, das das Gesetz von 1995 umsetzende Dekret aber noch nicht erlassen war, fehlte es faktisch für fast zwei Jahre an einer anwendbaren Rechtsgrundlage für die Installation von Videoüberwachungssystemen.[118] Die damit einhergehende Rechtsunsicherheit konnte erst mit Tätigwerden der Departementsausschüsse und ihren der Genehmigung zugrundeliegenden Stellungnahmen beseitigt werden.[119]

III. Rechtslage im Hinblick auf die Umsetzung der Richtlinie 95/46/EG vom 24. Oktober 1995 in das französische Recht

Die Richtlinie 95/46/EG des Europäischen Parlaments und Rates vom 24. Oktober 1995 erforderte eine Anpassung der bestehenden nationalen Datenschutzgesetze sowie sonstiger Gesetze, deren Regelungsgegenstände in den Anwendungsbereich der Richtlinie fallen. Das Gesetz n° 78-17 vom 6. Januar 1978 betreffend die Datenverarbeitung, Dateien und Grundrechte musste daher mit den Vorgaben der Richtlinie in Einklang gebracht werden. Fraglich ist, ob dies auch für Art. 10 des Gesetzes vom 21. Januar 1995 gilt.

Nach Erwägungsgrund 14 der Richtlinie können Bilddaten grundsätzlich in den Anwendungsbereich der Richtlinie fallen. Dies wird indirekt auch durch Erwägungsgrund 16 der Richtlinie bestätigt, wonach die Verarbeitung von Ton- und Bilddaten, wie bei der Videoüberwachung, nur unter bestimmten Voraussetzungen *nicht* in den Anwendungsbereich der Richtlinie fällt.[120] Voraussetzung ist gemäß Art. 3 Abs. 1 der Richtlinie allerdings, dass es sich bei den betreffenden Bilddaten um personenbezogene Daten i. S. des Art. 2 lit. a) handelt, die im Wege der automatisierten Verarbeitung erhoben wurden. Für den Fall der nichtautomatisierten Verarbeitung müssen, damit die Richtlinie anwendbar ist, personenbezogene Daten in Dateien enthalten oder für Dateien bestimmt sein, die nach bestimmten personenbezogenen Kriterien strukturiert sind, um einen leichteren Zugriff auf die Daten zu ermöglichen, Art. 3 Abs. 1 sowie Erwägungsgrund 15 der Richtlinie.

Für die Erstellung von Namensdateien,[121] das heißt die Speicherung von Videobildern und Informationen, welche die Identifizierung der gefilmten Personen ermöglichen,[122] ist

---

[118] Dies betrifft insbesondere die Zusammensetzung und die Tätigkeit der Departementsausschüsse, siehe hierzu *Georgel*, Les libertés de communication, S. 50.

[119] *Forest*, D.E.S.S., S. 20 f.; zur weiterhin vorgebrachten Kritik im Hinblick auf die fehlende Bestimmtheit der gesetzlichen Bestimmungen siehe noch unten 3. Kapitel:I (S. 201).

[120] Siehe auch Art. 3 Abs. 1 der Richtlinie, wonach Bilddaten jedenfalls nicht vom sachlichen Anwendungsbereich der Richtlinie ausgeschlossen sind.

[121] Unabhängig davon ob diese automatisch erfolgt oder nicht.

[122] Siehe schon oben 1. Kapitel:II.3 (S. 176).

gemäß Art. 10 Abs. 1 des Gesetzes von 1995 in der bisherigen Fassung das Gesetz von 1978 anzuwenden. Eine Unvereinbarkeit des Gesetzes von 1995 mit der Richtlinie für den genannten Bereich ist damit ausgeschlossen.

Etwas anderes könnte allerdings nach der bisherigen Fassung des Art. 10 Abs. 1 des Gesetzes vom 21. Januar 1995 gelten, soweit es sich um die automatisierte Verarbeitung von als personenbezogene Daten zu qualifizierenden Bildern ohne Erstellung einer Namensdatei handelt, da für eine solche Verarbeitung der Anwendungsbereich sowohl des Gesetzes von 1995 als auch derjenige der Richtlinie eröffnet ist.[123] Aber auch hier gelten weitere Einschränkungen im Hinblick auf den Anwendungsbereich der Richtlinie. Gemäß Art. 3 Abs. 2 der Richtlinie ist deren Anwendungsbereich nicht eröffnet, soweit es sich um die Verarbeitung personenbezogener Daten für die Ausübung von Tätigkeiten handelt, die nicht in den Anwendungsbereich des Gemeinschaftsrechts fallen. Ausdrücklich aus dem Anwendungsbereich ausgeschlossen werden Verarbeitungen betreffend die öffentliche Sicherheit, die Landesverteidigung, die Sicherheit des Staates einschließlich seines wirtschaftlichen Wohls, wenn die Verarbeitung die Sicherheit des Staates berührt, sowie die Tätigkeiten im strafrechtlichen Bereich.[124]

Der sachliche Anwendungsbereich des Art. 10 des Gesetzes vom 21. Januar 1995 betrifft im Hinblick auf die Zweckbestimmungen ganz überwiegend Regelungsmaterien, die nicht in den Anwendungsbereich des Gemeinschaftsrechts fallen.[125] Dies gilt etwa für die Gewährleistung der Sicherheit von öffentlichen Gebäuden und Einrichtungen sowie ihrer Umgebung, den Schutz der Einrichtungen, die der nationalen Sicherheit dienen, die Feststellung von Verstößen gegen die Verkehrsordnung sowie die Verhinderung von Beeinträchtigungen der Sicherheit von Personen und Sachen an Orten, die Risiken von Angriffen auf Leib oder Leben oder von Diebstahl besonders ausgesetzt sind.[126]

---

[123] Die nichtautomatisierte Verarbeitung personenbezogener Daten ohne Erstellung einer Namensdatei fällt nicht in den Anwendungsbereich der Richtlinie, siehe Art. 3 Abs. 1 sowie Erwägungsgrund 15 der Richtlinie.

[124] *Ehmann/Helfrich*, EG-Datenschutzrichtlinie, Art. 3 Rdn. 29, weisen darauf hin, dass die in Art. 3 Abs. 2 der Richtlinie aufgeführten Ausnahmetatbestände eng auszulegen sind.

[125] Zum sachlichen Anwendungsbereich des Gesetzes vom 21. Januar 1995 siehe bereits oben 1. Kapitel:II.1.c) (S. 172).

[126] Für den letztgenannten Zweck wird von *Braibant* (Données personnelles et société de l'information, rapport au Premier ministre 1998, S. 81/82) allerdings bezweifelt, ob Videoüberwachungsmaßnahmen, die von Privaten in öffentlich zugänglichen Räumen zur Verhinderung von Beeinträchtigungen der Sicherheit von Personen und Sachen an näher bestimmten Orten durchgeführt werden, noch vom Ausschlusstatbestand der öffentlichen Sicherheit im Sinne des Art. 3 Abs. 2 der Richtlinie umfasst sind. Wäre dies nicht der Fall, fände die Richtlinie Anwendung. Dies würde eine richtlinienkonforme Änderung des Art. 10 erfordern. *Braibant* schlägt vor, diesbezügliche Zweifel durch eine Verwaltungsvorschrift (*circulaire*) betreffend die Anwendung des Art. 10 Abs. 2 des Gesetzes von 1995 auszuräumen, in welcher der Zweck der Videoüberwachung durch Private an öffentlich zugänglichen Orten auf die Ausschlusstatbestände der Richtlinie beschränkt wird, so dass Art. 10 des Gesetzes von 1995

Lediglich für Videoüberwachungsmaßnahmen zur Lenkung des Straßenverkehrs ist zwei-felhaft, ob diese unter Berufung auf die öffentliche Sicherheit i. S. des Art. 3 Abs. 2 der Richtlinie von deren Anwendungsbereich ausgeschlossen werden können.[127] Insgesamt kann aber festgehalten werden, dass im Hinblick auf die Umsetzung der Richtlinie 95/46/EG des Europäischen Parlaments und Rates vom 24. Oktober 1995 in das franzö-sische Recht grundsätzlich kein Änderungsbedarf in Bezug auf Art. 10 des Gesetzes vom 21. Januar 1995 besteht.

Angesichts der Notwendigkeit, das Gesetz vom 6. Januar 1978 mit den Anforderungen der Richtlinie in Einklang zu bringen, und der hiermit einhergehenden neuen Begriffsde-finitionen,[128] wurde Art. 10 Abs. 1 des Gesetzes von 1995 der neuen Terminologie des Gesetzes von 1978 angepasst. Nach der neuen Fassung des Art. 10 Abs. 1 des Gesetzes von 1995[129] werden Videoaufzeichnungen, für die der Anwendungsbereich des Art. 10 Abs. 2 eröffnet ist, den Bestimmungen des Art. 10 Absätze 2 bis 7 unterworfen. Dies gilt nicht für diejenigen Videoaufzeichnungen, die im Wege der automatisierten Datenverar-beitung erfolgen oder die in nach bestimmten Kriterien strukturierten Dateien enthalten sind, welche direkt oder indirekt die Identifizierung natürlicher Personen ermöglichen. Videoaufzeichnungen, die den vorgenannten Bedingungen entsprechen, unterliegen dem Gesetz n° 78-17 vom 6. Januar 1978 betreffend die Datenverarbeitung, Dateien und Grundrechte.[130]

Nach dem Willen des Gesetzgebers sollte der Anwendungsbereich des Gesetzes von 1995 durch die Anpassung des Art. 10 Abs. 1 an das Gesetz vom 6. Januar 1978 nicht modifi-

---

letztlich nicht dem Anwendungsbereich der Richtlinie unterfiele und seine Änderung nicht er-forderlich wäre. Ob eine solche Verwaltungsvorschrift in diesem Fall den Anforderungen an eine ordnungsgemäße Umsetzung der Richtlinie genügen würde, erscheint allerdings zweifel-haft.

[127] Siehe zum Ganzen *Braibant,* Données personnelles et société de l'information, rapport au Premier ministre 1998, S. 80 f.

[128] Die Änderungen betreffen u.a. richtlinienkonforme Definitionen der Begriffe der automatisier-ten Verarbeitung (*traitement automatisé*), der Datei (*fichier*) sowie des personenbezogenen Da-tums (*donnée à caractère personnel*).

[129] Bislang nur Texte adopté (n° 780) in erster Lesung durch die Assemblée nationale, session ordinaire de 2001-2002 du 30 janvier 2002; nachfolgend beraten in der *Commission des Lois* unter dem Vorsitz von *René Garrec* und unter Zugrundelegung des Berichts von *Alex Turk;* im *Sénat* debattiert seit dem 1. April 2003; siehe zum Ganzen auch *Rozenfeld,* Expertises 2002, 83.

[130] Art. 10 Abs. 1 des Gesetzes vom 21. Januar 1995 lautet in seiner neuen Fassung: « *Les enre-gistrements visuels de vidéosurveillance répondant aux conditions fixées au II sont soumis aux dispositions ci-après, à l'exception de ceux qui sont utilisés dans des traitements automatisés ou contenus dans des fichiers structurés selon des critères permettant d'identifier, directement ou indirectement, des personnes physiques, qui sont soumis à la loi n° 78-17 du 6 janvier 1978 relative à l'informatique, aux fichiers et aux libertés.* »

ziert werden.[131] Ob dieses Ziel tatsächlich erreicht wurde, kann unter Zugrundelegung der neuen Fassung des Art. 10 Abs. 1 des Gesetzes von 1995 allerdings bezweifelt werden. Denn schon die Videoaufzeichnung im Wege der *automatisierten Datenverarbeitung* führt danach in den Anwendungsbereich des Gesetzes vom 6. Januar 1978.[132]

Nach Art. 2 des vorgenannten Gesetzes in seiner neuen Fassung ist zur Anwendbarkeit desselben neben dem Vorliegen einer automatisierten Verarbeitung jedoch des Weiteren erforderlich, dass sich die automatisierte Verarbeitung auf *personenbezogene Daten* bezieht. Selbst wenn die Definitionen des personenbezogenen Datums in Art. 4 des Gesetzes von 1978 a.F.[133] und Art. 2 desselben Gesetzes n.F.[134] sich inhaltlich nicht unterscheiden und die Auffassung des Gesetzgebers, aufgezeichnete Videobilder seien nicht ohne weiteres als personenbezogene Daten zu qualifizieren, sich nicht geändert haben mag,[135] können die Erwägungsgründe 14 und 16 der Richtlinie nicht unberücksichtigt bleiben. Danach sind Bilddaten und also Videobilder gegebenenfalls als personenbezogene Daten zu qualifizieren und damit nicht grundsätzlich vom Anwendungsbereich der Richtlinie ausgeschlossen.[136] Die Nichtanwendbarkeit des Gesetzes vom 6. Januar 1978 n.F. kann also nur schwerlich damit begründet werden, dass es sich bei aufgezeichneten Videobildern grundsätzlich nicht um personenbezogene Daten i. S. des Art. 2 des vorgenannten Gesetzes handelt.

Noch weniger kann die Nichtanwendbarkeit des Gesetzes von 1978 n.F. damit begründet werden, dass Maßnahmen der Videoaufzeichnung keine automatisierte Verarbeitung i. S. des Art. 10 Abs. 1 des Gesetzes von 1995 n.F. seien. Der Begriff der automatisierten Verarbeitung i. S. des vorgenannten Artikels ist weder im Gesetz vom 21. Januar 1995 noch im Gesetz vom 6. Januar 1978 n.F. definiert. Art. 2 des Gesetzes von 1978 n.F. enthält lediglich eine an Art. 2 der Richtlinie angelehnte Definition des Begriffs der Verarbeitung. Die Verarbeitung bezeichnet jeden Vorgang oder jede Vorgangsreihe wie das Erheben, das Speichern, die Organisation, die Aufbewahrung, die Anpassung oder Veränderung, das Auslesen, das Abfragen, die Benutzung, die Weitergabe durch Übermittlung, Verbrei-

---

131 Rapport des Abgeordneten *Gouzes* vom 9.1.2002, n° 3526, über das Gesetzesvorhaben n° 3250 betreffend den Schutz natürlicher Personen bei der Verarbeitung personenbezogener Daten, siehe S. 23 und 91 zu Art. 15 des Änderungsgesetzes.

132 Dies gilt nicht für die Videobeobachtung, siehe Art. 10 Abs. 1 des Gesetzes vom 21. Januar 1995 in seiner neuen Fassung.

133 Zur Definition des personenbezogenen Datums i. S. des Art. 4 des Gesetzes vom 6. Januar 1978 siehe oben Fußn. 14 (S. 163).

134 Art. 2 Abs. 2 des Gesetzes vom 6. Januar 1978 in seiner neuen Fassung lautet: « *Constitue une donnée à caractère personnel toute information relative à une personne physique identifiée ou qui peut être identifiée, directement ou indirectement, par référence à un numéro d'identification ou à un ou plusieurs éléments qui lui sont propres.* »

135 Zur Auffassung des Gesetzgebers, wonach Videobilder ohne weitere personenbezogenen Informationen keine personenbezogenen Daten i. S. des Art. 4 des Gesetzes von 1978 a.F. sind, siehe oben 1. Kapitel:I.1.b) (S. 164).

136 Siehe hierzu schon oben im selben Gliederungspunkt.

tung oder jede andere Form der Bereitstellung, die Kombination oder die Verknüpfung sowie das Sperren, Löschen oder Vernichten personenbezogener Daten.[137] Automatisiert dürfte die Verarbeitung ohne weiteres sein, wenn sie ohne menschliche Hilfe erfolgt.[138] Maßnahmen der Videoaufzeichnung erfüllen folglich regelmäßig den Begriff der automatisierten Verarbeitung im Sinne des vorgenannten Artikels.

Aufgrund der vorangehenden Überlegungen kann die Aussage, Art. 10 Abs. 1 des Gesetzes von 1995 n.f. modifiziere den in der alten Fassung festgelegten Anwendungsbereich des Art. 10 nicht, nur aufrechterhalten werden, wenn die aufgezeichneten Videobilder grundsätzlich nicht als personenbezogene Daten im Sinne des Gesetzes von 1978 n.f. qualifiziert werden.[139] Dies erscheint angesichts der im Lichte der Richtlinie weit auszulegenden Definition des personenbezogenen Datums i. S. des Art. 2 des Gesetzes von 1978 n.F. nur schwer vertretbar. Um einer Aushöhlung von Art. 10 des Gesetzes von 1995 vorzubeugen, wäre der Gesetzgeber aufgrund der nicht bestehenden Notwendigkeit, Art. 10 mit den Anforderungen der Richtlinie in Einklang zu bringen,[140] gut beraten gewesen, die Ausschlussregelung des Art. 10 Abs. 1 n.F. weniger weit zu fassen.

IV. Kurze Zusammenfassung der Ergebnisse

Maßnahmen der Videoüberwachung unterlagen bis zum Erlass des Gesetzes vom 21. Januar 1995 keiner spezialgesetzlichen Regelung. Die Gerichte beurteilten die Zulässigkeit von Videoüberwachungsmaßnahmen im öffentlich-rechtlichen Verhältnis nach dem Grundsatz der Verhältnismäßigkeit. Im privatrechtlich zu qualifizierenden Rechtsverhältnis wurde bisweilen auf Art. 9 Code civil zurückgegriffen. Demgegenüber vertrat die *Commission nationale de l'informatique et des libertés* (CNIL) die Auffassung, das Gesetz n° 78-17 vom 6. Januar 1978 betreffend die Datenverarbeitung, Dateien und Grundrechte sei auf die Durchführung bestimmter Videoüberwachungsmaßnahmen, insbesondere die digitale Videoaufzeichnung, anwendbar. Die unterschiedlichen Auffassungen im Hinblick auf die Anwendbarkeit des Gesetzes vom 6. Januar 1978 ergaben sich zum einen aus der Frage, ob es sich bei der Durchführung von Videoüberwachungsmaßnahmen um automa-

---

[137] Art. 2 Abs. 3 des Gesetzes vom 6. Januar 1978 in seiner neuen Fassung lautet: « *Constitue un traitement de données à caractère personnel toute opération ou ensemble d'opérations portant sur de telles données, quel que soit le procédé utilisé, et notamment la collecte, l'enregistrement, l'organisation, la conservation, l'adaptation ou la modification, l'extraction, la consultation, l'utilisation, la communication par transmission, diffusion ou toute autre forme de mise à disposition, le rapprochement ou l'interconnexion, ainsi que le verrouillage, l'effacement ou la destruction.* »

[138] Siehe zur Definition Art. 5 des Gesetzes vom 6. Januar 1978 in seiner alten Fassung; dort ist von „moyens automatiques" die Rede.

[139] Abgesehen von den Fällen der Erstellung von Namensdateien; in diesen Fällen sind es aber gerade die zusätzlichen personenbezogenen Informationen, die aus den aufgezeichneten Videobildern personenbezogene Daten machen.

[140] Siehe hierzu oben im selben Gliederungspunkt.

tisierte Datenverarbeitungen i. S. des Art. 5 des Gesetzes von 1978 handelte. Zum anderen bestanden Zweifel im Hinblick auf die Qualifikation von Videobildern als personenbezogene Daten i. S. von Art. 4 desselben Gesetzes. Im Laufe der Jahre und insbesondere kurz vor Erlass der spezialgesetzlichen Regelung hat die CNIL ihre Zuständigkeit und damit die Anwendbarkeit des Gesetzes von 1978 auf den überwiegenden Teil der verschiedenen Durchführungsformen der Videoüberwachung ausgedehnt.

Durch den Erlass des Gesetzes vom 21. Januar 1995, das vom Conseil Constitutionnel mit Entscheidung vom 18.1.1995 im Wesentlichen für verfassungsmäßig erklärt wurde, wurde die Zuständigkeit der CNIL für Maßnahmen der Videoüberwachung deutlich eingeschränkt. Art. 10 Abs. 1 des Gesetzes von 1995 sieht in seiner bislang geltenden Fassung vor, dass es sich bei Bildaufzeichnungen nur dann um personenbezogene Daten im Sinne von Art. 4 des Gesetzes vom 6. Januar 1978 handelt, wenn diese dazu verwendet werden, eine Namensdatei zu erstellen.

Die zuvor im Wesentlichen von der CNIL ausgeübte Vorabkontrolle der Einrichtung von Videoüberwachungsanlagen wurde für solche Anlagen, die dem Anwendungsbereich des neu geschaffenen Art. 10 des Gesetzes von 1995 unterlagen, auf einen Departementsausschuss übertragen, der seither sowohl für die Genehmigung von beantragten Videoüberwachungsanlagen als auch für die Gewährleistung der den Betroffenen eingeräumten Rechte zuständig ist.

Die Richtlinie 95/46/EG des Europäischen Parlaments und Rates vom 24. Oktober 1995 betreffend den Schutz natürlicher Personen bei der Verarbeitung personenbezogener Daten und zum freien Datenverkehr erfordert ein Tätigwerden des französischen Gesetzgebers im Hinblick auf Art. 10 des Gesetzes von 1995 grundsätzlich nicht, da die in Art. 10 Abs. 2 niedergelegten Zweckbestimmungen nicht vom Gemeinschaftsrecht umfasst sind. Die Modifikation des Art. 10 Abs. 1 des Gesetzes vom 21. Januar 1995 basiert auf einer Anpassung an die mit der richtlinienkonformen Änderung des Gesetzes vom 6. Januar 1978 einhergehenden neuen Definitionen datenschutzrechtlicher Begriffe. Der Anwendungsbereich des Gesetzes von 1995 wird durch sie – jedenfalls nach Ansicht des Gesetzgebers – nicht berührt.

2. Kapitel: Maßnahmen der Videoüberwachung und libertés publiques

Die Durchführung von Videoüberwachungsmaßnahmen wirft auch in Frankreich die Frage der Vereinbarkeit mit grundrechtlichen Verbürgungen auf. Nach einem kurzen Überblick über die Rechtsquellen und die Bedeutung der Grundrechte im französischen Recht (I) ist der Frage nachzugehen, ob und in welchem Maße Videoüberwachungsmaßnahmen in verfassungsrechtlich geschützte Rechte eingreifen. In Betracht kommen Eingriffe in das Recht auf Freizügigkeit (II), das Recht auf Privatleben (III) sowie das Recht auf persönliche Freiheit (IV). Schließlich gilt es zu untersuchen, welchen Anforderungen die Rechtfertigung grundrechtlicher Eingriffe unterliegt (V).

I. Rechtsquellen und Bedeutung der Grundrechte im französischen Recht

Die französische Verfassung vom 4. Oktober 1958 enthält nur vereinzelt grundrechtliche Verbürgungen, so beispielsweise das Wahlrecht in Art. 3 oder das Recht, eine politische Partei zu gründen in Art. 4. Der Verfassungsgeber bediente sich vielmehr der Verweisungstechnik, um einer Vielzahl von Grundrechten, die von ihm selbst nicht ausdrücklich in der Verfassung von 1958 festgeschrieben wurden, rechtliche Geltung zu verschaffen. Diese Verweisungstechnik wurde bereits in der Verfassung von 1946 praktiziert, die in ihrer Präambel auf die Déclaration von 1789 verweist.[1]

Die Präambel der Verfassung vom 4. Oktober 1958 inkorporiert durch die Verweisung auf die Präambel der Verfassung vom 27. Oktober 1946 sowie die *Déclaration des Droits de l'Homme* vom 26. August 1789 die dort normierten Grundrechte und tragenden Prinzipien in das geltende französische Verfassungsrecht.[2] In der Präambel der Verfassung von 1958 heißt es, dass das französische Volk feierlich seine Verpflichtung auf die Menschenrechte sowie die Grundsätze nationaler Souveränität verkündet, so wie sie in der Erklärung von 1789 festgelegt sind, welche durch die Präambel der Verfassung von 1946 bestätigt und vervollständigt wird.[3]

Im Hinblick auf die verfassungsrechtliche Bedeutung der Präambel der Verfassung von 1958 besteht heute Konsens, dass ihr Verfassungsrang zukommt. Dies gilt aufgrund der

---

[1] Siehe zum Ganzen *Robert/Duffar*, Droits de l'homme et libertés fondamentales, S. 53 f. sowie 101 f.

[2] Sämtliche Texte sind abgedruckt bei *Robert/Oberdorff*, Libertés fondamentales et droits de l'homme – Textes français et internationaux, S. 7 f.

[3] Präambel der Verfassung vom 4. Oktober 1958: « *Le peuple français proclame solennellement son attachement aux Droits de l'Homme et aux principes de la souveraineté nationale tels qu'ils ont été définis par la Déclaration de 1789, confirmée et complétée par le préambule de la Constitution de 1946.* »

Verweisung ebenso für die Präambel der Verfassung von 1946 sowie die *Déclaration des Droits de l'Homme* von 1789.[4]

Neben den genannten Rechtsquellen normieren einfache Parlamentsgesetze bestimmte Grundrechte, denen – wenngleich weder in den Präambeln der Verfassungen von 1958 und 1946 noch in der Erklärung von 1789 ausdrücklich genannt – Verfassungsrang zukommt.[5] Zu nennen sind hier etwa das Gesetz vom 30. Juni 1881 betreffend die Versammlungsfreiheit sowie das Gesetz vom 1. Juli 1901 betreffend die Vereinigungsfreiheit.

Eine Hierarchie zwischen den in den verschiedenen Verfassungen sowie der Déclaration von 1789 niedergelegten Grundrechten besteht grundsätzlich nicht, wenngleich im Konfliktfall eine Abwägung getroffen werden muss.[6]

II. Vereinbarkeit von Videoüberwachungsmaßnahmen mit dem Grundrecht auf Freizügigkeit

Maßnahmen der Videoüberwachung greifen möglicherweise in das Recht auf Freizügigkeit ein (*liberté d'aller et venir*).[7] Dieses wird in der Verfassung von 1958 nicht ausdrücklich genannt. Es handelt sich aber um ein elementares und individuelles Freiheitsrecht der Person,[8] das mit der Entscheidung des Conseil Constitutionnel vom 12.7.1979[9] als von der Verfassung garantiertes Grundrecht anerkannt wurde,[10] wenngleich unklar bleibt, ob der Conseil Constitutionnel den Verfassungsrang der Freizügigkeit aus den grundlegenden und durch die Gesetze der Republik anerkannten Prinzipien[11] oder aber aus den allgemeinen Rechtsgrundsätzen von Verfassungsrang[12] hergeleitet hat. Art. 66 Abs. 1 der

---

[4] Zur Entwicklung des Meinungsstands siehe *Turpin*, Les Libertés publiques, S. 17 f., sowie *Robert/Duffar*, Droits de l'homme et libertés fondamentales, S. 103 f.

[5] Dabei handelt es sich nicht um die originäre Schöpfung eines Grundrechts durch den Gesetzgeber, sondern lediglich um den Erlass eines Gesetzes, in dem das zuvor ungeschriebene Grundrecht niedergelegt wird; siehe hierzu auch Art. 34 der Verfassung von 1958, sowie zum Ganzen *Robert/Duffar*, Droits de l'homme et libertés fondamentales, S. 140.

[6] *Robert/Duffar*, Droits de l'homme et libertés fondamentales, S. 142; zur Abwägung von Grundrechten und Werten von Verfassungsrang siehe noch unten 2. Kapitel:V (S. 190).

[7] *Théron*, AJDA 1995, 207/208.

[8] *Leclercq*, Libertés publiques, S. 200; *Debene*, Juris Classeur Administratif, Band 3, Fascicule 204, S. 10; *Pouille/Roche*, Libertés publiques et droits de l'homme, S. 124; *Lebreton*, Libertés publiques et droits de l'homme, S. 308.

[9] N° 79-107 (*Ponts à péage*), AJDA 1979, 46.

[10] Verfassungsrang bestätigt vom Conseil d'Etat, Entsch. v. 8.4.1987 – n° 55.895, Recueil CE 1987, 128/129; siehe auch bei *Leclercq*, Libertés publiques, S. 202; *Debene*, Juris Classeur Administratif, Band 3, Fascicule 204, S. 4; *Pouille/Roche*, Libertés publiques et droits de l'homme, S. 124; *Lebreton*, Libertés publiques et droits de l'homme, S. 308; *Robert/Duffar*, Droits de l'homme et libertés fondamentales, S. 451.

[11] *Principes fondamentaux reconnus par les lois de la République*, siehe Präambel der Verfassung von 1958 i. V. mit Präambel der Verfassung von 1946; so *Lebreton*, Libertés publiques et droits de l'homme, S. 308.

[12] Principes généraux du droit à valeur constitutionnelle.

Verfassung von 1958 wird jedenfalls nicht als verfassungsrechtliche Grundlage der Freizügigkeit bemüht, wenngleich sich das Recht auf Freizügigkeit aus der genannten Bestimmung herleiten lässt. Nach Art. 66 Abs. 1 darf niemand willkürlich verhaftet werden.[13] Da die Verhaftung auch eine Beschränkung der Freizügigkeit mit sich bringt, lässt
sich aus Art. 66 Abs. 1 indirekt das Verbot der willkürlichen Beschränkung der Freizügigkeit ableiten.[14]

Vom Recht auf Freizügigkeit umfasst ist die Befugnis jedes Einzelnen, sich frei auf französischem Territorium fortzubewegen.[15] Diese Fortbewegungsfreiheit schließt grundsätzlich das Recht auf *anonyme* Ausübung der Fortbewegung ein.[16] Gerade die Art der Ausübung des Rechts auf Freizügigkeit – in Anonymität – wird durch Maßnahmen der Videoüberwachung beeinträchtigt, ohne dass dem Einzelnen grundsätzlich die Befugnis
freier Fortbewegung genommen wird.[17]

III. Vereinbarkeit von Videoüberwachungsmaßnahmen mit dem Recht auf Privatleben

Des Weiteren verletzen Maßnahmen der Videoüberwachung möglicherweise das Recht
auf Privatleben (*droit à la vie privée*). Inhalt und Umfang des Rechts auf Privatleben sind
nirgends definiert, werden von der französischen Rechtsprechung aber weit gefasst.[18]

Bis zur Entscheidung vom 18.1.1995 hat der Conseil Constitutionnel dem Recht auf Privatleben keinen Verfassungsrang eingeräumt.[19] In der Entscheidung vom 18.1.1995[20]
führt der Conseil jedoch aus, dass die Missachtung des Rechts auf Privatleben geeignet
sei, die persönliche Freiheit[21] (*la liberté individuelle*) zu beeinträchtigen, woraus ganz überwiegend abgeleitet wird, der Conseil Constitutionnel messe dem Recht auf Privatleben
Verfassungsrang bei.[22] In der Entscheidung vom 21.12.1999 betreffend die Sozialversi-

---

[13] Art. 66 Abs. 1 der Verfassung vom 4. Oktober 1958 lautet: « *Nul ne peut être arbitrairement détenu.* »

[14] So *Debene*, Juris Classeur Administratif, Band 3, Fascicule 204, S. 7 und 11.

[15] *Debene*, Juris Classeur Administratif, Band 3, Fascicule 204, S. 11, auch zu den einzelnen Fortbewegungsmöglichkeiten.

[16] *Robert/Duffar*, Droits de l'homme et libertés fondamentales, S. 454; in diesem Sinne auch *Graboy-Grobesco*, Les Petites Affiches v. 18.12.1998, S. 9/17; *Oberdorff* in Festschrift *Robert*, Libertés, S. 177/181.

[17] *Graboy-Grobesco*, Les Petites Affiches v. 18.12.1998, S. 9/17; *Oberdorff* in Festschrift *Robert*, Libertés, S. 177/181.

[18] *Turpin*, Les Libertés publiques, S. 252; *d'Antin/Brossollet*, Légicom 1999, n° 20, S. 9.

[19] Entscheidungen v. 14.12.1982 – n° 82-148, Recueil CC 1982, 73/75; v. 29.12.1983 – n° 83-164, Recueil CC 1983, 67/75; v. 26.7.1984 – n° 84-172, Recueil CC 1984, 58/60.

[20] N° 94-352, La Semaine Juridique (JCP) 1995, II, n° 22525, S. 440/441, Entscheidungsgrund 2.

[21] Zur *liberté individuelle* siehe unten 2. Kapitel:IV (S. 189).

[22] Siehe bspw. *Turpin*, Les Libertés publiques, S. 252; *Pouille/Roche*, Libertés publiques et droits de l'homme, S. 118; *Luchaire*, Revue du droit public 1995, 575/590; a.A. wohl *Jamin*,

cherung stellt das Verfassungsgericht klar, dass von der in Art. 2 der *Déclaration des Droits de l'Homme* von 1789 proklamierten *liberté* das Recht auf Privatleben umfasst sei.[23]

Die einzelnen Komponenten des Rechts auf Privatleben werden nicht einheitlich beurteilt. Im Rahmen dieses Rechts sind aber jedenfalls geschützt das Recht auf Privatsphäre,[24] das Recht am eigenen Bild und am gesprochenen Wort,[25] das Brief- und Telefongeheimnis[26] sowie das Recht auf Geheimhaltung der eigenen Erscheinung und der eigenen Besitz- und Vermögensverhältnisse.[27] Nach *Israel*[28] umfasst der Schutz des Privatlebens des Weiteren den Schutz vor dem Einsatz moderner Technologien wie Kameras und Mikrophonen. *Lebreton*[29] möchte schließlich auch den Schutz personenbezogener Daten vom Recht auf Privatleben umfasst wissen.

Im Hinblick auf die Durchführung von Videoüberwachungsmaßnahmen kommt insbesondere dem Recht auf Privatleben in seiner Ausprägung als Recht auf Geheimhaltung der eigenen Erscheinung (*droit au secret de l'être*) besondere Bedeutung zu. Das Recht auf Geheimhaltung der eigenen Erscheinung umfasst die Befugnis, sich der Aufnahme und Verbreitung des eigenen Bildnisses, der eigenen Stimme sowie von Informationen, die das Privatleben betreffen, zu widersetzen.[30] In Bezug auf das eigene Bild reicht der Schutz durch das Recht auf Geheimhaltung der eigenen Erscheinung weiter als derjenige, der durch das Recht am eigenen Bild gewährt wird. Dies ergibt sich bereits daraus, dass eine Verletzung des Rechts am eigenen Bild, welche zivilrechtlich nach Art. 9 Code civil beur-

---

RTD civ. 1995, 448, der hieran zweifelt, da das Gericht lediglich indirekt auf die Verletzung des Rechts auf Privatleben eingehe, im Vordergrund aber die Frage stehe, ob die persönliche Freiheit – *liberté individuelle* – verletzt sei; gegen die Annahme des Verfassungsrangs des Rechts auf Privatleben auch *Mathieu*, Les Petites Affiches v. 7.6.1995, S. 7/8, mit dem Hinweis, dass es in der Verfassung keine Grundlage hierfür gebe. Die Achtung des Privatlebens gehöre vielmehr zu denjenigen Prinzipien, denen selbst zwar kein Verfassungsrang beigemessen werden könne, die jedoch zur Gewährleistung eines anderen verfassungsrechtlichen Grundsatzes – der *liberté individuelle* – notwendig seien.

[23] N°99-422, Recueil CC 1999, 143/153, Entscheidungsgrund 52.

[24] Siehe bspw. *Turpin*, Les Libertés publiques, S. 252, sowie *Pouille/Roche*, Libertés publiques et droits de l'homme, S. 114.

[25] Siehe bspw. *Israel*, Droit des libertés fondamentales, S. 383; *Pouille/Roche*, Libertés publiques et droits de l'homme, S. 117.

[26] So *Israel*, Droit des libertés fondamentales, S. 383; *Pouille/Roche*, Libertés publiques et droits de l'homme, S. 114; *Lebreton*, Libertés publiques et droits de l'homme, S. 290.

[27] Siehe bspw. *Lebreton*, Libertés publiques et droits de l'homme, S. 290; zu ersterem siehe auch *Robert/Duffar*, Droits de l'homme et libertés fondamentales, S. 429 f.; gegen die Ausdehnung des Rechts auf Privatleben auf den Schutz der Geheimhaltung der eigenen Besitz- und Vermögensverhältnisse *d'Antin/Brossollet*, Légicom 1999, n° 20, S. 9/13.

[28] Droit des libertés fondamentales, S. 383.

[29] Libertés publiques et droits de l'homme, S. 290.

[30] *Lebreton*, Libertés publiques et droits de l'homme, S. 293; nach *Robert/Duffar*, Droits de l'homme et libertés fondamentales, S. 429/430, umfasst das Recht auf Geheimhaltung der eigenen Erscheinung u.a. die eigenen politischen Ansichten, die Intimsphäre sowie den eigenen Gesundheitszustand. Die Verfügungsbefugnis über das eigene Bild und die eigene Stimme werden dem Recht auf Anonymität im weiteren Sinne zugeordnet, S. 433.

teilt wird, erst dann anzunehmen ist, wenn die durch Aufnahme des Bildnisses bewirkte Verletzung des Privatlebens *beabsichtigt* ist oder aber die in Rede stehenden Bilder ohne vorherige Genehmigung der Gefilmten *genutzt* werden.[31] Da in der Regel weder eine absichtliche Verletzung des Privatlebens noch eine Nutzung eventuell aufgezeichneten Bildmaterials vorliegen wird,[32] kommt dem Recht auf Privatleben in seiner Ausprägung als Recht auf Geheimhaltung der eigenen Erscheinung für den Schutz vor Videoüberwachungsmaßnahmen eine eigenständige Bedeutung zu.

In Anlehnung an die Entscheidung des Gesetzgebers, Videoaufnahmen im Regelfall nicht dem Anwendungsbereich des Gesetzes vom 6. Januar 1978 betreffend die Datenverarbeitung, Dateien und Grundrechte zu unterwerfen, kommt eine Verletzung des Rechts auf Privatleben in seiner Ausprägung als Recht auf den Schutz personenbezogener Daten durch Maßnahmen der Videoüberwachung hingegen nicht in Betracht.[33]

Eine Verletzung des Rechts auf Privatleben in seiner Ausprägung als Recht auf Geheimhaltung der eigenen Erscheinung scheidet jedoch möglicherweise dadurch aus, dass der jeweils Betroffene auf den Schutz vor der Preisgabe seiner persönlichen Informationen verzichtet hat. Ein solcher Verzicht ist grundsätzlich jedenfalls solange zulässig, wie die Offenbarung der konkreten Information nicht im Widerspruch zur öffentlichen Ordnung steht.[34] Von einem solchen Verzicht kann im Falle der im öffentlich-rechtlichen beziehungsweise im öffentlich zugänglichen Bereich durchgeführten Videoüberwachung jedoch nicht ausgegangen werden. Denn angesichts der nicht gegebenen Möglichkeit, die Videokameras im alltäglichen Leben zu umgehen, liegt die Vermutung eher fern, der Betroffene habe sich freiwillig der Überwachung durch Kameras unterzogen und sich daher willentlich des grundrechtlichen Schutzes begeben.[35]

Ebenso wenig wird das Recht auf Privatleben allein aufgrund der Tatsache beschränkt, dass sich die von der Videoüberwachung Betroffenen in die Öffentlichkeit begeben haben, da auch in der Öffentlichkeit nicht *per se* eine Preisgabe sämtlicher persönlicher Daten erfolgt.[36]

---

[31] Siehe hierzu schon oben 1. Kapitel:I.2 (S. 167).

[32] Die sich an die Videoaufzeichnung anschließende Nutzung des Bildmaterials ist nicht der Regelfall, sondern die Ausnahme.

[33] Dies gilt jedenfalls, solange Bildaufnahmen nicht als personenbezogene Daten qualifiziert werden; zum Anwendungsverhältnis zwischen den Gesetzen vom 21. Januar 1995 und vom 6. Januar 1978 siehe oben 1. Kapitel:II.3 (S. 176).

[34] *Lebreton*, Libertés publiques et droits de l'homme, S. 294; *Théron*, AJDA 1995, 207/208; zum Begriff der öffentlichen Ordnung siehe noch unten 2. Kapitel:V.2.a) (S. 191).

[35] *De Lajartre*, La Semaine Juridique (JCP) 1996, n° 3955, S. 317/318, sowie *Velasco*, S. 357.

[36] *Jamin*, RTD civ. 1995, 448 m. w. Nachw.; *de Lajartre*, La Semaine Juridique (JCP) 1996, n° 3955, S. 317/321.

Es kann mithin festgehalten werden, dass Maßnahmen der Videoüberwachung in das verfassungsrechtlich garantierte Recht auf Privatleben eingreifen.[37]

IV. Vereinbarkeit mit dem Recht auf persönliche Freiheit

In der Entscheidung vom 18.1.1995 führt der Conseil Constitutionnel aus, dass Maßnahmen der Videoüberwachung geeignet seien, das Recht auf persönliche Freiheit zu verletzen (*liberté individuelle*).[38] Ob es sich bei der *liberté individuelle* um ein eigenes Grundrecht oder aber um einen Sammelbegriff für mehrere Freiheitsrechte handelt, wird aus der Rechtsprechung des Conseil Constitutionnel nicht deutlich. Die Einordnung der *liberté individuelle* in das Grundrechtssystem ist im Hinblick auf die gerichtliche Zuständigkeit gemäß Art. 66 Abs. 2 der Verfassung von 1958 von Bedeutung.[39] Danach ist grundsätzlich die ordentliche Gerichtsbarkeit für den Schutz der persönlichen Freiheit zuständig, nicht aber die Verwaltungsgerichtsbarkeit.[40]

Während die in Art. 66 Abs. 2 genannte *liberté individuelle* als Sicherheit gegen willkürliche Verhaftungen und Bestrafungen begriffen wurde, hat sich der Conseil Constitutionnel von dieser engen Auslegung gelöst, ohne sich jedoch auf einen genauen Inhalt festzulegen.[41] So erachtete das Verfassungsgericht das Recht auf Unverletzlichkeit der Wohnung sowie das Recht auf Freizügigkeit mal als Ausprägungen,[42] mal als eigenständige Rechte neben der persönlichen Freiheit,[43] was ihn dem Vorwurf aussetzte, die *liberté individuelle* der begrifflichen Undurchsichtigkeit preiszugeben.[44]

---

[37] So auch Tribunal administratif *Marseille*, 5e chambre, Entsch. v. 21.6.1990, in Sachen BRUNE c/ Commune d'Avignon – nicht veröffentlicht; *Israel*, Droit des libertés fondamentales, S. 387; *de Lajartre*, La Semaine Juridique (JCP) 1996, n° 3955, S. 317/321; *Théron*, AJDA 1995, 207/208.

[38] N° 94-352, La Semaine Juridique (JCP) 1995, II, n° 22525, S. 440/441, Entscheidungsgrund 2.

[39] Art. 66 Abs. 2 der Verfassung von 1958 lautet: « *L'autorité judiciaire, gardienne de la liberté individuelle, assure le respect de ce principe dans les conditions prévues par la loi.* »

[40] Gerade aus diesem Grund waren auch die Rolle des Präfekten (des staatlichen Vertreters) sowie die des Departementsausschusses bei der Entscheidung über die Installation einer Videoüberwachungsanlage zweifelhaft, da ein Richter der ordentlichen Gerichtsbarkeit die endgültige Entscheidung über die Installation der Videoüberwachungsanlage hätte treffen müssen, wenn Videoüberwachungsmaßnahmen als Verletzung der *liberté individuelle* respektive einer ihrer Komponenten angesehen werden; siehe hierzu *Luchaire*, Revue du droit public 1995, 575/577 f., sowie *Favoreu*, Revue française de Droit constitutionnel 1995, 361/366 und 368.

[41] *Lafay*, Anmerkung zu Conseil Constitutionnel (Entsch. v. 18.1.1995, n° 94-352, JCP 1995, II, n° 22525, S. 440 f.), JCP 1995, II, n° 22525, S. 443.

[42] Entscheidungen v. 29.12.1983 – n° 83-164, Recueil CC 1983, 67/73; v. 25.2.1992 – n° 92-307, Recueil CC 1992, 48/51, Entscheidungsgrund 13.

[43] Entscheidungen v. 13.8.1993 – n° 93-325, Recueil CC 1993, 242/245, Entscheidungsgrund 3; v. 18.1.1995 – n° 94-352, La Semaine Juridique (JCP) 1995, II, n° 22525, S. 440/441, Entscheidungsgrund 2.

[44] So etwa *Lafay*, Anmerkung zu Conseil Constitutionnel (Entsch. v. 18.1.1995, n° 94-352, JCP 1995, II, n° 22525, S. 440 f.), JCP 1995, II, n° 22525, S. 443; ebenso *Barloy*, Revue ad-

In der Literatur wird die *liberté individuelle* als Sammelbegriff für eine Vielzahl von einzelnen grundrechtlichen Verbürgungen verstanden,[45] wobei die einzelnen Ausprägungen
nicht abschließend sind.[46]

Der persönlichen Freiheit kommt letztlich als eigenständiges Grundrecht keine gesonder-
te Bedeutung zu. Aufgrund der Rechtswegbestimmung des Art. 66 Abs. 2 der Verfassung
von 1958 ist die Abgrenzung der *liberté individuelle* und ihrer Komponenten von anderen
grundrechtlichen Verbürgungen allerdings von prozessrechtlicher Relevanz.[47]

V. Rechtfertigung von Grundrechtseingriffen

Die Feststellung, dass Maßnahmen der Videoüberwachung in das Recht auf Freizügigkeit
(*liberté d'aller et venir*) sowie das Recht auf Privatleben (*droit à la vie privée*) eingreifen, wirft
die Frage auf, welche Anforderungen an die Rechtfertigung von grundrechtlichen Eingriffen zu stellen sind. Diese betreffen zum einen den Vorbehalt des Gesetzes (1), zum anderen den Eingriffszweck (2) sowie schließlich die Verhältnismäßigkeit der Eingriffsnorm (3).

1. *Vorbehalt des Gesetzes*

Ein tragendes Prinzip des französischen öffentlichen Rechts ist, dass Regelungen, soweit
sie die Grundrechte betreffen, dem parlamentarischen Gesetzgeber vorbehalten sind.[48] So
legt Art. 34 erster Aufzählungspunkt der Verfassung von 1958 fest, dass per Gesetz, welches vom Parlament zu verabschieden ist, die Voraussetzungen betreffend die Bürgerrechte und grundlegenden Garantien festgelegt werden, um die Ausübung der Grundrechte zu gewährleisten.[49] Diese Kompetenzzuweisung an den parlamentarischen Gesetzgeber impliziert zugleich eine eingeschränkte Delegationsbefugnis des Gesetzgebers an
die Verwaltung.[50]

In der Praxis legt der Gesetzgeber nur die tragenden und grundlegenden Prinzipien fest,
während die Durchführung der Gesetze, welche den Erlass von Dekreten einschließt, der

---

ministrative 1995, 483/489; *Favoreu*, Revue française de Droit constitutionnel 1995,
361/366; *Mathieu*, Les Petites Affiches v. 7.6.1995, S. 7/8.

[45] Siehe bspw. *Robert/Duffar*, Droits de l'homme et libertés fondamentales, S. 451; *Barloy*, Revue administrative 1995, 483/489, mit einigen Beispielen; *Favoreu*, Revue française de Droit
constitutionnel 1995, 361/366; *Mathieu*, Les Petites Affiches v. 7.6.1995, S. 7/8; *Xynopoulos*,
S. 361.

[46] *Barloy*, Revue administrative 1995, 483/488 und 489.

[47] Siehe hierzu oben im selben Gliederungspunkt.

[48] *Robert/Duffar*, Droits de l'homme et libertés fondamentales, S. 14/15; siehe auch *Favoreu*,
Revue française de Droit constitutionnel 1995, 361/372, der von der *réserve de loi* spricht.

[49] Dieser Gesetzesvorbehalt resultiert nach *Leclercq* (Libertés publiques, S. 41, siehe auch
S. 36 f.) aus dem Legalitätsgrundsatz.

[50] *Lafay*, Anmerkung zu Conseil Constitutionnel (Entsch. v. 18.1.1995, n° 94-352, JCP 1995, II,
n° 22525, S. 440 f.), JCP 1995, II, n° 22525, S. 443/446.

Verwaltung überlassen bleibt.[51] Dieser Umstand, also die Umsetzung der Gesetze durch die Verwaltung, kommt aufgrund der nicht sehr ausgeprägten Kontrollmöglichkeiten von Gesetzen letztlich dem Einzelnen zugute, da Rechtsakte der Verwaltung gerichtlich auf ihre Vereinbarkeit mit den Grundrechten überprüft werden können.[52]

Die Notwendigkeit eines gesetzgeberischen Tätigwerdens im Bereich von Grundrechtseingriffen ergibt sich ferner aus der Präambel der Verfassung von 1958 i. V. mit Art. 4 der Déclaration von 1789. Nach Art. 4 der Déclaration beinhaltet die persönliche Freiheit jedes Einzelnen das Recht, alles tun zu können, was anderen nicht schadet. Die Ausübung der Natur gegebenen Rechte jedes Menschen findet ihre Grenzen lediglich dort, wo diese anderen Mitgliedern der Gesellschaft die Ausübung ebendieser Rechte gewährleisten. Diese Grenzen können nur durch Gesetz festgelegt werden.[53] Dies gilt auch für den Fall, dass der Gesetzgeber der Verwaltung Zuständigkeiten im Bereich der Grundrechtsbeschränkungen überträgt.[54] Dem Gesetzgeber obliegt also die schwierige Aufgabe, die sich gegenüberstehenden und gleichwertigen Individual- und Kollektivinteressen miteinander in Einklang zu bringen.[55]

2. Anforderungen an den Eingriffszweck

Die Rechtfertigung von grundrechtlichen Eingriffen setzt im Hinblick auf die Anforderungen an die mit der eingreifenden Maßnahme verfolgten Zwecke voraus, dass diese zum einen im öffentlichen Interesse (sogleich a) und zum anderen von Verfassungsrang (unten b) sind.

a) Öffentliches Interesse am Eingriffszweck

Eine Rechtfertigung von Grundrechtseingriffen kommt nur in Betracht, wenn die eingreifende Maßnahme im öffentlichen Interesse ist (*intérêt public*),[56] wobei dem Gesetzgeber eine Einschätzungsprärogative im Hinblick auf die Zweckmäßigkeit eines Gesetzes für das öffentliche Interesse zukommt, die einer gerichtlichen Kontrolle entzogen ist.[57]

---

[51] *Robert/Duffar*, Droits de l'homme et libertés fondamentales, S. 113.

[52] *Robert/Duffar*, Droits de l'homme et libertés fondamentales, S. 182; zur Überprüfung der Verfassungsmäßigkeit durch den Conseil Constitutionnel siehe oben 1. Kapitel:II.2 (S. 173).

[53] Art. 4 der Déclaration von 1789 lautet: « *La Liberté consiste à pouvoir faire tout ce qui ne nuit pas à autrui : ainsi, l'exercice des droits naturels de chaque homme n'a de bornes que celles qui assurent aux autres membres de la société la jouissance de ces mêmes droits. Ces bornes ne peuvent être déterminées que par la loi.* »; siehe zum Ganzen auch Debene, Juris Classeur Administratif, Band 3, Fascicule 204, S. 14.

[54] *Debene*, Juris Classeur Administratif, Band 3, Fascicule 204, S. 17.

[55] Conseil Constitutionnel, Entsch. v. 18.1.1995 – n° 94-352, La Semaine Juridique (JCP) 1995, II, n° 22525, S. 440/441, Entscheidungsgrund 2; *Debene*, Juris Classeur Administratif, Band 3, Fascicule 204, S. 14.

[56] *Cadoux*, Les Cahiers de la sécurité intérieure 1998, n° 34, S. 7.

[57] *Luchaire*, Revue du droit public 1995, 575/591, mit Hinweis auf die Entscheidungen des Conseil Constitutionnel v. 15.1.1975, Recueil CC 1975, 191; v. 19. und 20.1.1981 – n° 80-

Die in Art. 10 Abs. 2 Sätze 1 und 2 des Gesetzes vom 21. Januar 1995 festgelegten Zweckbestimmungen umfassen die Gewährleistung der Sicherheit von öffentlichen Gebäuden und Einrichtungen sowie ihrer Umgebung, den Schutz der Einrichtungen, die der nationalen Sicherheit dienen, die Lenkung des Straßenverkehrs, die Feststellung von Verstößen gegen die Verkehrsordnung sowie die Verhinderung von Beeinträchtigungen der Sicherheit von Personen und Sachen an Orten, die Risiken von Angriffen auf Leib oder Leben oder von Diebstahl besonders ausgesetzt sind.[58]

Der Schwerpunkt der vorgenannten Zwecke liegt auf der Aufrechterhaltung der öffentlichen Ordnung (*ordre public*),[59] der ein besonderes öffentliches Interesse beigemessen wird.[60] Der Begriff der öffentlichen Ordnung umfasst nach allgemeiner Ansicht jedenfalls die Kernbestandteile öffentliche Sicherheit (*sécurité publique*), öffentliche Ruhe (*tranquillité publique*) sowie öffentlicher Gesundheitsschutz (*salubrité publique*).[61] Ob auch ästhetische oder moralische Anliegen legitime Zwecke zur Aufrechterhaltung der öffentlichen Ordnung sein können, ist zweifelhaft. Die Grenze ist bisweilen nicht einfach zu ziehen. Grundrechtliche Eingriffe, die aus rein ästhetischen Gründen motiviert sind, werden ganz überwiegend als verfassungsrechtlich nicht zu rechtfertigen erachtet.[62] Anderes gilt für die Zulässigkeit von Grundrechtseingriffen im Interesse der öffentlichen Moralvorstellungen (*moralité publique*). Hierbei handelt es sich um das Mindestmaß der von der Durchschnittsbevölkerung zu einem bestimmten Zeitpunkt geteilten Moralvorstellungen.[63] Die Frage, inwieweit moralische oder ästhetische Anliegen legitime Zwecke im Rahmen der öffentlichen Ordnung sind, kann im Hinblick auf die mit der Videoüberwachung gesetzlich festgelegten Zwecke letztlich allerdings dahinstehen. Denn öffentliche Moralvorstellungen

---

127, Recueil CC 1981, 15/18; v. 25.7.1984 – n° 84-176, Recueil CC 1984, 55/56, unter Hinweis auf Art. 61 der Verfassung von 1958; v. 18.11.1986 – n° 86-218, Recueil CC 1986, 167/170; *Xynopoulos*, S. 370.

[58] Zu den Zweckbestimmungen siehe schon oben 1. Kapitel:II.1.c) (S. 172).

[59] Zur präventiven Ausrichtung der Videoüberwachung siehe de *Lajartre*, La Semaine Juridique (JCP) 1996, n° 3955, S. 317/318, sowie *Lorant*, Droit de l'informatique et des télécoms 1995 (4), S. 9/13; bisweilen statten sich Gemeinden auch mit Videoüberwachungssystemen aus, um – zumindest als positiver Nebeneffekt – gegenüber Versicherern Versicherungsschutz zu erhalten, siehe hierzu *Landrin*, Le Monde v. 10.1.2003.

[60] Conseil Constitutionnel, Entsch. v. 18.1.1995 – n° 94-352, La Semaine Juridique (JCP) 1995, II, n° 22525, S. 440/441, Entscheidungsgrund 2; *Debene*, Juris Classeur Administratif, Band 3, Fascicule 204, S. 17; *Mathieu*, Les Petites Affiches v. 7.6.1995, S. 7/8; *Barloy*, Revue administrative 1995, 483/485.

[61] *Chapus*, Droit administratif général, Band 1, Rdn. 905; zu den Inhalten der einzelnen Komponenten siehe *Dupuis*/*Guédon*/*Chrétien*, Droit administratif, S. 7.

[62] Conseil d'Etat, Entsch. v. 13.2.1953 – n° 17.472, Recueil Dalloz 1953, II, S. 753; *Lebreton*, Droit administratif général, S. 147; siehe auch *Chapus*, Droit administratif général, Band 1, Rdn. 910, zum Polizei- und Ordnungsrecht; siehe auch *Debene*, Juris Classeur Administratif, Band 3, Fascicule 204, S. 18.

[63] Conclusions du commissaire du Gouvernement *Guldner*, Recueil Sirey 1958, jurisprudence, S. 73/76; zur *moralité publique* siehe auch Conseil d'Etat, Entsch. v. 7.11.1924 – n° 78.468, Recueil CE 1924, 863/864, sowie *Lebreton*, Droit administratif général, S. 147/148.

werden, ebenso wie ästhetische Gründe oder die öffentliche Ruhe, nicht von Art. 10 Abs. 2 des Gesetzes von 1995 im Rahmen der dort aufgeführten Zweckbestimmungen umfasst.[64]

Der Gesetzgeber und auch ganz überwiegend die Literatur sind der Ansicht, dass Videoüberwachungsmaßnahmen dazu beitragen können, die öffentliche Ordnung in Straßen und allgemein an öffentlichen Plätzen aufrechtzuerhalten.[65]

Im Rapport *Masson*[66] wird als weiterer Zweck zur Rechtfertigung grundrechtlicher Eingriffe durch Maßnahmen der Videoüberwachung das Grundrecht der Bürger auf Sicherheit angeführt (*droit à la sécurité*).[67] Dieses sei aus Art. 2 der Déclaration von 1789 herzuleiten, wonach die Sicherheit (*sûreté*) als unabdingbares und natürliches Recht jedes Menschen von jeder politischen Vereinigung zu wahren sei.[68, 69] Die Herstellung individueller Sicherheit und damit die Gewähr eines Grundrechts dieses Inhalts stellt letztlich aber nur die subjektiv-individuelle Kehrseite zur Aufrechterhaltung beziehungsweise Wiederherstellung der öffentlichen Ordnung als Kollektivgut dar. Insofern ist mit der Herstellung der öffentlichen Sicherheit gleichsam auch eine Gewährleistung des *Rechts auf Sicherheit* verbunden, dem allerdings als subjektives und individuelles Recht eine eigene verfassungsrechtliche Bedeutung zukommt.

Des Weiteren dienen Maßnahmen der Videoüberwachung auch repressiven Zwecken.[70] Auch die Verfolgung von Ordnungswidrigkeiten und Straftaten ist im Interesse der Gemeinschaft.[71]

---

[64] Siehe hierzu de Lajartre, La Semaine Juridique (JCP) 1996, n° 3955, S. 317/319, sowie Forest, D.E.S.S., S. 13, jeweils mit dem Hinweis auf die bisweilen schwierige Unterscheidung zwischen öffentlicher Sicherheit (*sécurité publique*) und öffentlicher Ruhe (*tranquillité publique*).

[65] *Graboy-Grobesco*, Les Petites Affiches v. 18.12.1998, S. 9/11; *Masson*, Rapport n° 564 an den Sénat, S. 19; Sénat, Projet de loi n° 543, 1993-1994, S. 3; *Richard*, Les Cahiers de la sécurité intérieure 1996, n° 24, S. 13/21; *Velasco*, S. 63 f.; *Garcia*, Le Monde v. 6.8.1998, S. 6 f.; Zweifel bezüglich der Eignung der von der RATP eingesetzten Videoüberwachungssysteme im Hinblick auf die verfolgten Ziele äußern *Ocqueteau/Heilmann*, Droit et Société 1997, 331/339 f.; differenzierend *Vitalis*, Le Monde Diplomatique, März 1998, S. 26.

[66] N° 564 an den Sénat, S. 12.

[67] Siehe auch Art. 1 des Gesetzes n° 95-73 vom 21. Januar 1995; in diesem Sinne auch de Lajartre, La Semaine Juridique (JCP) 1996, n° 3955, S. 317/318, sowie Sénat, Projet de loi n° 543, 1993-1994, Annexe 1, S. 20.

[68] *Sûreté* sei entsprechend der heute üblichen Terminologie dem Begriff der *sécurité* gleichzusetzen, siehe *Masson*, Rapport n° 564 an den Sénat, S. 12.

[69] Art. 2 der Déclaration von 1789 lautet: « *Le but de toute association politique est la conservation des droits naturels et imprescriptibles de l'homme. Ces droits sont la liberté, la propriété, la sûreté, et la résistance à l'oppression.* »

[70] *Graboy-Grobesco*, Les Petites Affiches v. 18.12.1998, S. 9/12 in Fußn. 15; so z.B. die Feststellung von Verstößen gegen die Straßenverkehrsordnung.

[71] Conseil Constitutionnel, Entsch. v. 18.1.1995 – n° 94-352, La Semaine Juridique (JCP) 1995, II, n° 22525, S. 440/441, Entscheidungsgrund 2; *Barloy*, Revue administrative 1995, 483/485.

Insgesamt kann festgehalten werden, dass Maßnahmen der Videoüberwachung, die vornehmlich der Aufrechterhaltung der öffentlichen Ordnung und sekundär repressiven Zwecken dienen, im öffentlichen Interesse sind.

b) Verfassungsrechtliche Bedeutung der verfolgten Ziele
Die Rechtfertigung von Eingriffen in verfassungsrechtlich garantierte Grundrechte setzt weiterhin voraus, dass den mit den Eingriffen verfolgten Zielen Verfassungsrang beigemessen wird.[72]

Der öffentlichen Ordnung, ohne welche die Ausübung der Freiheitsrechte nicht gewährleistet werden kann,[73] kommt Verfassungsrang zu.[74] Dies gilt ebenso für das im Rapport *Masson*[75] genannte Recht auf Sicherheit sowie nach der Rechtsprechung des Conseil Constitutionnel auch für die Strafverfolgung.[76]

Die vorgenannten, mit der Videoüberwachung verfolgten Zwecke vermögen aufgrund ihres Verfassungsrangs grundsätzlich, verfassungsrechtlich verbürgte Grundrechte wie das Recht auf Freizügigkeit (*liberté d'aller et venir*) sowie das Recht auf Privatleben (*droit à la vie privée*) in rechtmäßiger Weise zu beschränken.

3. Verhältnismäßigkeit der Maßnahme
Maßnahmen der Videoüberwachung dienen gemäß den vorangehenden Ausführungen dazu, Werten von Verfassungsrang Geltung zu verschaffen. Gleichsam greifen sie allerdings in verfassungsrechtlich geschützte Grundrechte der von ihr betroffenen Personen ein. Es stellt sich somit die Frage, auf welche Weise der Konflikt zwischen den widerstreitenden Interessen zu lösen ist.

Kein Wert von Verfassungsrang vermag grundsätzlich gegenüber einem anderen Vorrang zu beanspruchen, wenn sich mehrere verfassungsrechtlich verbürgte Rechte und Garan-

---

[72] *Lafay*, Anmerkung zu Conseil Constitutionnel (Entsch. v. 18.1.1995, n° 94-352, JCP 1995, II, n° 22525, S. 440 f.), JCP 1995, II, n° 22525, S. 443/445; ähnlich auch *Robert/Duffar*, Droits de l'homme et libertés fondamentales, S. 141; dies setzt natürlich zunächst voraus, dass die Ziele überhaupt von der Rechtsordnung bebilligt werden.

[73] Conseil Constitutionnel, Entsch. v. 25.1.1985 – n° 85-187, Recueil Dalloz 1985, 361, mit Anmerkung *Luchaire*, Recueil Dalloz 1985, 361 f.

[74] Conseil Constitutionnel, Entscheidungen v. 18.1.1995 – n° 94-352, La Semaine Juridique (JCP) 1995, II, n° 22525, S. 440/441, Entscheidungsgrund 2; v. 13.8.1993 – n° 93-325, Recueil CC 1993, 242/245, Entscheidungsgrund 3; *Debene*, Juris Classeur Administratif, Band 3, Fascicule 204, S. 17; *Mathieu*, Les Petites Affiches v. 7.6.1995, S. 7/8; *Barloy*, Revue administrative 1995, 483/485; *Luchaire*, Anmerkung zu Conseil Constitutionnel, Entsch. v. 25.1.1985 (n° 85-187, Recueil Dalloz 1985, 361), Recueil Dalloz 1985, 361/365.

[75] N° 564 an den Sénat, 1993-1994, S. 12.

[76] Entsch. v. 18.1.1995 – n° 94-352, La Semaine Juridique (JCP) 1995, II, n° 22525, S. 440/441, Entscheidungsgrund 2; so auch *Barloy*, Revue administrative 1995, 483/485.

tien gegenüberstehen.[77] Die verschiedenen Werte von Verfassungsrang und die mit ihnen verbundenen Interessen sind vielmehr vom Gesetzgeber zu einem angemessenen Ausgleich zu bringen.[78] Dieser Ausgleich ist dadurch herzustellen, dass der durch die in Rede stehende Maßnahme – die Videoüberwachung – bewirkte grundrechtliche Eingriff soweit wie möglich vermieden wird, indem der Gesetzgeber Vorkehrungen zum Schutz der von der Maßnahme Betroffenen trifft.[79] Welcher Intensität und welchen Umfangs die Anforderungen an die Vorkehrungen zum Schutz der potentiell betroffenen Grundrechte sein müssen, hängt unter anderem von der Bedeutung des in Rede stehenden Grundrechts ab.[80] Generelle Grundrechtsbeschränkungen ohne Schutzvorkehrungen sind verfassungsrechtlich jedenfalls nicht zu rechtfertigen.[81] Es geht letztlich darum, dass der Gesetzgeber zur Herstellung eines angemessenen Ausgleichs zwischen den sich gegenüberstehenden Interessen den Grundsatz der Verhältnismäßigkeit (*principe de proportionnalité*) wahrt.[82]

Das *principe de proportionnalité* ist kein allumfassender und im selben Maße auf jeden öffentlich-rechtlichen Sachverhalt anwendbarer Grundsatz. Art und Umfang seiner Berücksichtigung hängen insbesondere davon ab, ob ein bestimmter Sachverhalt von einer der Exekutive zuzurechnenden Stelle oder aber von der Legislative geregelt wird.[83] In seiner weitesten Ausprägung umfasst das *principe de proportionnalité* zum einen die Frage der Erforderlichkeit der Maßnahme, das heißt ob es zum Erreichen des angestrebten Zwecks eine gleich wirksame, aber weniger belastende Maßnahme gibt.[84] Zum anderen beinhaltet es die Frage der Angemessenheit einer Maßnahme, das heißt ob der Eingriff in

[77] Die sich im Falle der Videoüberwachung gegenüberstehenden Werte von Verfassungsrang werden von *Barloy*, Revue administrative 1995, 483, sowie *Pellet*, Revue administrative 1995, 245/249 (Teil 2) als gleichwertig – *d'égale valeur juridique* – bezeichnet.
[78] Conseil Constitutionnel, Entsch. v. 18.1.1995 – n° 94-352, La Semaine Juridique (JCP) 1995, II, n° 22525, S. 440/441, Entscheidungsgrund 2; *Xynopoulos*, S. 364.
[79] Conseil Constitutionnel, Entsch. v. 18.1.1995 – n° 94-352, La Semaine Juridique (JCP) 1995, II, n° 22525, S. 440/441, Entscheidungsgrund 3; *Oberdorff* in Festschrift *Robert*, Libertés, S. 177/184; zu den Schutzmaßnahmen im Einzelnen siehe noch unten 3. Kapitel: (S. 201); dieser Ausgleich ist auch von der das Gesetz ausführenden Verwaltung herzustellen, siehe circulaire vom 22. Oktober 1996, Nummer 2.4, sowie *Forest*, D.E.S.S., S. 22.
[80] *Xynopoulos*, S. 372.
[81] *Lafay*, Anmerkung zu Conseil Constitutionnel (Entsch. v. 18.1.1995, n° 94-352, JCP 1995, II, n° 22525, S. 440 f.), JCP 1995, II, n° 22525, S. 443/445.
[82] *Masson*, Rapport n° 564 an den Sénat. S. 48; *Xynopoulos*, S. 364; *Fromont*, ADJA, Sonderheft vom 20.6.1995, S. 156/165.
[83] *Xynopoulos*, S. 11; *Philippe*, S. 88.
[84] Conseil d'Etat, Entsch. v. 16.11.1977 – n° 99.162, Recueil CE 1977, 436/437; siehe auch Conseil d'Etat, Entsch. v. 25.1.1980 – n° 14.260 bis 14.265, Recueil CE 1980, 44/45, in welcher eine Erforderlichkeitskontrolle durchgeführt wird, ohne dass diese als solche bezeichnet wird; *Chapus*, Droit administratif général, Band 1, Rdn. 932; zur Definition der *nécessité* siehe bei *Robert/Duffar*, Droits de l'homme et libertés fondamentales, S. 183; mit Verweis auf Conseil d'Etat, Entsch. v. 13.12.1968, in *Auby*, Droit administratif général, Revue du droit public 1969, 757/766; der Grundsatz der Erforderlichkeit wird zum Teil auch als selbständiges *principe de nécessité* bezeichnet, siehe *Heymann-Doat*, Libertés publiques et droits de l'homme, S. 116/117.

eine grundrechtliche Freiheit angemessen ist im Hinblick auf das mit der eingreifenden Maßnahme verfolgte Ziel.[85] Eine strikte Trennung der beiden vorgenannten Komponenten der Verhältnismäßigkeit erfolgt nicht immer.[86] Bisweilen wird mit *nécessité*[87] auch die Angemessenheit zwischen Zweck und Mittel bezeichnet.[88]

Die rechtliche Grundlage des *principe de proportionnalité* wird nicht einheitlich beurteilt. Teilweise wird das Erfordernis der Vereinbarkeit staatlicher Maßnahmen mit den Grundsätzen der Erforderlichkeit und der Angemessenheit aus Art. 8 der Déclaration von 1789 hergeleitet, wonach ein Gesetz nur offensichtlich und unbedingt notwendige Strafen vorsehen darf.[89, 90] Bisweilen werden aber auch die sonstigen in der Déclaration von 1789 niedergelegten Grundrechte als verfassungsrechtliche Grundlage des Verhältnismäßigkeitsgrundsatzes bemüht.[91] Schließlich wird das *principe de proportionnalité* auch auf Art. 8 EMRK gestützt.[92]

Vom Inhalt des Verhältnismäßigkeitsgrundsatzes zu unterscheiden ist die Frage, ob und inwieweit Rechtssetzungsakte der Legislative – wie hier das Gesetz vom 21. Januar 1995 – im Hinblick auf die Beachtung der Verhältnismäßigkeit der Kontrolle des Conseil Constitutionnel unterliegen. Während die verwaltungsgerichtliche Kontrolle ohne weiteres die Überprüfung der Verhältnismäßigkeit einer staatlichen Maßnahme umfasst, erfolgt die gerichtliche Kontrolle der Verhältnismäßigkeit des als souveränen Parlamentsakts erlassenen Gesetzes allenfalls eingeschränkt.

Die Verwaltungsgerichte können – soweit ein grundrechtlicher Eingriff in Rede steht – die Erforderlichkeit und die Angemessenheit einer staatlichen Maßnahme überprüfen.[93] Die Überprüfung der Zweckmäßigkeit einer Maßnahme durch den Verwaltungsrichter ist

---

[85] *Cadoux*, Les Cahiers de la sécurité intérieure 1998, n° 34, S. 7; in diesem Sinne grundlegend *Braibant* in Festschrift *Waline*, Band 2, S. 297/298, der zur Beurteilung der Angemessenheit neben Zweck und Mittel auch die tatsächlichen Umstände berücksichtigt wissen will.

[86] Im o.g. Sinne differenzieren bspw. *Xynopoulos*, S. 391 f.; *Vedel/Delvolvé*, Droit Administratif, Band 2, S. 705 f.; CNIL, délibération n° 94-056 vom 21. Juni 1994, Dalloz, Code de la communication 2001, S. 1387/1389.

[87] Erforderlichkeit.

[88] So bspw. *Philippe*, S. 90 f., sowie *Fromont*, AJDA, Sonderheft vom 20.6.1995, S. 156 und 166.

[89] So bspw. *Luchaire*, Revue du droit public 1995, 575/594.

[90] Art. 8 der Déclaration von 1789 lautet: « La loi ne doit établir que des peines strictement et évidemment nécessaires (...). »

[91] Siehe bspw. *Luchaire*, Revue du droit public 1995, 575/594, der neben Art. 8 der Déclaration von 1789 auch Art. 2 (*libertés*) als verfassungsrechtliche Grundlage anführt; siehe auch *Xynopoulos*, S. 357 f., sowie *Philippe*, S. 122 f., jeweils mit detaillierten Hinweisen zum Verhältnismäßigkeitsgrundsatz in verschiedenen Artikeln der Déclaration von 1789.

[92] So *Cadoux*, Les Cahiers de la sécurité intérieure 1998, n° 34, S. 7/8; siehe auch Nummer 2.4. der circulaire vom 22. Oktober 1996 betreffend die Anwendung des Art. 10 des Gesetzes n° 95-73 vom 21. Januar 1995.

[93] Grundlegend Conseil d'Etat, Entsch. v. 19.5.1933 – n° 17.413 und 17.520 (*Benjamin*), Recueil Dalloz 1933 (III), S. 54/57; zur verwaltungsgerichtlichen Kontrolle der Verhältnismäßigkeit siehe *Lebreton*, Droit administratif général, S. 397 f.

nicht zulässig.[94] In ihrem Umfang unterscheidet sich die verwaltungsgerichtliche Kontrolle der Verhältnismäßigkeit nach der Art der in Rede stehenden Maßnahme. Ordnungsbehördliche und schutzpolizeiliche Maßnahmen unterliegen der umfangreichsten und strengsten Verhältnismäßigkeitsüberprüfung – *contrôle maximum*. Sonstige Verwaltungsakte unterliegen in der Regel einer eingeschränkten Verhältnismäßigkeitsprüfung, die sich nur auf offenkundige Fehlbeurteilungen im Hinblick auf die Angemessenheit bezieht und im Übrigen das der Verwaltung eingeräumte Ermessen berücksichtigt – *contrôle de proportionnalité partiel*. Die überwiegend in Enteignungsverfahren gebräuchliche Überprüfung der Kosten-Nutzen-Bilanz zielt schließlich darauf ab, die Vor- und Nachteile einer Maßnahme und ein Überwiegen dieser oder jener festzustellen – *contrôle du bilan coût-avantages*. Auf die Erforderlichkeit der Maßnahme kommt es bei einem Überwiegen der Vorteile nicht mehr an.[95]

Die Überprüfung der Verhältnismäßigkeit von Parlamentsgesetzen durch den Conseil Constitutionnel wird nicht einheitlich beurteilt. Von der vollumfänglichen Überprüfbarkeit der Verhältnismäßigkeit eines Gesetzes gehen anscheinend die Antragsteller des Normenkontrollverfahrens betreffend das Gesetz vom 21. Januar 1995 aus. Sie führen zur Begründung der Verfassungswidrigkeit des vorgenannten Gesetzes unter anderem aus, der Gesetzgeber habe die für Polizeimaßnahmen zu beachtenden Grundsätze der Erforderlichkeit und der Angemessenheit missachtet.[96]

Die vorgenannte Ansicht wird allerdings überwiegend nicht geteilt. *Barloy*[97] führt aus, der Conseil Constitutionnel könne nicht einfach wie die Verwaltungsgerichte im Hinblick auf Polizeimaßnahmen Parlamentsgesetze einer Verhältnismäßigkeitsprüfung unterwerfen.[98] Zum einen nämlich komme den Grundsätzen der Erforderlichkeit und der Angemessenheit von Polizeimaßnahmen kein Verfassungsrang zu. Die einzigen Grundsätze der Erforderlichkeit und Angemessenheit von Verfassungsrang seien diejenigen, die im Hinblick auf Art. 8 EMRK auf Strafgesetze angewandt werden. Zum anderen sei eine entsprechende Anwendung der vorgenannten Grundsätze bei der Überprüfung der Verfassungsmäßigkeit eines Gesetzes nicht möglich, da es sich beim Gesetz um eine abstrakt-generelle Norm handele. So könne ein Gesetz nicht wie eine Einzelmaßnahme der Verwaltung in einen Kontext konkreter Umstände gesetzt werden, weshalb seine Erforder-

---

[94] *Robert/Duffar*, Droits de l'homme et libertés fondamentales, S. 183.

[95] Zum Ganzen *Lebreton*, Droit administratif général, S. 399 f.

[96] Zum Antrag auf Überprüfung der Verfassungsmäßigkeit des Gesetzes vom 21. Januar 1995 siehe *Barloy*, Revue administrative 1995, 483/491; zu den Definitionen der Erforderlichkeit und der Angemessenheit siehe oben im selben Gliederungspunkt.

[97] Revue administrative 1995, 483/491 f.

[98] So auch *Darras/Deharbe* in C.U.R.A.P.P., La Gouvernabilité, S. 77/83; als Beispiel für die verwaltungsgerichtliche Anwendung des Verhältnismäßigkeitsgrundsatzes im Hinblick auf Maßnahmen der Videoüberwachung siehe bspw. Tribunal administratif *Marseille*, 5e chambre, Entsch. v. 21.6.1990, in Sachen BRUNE c/ Commune d'Avignon – nicht veröffentlicht.

lichkeits- und Angemessenheitsüberprüfung letztlich in eine rechtliche oder politische Zweckmäßigkeitskontrolle münden würde.[99]

Auch *Luchaire*[100] weist darauf hin, dass Gesetze grundsätzlich nicht einer Zweckmäßigkeits- und Verhältnismäßigkeitskontrolle durch den Conseil Constitutionnel unterworfen seien. Ausnahme hierzu sei aber die Kontrolle einer evidenten Fehlbeurteilung durch den Gesetzgeber.[101] Diese Evidenzkontrolle betreffe sowohl die Erforderlichkeit als auch die Angemessenheit einer Maßnahme.[102] Sie werde vom Conseil Constitutionnel nicht nur im Bereich der straf- oder ordnungsrechtlichen Sanktionen, sondern generell dann angewandt, wenn Eingriffe in verfassungsrechtlich geschützte Rechte in Rede stehen.[103]

Diese Einschätzung *Luchaires* wird auch durch die Entscheidungen des Verfassungsgerichts selbst getragen, das sich eine – zumindest eingeschränkte – Kontrollbefugnis im Hinblick auf die Erforderlichkeit und die Angemessenheit von Gesetzen zuerkennt,[104] wobei es auf die Verwendung des Begriffs der *proportionnalité* nicht ankommt.[105] In der Entscheidung vom 5.8.1993[106] kassiert der Conseil Constitutionnel das Gesetz n° 93-992 vom 10.8.1993 betreffend präventive Identitätskontrollen mit der Begründung, dass die Durchführung allgemeiner und dem polizeilichen Ermessen überlassener Kontrollen mit der persönlichen Freiheit unvereinbar sei und dass die betreffende Behörde in jedem Falle besondere Umstände nachweisen müsse, auf die sich die Gefahr für die öffentliche Ordnung stützt, welche die Kontrolle rechtfertigen soll.[107] In der Entscheidung vom 18.1.1995[108] betreffend Art. 10 des Gesetzes von 1995 setzt der Conseil Constitutionnel den Ausnahmetatbeständen, die das Recht der Betroffenen auf Einsicht in das Aufzeich-

---

[99] *Barloy*, Revue administrative 1995, 483/491 f.

[100] Revue du droit public 1995, 575/591, mit Hinweis auf die Entscheidungen des Conseil Constitutionnel v. 15.1.1975, Recueil CC 1975, 191; v. 19. und 20.1.1981 – n° 80-127, Recueil CC 1981, 15/18; v. 25.7.1984 – n° 84-176, Recueil CC 1984, 55/56; v. 18.11.1986 – n° 86-218, Recueil CC 1986, 167/170.

[101] Conseil Constitutionnel, Entsch. v. 19. und 20.1.1981 – n° 80-127, Recueil CC 1981, 15/18.

[102] *Luchaire*, Revue du droit public 1995, 575/592.

[103] *Luchaire*, Revue du droit public 1995, 575/593 und 594, mit Hinweis auf die Entscheidungen des Conseil Constitutionnel v. 20.7.1988 – n° 88-244, Recueil CC 1988, 119/124, sowie v. 18.1.1995 – n° 94-352, La Semaine Juridique (JCP) 1995, II, n° 22525, S. 440/442, Entscheidungsgrund 4, im Hinblick auf Art. 16 des Gesetzes von 1995: Die Reichweite des Verbots, bestimmte Gegenstände während einer Demonstration mitzuführen, muss angemessen sein im Verhältnis zu den Notwendigkeiten der konkreten Umstände; siehe auch *Xynopoulos*, S. 357 und 364 f.

[104] Entscheidungen v. 5.8.1993 – n° 93-323, Recueil CC 1993, 213 f., sowie v. 18.1.1995 – n° 94-352, La Semaine Juridique (JCP) 1995, II, n° 22525, S. 440/441 f.

[105] *Xynopoulos*, S. 372.

[106] N° 93-323, Recueil CC 1993, 213 f.

[107] Zum Ganzen siehe *Darras/Deharbe* in C.U.R.A.P.P., La Gouvernabilité, S. 77/83 f.

[108] N° 94-352, La Semaine Juridique (JCP) 1995, II, n° 22525, S. 440/441 f., Entscheidungsgrund 7.

nungsmaterial beschränken,[109] Grenzen. Er stellt ferner klar, dass die Unabhängigkeit des Departementsausschusses gewährleistet sein müsse[110] und dass nach Art. 10 Abs. 5 Satz 1 des Gesetzes von 1995 jeder Betroffene das Recht habe, die Kommission im Falle jedweder Schwierigkeiten im Zusammenhang mit der Einsicht in das Aufzeichnungsmaterial beziehungsweise dessen Löschung anzurufen.[111] Die gesetzlich vorgesehene fingierte Genehmigung zur Installation einer Videoüberwachungsanlage wird für verfassungswidrig erklärt.[112] Bei der Aufwertung der Betroffenenrechte handelt es sich letztlich um nichts anderes als die Herstellung eines angemessenen Verhältnisses zwischen den gegenläufigen Individual- und Kollektivinteressen und also um die Überprüfung der *proportionnalité* des Art. 10 des Gesetzes vom 21. Januar 1995.[113]

Aus den vorangehenden Ausführungen ergibt sich, dass Rechtssetzungsakte der Legislative im Hinblick auf die Verhältnismäßigkeit zwar nicht einer ebenso weitgehenden Kontrolle durch den Conseil Constitutionnel unterliegen wie Maßnahmen der Exekutive vor den Verwaltungsgerichten. Sie sind allerdings, was die neuere Entwicklung der Rechtsprechung des Conseil Constitutionnel zeigt, keineswegs jeglicher gerichtlichen Kontrolle entzogen.

VI. Kurze Zusammenfassung

Die Verfassung von 1958 enthält nur vereinzelt grundrechtliche Verbürgungen. Durch den Verweis der Präambel der Verfassung von 1958 auf die Präambel der Verfassung von 1946 sowie die Déclaration von 1789 entfalten die dort niedergelegten grundrechtlichen Verbürgungen allerdings volle rechtliche Wirksamkeit.

Videoüberwachungsmaßnahmen greifen in die das Recht auf Freizügigkeit (*liberté d'aller et venir*) sowie das Recht auf Privatleben (*droit à la vie privée*) ein, denen vom Conseil Constitutionnel jeweils Verfassungsrang beigemessen wird. Der persönlichen Freiheit (*liberté individuelle*) kommt daneben keine eigenständige grundrechtliche Bedeutung zu.

Grundrechtliche Eingriffe unterliegen dem Vorbehalt des Gesetzes. Die Rechtfertigung von Grundrechtseingriffen setzt des Weiteren voraus, dass die mit der eingreifenden Maßnahme verfolgten Zwecke im öffentlichen Interesse und von Verfassungsrang sind.

---

[109] Art. 10 Abs. 5 Satz 3 des Gesetzes vom 21. Januar 1995, siehe hierzu noch unten 3. Kapitel:II.5 (S. 209).

[110] Conseil Constitutionnel, Entsch. v. 18.1.1995 – n° 94-352, La Semaine Juridique (JCP) 1995, II, n° 22525, S. 440/441, Entscheidungsgrund 5.

[111] Conseil Constitutionnel, Entsch. v. 18.1.1995 – n° 94-352, La Semaine Juridique (JCP) 1995, II, n° 22525, S. 440/442, Entscheidungsgrund 8.

[112] Conseil Constitutionnel, Entsch. v. 18.1.1995 – n° 94-352, La Semaine Juridique (JCP) 1995, II, n° 22525, S. 440/442, Entscheidungsgrund 11.

[113] So auch *Mathieu*, Les Petites Affiches v. 7.6.1995, S. 7/8; in diesem Sinne auch *Lafay*, Anmerkung zu Conseil Constitutionnel (Entsch. v. 18.1.1995, n° 94-352, JCP 1995, II, n° 22525, S. 440 f.), JCP 1995, II, n° 22525, S. 443/445.

Videoüberwachungsmaßnahmen dienen insbesondere der Aufrechterhaltung beziehungsweise der Wiederherstellung der öffentlichen Ordnung (*ordre public*). Daneben erfüllen sie auch repressive Zwecke. Sowohl Prävention als auch Repression sind im öffentlichen Interesse, so dass eine Rechtfertigung von Grundrechtseingriffen durch Maßnahmen der Videoüberwachung nicht *per se* ausgeschlossen ist. Dem Gesetzgeber obliegt es allerdings, die widerstreitenden Interessen zu einem angemessenen Ausgleich zu führen. Dazu hat er geeignete Vorkehrungen zum Schutz der von der eingreifenden Maßnahme Betroffenen zu schaffen und hierbei das *principe de proportionnalité* zu beachten. Die Kontrolle der Verfassungsmäßigkeit des in Grundrechte eingreifenden Gesetzes erstreckt sich – zumindest eingeschränkt – auch auf die hinreichende Beachtung des Verhältnismäßigkeitsprinzips durch den Gesetzgeber.

3. Kapitel: Anforderungen zur Rechtfertigung von Maßnahmen der Videoüberwachung nach dem Gesetz vom 21. Januar 1995

Der Gesetzgeber hat zum Ausgleich der betroffenen und gegenläufigen Interessen mit der Regelung des Einsatzes von Videoüberwachungsanlagen ebenfalls den Schutz der Grundrechte potentiell Betroffener zu gewährleisten.[1] Ob und auf welche Weise er dieser Pflicht bei Erlass des Art. 10 des Gesetzes vom 21. Januar 1995 betreffend die Videoüberwachung nachgekommen ist, bedarf einer näheren Untersuchung. Gegenstand dieses dritten Kapitels sind zum einen die Anforderungen an die mit der Videoüberwachung verfolgten Zwecke (I) sowie zum anderen die konkreten Vorkehrungen zum Schutz der betroffenen Grundrechte (II).

I. Anforderungen an die mit der Maßnahme verfolgten Zwecke

Neben den bereits im Rahmen des zweiten Kapitels untersuchten Anforderungen an die mit der Maßnahme verfolgen Zwecke[2] ist zum Schutze der betroffenen Grundrechte des Weiteren erforderlich, dass die gesetzlich normierten Zwecke hinreichend bestimmt sind.[3]

Die hinreichende Bestimmtheit könnte bereits für die in Art. 10 Abs. 2 Satz 1 des Gesetzes von 1995 normierte Zweckbestimmung zweifelhaft sein, nach der Videoüberwachungsmaßnahmen zum Schutze öffentlicher Gebäude und Einrichtungen sowie ihrer Umgebung durchgeführt werden können. Der Begriff der *bâtiments et installations publics*[4] wird jedoch in der Nummer 2.3.1.2 der Verwaltungsvorschrift vom 22. Oktober 1996 betreffend die Anwendung des Art. 10 des Gesetzes von 1995 näher bestimmt. Danach handelt es sich hierbei um Gebäude öffentlich-rechtlicher oder mit Aufgaben der Daseinsvorsorge beauftragter Stellen im Sinne des Art. 322-1 nouveau Code pénal, um öffentliche Gebäude im Sinne des Art. 16 des Gesetzes vom 29. Juli 1881 betreffend die Pressefreiheit sowie allgemein um Gebäude und Einrichtungen, deren Schutz im Hinblick auf den Grundsatz der Funktionsfähigkeit der Verwaltungstätigkeit (*continuité du service public*) gerechtfertigt ist. Nicht näher bezeichnet wird jedoch die in der vorgenannten Zweckbestimmung ebenfalls genannte Umgebung der vorgenannten Örtlichkeiten (*leurs abords*). *Lorant*[5] zweifelt angesichts der Ungewissheit, wie der Bereich der „Umgebung" zu definieren ist, an der hinreichenden Bestimmtheit dieses Tatbestandsmerkmals. Trotz einer gewissen begrifflichen Unschärfe dürfte der Bereich der Umgebung jedoch einer Beschrän-

---

[1] Hierzu bereits oben 2. Kapitel:V.3 (S. 194).

[2] Siehe oben 2. Kapitel:V.2 (S. 191).

[3] CNIL, délibération n° 94-056 vom 21. Juni 1994, Dalloz, Code le la communication 2001, S. 1387/1388; *Lorant*, Droit de l'informatique et des télécoms 1995 (4), S. 9/13.

[4] Öffentliche Gebäude und Einrichtungen.

[5] Droit de l'informatique et des télécoms 1995 (4), S. 9/13.

kung auf ein bestimmtes Gebiet zugänglich sein. Denn Kern der Zweckbestimmung ist
der Schutz der in Art. 10 Abs. 2 Satz 1 des Gesetzes von 1995 genannten Gebäude und
Einrichtungen. Die Ausweitung von Videoüberwachungsmaßnahmen auf deren Umgebung ist folglich nur insoweit zulässig, als sie für die Realisierung dieses Zwecks unerlässlich ist.[6]

Im Hinblick auf die Videoüberwachung zum Schutz der Einrichtungen, die der nationalen
Sicherheit dienen, präzisiert die Nummer 2.3.1.2 der vorgenannten Verwaltungsvorschrift,
dass es sich bei den genannten Einrichtungen um sämtliche privatrechtlich und öffentlich-rechtlich organisierten Einrichtungen handelt, deren Bedeutung in Bezug auf die nationale Sicherheit anerkannt ist. Wenngleich unklar bleibt, nach welchen Kriterien solchen
Einrichtungen im Hinblick auf die nationale Sicherheit Bedeutung zukommt, ist der Begriff der nationalen Sicherheit eng auszulegen,[7] so dass ein ausufernder Einsatz von Videoüberwachungsanlagen für den vorgenannten Zweck kaum zu befürchten ist.[8]

Als zu unbestimmt wird in der Literatur des Weiteren die Zweckbestimmung kritisiert,
wonach Videoüberwachungsmaßnahmen zur Gewährleistung der Sicherheit von Personen und Sachen an öffentlich-rechtlich zu qualifizierenden oder allgemein öffentlich zugänglichen Orten durchgeführt werden können, die Risiken von Angriffen auf Leib oder
Leben oder von Diebstahl besonders ausgesetzt sind.[9] Mangels hinreichend bestimmter
Kriterien komme letztlich fast jeder Ort für die Installation von Videoüberwachungsanlagen in Betracht.[10] Die Verwaltungsvorschrift vom 22. Oktober 1996 enthält lediglich vereinzelte Hinweise zur Auslegung der vorgenannten Zweckbestimmung. Ein Risiko im
Sinne der Zweckbestimmung soll nach der Nummer 2.3.2.2 der Verwaltungsvorschrift
insbesondere bestehen, wenn die in Rede stehende Örtlichkeit abgelegen ist, gegebenenfalls bis spät geöffnet ist,[11] dort Gegenstände von großem Wert aufbewahrt werden[12] oder

---

[6] Von einer hinreichenden Bestimmtheit geht wohl auch der Conseil Constitutionnel, Entsch.
     v. 18.1.1995 – n° 94-352, La Semaine Juridique (JCP) 1995, II, n° 22525, S. 440/441, Ent-
     scheidungsgrund 3, aus, da er im Hinblick auf Art. 10 Abs. 2 Satz 1 des Gesetzes vom
     21. Januar 1995 nicht von seiner Auslegungskompetenz Gebrauch macht.
[7] *Robert/Duffar*, Droits de l'homme et libertés fondamentales, S. 120, weisen darauf hin, dass
     gesetzliche Beschränkungen der Grundrechte zu Gunsten des Grundrechtsschutzes restriktiv
     auszulegen seien.
[8] Hier gilt ebenso das in Fußn. 6 Gesagte.
[9] *Darras/Deharbe* in C.U.R.A.P.P., La Gouvernabilité, S. 77/83; *Heilmann/Vitalis*, Le Courrier
     du CNRS 1996, n° 82, S. 47/49; *Théron*, AJDA 1995, 207/208; *Lafay*, Anmerkung zu Conseil
     Constitutionnel (Entsch. v. 18.1.1995, n° 94-352, JCP 1995, II, n° 22525, S. 440 f.),
     JCP 1995, II, n° 22525, S. 443/445; in diesem Sinne wohl auch *Lorant*, Droit de l'informati-
     que et des télécoms 1995 (4), S. 9/14, *Ocqueteau/Heilmann*, Droit et Société 1997, 331/335
     und 337.
[10] *Darras/Deharbe* in C.U.R.A.P.P., La Gouvernabilité, S. 77/83; *Lafay*, Anmerkung zu Conseil
     Constitutionnel (Entsch. v. 18.1.1995, n° 94-352, JCP 1995, II, n° 22525, S. 440 f.),
     JCP 1995, II, n° 22525, S. 443/445.
[11] Als Beispiele werden Einkaufszentren und Tankstellen genannt.
[12] Als Beispiele werden Banken, Juweliergeschäfte und Casinos genannt.

sonst von ihrer Art als allgemein gefährdet angesehen werden kann.[13] Auch sei die Anzahl der Tätlichkeiten beziehungsweise Diebstähle an einem bestimmten und abgegrenzten Ort oder in einer Einrichtung einer bestimmten Art zu berücksichtigen.[14] Die Zweckbestimmungen des Art. 10 Abs. 2 Sätze 1 und 2 des Gesetzes von 1995 ermöglichen die Durchführung von Videoüberwachungsmaßnahmen in großem Umfang. Dies lässt jedoch nicht ohne weiteres auf die Unbestimmtheit der gesetzlich normierten Zweckbestimmungen schließen, da nicht jeder Sachverhalt in demselben Maße einer klaren und bestimmten Regelung zugänglich ist.[15] Dieser Ansicht scheint auch der Conseil Constitutionnel zu sein, wenn er in seiner Entscheidung vom 18.1.1995 die Installation von Videoüberwachungsanlagen zu den in Art. 10 Abs. 2 Sätze 1 und 2 genannten Zwecken als verfassungsmäßig beurteilt.[16]

II. Anforderungen zur Herstellung eines angemessenen Ausgleichs zwischen den betroffenen Interessen

Der Gesetzgeber hat mit Erlass des Gesetzes von 1995 eine Reihe an Schutzvorkehrungen geschaffen, um einen angemessenen Ausgleich zwischen den bei der Durchführung von Videoüberwachungsmaßnahmen widerstreitenden Interessen herzustellen. So beinhaltet das Gesetz eine geographische Beschränkung zum Schutz des Privatlebens (1). Videoüberwachungsmaßnahmen haben des Weiteren offen zu erfolgen (2) und sind einer Vorabkontrolle unterworfen (3). Löschungsvorschriften begrenzen die Dauer der Aufbewahrung von Bildmaterial (4). Schließlich gewährt das Gesetz den Betroffenen ein Einsichtsrecht sowie die Möglichkeit, bei Bedarf den Departementsausschuss anzurufen (5). Eine Strafvorschrift soll die Beachtung der gesetzlichen Bestimmungen und Anforderungen gewährleisten (6).

1. *Geographische Beschränkung*

Gemäß Art. 10 Abs. 2 Satz 3 des Gesetzes vom 21. Januar 1995 sind Maßnahmen der Videoüberwachung im öffentlich-rechtlichen beziehungsweise allgemein öffentlich zugänglichen Bereich so durchzuführen, dass weder Wohngebäude von innen noch deren

---

[13] Beispielhaft werden Apotheken genannt.

[14] Als solches abgegrenztes Gebiet sollen etwa Siedlungen oder sogar Departements in Betracht kommen.

[15] *Lorant*, Droit de l'informatique et des télécoms 1995 (4), S. 9/14, führt im Hinblick auf die allzu umfangreiche Durchführung von Videoüberwachungsmaßnahmen aus, dass jede demokratische Gesellschaft ein bestimmtes Maß an Kriminalität aufweise, das sich letztlich auch nicht durch den Einsatz moderner Technologien wie Videokameras vollständig unterbinden lasse.

[16] N° 94-352, La Semaine Juridique (JCP) 1995, II, n° 22525, S. 440/441, Entscheidungsgrund 3.

Eingänge gezielt gefilmt werden.[17] Diese Beschränkung zum Schutz des Privatlebens war bereits von der CNIL in ihrem Beschluss n° 94-056 vom 21. Juni 1994[18] gefordert worden.

Aus Nummer 6.2 der Verwaltungsvorschrift vom 22. Oktober 1996 ergibt sich klarstellend, dass Videoüberwachungsmaßnahmen, die Wohngebäude von innen zum Überwachungsgegenstand haben, generell verboten sind. Etwas anderes gilt allerdings für die Eingänge von Wohngebäuden. Da die Videoüberwachung öffentlicher Straßen und Plätze faktisch unmöglich wäre, würde das Filmen von Eingängen generell untersagt, sind nur solche Videoüberwachungsmaßnahmen nicht zulässig, die gezielt Eingänge von Wohngebäuden zum Gegenstand haben.[19] Es bleibt allerdings im Dunkeln, was genau unter *façon spécifique*, also *gezielter* Überwachung, zu verstehen ist.[20]

Im Übrigen ist der geographische Anwendungsbereich des Gesetzes vom 21. Januar 1995 aufgrund der weit reichenden Zweckbestimmungen sehr weit.[21] Die Begriffe des öffentlich-rechtlichen (*voie publique*) oder öffentlich zugänglichen Bereichs beziehungsweise der öffentlich zugänglichen Einrichtungen (*lieux et établissements ouverts au public*) stellen keine wesentliche geographische Begrenzung für den Einsatz von Videoüberwachungsanlagen dar.[22]

2. *Offenheit der Maßnahme*

Da nur die Kenntnis von der Durchführung der Videoüberwachung die Betroffenen in die Lage versetzt, die in Art. 10 Abs. 5 des Gesetzes von 1995 normierten Rechte geltend zu machen, ist die Offenheit der Überwachungsmaßnahme eine grundlegende Voraussetzung zur Herstellung eines angemessenen Ausgleichs zwischen den betroffenen Interessen. De *Lajartre*[23] begründet die Offenheit der Maßnahme ferner damit, dass ohne eine Kenntnis der Videoüberwachungsmaßnahmen durch die potentiell Betroffenen der Erfolg der Maßnahmen im Hinblick auf ihre präventive Ausrichtung gefährdet wäre.

Nach dem Beschluss der CNIL n° 94-056 vom 21. Juni 1994[24] sollte die Öffentlichkeit klar und deutlich über die Existenz der Videoüberwachungsanlage, die sie betreibende Stelle, die mit ihr verfolgten Zwecke, die eventuelle Bildaufzeichnung, die Adressaten des

---

[17] Siehe Art. 10 Abs. 2 Satz 3 des Gesetzes vom 21. Januar 1995 in Originalfassung oben in Fußn. 71 (S. 171).

[18] Dalloz, Code de la communication 2001, S. 1387 f.

[19] *Lorant*, Droit de l'informatique et des télécoms 1995 (4), S. 9/14; *Théron*, AJDA 1995, 207/209.

[20] *Théron*, AJDA 1995, 207/209.

[21] Siehe zu den Zweckbestimmungen bereits oben 3. Kapitel:I (S. 201).

[22] *Lafay*, Anmerkung zu Conseil Constitutionnel (Entsch. v. 18.1.1995, n° 94-352, JCP 1995, II, n° 22525, S. 440 f.), JCP 1995, II, n° 22525, S. 443/445.

[23] La Semaine Juridique (JCP) 1996, n° 3955, S. 317/318.

[24] Dalloz, Code de la communication 2001, S. 1387/1389.

Bildmaterials sowie die Bedingungen für die Einsichtnahme in das Bildmaterial im Auf-
bewahrungszeitraum informiert werden. Art. 10 Abs. 2 Satz 4 des Gesetzes von 1995
greift diese Empfehlungen nur zum Teil auf. Die gesetzliche Bestimmung legt fest, dass
die Öffentlichkeit in geeigneter Weise und für die gesamte Dauer der Maßnahme über
den Einsatz der Videoüberwachungsanlage sowie die sie verantwortende Stelle zu unterrichten ist.[25] Die gesetzliche Regelung wird bisweilen als zu unbestimmt kritisiert, da es
letztlich der Verwaltung obliege, die Modalitäten der Information mehr oder weniger
nach eigenem Gutdünken festzulegen.[26]

Nach Nummer 4.2 der Verwaltungsvorschrift vom 22. Oktober 1996 ist es im Hinblick
auf die Informationspflicht nach Art. 10 Abs. 2 Satz 4 des Gesetzes von 1995 nicht notwendig, dass die Öffentlichkeit über jede einzelne installierte Kamera informiert wird. Die
Information muss die potentiell Betroffenen jedoch in die Lage versetzen, im konkreten
Fall mit Videoüberwachungsmaßnahmen rechnen zu können. Unzureichend ist in jedem
Falle nur die wöchentliche, monatliche oder gar vierteljährliche Veröffentlichung der jeweils durchgeführten Videoüberwachungsmaßnahmen im Gemeindeblatt.[27] Den Anforderungen des Art. 10 Abs. 2 Satz 4 des Gesetzes von 1995 werden auch solche Hinweisschilder nicht gerecht, welche die Bürger nur pauschal über die in einer Gemeinde durchgeführte Videoüberwachung in Kenntnis setzen.[28] Die CNIL schlägt in ihrem Beschluss
vom 10. November 1992[29] als geeignete Maßnahme zur Information der Bürger das An-
bringen von Hinweisschildern sowie das Verteilen von Hinweiszetteln vor.[30]

3. Vorabkontrolle

Gemäß Art. 10 Abs. 3 des Gesetzes vom 21. Januar 1995 unterliegt die Einrichtung eines
Videoüberwachungssystems der Genehmigung durch den Staatsvertreter im Departement
beziehungsweise, in Paris, durch den Polizeipräfekten. Die Genehmigung wird, außer in
Angelegenheiten der nationalen Verteidigung, nach Stellungnahme eines Departementsausschusses erteilt, dessen Vorsitz ein Berufsrichter oder ein ehrenamtlicher Richter in-
nehat. In der Präfektsgenehmigung werden alle geeigneten Vorkehrungen festgelegt, insbesondere betreffend die Anforderungen an die mit der Betreibung der Videoüberwa-

---

[25] Art. 10 Abs. 2 Satz 4 des Gesetzes vom 21. Januar 1995 lautet: « *Le public est informé de ma-
     nière claire et permanente de l'existence du système de vidéosurveillance et de l'autorité ou de
     la personne responsable.* »
[26] *Lafay*, Anmerkung zu Conseil Constitutionnel (Entsch. v. 18.1.1995, n° 94-352, JCP 1995, II,
     n° 22525, S. 440 f.), JCP 1995, II, n° 22525, S. 443/446, sowie *Velasco*, S. 357.
[27] *Georgel*, Les libertés de communication, S. 60, der den Berichterstatter *Masson* zitiert.
[28] *De Lajartre*, La Semaine Juridique (JCP) 1996, n° 3955, S. 317/322.
[29] Les libertés et l'informatique, vingt délibérations commentées, S. 97/100.
[30] Auch *de Lajartre* (La Semaine Juridique (JCP) 1996, n° 3955, S. 317/322) hält die fortdau-
     ernde Information der Bevölkerung über die Durchführung von Videoüberwachungsmaßnah-
     men durch entsprechende Hinweisschilder für eine geeignete Maßnahme im Sinne von Art. 10
     Abs. 2 Satz 4 des Gesetzes vom 21. Januar 1995.

chungsanlage oder der Kameraüberwachung beauftragten Personen sowie ferner diejenigen Maßnahmen, welche die Beachtung der gesetzlichen Vorschriften gewährleisten sollen. Videoüberwachungsanlagen, die im Zeitpunkt des In-Kraft-Tretens dieses Artikels bereits existieren, unterliegen einer Anzeigepflicht und sind binnen einer Frist von sechs Monaten mit den Bestimmungen dieser Vorschrift in Einklang zu bringen. Die Anzeige steht dem Genehmigungsantrag gleich.[31]

Im Hinblick auf den Departementsausschuss legt Art. 10 Abs. 3 des Gesetzes von 1995 lediglich fest, dass ein Berufsrichter oder ein ehrenamtlicher Richter den Vorsitz des Ausschusses innehaben muss.[32] Im Übrigen ist die Zusammensetzung des Departementsausschusses in Nummer 3.1 der Verwaltungsvorschrift vom 22. Oktober 1996 geregelt. Danach gehören dem Departementsausschuss neben dem vorsitzenden Berufsrichter beziehungsweise ehrenamtlichen Richter weitere vier Mitglieder an: ein Mitglied der Richterschaft der Verwaltungsgerichte (*tribunaux administratifs*) und der Appellationshöfe in Verwaltungssachen (*Cours administratives d'appel*), ein Bürgermeister, ein von der örtlich zuständigen Industrie- und Handelskammer gewähltes Mitglied, ein vom Präfekten aufgrund seiner besonderen Qualifikation designiertes Mitglied. Die Mitglieder sind für die Dauer von drei Jahren gewählt, nach deren Ablauf das Mandat einmal um weitere drei Jahre verlängert werden kann. Die vor jeder Genehmigung eines neuen oder im Zeitpunkt des In-Kraft-Tretens des Gesetzes bereits bestehenden Videoüberwachungssystems einzuholende, nicht öffentliche Stellungnahme soll nach Nummer 3.2.1 der Verwaltungsvorschrift binnen zwei Monaten ergehen.

Das gemäß Art. 10 Abs. 7 des Gesetzes von 1995 erlassene Dekret n° 96-926 vom 17. Oktober 1996[33] regelt das Verfahren zur Genehmigung einer Videoüberwachungsanlage gemäß Art. 10 Abs. 3 des vorgenannten Gesetzes. Es enthält insbesondere eine detaillierte Aufzählung all derjenigen Informationen und Unterlagen, die vom Antragsteller beizubringen sind, um seinen Antrag bescheiden zu können.[34] Hiervon umfasst sind eine Darlegung des mit der Videoüberwachungsanlage verfolgten Zwecks (Art. 1 n° 1 des

---

[31] Art. 10 Abs. 3 des Gesetzes vom 21. Januar 1995 lautet: « *L'installation d'un système de vidéosurveillance dans le cadre du présent article est subordonnée à une autorisation du représentant de l'État dans le département et, à Paris, du préfet de police, donnée, sauf en matière de défense nationale, après avis d'une commission départementale présidée par un magistrat du siège ou un magistrat honoraire. L'autorisation préfectorale prescrit toutes les précautions utiles, en particulier quant à la qualité des personnes chargées de l'exploitation du système de vidéosurveillance ou visionnant les images et aux mesures à prendre pour assurer le respect des dispositions de la loi. Les dispositifs de vidéosurveillance existant à la date d'entrée en vigueur du présent article doivent faire l'objet d'une déclaration valant demande d'autorisation et être mis en conformité avec le présent article dans un délai de six mois.* »

[32] Der Departementsausschuss war in der ersten Gesetzesentwurf –Art. 8 – noch nicht vorgesehen, siehe Sénat, Projet de loi n° 543, 1993-1994, S. 9.

[33] Abgedruckt bei Dalloz, Code de la communication 2001, S. 1391 f.

[34] Siehe Art. 1 des Dekrets.

Dekrets), ein Gebäudeplan, aus dem die Räume und Örtlichkeiten ersichtlich sind, die in das Sichtfeld der Kameras fallen (n° 2), ein detaillierter Plan, aus dem sich die Anzahl und Installationsorte der Kameras ergeben (n° 3), die Beschreibung der für die Bildübertragung, Aufzeichnung und Verarbeitung verwendeten Anlagen (n° 4), eine Beschreibung der Maßnahmen zum Schutz des gegebenenfalls aufgezeichneten Bildmaterials (n° 5), die Art und Weise, auf welche die Öffentlichkeit von der Durchführung der Videoüberwachung unterrichtet wird (n° 6), die Aufbewahrungsdauer des aufgezeichneten Bildmaterials einschließlich der eventuell erforderlichen Begründung (n° 7), die Bezeichnung der für die Betreibung der Videoüberwachungsanlage verantwortlichen Person oder Stelle einschließlich der Befähigung der mit der Video- oder der Monitorüberwachung beauftragten Personen (n° 8), die allgemeinen Anweisungen an das die Videoüberwachung sowie die Bildverarbeitung durchführende Personal (n° 9) und schließlich die Zugangsbedingungen für die Einsicht in das Bildmaterial durch die hieran interessierten Personen (n° 10).

Die Artikel 2 bis 4 des Dekrets vom 17. Oktober 1996 sehen Ausnahmen von den in Art. 1 Nr. 1 bis 10 beizubringenden Informationen und Unterlagen vor. Diese betreffen die öffentliche Ordnung,[35] mobile Videoüberwachungsanlagen zur Verkehrsüberwachung, aufgrund der Aufbewahrung von Wert- oder Kunstgegenständen besonders gefährdete Orte und Einrichtungen, die nationale Verteidigung sowie Unternehmensgeheimnisse. Die Beibringungspflicht entfällt in vorgenannten begründeten Fällen nur im Hinblick auf die in Art. 1 n° 2 und 3 des Dekrets genannten Unterlagen beziehungsweise Informationen. Etwas anderes gilt für die Bewahrung von Unternehmensgeheimnissen, die gegebenenfalls eine Anwendung des Art. 1 n° 2 bis 10 des Dekrets auszuschließen vermag.

Gemäß Art. 12 des Dekrets kann die einmal erteilte Genehmigung wieder entzogen werden, falls die Videoüberwachungsanlage den Anforderungen an Art. 10 des Gesetzes von 1995 nicht mehr genügt oder falls sich die Umstände und Bedingungen, unter denen die Genehmigung erteilt wurde, geändert haben. Die Nummer 10.1 der Verwaltungsvorschrift vom 22. Oktober 1996 legt diesbezüglich fest, dass jede erhebliche Änderung der Umstände und Bedingungen, unter denen die Genehmigung erteilt wurde, anzuzeigen ist. Als solche erhebliche Änderungen gelten insbesondere ein Mieter- oder Pächterwechsel der videoüberwachten Einrichtung, eine Änderung der Tätigkeit in den Räumlichkeiten, für welche die Installation einer Videoüberwachungsanlage genehmigt wurde, Umbau-

---

[35] Die Nummer 4.3 der Verwaltungsvorschrift vom 22. Oktober 1996 sieht vor, dass die Beibringungspflicht unter Berufung auf die öffentliche Ordnung teilweise für solche Videoüberwachungsanlagen aufgehoben werden kann, die im Auftrag öffentlicher Stellen eingerichtet werden sollen. Dies gilt ebenso für Videoüberwachungsanlagen diplomatischer Vertretungen sowie internationaler Organisationen, die ihren Sitz in Frankreich haben oder dort ein Büro unterhalten.

maßnahmen in den vorgenannten Räumlichkeiten, welche deren Beschaffenheit ändern, jegliche Änderung betreffend den Schutz des aufgezeichneten Bildmaterials.

Art. 13 des Dekrets verpflichtet die videoüberwachende Stelle, über die durchgeführten Aufzeichnungen, Löschungsdaten von Bildmaterial und gegebenenfalls die Übermittlung von Bildmaterial an die Staatsanwaltschaft Buch zu führen. Nach Art. 16 des Dekrets sind Genehmigungen im *Recueil des actes administratifs de la préfecture* zu veröffentlichen. Der Öffentlichkeit ist – gegebenenfalls durch Auslegung im Rathaus – eine Liste sämtlicher veröffentlichter Genehmigungen von Videoüberwachungssystemen zugänglich zu machen. Aus dieser müssen sich für jedes Überwachungssystem das Genehmigungsdatum sowie die verantwortliche Stelle ergeben. In Folge der Entscheidung des Conseil Constitutionnel vom 18.1.1995[36] ist in Nummer 7.4 der Verwaltungsvorschrift vom 22. Oktober 1996 festgelegt, dass nach Ablauf von vier Monaten seit Antragstellung der Antrag bei Untätigbleiben der Verwaltung als abgelehnt gilt.[37] Die Installation eines Videoüberwachungssystems bedarf also – soweit sie vom Anwendungsbereich des Gesetzes von 1995 umfasst ist[38] – in jedem Falle einer Genehmigung. Diese ist, ebenso wie ein ablehnender Bescheid, als Verwaltungsakt zu qualifizieren und kann somit gerichtlich angefochten werden.[39]

Die Vorabkontrolle, so wie sie Art. 10 Abs. 3 des Gesetzes vom 21. Januar 1995 vorsieht, wird bisweilen als ineffizient kritisiert.[40] Zum einen wird bemängelt, dass der Gesetzgeber keine spezifischen Anforderungen an die in der Genehmigung festzulegenden Vorkehrungen vorgesehen habe, was die mit der Betreibung der Videoüberwachungsanlage oder der Kameraüberwachung beauftragten Personen anbelangt.[41] Der Ermessensspielraum führe dazu, dass von Departement zu Departement unterschiedliche Anforderungen an das mit der Betreibung der Videoüberwachungsanlage oder der Kameraüberwachung beauftragte Personal gestellt würden, was letztlich zu einer Ungleichbehandlung führe.[42] Zum anderen könne der Zweck, die Grundrechte der von der Videoüberwachung potentiell betroffenen Personen durch die Genehmigungspflicht neuer Videoüberwachungsan-

---

[36] N° 94-352, La Semaine Juridique (JCP) 1995, II, n° 22525, S. 440 f.

[37] Siehe hierzu schon oben 1. Kapitel:II.2 (S. 173).

[38] Zum Anwendungsbereich des Gesetzes vom 21. Januar 1995 siehe oben 1. Kapitel:II.1 (S. 169).

[39] So die Nummer 10.3 der Verwaltungsvorschrift vom 22. Oktober 1996, jedoch vorbehaltlich einer anderweitigen Qualifikation durch die Gerichte. Stellungnahmen des Departementsausschusses sind hingegen gemäß der vorgenannten Bestimmung nicht als Verwaltungsakte zu qualifizieren.

[40] *Forest*, D.E.S.S., S. 17; siehe auch das Rundschreiben betreffend die Auswertung der Tätigkeit der Departementsausschüsse, La Gazette des communes vom 23.11.1998, S. 57.

[41] *Lafay*, Anmerkung zu Conseil Constitutionnel (Entsch. v. 18.1.1995, n° 94-352, JCP 1995, II, n° 22525, S. 440 f.), JCP 1995, II, n° 22525, S. 443/446.

[42] *Lafay*, Anmerkung zu Conseil Constitutionnel (Entsch. v. 18.1.1995, n° 94-352, JCP 1995, II, n° 22525, S. 440 f.), JCP 1995, II, n° 22525, S. 443/446.

lagen zu schützen, nicht in Gänze erreicht werden, da nicht eine unabhängige Kommission, sondern ein Vertreter des Staates[43] über die Genehmigung verbindlich entscheide.[44]

Die Befürchtung, die Einrichtung staatlicher Videoüberwachungsanlagen könne durch eine Abhängigkeit des staatlichen Vertreters begünstigt sein, scheint durchaus berechtigt. Allerdings gilt es zu bedenken, dass der Stellungnahme des Departementsausschuss ein erhebliches Gewicht zukommt, da diesem durch Art. 10 Abs. 3 des Gesetzes von 1995 sowie durch das Dekret vom 17. Oktober 1996 die Rolle eines unabhängigen und sachverständigen Dritten zukommt.[45] Der staatliche Vertreter, im allgemeinen der Präfekt, der schließlich verbindlich über die Installation der beantragten Videoüberwachungsanlage entscheidet, folgt in aller Regel der vom Departementsausschuss in seiner Stellungnahme abgegebenen Empfehlung, da er meist nicht über die Zeit und die Mittel verfügt, den Genehmigungsantrag selbst eingehend zu bearbeiten.[46]

4.   Löschungsvorschriften

In ihrem Beschluss n° 91-127 vom 17. Dezember 1991[47] betreffend die Installation eines Videoüberwachungssystems in Levallois-Perret führt die CNIL aus, dass eine Speicherungsdauer von 24 Stunden ausreichend sei. Im Beschluss n° 94-056 vom 21. Juni 1994[48] empfahl die CNIL eine Regellöschungsfrist von 15 Tagen. Nach Ablauf dieser Frist sollten allenfalls die Gerichte oder unter deren Aufsicht die Kriminalpolizei oder die Staatsanwaltschaft über das aufgezeichnete Bildmaterial verfügen.

Art. 10 Abs. 4 des Gesetzes von 1995 entspricht lediglich der Forderung einer festen Löschungsfrist, nicht aber der empfohlenen Aufbewahrungsdauer. Außer im Falle der Ermittlung wegen eines offensichtlich begangenen Delikts, einer Vorermittlung oder einer gerichtlichen Ermittlung sind Videoaufzeichnungen binnen einer in der Genehmigung festgelegten Frist zu löschen, die einen Monat nicht überschreiten darf.[49]

5.   Auskunftsrechte / Anrufungsrechte

Gemäß Art. 10 Abs. 5 Sätze 1 bis 3 des Gesetzes vom 21. Januar 1995 kann sich jede daran interessierte Person an den für ein Videoüberwachungssystem Verantwortlichen wenden, um Zugang zu den sie betreffenden Bildaufzeichnungen zu erhalten oder um deren

---

[43]   Bspw. der Präfekt, siehe Art. 10 Abs. 3 des Gesetzes vom 21. Januar 1995.
[44]   *Forest*, D.E.S.S., S. 17; in diesem Sinne auch *de Lajartre*, La Semaine Juridique (JCP) 1996, n° 3955, S. 317/322, sowie *Velasco*, S. 358.
[45]   Zweifel hieran äußert *Forest*, D.E.S.S., S. 18/19.
[46]   *Forest*, Expertises 2002, 46; *Ocqueteau*, Les Cahiers de la sécurité intérieure 2001, n° 43, S. 101/102.
[47]   12e rapport d'activité 1991, S. 185.
[48]   Dalloz, Code de la communication 2001, S. 1387/1389.
[49]   Art. 10 Abs. 4 des Gesetzes vom 21. Januar 1995 lautet: « *Hormis le cas d'une enquête de flagrant délit, d'une enquête préliminaire ou d'une information judiciaire, les enregistrements sont détruits dans un délai maximum fixé par l'autorisation. Ce délai ne peut excéder un mois.* »

Löschung innerhalb der dafür vorgesehenen Frist zu überprüfen. Dieser Zugang besteht von Rechts wegen. Der Zugang kann jedoch aus Gründen der Staatssicherheit, der Verteidigung, der öffentlichen Sicherheit, anhängiger Gerichtsverfahren oder diesen vorausgehenden Ermittlungen oder aufgrund bestehender Rechte Dritter verweigert werden.[50]

Bisweilen werden die Ausschlusstatbestände des Einsichtsrechts als zu weitgehend und unbestimmt kritisiert.[51] Sie beschneiden das Einsichtsrecht der Betroffenen unangemessen, da gerade die Ausschlusstatbestände der Grund für die Durchführung der Videoüberwachungsmaßnahmen seien.[52] Im Hinblick auf die Rechte Dritter stellt sich des Weiteren die Schwierigkeit, dass die überwachenden Kameras regelmäßig auf mehrere Personen gerichtet sind, was die Wahrscheinlichkeit erhöht, dass im Falle eines Einsichtsbegehrens die Einsicht in das Bildmaterial unter Berufung auf die Rechte Dritter verweigert wird.[53] Allerdings kann gemäß Art. 14 des Dekrets n° 96-926 vom 17. Oktober 1996, der dem Auslegungsvorbehalt des Conseil Constitutionnel in seiner Entscheidung vom 18.1.1995 Rechnung trägt,[54] der Zugang wegen bestehender Rechte Dritter nach Art. 10 Abs. 5 Satz 3 des Gesetzes von 1995 nur mit der Begründung verweigert werden, dass die Einsicht in das Bildmaterial deren Privatsphäre (*secret de la vie privée*) verletzt.

Im Übrigen muss das Einsichtsbegehren nicht begründet werden und bedarf auch nicht der Geltendmachung irgendeines besonderen Nachteils für die betroffene Person.[55]

Von Bedeutung ist des Weiteren Art. 10 Abs. 5 Sätze 4 und 5 des Gesetzes von 1995, wonach jede daran interessierte Person den in Absatz 3 genannten Departementsausschuss wegen jedweder Schwierigkeit im Zusammenhang mit dem Betrieb einer Videoüberwachungsanlage anrufen kann. Ungeachtet dessen bleibt das Recht unberührt,

---

[50] Art. 10 Abs. 5 Sätze 1 bis 3 lauten: « *Toute personne intéressée peut s'adresser au responsable d'un système de vidéosurveillance afin d'obtenir un accès aux enregistrements qui la concernent ou d'en vérifier la destruction dans le délai prévu. Cet accès est de droit. Un refus d'accès peut toutefois être opposé pour un motif tenant à la sûreté de l'État, à la défense, à la sécurité publique, au déroulement de procédures engagées devant les juridictions ou d'opérations préliminaires à de telles procédures, ou au droit des tiers.* »

[51] *Lafay*, Anmerkung zu Conseil Constitutionnel (Entsch. v. 18.1.1995, n° 94-352, JCP 1995, II, n° 22525, S. 440 f.), JCP 1995, II, n° 22525, S. 443/446; ebenso *Luchaire*, Revue du droit public 1995, 575/581; *de Lajartre*, La Semaine Juridique (JCP) 1996, n° 3955, S. 317/319; *Théron*, AJDA 1995, 207/209; *Forest*, D.E.S.S., S. 16.

[52] *De Lajartre*, La Semaine Juridique (JCP) 1996, n° 3955, S. 317/319.

[53] *Luchaire*, Revue du droit public 1995, 575/581; *de Lajartre*, La Semaine Juridique (JCP) 1996, n° 3955, S. 317/319 f.; *Vitalis*, Le Monde Diplomatique, März 1998, S. 26/27; *Forest*, D.E.S.S., S. 17.

[54] N° 94-352, La Semaine Juridique (JCP) 1995, II, n° 22525, S. 440/441 f., Entscheidungsgrund 7.

[55] Siehe Nummer 9.1 der Verwaltungsvorschrift vom 22. Oktober 1996.

den Rechtsweg zu beschreiten, nötigenfalls auch im Wege des beschleunigten Verfahrens.[56]

Nummer 3.2.2 der Verwaltungsvorschrift vom 22. Oktober 1996 stellt klar, dass der Ausschuss nicht nur bei Schwierigkeiten im Zusammenhang mit der Einsicht in das Bildmaterial, sondern auch im Falle von Fragen betreffend die Funktionsweise des Videoüberwachungssystems sowie die Löschung von Bildmaterial angerufen werden kann. Außer in den von Art. 10 des Gesetzes von 1995 vorgesehenen Fällen ist ein Tätigwerden des Ausschusses, insbesondere durch selbstinitiierte Kontrollen, nicht möglich.

6. *Strafrechtliche Absicherung*

Die Beachtung der gesetzlichen Bestimmungen betreffend die Videoüberwachung wird schließlich durch eine Strafvorschrift abgesichert. Nach Art. 10 Abs. 6 des Gesetzes vom 21. Januar 1995 wird mit Freiheitsstrafe von drei Jahren und Geldstrafe in Höhe von umgerechnet 40.000 € bestraft, wer, ohne hierzu die Genehmigung zu haben, Videoaufzeichnungen erstellt, sie nicht innerhalb der hierfür vorgesehenen Frist löscht, sie verfälscht, die Tätigkeit des Departementsausschusses behindert, unbefugten Personen Einsicht in aufgezeichnetes Bildmaterial gewährt oder dieses zu anderen als den genehmigten Zwecken benutzt. Die Vorschriften der Artikel 226-1 des Code pénal sowie der Gesetze L. 120-2, L. 121-8 und L. 432-2-1 des Code du travail bleiben unberührt.[57]

III. Kurze Zusammenfassung der Ergebnisse

Die Rechtfertigung grundrechtlicher Eingriffe durch Maßnahmen der Videoüberwachung setzt voraus, dass die mit der eingreifenden Maßnahme verfolgten Zwecke hinreichend bestimmt sind. Der Conseil Constitutionnel sieht diese Voraussetzung im Falle des Gesetzes vom 21. Januar 1995 als gegeben an. In der Literatur wird bisweilen die gegenteilige Auffassung vertreten. Danach vermögen die gesetzlich vorgesehenen Garantien zum Teil nicht, den bestehenden Gefahren für die Grundrechte wirksam zu begegnen.[58] Daran än-

---

[56] Art. 10 Abs. 5 Sätze 4 und 5 des Gesetzes vom 21. Januar 1995 lauten: « *Toute personne intéressée peut saisir la commission départementale mentionnée au III de toute difficulté tenant au fonctionnement d'un système de vidéosurveillance. Les dispositions du précédent alinéa ne font pas obstacle au droit de la personne intéressée de saisir la juridiction compétente, au besoin en la forme du référé.* »

[57] Art. 10 Abs. 6 des Gesetzes vom 21. Januar 1995 lautet: « *Le fait de procéder à des enregistrements de vidéosurveillance sans autorisation, de ne pas les détruire dans le délai prévu, de les falsifier, d'entraver l'action de la commission départementale, de faire accéder des personnes non habilitées aux images ou d'utiliser ces images à d'autres fins que celles pour lesquelles elles sont autorisées est puni de trois ans d'emprisonnement et de 300.000 F d'amende, sans préjudice des dispositions des articles 226-1 du Code pénal et L. 120-2, L. 121-8 et L. 432-2-1 du Code de travail.* »

[58] *Théron*, AJDA 1995, 207/209.

dere auch die Entscheidung des Conseil Constitutionnel nichts, da sie die Unbestimmtheit der gesetzlichen Bestimmungen nicht beseitigen könne.[59]

Im Rahmen der gesetzlich verankerten Schutzvorkehrungen sieht das Gesetz vom 21. Januar 1995 vor, dass zum Schutz des Privatlebens weder Wohngebäude von innen noch deren Eingänge gezielt gefilmt werden dürfen. Ferner ist die Bevölkerung durch geeignete Maßnahmen, etwa durch deutliche Hinweisschilder, von der Durchführung der Videoüberwachungsmaßnahmen in Kenntnis zu setzen. Die Installation einer Videoüberwachungsanlage unterliegt der Vorabkontrolle durch einen staatlichen Vertreter, dessen Entscheidung erst nach Stellungnahme eines unabhängigen Departementsausschusses ergeht. Die fehlende Bindungswirkung dieser Stellungnahme wird bisweilen kritisiert, da die von der Überwachung Betroffenen unzureichend geschützt seien.

Aufgezeichnetes Bildmaterial ist spätestens nach Ablauf eines Monats zu löschen, es sei denn, der Anwendungsbereich des Gesetzes n° 78-17 vom 6. Januar 1978 ist für die in Rede stehenden Aufzeichnungen eröffnet. In diesem Fall richtet sich die Löschung nach den entsprechenden Vorschriften des Gesetzes von 1978. Art. 10 Abs. 5 Satz 1 des Gesetzes von 1995 gewährt den Gefilmten ein Einsichtsrecht in das sie betreffende Bildmaterial. Die Einsicht kann allerdings unter Berufung auf die Staatssicherheit, die Verteidigung, die öffentliche Sicherheit, anhängige Gerichtsverfahren beziehungsweise diesen vorausgehende Ermittlungsverfahren sowie Rechte Dritter versagt werden. Bei Schwierigkeiten im Zusammenhang mit dem Betrieb einer Videoüberwachungsanlage hat jede daran interessierte Person das Recht, den Departementsausschuss anzurufen. Die Beachtung der gesetzlichen Bestimmungen ist durch Art. 10 Abs. 6 des Gesetzes von 1995 strafrechtlich abgesichert.

---

[59] *Théron*, AJDA 1995, 207/210.

4. Kapitel: Folgemaßnahmen der Videoüberwachung

Als der Videoaufzeichnung nachfolgende Maßnahmen kommen die Nutzung des Bildmaterials für die Erhebungszwecke sowie die Nutzung für andere Zwecke in Betracht. Die Nutzung kann beispielsweise durch die Bearbeitung des aufgezeichneten Bildmaterials, das Weiterleiten des Bildmaterials an andere Stellen als die erhebende Stelle oder durch Abgleich der aufgezeichneten Bilder mit Datenbänken erfolgen.

Art. 10 Abs. 2 des Gesetzes vom 21. Januar 1995 umfasst lediglich Maßnahmen der Videobeobachtung und der Videoaufzeichnung, nicht jedoch Folgemaßnahmen wie die zuvor Genannten. Es stellt sich allerdings die Frage, ob sich aus den Bestimmungen des Art. 10 implizit eine Rechtsgrundlage für der Videoaufzeichnung nachfolgende Maßnahmen entnehmen lässt.

Als solche ist Art. 10 Abs. 4 des Gesetzes von 1995 in Betracht zu ziehen, wonach außer im Falle der Ermittlung wegen eines offensichtlich begangenen Delikts, einer Vorermittlung oder einer gerichtlichen Ermittlung aufgezeichnetes Bildmaterial binnen einer in der Genehmigung festgelegten Frist zu löschen ist, die einen Monat nicht überschreiten darf.[1] Wenngleich ausdrücklicher Regelungsgegenstand der vorgenannten Norm lediglich die Pflicht zur Löschung von Bildmaterial binnen der festgelegten Frist ist, ergibt sich implizit aus den Ausnahmetatbeständen die Befugnis, das Bildmaterial zu den genannten Zwecken und im Rahmen der jeweiligen Zuständigkeit zu nutzen. Diese Annahme wird auch von Art. 10 Abs. 6 des Gesetzes von 1995 getragen, wonach nur jede nicht im Rahmen der gesetzlichen Bestimmungen durchgeführte Videoüberwachung sowie die nicht autorisierte Nutzung des aufgezeichneten Bildmaterials mit Strafe bewehrt sind. In seiner Entscheidung vom 18. Januar 1995 bezieht sich der Conseil Constitutionnel auch auf die Löschungsvorschrift des Art. 10 Abs. 4 des Gesetzes von 1995 und leitet aus ihr im Rahmen des Anwendungsbereichs des Gesetzes vom 21. Januar 1995 ein Verbot jedweder Vervielfältigung oder verfälschenden Bearbeitung ab.[2]

Aus den Bestimmungen des Gesetzes von 1995 sowie der Entscheidung des Conseil Constitutionnel ergibt sich also, dass die Nutzung von aufgezeichnetem Bildmaterial nach

---

[1] Zur Löschungsvorschrift des Gesetzes vom 21. Januar 1995 siehe bereits oben 3. Kapitel:II.4 (S. 209).

[2] Conseil Constitutionnel, Entsch. v. 18.1.1995 – n° 94-352, La Semaine Juridique (JCP) 1995, II, n° 22525, S. 440/442, Entscheidungsgrund 9: « *Considérant en sixième lieu qu'en prévoyant que les enregistrements doivent être détruits dans un délai maximum d'un mois, hormis le cas d'une enquête de flagrant délit, d'une enquête préliminaire ou d'une information judiciaire, le législateur doit être regardé comme ayant d'une part prévu qu'il soit justifié de leur destruction et d'autre part interdit toute reproduction ou manipulation de ces derniers, hors le cas prévu par le I de l'article en cause où les enregistrements de vidéosurveillance seraient utilisés pour la constitution de fichiers nominatifs conformément aux garanties prévues par la législation relative à l'informatique, aux fichiers et aux libertés.* »

Ablauf eines Monats seit Aufzeichnung grundsätzlich untersagt ist, es sei denn einer der
in Art. 10 Abs. 4 des Gesetzes von 1995 genannten Ausnahmetatbestände liegt vor. Innerhalb der Monatsfrist ist eine Nutzung des Bildmaterials nach dem Wortlaut des Gesetzes jedenfalls nicht gänzlich ausgeschlossen. Allein die nichtautorisierte Videoaufzeichnung einschließlich der Vervielfältigung von Bildmaterial, das Überschreiten der Löschungsfrist, die Manipulation sowie die Nutzung des Bildmaterials für andere als die gesetzlich festgelegten Zwecke sind nach Art. 10 Abs. 6 des Gesetzes von 1995 unter Strafe
gestellt, mithin verboten. Im Übrigen dürfte die Nutzung im Rahmen der Zwecke, für
welche die Videoaufnahmen angefertigt wurden,[3] zulässig sein. Das Gesetz vom
21. Januar 1995 entbehrt letztlich aber einer expliziten Nutzungsregelung.[4]

Im Übrigen kommt eine Anwendung des Gesetzes vom 6. Januar 1978 betreffend die
Datenverarbeitung, Dateien und Grundrechte zur rechtlichen Beurteilung von Folgemaßnahmen der Videoüberwachung nicht in Betracht.[5] Zwar ist das vorgenannte Gesetz
grundsätzlich auf die Verarbeitung und also auch die Nutzung personenbezogener Daten
durch öffentlich-rechtliche und privatrechtliche Stellen anwendbar.[6] Unabhängig von der
Frage, ob Maßnahmen der Videoüberwachung und die ihnen nachfolgenden Maßnahmen
überhaupt dem Gesetz vom 6. Januar 1978 unterfallen können, scheidet eine Anwendung
dieses Gesetzes jedoch bereits dann aus, wenn die vorgenannten Maßnahmen dem Gesetz
vom 21. Januar 1995 unterliegen.[7]

---

[3] Siehe hierzu Art. 10 Abs. 2 des Gesetzes vom 21. Januar 1995.
[4] *Théron*, AJDA 1995, 207/209.
[5] Zum Gesetz vom 6. Januar 1978 siehe bereits oben 1. Kapitel:I.1 (S. 162).
[6] Siehe *Martin*, Les fichiers de police, zur Anwendbarkeit des Gesetzes vom 6. Januar 1978 auf
      Datenerhebungen und -verarbeitungen durch die Polizei.
[7] Dies gilt sowohl für die bislang geltende Fassung des Art. 10 Abs. 1 des Gesetzes von 1995 als
      auch für die dessen neue Fassung. Zum Anwendungsverhältnis der Gesetze vom 21. Januar
      1995 und vom 6. Januar 1978 siehe oben 1. Kapitel:II.3 (S. 176).

3. Teil: Vergleich der Ergebnisse nach deutschem und französischem Recht

Gegenstand dieses dritten und letzten Teils ist ein Vergleich der in den beiden vorange-henden Teilen gefundenen Ergebnisse im Hinblick auf die rechtliche Behandlung von Videoüberwachungsmaßnahmen nach deutschem und französischem Recht. Die beiden ersten Teile lassen bereits erkennen, dass bisweilen Gemeinsamkeiten bei der rechtlichen Behandlung der Videoüberwachung bestehen, zum Teil die Durchführung von Maßnah-men der Videoüberwachung allerdings auch sehr unterschiedlichen rechtlichen Voraus-setzungen unterliegt. Die Rechtsvergleichung soll sich beschränken auf die wesentlichen Gemeinsamkeiten und Differenzen, ohne durch eine Fixierung auf Details den Blick für die bedeutenden Aspekte der Videoüberwachung zu versperren.

In einem ersten Kapitel ist zunächst der Frage nachzugehen, ob und inwieweit nach deut-schem und französischem Recht ein vergleichbares grundrechtliches Schutzniveau bei Maßnahmen der Videoüberwachung gewährleistet ist. In einem zweiten Kapitel werden Gemeinsamkeiten und Unterschiede im Hinblick auf die konkrete Ausgestaltung der ge-setzlichen Befugnisnormen erörtert, bevor die Untersuchung mit einer Schlussbetrach-tung im dritten Kapitel endet.

1. Kapitel: Das grundrechtliche Schutzniveau für Maßnahmen der Videoüberwachung in Deutschland und in Frankreich

Im Mittelpunkt der Untersuchung des französischen und des deutschen Rechts steht die Frage der Vereinbarkeit von Videoüberwachungsmaßnahmen beziehungsweise der ihnen zugrunde liegenden Befugnisnormen mit verfassungsrechtlich geschützten Positionen: den Grundrechten beziehungsweise den *libertés*. Insofern gilt es nunmehr zu untersuchen, ob und inwieweit in beiden Ländern ein vergleichbarer Grundrechtsschutz gewährt wird. Dies hängt zum einen davon ab, inwieweit Videoüberwachungsmaßnahmen nach beiden Rechtsordnungen überhaupt einem grundrechtlichen Schutz unterliegen (sogleich I). Zum anderen kommt den Anforderungen an die Rechtfertigung von Grundrechtseingriffen besondere Bedeutung zu, da sich erst auf der Ebene der verfassungsrechtlichen Rechtfer-tigung entscheidet, in welchem Maße grundrechtlichen Verbürgungen gegenüber den mit der Eingriffsnorm verfolgten Zielen letztlich Geltung verschafft wird (II). Ein Vergleich der verfassungsgerichtlichen Überprüfungsmöglichkeiten vermag schließlich Aufschluss darüber zu geben, ob und inwieweit ein Grundrechtsschutz auch prozessual durch die Möglichkeit der Kassation verfassungswidriger Befugnisnormen gewährt wird (III).

I. Grundrechtliche Eingriffe durch Maßnahmen der Videoüberwachung

Bei der Frage, ob Videoüberwachungsmaßnahmen in grundrechtlich geschützte Rechte eingreifen, wird in der französischen Literatur und Rechtsprechung nicht zwischen den einzelnen Maßnahmen wie der Beobachtung und der Aufzeichnung differenziert. Das Gesetz vom 21. Januar 1995 ermächtigt zwar in Art. 10 Abs. 2 sowohl zur Durchführung von Videobeobachtungs- als auch Videoaufzeichnungsmaßnahmen, jedoch werden an die Zweckbestimmungen keine unterschiedlichen Voraussetzungen geknüpft.[1] Die Frage des grundrechtlichen Eingriffs wird folglich undifferenziert für Videoüberwachungsmaßnahmen im Ganzen beantwortet. Demgegenüber findet sich in der deutschen Literatur, Rechtsprechung und zum Teil auch in den gesetzlichen Regelungen eine differenzierte Betrachtung der einzelnen Maßnahmen. Unabhängig vom Ergebnis entspricht die Ausgangslage der Diskussionen um die Eingriffsqualität in Deutschland also nicht derjenigen in Frankreich. Im Hinblick auf die von der jeweiligen Maßnahme der Videoüberwachung betroffenen Grundrechte beziehungsweise die hinter der formalen Grundrechtsbezeichnung stehenden inhaltlichen Grundrechtsverbürgungen kommen das französische und das deutsche Recht nur zum Teil zu vergleichbaren Ergebnissen.

Kern der Grundrechtsprüfung nach deutschem Recht ist das Recht auf informationelle Selbstbestimmung als Ausprägung des aus Art. 2 Abs. 1 i.V. mit Art. 1 Abs. 1 GG abgeleiteten Allgemeinen Persönlichkeitsrechts.[2] Es gibt dem Einzelnen die Befugnis, grundsätzlich selbst zu entscheiden, wann und innerhalb welcher Grenzen persönliche Lebenssachverhalte offenbart werden. Nach den Ergebnissen des ersten Teils hängt die Frage der Eingriffsqualität zum einen davon ab, ob der Bürger bei objektiver Betrachtungsweise und aufgrund objektiv zu beurteilender Umstände Anlass hat, eine gegen ihn gerichtete Videoüberwachungsmaßnahme zu vermuten.[3] Im Falle der Aufzeichnung kommt eingriffsbegründend der Aspekt des potentiellen Datenmissbrauchs hinzu.[4] Anderen Grundrechten, wie etwa dem Recht auf Freizügigkeit nach Art. 11 GG, kommt – im Rahmen des Untersuchungsgegenstands[5] – keine Bedeutung zu.[6]

Im Gegensatz zum deutschen Recht lässt sich für das französische Recht im Hinblick auf die grundrechtliche Vereinbarkeit von Videoüberwachungsmaßnahmen kein Diskussionsschwerpunkt ausmachen. Im Mittelpunkt stehen sowohl die Freizügigkeit (*liberté d'aller et*

---

[1]   Zu den Zweckbestimmungen in Art. 10 des Gesetzes vom 21. Januar 1995 siehe oben 3. Kapitel:I (S. 201).

[2]   Als Prüfungsmaßstab kommen auch die jeweiligen Landesverfassungen in Betracht, die jedoch kein geringeres grundrechtliches Schutzniveau vorsehen dürfen als das Grundgesetz.

[3]   Siehe hierzu oben 1. Kapitel:II.2.b) (S. 30).

[4]   Zur Eingriffsqualität von Videoaufzeichnungsmaßnahmen siehe oben 2. Kapitel:II.1 (S. 93).

[5]   Zum Untersuchungsgegenstand siehe oben Einleitung:I (S. 1).

[6]   Zum Recht auf Freizügigkeit siehe oben 1. Kapitel:III (S. 82).

venir) als auch das Recht auf Privatleben (*le droit à la vie privée*). Dem Recht auf persönliche Freiheit (*liberté individuelle*) kommt keine eigenständige Bedeutung zu.

Die Annahme, Videoüberwachungsmaßnahmen greifen in das Recht auf Freizügigkeit ein, ist begründet in der dem deutschen Recht nicht entsprechenden Bestimmung des grundrechtlichen Schutzbereichs. Die *liberté d'aller et venir* umfasst neben der Fortbewegungsfreiheit das Recht auf *anonyme* Fortbewegung, welche durch Maßnahmen der Videoüberwachung beeinträchtigt wird, ohne dass der Einzelne im Übrigen in seiner Fortbewegungsfreiheit eingeschränkt würde.[7] Der grundrechtliche Schutz der Fortbewegungsfreiheit überschneidet sich daher – soweit die Preisgabe persönlicher Daten im Zusammenhang mit der Fortbewegung in Rede steht – zum Teil mit dem Recht auf Privatleben in seiner Ausprägung als Schutz der Geheimhaltung der eigenen Erscheinung (*droit au secret de l'être*). Diesem Recht kommt im Zusammenhang mit Maßnahmen der Videoüberwachung neben der *liberté d'aller et venir* besondere Bedeutung zu, da es dem Einzelnen die Befugnis gibt, sich der Aufnahme und Verbreitung des eigenen Bildnisses sowie allgemein das Privatleben betreffender Informationen zu widersetzen.

Der Kern der grundrechtlichen Verletzung beschränkt sich letztlich unabhängig von der namentlichen Bezeichnung der betroffenen Grundrechte auf die durch Videoüberwachungsmaßnahmen bewirkte Preisgabe persönlicher Daten. Insoweit ist der grundrechtliche Schutz vor Maßnahmen der Videoüberwachung in Deutschland und in Frankreich durchaus vergleichbar.

Dies gilt jedoch nicht, soweit nach deutschem Recht der grundrechtliche Eingriff aus der subjektiven Komponente des Schutzbereichs des informationellen Selbstbestimmungsrechts hergeleitet wird. Die – wenngleich objektiv begründete – Vermutung des Bürgers, er werde videoüberwacht, vermag einen Eingriff in das Recht auf Freizügigkeit beziehungsweise das Recht auf Privatleben nach französischem Grundrechtsverständnis nicht zu begründen, wenn eine Videoüberwachung objektiv nicht stattfindet. Ein solcher Ansatz zur Begründung der Eingriffsqualität vermeintlicher oder vorgetäuschter[8] Videoüberwachungsmaßnahmen wird in der französischen Literatur nicht einmal diskutiert.

Unabhängig davon könnten Videoüberwachungssysteme, die – ohne einsatzbereit zu sein – lediglich als Abschreckungsmaßnahme dienen, allerdings ohne weiteres dem Anwendungsbereich des Gesetzes vom 21. Januar 1995 unterworfen werden.[9] Weder dem Gesetz selbst noch der Verwaltungsvorschrift vom 22. Oktober 1996 kann entnommen wer-

---

[7]   Hierzu oben 2. Kapitel:II (S. 185).

[8]   Bspw. durch Attrappen.

[9]   Im deutschen Recht hingegen kommen jedenfalls die datenschutzrechtlichen Befugnisnormen für die Videoüberwachung im Falle bloßer Kameraattrappen nicht in Betracht, da die Anwendung der Datenschutzgesetze voraussetzt, dass personenbezogene Daten anfallen. Dies ist bei Kameraattrappen gerade nicht der Fall.

den, dass vorgenannte Systeme *per se* vom Anwendungsbereich des Art. 10 ausgenommen sind. Insbesondere bedarf es zur Anwendung von Art. 10 des Gesetzes von 1995 auch keines personenbezogenen Datums,[10] so dass der Einsatz von Kameraattrappen, die von den Bürgern als funktionsfähige Überwachungssysteme wahrgenommen werden, im Wege eines Erst-Recht-Schlusses nach Art. 10 genehmigungsfähig wäre. Die Frage der Genehmigungspflicht stellt sich allerdings erst, wenn auch die bloße Existenz von Kameraattrappen als grundrechtsrelevante Maßnahme qualifiziert wird, was derzeit noch nicht diskutiert wird.

II. Rechtfertigung von Grundrechtseingriffen

Zur Rechtfertigung von Grundrechtseingriffen wird sowohl nach deutschem als auch nach französischem Recht zwischen formellen (1) und materiellen Anforderungen an die eingreifende Befugnisnorm unterschieden (2).

1. *Formelle Anforderungen an die verfassungsrechtliche Rechtfertigung*

Nach deutschem Recht können Eingriffe in das Recht auf informationelle Selbstbestimmung nur durch förmliches Gesetz gerechtfertigt werden, das heißt durch ein vom verfassungsrechtlich vorgeschriebenen Gesetzgebungsorgan in dem vom verfassungsrechtlich vorgeschriebenen Gesetzgebungsverfahren erlassenes Gesetz. Die wesentlichen Fragen des Grundrechtseingriffs und seiner Voraussetzungen sind vom parlamentarischen Gesetzgeber zu regeln, was eine Delegation an die Exekutive folglich ausschließt.[11] Auch muss eine Norm gemäß dem aus Art. 20 Abs. 3 GG abgeleiteten Bestimmtheitsgebot in Tatbestand und Rechtsfolge so formuliert sein, dass die von ihr Betroffenen die Rechtslage erkennen und ihr Verhalten danach richten können.[12] Eine hinreichende Bestimmtheit kann für landes- und bundesrechtliche Befugnisnormen in den Datenschutzgesetzen nicht angenommen werden, soweit sie Videoüberwachungsmaßnahmen zum Zwecke allgemeiner Aufgabenerfüllung oder zur Wahrnehmung berechtigter Interessen für konkret festgelegte Zwecke vorsehen.[13]

Auch nach französischem Verfassungsrecht unterliegen grundrechtliche Eingriffe dem deutschen Recht vergleichbaren Einschränkungen. Art. 34 erster Aufzählungspunkt der Verfassung vom 4. Oktober 1958 macht grundrechtliche Beschränkungen von einem Parlamentsgesetz abhängig, welches die Voraussetzungen und Garantien für die Ausübung der Grundrechte festlegt. Diese Kompetenzzuweisung an den parlamentarischen Gesetz-

---

[10] Zur Systematik der spezialgesetzlichen Befugnisnormen für die Videoüberwachung im deutschen und französischen Datenschutzrecht siehe noch 2. Kapitel:II (S. 226).

[11] Zu den formellen Anforderungen an die verfassungsrechtliche Rechtfertigung nach deutschem Recht siehe oben 1. Kapitel:II.3.a) (S. 39).

[12] Zum Bestimmtheitsgrundsatz im deutschen Recht siehe 1. Kapitel:II.3.a)cc) (S. 45).

[13] So § 33c Abs. 1 Satz 1 Brandenburgisches DSG, § 20 Abs. 1 DSG Schleswig-Holstein, siehe hierzu 4. Kapitel:II.1.a) (S. 128); ebenso § 6b BDSG, siehe hierzu 4. Kapitel:II.2 (S. 138).

geber beschränkt zugleich die Delegationsbefugnis des Gesetzgebers an die Verwaltung im Hinblick auf die grundrechtlich bedeutenden Fragen.[14] Wenngleich aufgrund der möglicherweise nicht einheitlichen Auslegung der grundrechtlich wesentlichen Fragen und eines gewissen gesetzgeberischen Ermessensspielraums für die Gestaltung der Befugnisnormen die tatsächliche Umsetzung des Gesetzesvorbehalts in Deutschland und Frankreich divergieren mögen, sind die jeweiligen abstrakten Anforderungen an den Gesetzesvorbehalt in beiden Ländern jedoch durchaus ähnlich.

Die Frage hinreichender Bestimmtheit wird im Zusammenhang mit Art. 10 des Gesetzes vom 21. Januar 1995 aufgeworfen. Im Ergebnis wird dem französischen Gesetzgeber ein weiter Spielraum bei der Gestaltung grundrechtsbeeinträchtigender Befugnisnormen zugebilligt. Von einer hinreichenden Bestimmtheit des Art. 10 des Gesetzes vom 21. Januar 1995 geht auch der Conseil Constitutionnel in seiner Entscheidung vom 18. Januar 1995 aus, der lediglich die gesetzlich vorgesehene Genehmigungsfiktion für Videoüberwachungsanlagen kassiert, das Gesetz im Übrigen aber als verfassungsmäßig beurteilt.[15] Dies lässt durchaus den Schluss vergleichbarer Anforderungen im Hinblick auf die Bestimmtheit der gesetzlichen Befugnisnormen für die Videoüberwachung nach deutschem und französischem Recht zu, da Art. 10 Abs. 2 des Gesetzes vom 21. Januar 1995 keine vergleichbar unbestimmten und für verfassungswidrig befundenen Zweckbestimmungen enthält, wie sie in einigen deutschen Befugnisnormen enthalten sind.

2. *Materielle Anforderungen an die verfassungsrechtliche Rechtfertigung*

Im Rahmen der materiellen Anforderungen an den Gesetzesvorbehalt kann für das französische Recht zunächst festgestellt werden, dass sich die Beurteilung der materiellen Verfassungsmäßigkeit eines Gesetzes weniger als im deutschen Recht nach einzelnen definitorisch voneinander abgegrenzten Prüfungspunkten vollzieht. Ausführungen zum Wesensgehalt eines Grundrechts sind allenfalls in der Gesamtabwägung der widerstreitenden Interessen zu finden.

Wesentliche Unterschiede bestehen in den zu vergleichenden Rechtsordnungen im Hinblick auf die Rechtsinstitute, die im deutschen Recht unter den Begriff des Verhältnismäßigkeitsgrundsatzes gefasst werden. Der Grundsatz der Verhältnismäßigkeit, der überwiegend aus dem Rechtsstaatsprinzip abgeleitet wird, ist eines der tragenden Prinzipien im deutschen Recht. Er beansprucht auf jeder Stufe der Normenhierarchie Geltung. Der Verhältnismäßigkeitsgrundsatz verlangt vom deutschen Gesetz-, Rechtsverordnungs- und Satzungsgeber sowie von der einzelfallbezogene Entscheidungen treffenden Verwaltung, dass mit der in Rede stehenden Eingriffsnorm ein legitimer Zweck verfolgt wird und dass der Eingriff ein geeignetes, erforderliches und angemessenes Mittel zur Verwirklichung

---

14 Zu den formellen Anforderungen an die verfassungsrechtliche Rechtfertigung nach französischem Recht siehe oben 2. Kapitel:V.1 (S. 190).

15 Entsch. n° 94-352, JCP 1995, II, n° 22525, S. 440/441 f.

des angestrebten Zwecks ist.[16] Diese Verhältnismäßigkeit im weiteren Sinne, die sich grundsätzlich auf das gesamte Staatshandeln erstreckt, ist also mehr als nur eine Überprüfung der Zweck-Mittel-Relation. Umfassend verhältnismäßig ist die in Grundrechte eingreifende Befugnisnorm nur, wenn sie den Anforderungen jedes einzelnen im Verhältnismäßigkeitsgrundsatz enthaltenen Rechtsinstituts genügt.

Demgegenüber ist im französischen Recht der Grundsatz der Verhältnismäßigkeit (*principe de proportionnalité*) kein im selben Maße auf jeden öffentlich-rechtlichen Sachverhalt anwendbarer verfassungsrechtlicher Grundsatz.[17] Inhaltlich unterscheidet sich das *principe de proportionnalité* vom deutschen Verhältnismäßigkeitsgrundsatz zum einen insofern, als die von diesem umfassten Institute des legitimen Zwecks und der Eignung nicht Bestandteile des französischen Verhältnismäßigkeitsgrundsatzes sind. Zum anderen hängen die Art und Weise der Anwendung sowie der Inhalt des *principe de proportionnalité* vom konkreten Sachverhalt und des Weiteren davon ab, ob dieser einer administrativen oder legislativen Entscheidung zugrunde liegt.[18] In seiner weitesten Ausprägung umfasst das französische Verhältnismäßigkeitsprinzip sowohl die Erforderlichkeit als auch die Angemessenheit im Sinne des deutschen Rechts. Bisweilen wird die Erforderlichkeit einer Maßnahme aber auch als eigenständiges Institut außerhalb des *principe de proportionnalité* gesehen. Die grundlegenden Unterschiede zwischen deutschem und französischem Verhältnismäßigkeitsgrundsatz manifestieren sich letztlich jedoch erst in Umfang und Art der Verhältnismäßigkeitskontrolle durch deutsche und französische Verwaltungs- und Verfassungsgerichte.[19]

Im Übrigen findet unabhängig von der begrifflich engeren Fassung des französischen Verhältnismäßigkeitsgrundsatzes die nach deutschem Recht vorzunehmende Überprüfung des legitimen Zwecks der eingreifenden Maßnahme eine Entsprechung im französischen Recht. So setzt die Rechtfertigung von grundrechtsbeschränkenden Maßnahmen voraus, dass die mit der Maßnahme verfolgten Zwecke einem öffentlichen Interesse (*intérêt public*) dienen und – was für die Abwägung der widerstreitenden Interessen von Bedeutung ist – des Weiteren von Verfassungsrang sind. Die Rechtfertigung grundrechtlicher Eingriffe ist damit ebenfalls nur für legitime Zwecke möglich, wobei die Legitimität sich aus dem Vorliegen eines öffentlichen Interesses herleitet.

Ein solches öffentliches Interesse wird den in Art. 10 Abs. 2 des Gesetzes vom 21. Januar 1995 enthaltenen Zweckbestimmungen beigemessen, wonach Videoüberwachungsmaßnahmen im Wesentlichen die Aufrechterhaltung oder Wiederherstellung der öffentlichen

---

16 Nachweise siehe oben 1. Kapitel:II.3.b)bb) (S. 57).
17 *Xynopoulos*, S. 159; zum *principe de proportionnalité* siehe oben 2. Kapitel:V.3 (S. 194).
18 Hierzu oben 2. Kapitel:V.3 (S. 194).
19 Hierzu sogleich III (S. 221).

Ordnung (*ordre public*) bezwecken.[20] Auch die landesrechtlichen Befugnisnormen für Videoüberwachungsmaßnahmen in den deutschen Polizei- und Ordnungsgesetzen dienen überwiegend der Aufrechterhaltung und Wiederherstellung des dem französischen Begriff des *ordre public* vergleichbaren Schutzguts der öffentlichen Sicherheit. Ein öffentliches Interesse und folglich die verfassungsrechtliche Legitimität können im Ergebnis weder den deutschen noch den französischen Maßnahmezwecken abgesprochen werden.

III. Verfassungsgerichtliche Überprüfung der Befugnisnormen

Die verfassungsgerichtliche Überprüfung formell-gesetzlicher Eingriffsbefugnisse gestaltet sich in Frankreich und in Deutschland sehr unterschiedlich. Dies betrifft einerseits die verfahrensrechtlichen Möglichkeiten, gegen ein Parlamentsgesetz verfassungsgerichtlich vorzugehen (1) und andererseits den Prüfungsumfang des streitgegenständlichen Gesetzes, insbesondere im Hinblick auf die im vorangehenden Untersuchungspunkt bereits aufgeworfene Problematik der Verhältnismäßigkeitskontrolle (2).

1. Verfahrensrechtliche Möglichkeiten der verfassungsgerichtlichen Überprüfung eines Parlamentsgesetzes

Im Gegensatz zum Gesetz n° 95-73 vom 21. Januar 1995 und dessen Art. 10 betreffend die Videoüberwachung ist in Deutschland bislang keine der landes- oder bundesrechtlichen Befugnisnormen Gegenstand einer verfassungsgerichtlichen Entscheidung gewesen.

Eine verfassungsgerichtliche Überprüfung eines Parlamentsgesetzes ist nach deutschem Recht grundsätzlich nur nach In-Kraft-Treten des Gesetzes möglich. Als Verfahrensarten sieht das Grundgesetz die abstrakte[21] und die konkrete Normenkontrolle[22] sowie die Verfassungsbeschwerde vor.[23] Die abstrakte Normenkontrolle kann von der Bundesregierung, einer Landesregierung sowie einem Drittel der Mitglieder des Bundestags beantragt werden. Eine konkrete Normenkontrolle kann durch jedes deutsche Gericht unabhängig von der Instanz veranlasst werden, wenn es von der Verfassungswidrigkeit des entscheidungserheblichen Gesetzes überzeugt ist.[24] Die Verfassungsbeschwerde gegen ein Gesetz kann von grundrechtsfähigen natürlichen und juristischen Personen unter engen Voraussetzungen erhoben werden.

Demgegenüber kommt nach französischem Verfassungsrecht die Überprüfung eines Parlamentsgesetzes durch den Conseil Constitutionnel nur *vor* der Gesetzesverkündung in

---

[20] Zum *ordre public* sowie den im Einzelnen verfolgten Zwecken siehe oben 2. Kapitel:V.2.a) (S. 191) sowie 3. Kapitel:I (S. 201).

[21] Art. 93 Abs. 1 Nr. 2, §§ 13 Nr. 6, 76 f. BVerfGG.

[22] Art. 93 Abs. 1 Nr. 5 GG i.V. mit Art. 100 Abs. 1 GG, §§ 13 Nr. 11, 80 f. BVerfGG.

[23] Art. 93 Abs. 1 Nr. 4a GG, §§ 13 Nr. 8a, 90 f. BVerfGG.

[24] Nicht ausreichend sind bloße Zweifel an der Verfassungsmäßigkeit, siehe BVerfG, Beschl. v. 2.9.1988 – 1 BvL 23/86, NJW 1988, 1902 f.

Betracht. Ein verabschiedetes und verkündetes Gesetz ist als souveräner Akt des Gesetzgebers keiner Kontrolle mehr unterworfen. Zulässige Verfahrensart zur verfassungsgerichtlichen Kontrolle eines Parlamentsgesetzes ist – abgesehen von den Sonderfällen der Artikel 10 und 41[25] – lediglich die abstrakte Normenkontrolle nach Art. 61 der Verfassung von 1958,[26] die durch den Staatspräsidenten, den Premierminister, die Präsidenten der Assemblée nationale und des Senats sowie durch 60 Abgeordnete der Assemblée nationale oder 60 Senatoren veranlasst werden kann.[27]

Im Ergebnis sieht das deutsche gegenüber dem französischen Verfassungsrecht weiter reichende Möglichkeiten vor, eine verfassungsgerichtliche Überprüfung eines Parlamentsgesetzes durch das Verfassungsgericht herbeizuführen, ungeachtet des nach französischem Recht für die abstrakte Normenkontrolle größeren Kreises von Antragstellern. Da nach französischem Verständnis der durch das Volk demokratisch legitimierte Gesetzgeber grundsätzlich einer gerichtlichen Kontrolle nicht unterworfen ist, ist es folgerichtig, die Möglichkeit der Anrufung des Conseil Constitutionnel nach Art. 61 der Verfassung auf den kurzen Zeitraum zwischen Verabschiedung und Verkündung eines Gesetzes zu beschränken. Dies lässt insofern auch keinen Raum für der konkreten Normenkontrolle oder der Verfassungsbeschwerde gegen Gesetze vergleichbare Verfahren. Eine Änderung oder Aufhebung von Art. 10 des am 21. Januar 1995 in Kraft getretenen Gesetzes kommt im Ergebnis also nur durch den Gesetzgeber, nicht aber durch eine Entscheidung des Conseil Constitutionnel in Betracht, da im französischen Recht ein verfassungsgerichtliches Verfahren mit einer dem § 31 Abs. 2 BVerfGG vergleichbaren Rechtswirkung nach der Gesetzesverkündung nicht zur Verfügung steht.

2. *Prüfungsumfang bei der Verhältnismäßigkeitskontrolle*

Unterschiede zwischen französischem und deutschem Recht bestehen auch im Hinblick auf die verfassungsgerichtliche Kontrolle der Verhältnismäßigkeit eines Gesetzes.

Sind nach deutschem Recht die Voraussetzungen für eines der zuvor beschriebenen Verfahren vor einem Landesverfassungs- oder dem Bundesverfassungsgericht gegeben, so erstreckt sich die gerichtliche Prüfung vollumfänglich auch auf die Verhältnismäßigkeit des betreffenden Gesetzes. Zwar ist dem Gesetzgeber – wie bereits im ersten Teil dargelegt[28] – durchaus ein mehr oder weniger weiter Ermessensspielraum insbesondere im Hinblick auf die Eignung und die Erforderlichkeit zur Verwirklichung des Gesetzeszwecks zuzubilligen. Dem Verfassungsgericht bleibt es jedoch unbenommen, das streitgegenständliche Gesetz zu kassieren, wenn es von seiner Unverhältnismäßigkeit und damit

---

[25] Siehe hierzu *Robert/Duffar*, Droits de l'homme et libertés fondamentales, S. 132.
[26] Näheres zur Unterscheidung zwischen gewöhnlichen Gesetzen und Verfassungsergänzungsgesetzen siehe oben Fußn. 95 (S. 174).
[27] Hierzu oben 1. Kapitel:II.2 (S. 173).
[28] Siehe oben 1. Kapitel:II.3.b)bb)ccc) (S. 65).

von seiner materiellen Verfassungswidrigkeit überzeugt ist. Dem deutschen Verfassungsrichter kommt letztlich die Befugnis zu, ein Parlamentsgesetz einer Stimmigkeitskontrolle
zu unterwerfen.[29]

Eine solch weitreichende Prüfungs- und Verwerfungskompetenz wird dem französischen
Verfassungsrichter dagegen nicht zugebilligt. Im Gegensatz zur bisweilen vollumfänglichen Verhältnismäßigkeitsüberprüfung administrativer Akte durch die Verwaltungsgerichte[30] ist die verfassungsgerichtliche Kontrolle von Parlamentsgesetzen geprägt vom verfassungsrechtlichen Verständnis des parlamentarischen Gesetzgebers als souverän: das Gesetz als Ausdruck des allgemeinen Willens kann nicht irren.[31] Der Conseil Constitutionnel
hat daher den Willen des französischen Gesetzgebers zu respektieren mit der Folge, dass
eine Kontrolle der Verhältnismäßigkeit von Gesetzen grundsätzlich nur eingeschränkt
erfolgt. Diese Formel findet sich entsprechend in der verfassungsgerichtlichen Rechtsprechung wieder.[32]

Die Entscheidung des Conseil Constitutionnel zu Art. 10 des Gesetzes vom 21. Januar
1995 im Anschluss an die Rechtsprechung zum Gesetz betreffend präventive Identitätskontrollen[33] macht jedoch deutlich, dass das französische Verfassungsgericht den Über-
prüfungsumfang von einer anfänglichen Evidenzkontrolle bis hin zu einer nahezu vollumfänglichen Verhältnismäßigkeitsüberprüfung ausgeweitet hat. Dies gilt jedenfalls für
den im Rahmen der Videoüberwachung maßgeblichen Bereich der Grundrechte. Durch
die Aufwertung der Betroffenenrechte stellt der Conseil Constitutionnel in seiner Entscheidung vom 18.1.1995 letztlich mit Bindungswirkung einen angemessenen Ausgleich
(*conciliation*) zwischen den von der Videoüberwachung betroffenen gegenläufigen Indivi-
dual- und Kollektivinteressen her. Die Verhältnismäßigkeitskontrolle von Gesetzen[34]
durch den Conseil Constitutionnel ähnelt damit – zumindest in grundrechtsrelevanten
Bereichen – derjenigen des Bundesverfassungsgerichts.[35]

Im Übrigen bleibt abzuwarten, ob deutsche Verfassungsgerichte – ebenso wie der Conseil
Constitutionnel – noch die Gelegenheit bekommen, über die Verfassungsmäßigkeit der
ein oder anderen Befugnisnorm für Videoüberwachungsmaßnahmen zu entscheiden.

---

[29] Diesen Begriff verwenden *Pieroth/Schlink*, Rdn. 294.
[30] Zu den Fallgruppen im Einzelnen siehe oben 2. Kapitel:V.3 (S. 194).
[31] Robert/Duffar, Droits de l'homme et libertés fondamentales, S. 130: « *Dès lors que la loi reste
considérée comme l'expression de la volonté générale, elle ne peut errer.* ».
[32] Hierzu oben 2. Kapitel:V.3 (S. 194).
[33] Entsch. v. 5.8.1993 – n° 93-323, Recueil CC 1993, 213 f., zum Gesetz n° 93-992 vom
10.8.1993.
[34] Im Sinne einer Angemessenheitsprüfung.
[35] So auch *Xynopoulos*, S. 367.

2. Kapitel: Die konkrete Ausgestaltung der gesetzlichen Befugnisnormen im deutschen und französischen Recht

Im nun folgenden zweiten Kapitel wird untersucht, inwieweit und auf welche Weise die Ergebnisse der Diskussionen über die verfassungsrechtliche Zulässigkeit von Videoüberwachungsmaßnahmen in den deutschen und französischen Befugnisnormen Berücksichtigung gefunden haben. Dabei sind zunächst die Folgen für die Gesetzeslage der Videoüberwachung von Interesse, die sich aus der jeweiligen Staatsorganisation für Frankreich als zentralistischem und Deutschland als föderalem Staat ergeben (I). Des Weiteren gilt es zu untersuchen, inwieweit die systematische Verortung der spezialgesetzlichen Befugnisnormen im deutschen und französischen Datenschutzrecht vergleichbar ist (II). Es schließt sich ein Vergleich der gesetzlichen Zweckbestimmungen (III) sowie der gesetzlichen Anforderungen zum Schutz der Grundrechte an (IV).

I. Zur Gesetzeslage in Deutschland und in Frankreich

Nach den Ergebnissen der ersten Teils sind in Deutschland die Länder gemäß Artikel 30 und 70 des Grundgesetzes gesetzgebungsbefugt für Maßnahmen der Videobeobachtung durch Polizei- und Ordnungsbehörden sowie öffentlich-rechtliche Einrichtungen der Länder, da Videobeobachtungsmaßnahmen dem Bereich der präventiven Bekämpfung von Kriminalität und sonstiger Gefahren für die öffentliche Sicherheit zuzurechnen sind, mithin der Gefahrenabwehr im klassischen Sinne. Für Maßnahmen der Videoaufzeichnung ist im Ergebnis zu differenzieren zwischen der Videoaufzeichnung als Dauermaßnahme, für welche die Länder gesetzgebungsbefugt sind, sowie der Videoaufzeichnung als punktuelle Maßnahme, etwa bei Bestehen eines Anfangsverdachts im Sinne des § 160 StPO. Letztgenannte Maßnahme unterliegt jedenfalls dann der Gesetzgebungsbefugnis des Bundes, wenn sie einer eigenständigen Regelung mit dem Zweck der Strafverfolgung unterworfen werden soll.[1] Für Regelungen betreffend privatrechtlich zu qualifizierende Maßnahmen der Videoüberwachung, die Videoüberwachung durch öffentlich-rechtliche Einrichtungen des Bundes sowie die Schaffung von Straftatbeständen bei unzulässiger Videoüberwachung ist der Bund gesetzgebungsbefugt.

Die aufgrund der unterschiedlichen Regelungsbereiche bestehenden Gesetzgebungszuständigkeiten von Bund und Ländern haben in Deutschland zum Erlass zahlreicher Regelungen im Bereich der Videoüberwachung geführt. Es bestehen allerdings bisweilen erhebliche Unterschiede, was die Ausgestaltung der Befugnisnormen betrifft, und zwar sowohl im Verhältnis zwischen § 6b BDSG und den landesrechtlichen Normen als auch

---

[1] Wie dies etwa für § 15a Abs. 2 PolG Nordrhein-Westfalen in der bislang geltenden Fassung der Fall ist.

innerhalb der landesrechtlichen Rechtsgrundlagen selbst, auch wenn man eine einheitliche Anwendung der jeweiligen Normen durch die Verwaltung unterstellt.

Das französische Recht hingegen verfügt mit Art. 10 des Gesetzes n° 95-73 vom 21. Januar 1995 lediglich über eine formell-gesetzliche Grundlage, die sowohl auf die Videobeobachtung als auch die Videoaufzeichnung Anwendung findet. Daneben ist von Bedeutung eine Ausführungsverordnung, das Dekret n° 96-926 vom 17. Oktober 1996, sowie die Verwaltungsvorschrift vom 22. Oktober 1996. Da Art. 10 des Gesetzes vom 21. Januar 1995 die einzige formell-gesetzliche Grundlage für die Videoüberwachung ist, sind letztlich sämtliche Videoüberwachungsmaßnahmen auf dieselbe Rechtsgrundlage zurückzuführen.

Der französische Zentralismus und die mit ihm einhergehende Beschränkung der Gesetzgebungszuständigkeit auf den parlamentarischen Gesetzgeber bedingen eine einheitliche gesetzliche Regelung für Maßnahmen der Videoüberwachung. Diese Einheitlichkeit bezieht sich allerdings lediglich auf den Anwendungsbereich der konkreten Norm, das heißt dass die Norm für den geregelten Sachverhalt im Rahmen des Geltungsbereichs des französischen Rechts Gültigkeit beansprucht.

Nicht notwendig wäre es gewesen, die Videoüberwachung durch öffentlich-rechtliche und privatrechtliche Stellen denselben Tatbestandsvoraussetzungen zu unterwerfen. Anstatt für Maßnahmen der Videoüberwachung durch solche Stellen unterschiedliche gesetzliche Regelungen zu erlassen, hat der französische Gesetzgeber allerdings eine Gesetzesfassung beschlossen, die nahezu identische Anforderungen an die öffentlich-rechtlich und die privatrechtlich zu qualifizierende Videoüberwachung stellt. Eine nahezu einheitliche gesetzliche Regelung für Maßnahmen der Videoüberwachung durch privatrechtliche und öffentlich-rechtliche Stellen ist im deutschen Recht aufgrund mangelnder Gesetzgebungskompetenz der Länder für die privatrechtlich zu qualifizierende Videoüberwachung lediglich in § 6b BDSG zu finden.[2]

Im Ganzen kann festgehalten werden, dass im deutschen Recht aufgrund des föderalen Staatsaufbaus zahlreiche Befugnisnormen für Maßnahmen der Videoüberwachung existieren. Im Gegensatz zum französischen Recht, das lediglich über eine formell-gesetzliche Grundlage für Videoüberwachungsmaßnahmen verfügt und damit *a priori* eine einheitliche rechtliche Behandlung vergleichbarer Sachverhalte gewährleistet, beinhaltet die Vielfältigkeit der landesrechtlichen Befugnisnormen, dass in den Bundesländern bei vergleichbaren Sachverhalten unterschiedliche rechtliche Anforderungen an die Zulässigkeit von Videoüberwachungsmaßnahmen gestellt werden. Trotz dieser dem Föderalismus immanenten Unterschiede hat das grundrechtliche Schutzniveau der landesrechtlichen Befugnisnor-

---

[2] Die Zweckbestimmung des § 6b Abs. 1 Nr. 1 BDSG betrifft allerdings nur die Aufgabenerfüllung öffentlicher Stellen; zu § 6b BDSG siehe oben 5. Kapitel:I.1 (S. 145).

men den Vorgaben des Grundgesetzes sowie den verfassungsgerichtlichen Auslegungen desselben zu entsprechen.

II. Die Befugnisnormen in der Systematik des Datenschutzrechts

Ähnlich wie in Deutschland gab es in Frankreich vor Erlass der spezialgesetzlichen Befugnisnorm für Maßnahmen der Videoüberwachung Diskussionen darüber, ob und welche der bereits bestehenden allgemeinen, insbesondere datenschutzrechtlichen Normen als taugliche Rechtsgrundlage für Videoüberwachungsmaßnahmen in Betracht kommen. Im Mittelpunkt stand in Frankreich dabei die Frage der Anwendbarkeit des Datenschutzgesetzes n° 78-17 vom 6. Januar 1978 betreffend die Datenverarbeitung, Dateien und Grundrechte. Die divergierenden Auffassungen zur Anwendbarkeit des vorgenannten Gesetzes beruhten vornehmlich auf der uneinheitlich beantworteten Frage, ob Videobilder als personenbezogene Daten i.S. von Art. 4 des Gesetzes von 1978 zu qualifizieren sind oder nicht. Mit Erlass von Art. 10 des Gesetzes n° 95-73 vom 21. Januar 1995 hat der französische Gesetzgeber die Frage dahingehend entschieden, dass Bildaufzeichnungen regelmäßig keine personenbezogenen Daten im Sinne des Gesetzes vom 6. Januar 1978 sind.[3] Art. 10 Abs. 1 des Gesetzes von 1995 enthält damit nicht lediglich eine Legalsubsumtion des Begriffs der Bildaufzeichnung unter denjenigen des personenbezogenen Datums. Die vorgenannte Regelung grenzt vielmehr den Anwendungsbereich des allgemeinen Datenschutzgesetzes von demjenigen der neu geschaffenen Befugnisnorm für Videoüberwachungsmaßnahmen in der Weise ab, dass eine kumulative Anwendung der beiden Gesetze ausgeschlossen ist.[4] Dies soll nach dem Willen des französischen Gesetzgebers im Übrigen auch für den im Zuge der Richtlinienumsetzung neu gefassten Art. 10 Abs. 1 des Gesetzes von 1995 gelten.[5] Im Ergebnis kommt damit die spezialgesetzliche Regelung des Art. 10 nur zur Anwendung, solange Videobilder nicht als personenbezogene Daten im Sinne des – der Richtlinie 95/46/EG[6] nunmehr angepassten – Gesetzes von 1978 qualifiziert werden.

Einen gänzlich anderen systematischen Ansatz haben der Bundes- und die Landesgesetzgeber in Deutschland gewählt. Die spezialgesetzlichen Befugnisnormen für Maßnahmen der Videoüberwachung wurden zum einen in die Polizei- und Sonderordnungsgesetze

---

[3]   Videobeobachtungsmaßnahmen sind in der Anwendungsregelung des Art. 10 Abs. 1 des Gesetzes vom 21. Januar 1995 nicht explizit genannt, da ohne Aufzeichnung das Erstellen einer Namensdatei – *fichier nominatif* – nicht möglich ist. Aus der Fassung des Art. 10 Abs. 1 lässt sich jedoch entnehmen, dass Videobilder ohne Aufzeichnung erst recht keine personenbezogenen Daten im Sinne des Datenschutzgesetzes von 1978 sind, zum Ganzen siehe 1. Kapitel:II.3 (S. 176).

[4]   Hierzu 1. Kapitel:II.3 (S. 176).

[5]   Zur Kritik an dieser Annahme siehe 1. Kapitel:III (S. 178).

[6]   Richtlinie des Europäischen Parlaments und Rates vom 24. Oktober 1995, Amtsblatt der Europäischen Gemeinschaften Nr. L 281 v. 23.11.1995, S. 31 f.

zahlreicher Bundesländer und zum anderen in die Datenschutzgesetze von Bund und einigen Ländern integriert. Die Integration spezieller Rechtsgrundlagen für die Videoüberwachung in die Datenschutzgesetze setzt voraus, dass für Maßnahmen der Videoüberwachung der Anwendungsbereich der Datenschutzgesetze grundsätzlich als eröffnet erachtet wird. Da die Eröffnung des Anwendungsbereichs der Datenschutzgesetze vom Vorliegen personenbezogener Daten abhängt, ist es unumgänglich, Videobilder – unabhängig von ihrer Aufzeichnung – als personenbezogene Daten zu qualifizieren. Ansonsten liefen die neu geschaffenen Befugnisnormen in den Datenschutzgesetzen leer. Die Integration spezieller Befugnisnormen für die Videoüberwachung in die Datenschutzgesetze von Bund und Ländern erweist sich im Hinblick auf die europäischen Vorgaben zum Datenschutzrecht als konsequent, da die europäische Richtlinie die Qualifikation von Videobildern als personenbezogene Daten nahe legt.[7, 8]

Im Ergebnis stehen sich gegenwärtig das deutsche und das französische Recht im Hinblick auf die Anwendungsvoraussetzungen der spezialgesetzlichen Befugnisnormen für die Videoüberwachung diametral gegenüber. Während die Anwendung der speziellen Rechtsgrundlage des Art. 10 des Gesetzes von 1995 die Nichtanwendbarkeit des Datenschutzgesetzes und damit das Nichtvorliegen personenbezogener Daten voraussetzt, sind die speziellen Befugnisnormen in den Datenschutzgesetzen des Bundes und der Länder nur anwendbar, wenn Videobilder als personenbezogene Daten qualifiziert werden. Eine Harmonisierung der Gesetzessystematik kommt allenfalls durch eine konsequente Umsetzung der europäischen Datenschutzrichtlinie in das französische Recht in Betracht, was eine Änderung der gegenwärtigen Gesetzeslage zur Videoüberwachung notwendig macht. Dies könnte durch die Integration von Art. 10 in das französische Datenschutzgesetz erfolgen oder aber – unter Verzicht auf das Abgrenzungskriterium des personenbezogenen Datums – durch eine Anpassung von Art. 10 an die Vorgaben der Richtlinie. Eine solche Anpassung könnte auch dadurch vorgenommen werden, dass der Anwendungsbereich des Art. 10 auf den von der Richtlinie nicht umfassten Bereich der öffentlichen Sicherheit reduziert wird, so dass eine Kollision mit den Vorgaben der Richtlinie ausgeschlossen ist.[9] Nicht ausreichend wäre es jedoch, in Umsetzung der europäischen Richtlinie das Anwendungsverhältnis zwischen Art. 10 und dem Datenschutzgesetz dahingehend zu regeln,

---

[7] Hierzu oben 1. Kapitel:III (S. 178).

[8] Die polizeigesetzlichen Befugnisnormen können in diesem Zusammenhang außer Betracht gelassen werden, da die innere Sicherheit vom Anwendungsbereich der Richtlinie ausgeschlossen ist und im Übrigen die polizeilichen Befugnisnormen einer Qualifikation von Videobildern als personenbezogene Daten jedenfalls nicht entgegenstehen.

[9] In diese Richtung auch *Braibant* (Données personnelles et société de l'information, rapport au Premier ministre 1998, S. 81/82), der den Erlass einer Verwaltungsvorschrift (*circulaire*) vorschlägt, in welcher der Anwendungsbereich des Art. 10 des Gesetzes vom 21. Januar 1995 auf die Ausschlusstatbestände der Richtlinie beschränkt werden soll. Der Erlass einer Verwaltungsvorschrift dürfte jedoch den Anforderungen an eine zulässige Richtlinienumsetzung nicht genügen.

dass – soweit Videobilder als personenbezogene Daten zu qualifizieren sind – das Datenschutzgesetz vom 6. Januar 1978 zur Anwendung kommt. Angesichts der mit einer solchen Anwendungsregelung einhergehenden faktischen Bedeutungslosigkeit von Art. 10 würde das Verdienst des französischen Gesetzgebers, bereits Anfang 1995 eine spezialgesetzliche Grundlage für die Videoüberwachung geschaffen zu haben, zunichte gemacht.

III. Vergleich der gesetzlichen Zweckbestimmungen

Erhebliche Unterschiede zwischen deutschen und französischen Befugnisnormen bestehen im Hinblick auf die gesetzlich festgelegten Zwecke, die den Einsatz von Videoüberwachungsmaßnahmen ermöglichen. Dies gilt sowohl für die Videoüberwachung durch öffentlich-rechtlich organisierte Stellen und Einrichtungen (1) als auch privatrechtlich organisierte Unternehmen und Einrichtungen (2).

1. Videoüberwachung durch öffentlich-rechtlich organisierte Stellen und Einrichtungen

Im deutschen Recht lassen sich die gesetzlich festgelegten Zwecke in drei Gruppen zusammenfassen. Im Rahmen des Polizei- und Ordnungsrechts steht die Bekämpfung von Straftaten, insbesondere präventiv durch die Abschreckung potentieller Täter, im Vordergrund.[10] Die speziellen Rechtsgrundlagen in den Datenschutzgesetzen hingegen ermöglichen den Einsatz von Videoüberwachungskameras allgemein zur Wahrnehmung eines öffentlich-rechtlichen Hausrechts oder zur Aufgabenerfüllung öffentlicher Stellen.[11] Das Bundesdatenschutzgesetz regelt darüber hinaus den Schutz privater Interessen mittels Videoüberwachung.[12]

Demgegenüber legt Art. 10 Abs. 2 des französischen Gesetzes vom 21. Januar 1995 die legitimen Zwecke der Videoüberwachung abschließend fest, ohne zwischen Polizei, sonstigen öffentlichen Stellen oder privatrechtlich organisierten Unternehmen und Einrichtungen zu differenzieren. Die in Art. 10 Abs. 2 vorgenommene Unterscheidung zwischen den *autorités publiques compétentes* und den *lieux et établissements ouverts au public*[13] führt nicht zu grundsätzlich unterschiedlichen Zweckbestimmungen für die beiden genannten Einsatzbereiche. Sie beschränkt lediglich in sachlicher Hinsicht die Durchführung von Videoüberwachungsmaßnahmen in öffentlich zugänglichen Orten und Einrichtungen auf eine der für öffentliche Stellen geltenden Zweckbestimmungen.

Die große Anzahl an spezialgesetzlichen Befugnisnormen für Maßnahmen der Videoüberwachung in Deutschland als Folge des föderalen Staatsaufbaus spiegelt sich in der sehr unterschiedlichen Ausgestaltung der Zweckbestimmungen wider. Polizei- und Ordnungsgesetze ermöglichen Videoüberwachungsmaßnahmen zur Verhütung von Strafta-

---

[10] Siehe hierzu oben 1. Kapitel:II.3.b)bb)aaa) (S. 58).
[11] Siehe hierzu oben 4. Kapitel:II.1.a) (S. 128).
[12] Zur Videoüberwachung durch private Stellen siehe noch unten 2. Kapitel:III.2 (S. 230).
[13] Zu den beiden Tatbestandsmerkmalen siehe oben 1. Kapitel:II.1.b) (S. 171).

ten, zur Abwehr einer Gefahr, zur Beseitigung von Störungen für die öffentliche Sicherheit sowie zur Erfüllung allgemeiner polizeilicher Aufgaben. Die Datenschutzgesetze sehen des Weiteren einen Einsatz von Videokameras vor zur Wahrnehmung des öffentlichrechtlich beziehungsweise privatrechtlich zu qualifizierenden Hausrechts sowie allgemein zur Aufgabenerfüllung der durchführenden Stelle. Zum Teil variieren die Anforderungen an den Maßnahmezweck in derselben Befugnisnorm je nachdem, ob nur videobeobachtet oder ob auch aufgezeichnet werden soll.[14]

Unabhängig von der konkreten Ausgestaltung der jeweiligen Zweckbestimmungen in den landes- und bundesrechtlichen Rechtsgrundlagen kann festgehalten werden, dass zahlreiche Zweckbestimmungen in landesrechtlichen Normen sowie in § 6b BDSG Videoüberwachungsmaßnahmen in erheblichem Ausmaß ermöglichen. Viele Zweckbestimmungen taugen kaum als wirksame Beschränkung des sachlichen Anwendungsbereichs der betreffenden Befugnisnormen, da der ausführenden Verwaltung ein exorbitanter Ermessensspielraum gewährt wird. § 6b BDSG, § 33c Abs. 1 Satz 1 Brandenburgisches DSG sowie § 20 Abs. 1 DSG Schleswig-Holstein können aus den vorgenannten Gründen nicht mehr als verfassungsmäßig beurteilt werden.[15]

Im Gegensatz zur Vielfältigkeit deutscher Befugnisnormen sind die Videoüberwachungszwecke in Art. 10 Abs. 2 des französischen Gesetzes von 1995 beschränkt auf die Gewährleistung der Sicherheit von öffentlichen Gebäuden und Einrichtungen, den Schutz von Einrichtungen der nationalen Sicherheit, die Lenkung des Straßenverkehrs sowie die Feststellung von Verstößen gegen die Verkehrsordnung und schließlich die Verhinderung von Beeinträchtigungen der Sicherheit von Personen und Sachen an Orten, die Risiken von Angriffen auf Leib und Leben oder einem Diebstahlsrisiko besonders ausgesetzt sind.[16] Zwar wurde die Frage der hinreichenden Bestimmtheit einzelner Tatbestandsmerkmale auch für Art. 10 Abs. 2 diskutiert.[17] Die Gegenüberstellung der jeweiligen Zweckbestimmungen lässt aber erkennen, dass generalklauselartige Ermächtigungen wie die in manchen deutschen Befugnisnormen enthaltene allgemeine Aufgabenerfüllung in Art. 10 Abs. 2 des französischen Gesetzes von 1995 nicht zu finden sind. Dieser Befund stützt die Annahme, dass einige deutsche Befugnisnormen verfassungsrechtlichen Anforderungen im Hinblick auf das Bestimmtheitsgebot nicht mehr genügen. Denn eine Notwendigkeit für die generalklauselartige Fassung der speziellen Befugnisnormen ist für die effiziente Durchführung der Videoüberwachung nicht gegeben. Wie die praktische Um-

---

[14] Siehe bspw. § 15a PolG Nordrhein-Westfalen in seiner bislang geltenden Fassung; nach dem Gesetzesentwurf zur Änderung u.a. des § 15a PolG Nordrhein-Westfalen (Landtagsdrucks. 13/2854) sollen an die Videobeobachtung und die Videoaufzeichnung dieselben Anforderungen gestellt werden.

[15] Siehe hierzu oben 4. Kapitel:II.1.a) (S. 128) sowie 4. Kapitel:II.2 (S. 138).

[16] Zu den Zweckbestimmungen im Einzelnen 3. Kapitel:I (S. 201).

[17] Hierzu oben 3. Kapitel:I (S. 201).

setzung des französischen Gesetzes vom 21. Januar 1995 zeigt, ist eine effiziente Anwendung der speziellen Befugnisnormen für Videoüberwachungsmaßnahmen auch dann noch ausreichend gewährleistet, wenn sich der Gesetzgeber bei der Fassung der Norm unter Verzicht auf Generalklauseln auf die abschließende Enumeration einiger weniger Zwecke beschränkt. Ein hinreichender Ermessensspielraum der ausführenden Verwaltung ist aufgrund der Ausfüllungsbedürftigkeit zahlreicher Rechtsbegriffe ohnehin noch gewährleistet.

2. *Videoüberwachung durch privatrechtlich organisierte Unternehmen und Einrichtungen*

Nicht anders verhält es sich mit den Zweckbestimmungen betreffend die Videoüberwachung durch privatrechtlich organisierte Unternehmen und Einrichtungen. Im deutschen Recht kommt als spezialgesetzliche Rechtsgrundlage für Maßnahmen der Videoüberwachung durch Private aufgrund der Gesetzgebungskompetenz des Bundes für diesen Bereich nur § 6b BDSG in Betracht. Danach sind Videoüberwachungsmaßnahmen im öffentlich zugänglichen Bereich zur Wahrnehmung des Hausrechts (§ 6b Abs. 1 Nr. 2 BDSG) sowie zur Wahrnehmung berechtigter Interessen für konkret festgelegte Zwecke zulässig (§ 6b Abs. 1 Nr. 3 BDSG). Bei § 6b Abs. 1 Nr. 3 BDSG handelt es sich ebenso wie bei § 6b Abs. 1 Nr. 1 BDSG um eine exorbitante Zweckbestimmung, die mit dem verfassungsrechtlichen Bestimmtheitsgrundsatz nicht mehr vereinbar ist. Weder die Betroffenen noch die normanwendenden Unternehmen oder Einrichtungen werden in die Lage versetzt, die rechtliche Zulässigkeit von Videoüberwachungsmaßnahmen zuverlässig zu beurteilen. Die „Wahrnehmung berechtigter Interessen" ist jedenfalls – auch bei konkreter Festlegung der Zwecke – kein Kriterium, anhand dessen die Grenze zwischen rechtmäßigem und rechtswidrigem Einsatz von Videokameras auch nur annähernd bestimmt werden könnte.

Die französische Regelung beschränkt in Art. 10 Abs. 2 Satz 2 des Gesetzes vom 21. Januar 1995 den Einsatz von Videoüberwachungsanlagen durch Private im öffentlich zugänglichen Bereich auf Orte und Einrichtungen, die in besonderem Maße einem Risiko von Angriffen auf Leib oder Leben oder einem Diebstahlsrisiko ausgesetzt sind. Wenngleich insbesondere im Hinblick auf die Begrifflichkeit des besonderen Risikos für den Normanwender ein gewisser Beurteilungsspielraum verbleibt, ist die Durchführung von Videoüberwachungsmaßnahmen gerade auf das regelmäßig von privaten Unternehmen und Einrichtungen verfolgte Interesse beschränkt, die Sicherheit von Personen und Sachen zu gewährleisten. Der französische hat damit im Gegensatz zum deutschen Gesetzgeber dem privatrechtlich zu qualifizierenden Normanwender eine Rechtsgrundlage an die Hand gegeben, die aufgrund der gesetzlichen Vorgaben eine zuverlässige Beurteilung der rechtlichen Zulässigkeit von Videoüberwachungsvorhaben ermöglicht.

IV. Vergleich der gesetzlichen Anforderungen zum Schutz der Grundrechte

Beim Vergleich der gesetzlichen Zweckbestimmungen ist bereits deutlich geworden, dass die mit der Durchführung von Videoüberwachungsmaßnahmen zu verfolgenden legitimen Zwecke im französischen Recht strengeren Anforderungen unterliegen als im deutschen Recht. Damit besteht in Deutschland *a priori* eine deutlich höhere Wahrscheinlichkeit, durch Maßnahmen der Videoüberwachung einem grundrechtlichen Eingriff ausgesetzt zu werden, als in Frankreich. An diesem *ob* von Videoüberwachungsmaßnahmen vermögen auch gesetzlich normierte Schutzvorkehrungen grundsätzlich nichts zu ändern, da es sich bei diesen lediglich um die Durchführungsmodalitäten, also das *wie* der Videoüberwachung handelt. Den gesetzlich normierten Schutzvorkehrungen kommt allerdings insoweit große Bedeutung zu, als sie das *Ausmaß* des grundrechtlichen Eingriffs mitbestimmen. Ein Vergleich der deutschen und französischen Schutzvorkehrungen soll Aufschluss geben darüber, wie unter Berücksichtigung der zuvor untersuchten Zweckbestimmungen ein Grundrechtsschutz bei Maßnahmen der Videoüberwachung in beiden Ländern gesetzlich verwirklicht wird. Von Bedeutung sind in diesem Zusammenhang das Kriterium der Offenheit von Überwachungsmaßnahmen (1), die für die Videoaufzeichnung geltenden Löschungsvorschriften (2), die Betroffenenrechte (3) sowie schließlich das Erfordernis der Vorabkontrolle (4).

1. Offenheit der Videoüberwachung

Dem Erfordernis der Offenheit von Maßnahmen der Videoüberwachung kommt sowohl im deutschen als auch im französischen Recht besondere Bedeutung zu.

Die deutsche rechtswissenschaftliche Literatur begnügt sich in der Regel mit dem Hinweis, dass die Durchführung der Videoüberwachung für die Betroffenen erkennbar erfolgen müsse.[18] Bisweilen wird das Kriterium der Offenheit dahingehend konkretisiert, dass Hinweisschilder sowohl auf deutsch als auch auf englisch abgefasst sein müssen. Zum Teil wird die Forderung erhoben, die Betroffenen seien über die konkret durchgeführte Videoüberwachungsmaßnahme, also Videobeobachtung beziehungsweise Videoaufzeichnung, in Kenntnis zu setzen.[19]

Den vorgenannten Forderungen wird von den Landesgesetzgebern und dem Bundesgesetzgeber nur teilweise entsprochen. Bisweilen findet sich überhaupt kein Hinweis in den Befugnisnormen, dass Videoüberwachungsmaßnahmen offen zu erfolgen haben.[20] Einige Landesgesetzgeber begnügen sich damit, in der Befugnisnorm das Merkmal der Offenheit als Zulässigkeitsvoraussetzung für die Videoüberwachung zu normieren, ohne näher zu

---

[18] Siehe zum Ganzen im Rahmen der Angemessenheit 1. Kapitel:II.3.b)bb)ddd) δ)ββ) (S. 77).
[19] Siehe oben 1. Kapitel:II.3.b)bb)ddd)δ)ββ) (S. 77).
[20] So bspw. § 38 Sächsisches PolG und § 32 SOG Mecklenburg-Vorpommern.

bestimmen, welchen Kriterien eine offene Maßnahme genügen muss.[21] Zum Teil wird verlangt, dass der Umstand der Aufzeichnung den potentiell Betroffenen mitgeteilt wird.[22] In § 27 Abs. 2 Saarländisches PolG wird zur Konkretisierung des Merkmals *offen* das Aufstellen von Schildern oder die Durchführung sonst geeigneter Maßnahmen vorgeschlagen. Nach § 29b Abs. 1 DSG Nordrhein-Westfalen ist die Tatsache der Beobachtung, soweit nicht offenkundig, den Betroffenen durch geeignete Maßnahmen erkennbar zu machen. § 6b Abs. 2 BDSG verlangt von der durchführenden Stelle, dass sowohl der Umstand der Beobachtung als auch die verantwortliche Stelle durch geeignete Maßnahmen erkennbar gemacht werden.

In Frankreich war es vor Erlass von Art. 10 des Gesetzes vom 21. Januar 1995 vor allem die *Commission nationale de l'informatique et des libertés*, die Videoüberwachungsmaßnahmen nur dann als rechtmäßig erachtete, wenn die Öffentlichkeit klar über die Existenz der Videoüberwachungsanlage, die sie betreibende Stelle, die mit ihr verfolgten Zwecke, eine etwaige Bildaufzeichnung, die Adressaten gegebenenfalls erhobenen Bildmaterials sowie die Bedingungen für die Einsichtnahme in das Bildmaterial informiert wurde.[23] Der französische Gesetzgeber hat in Art. 10 Abs. 2 Satz 4 des Gesetzes vom 21. Januar 1995 die Forderungen der CNIL nur insoweit aufgegriffen, als die Öffentlichkeit in geeigneter Weise und für die gesamte Dauer der Maßnahme über den Einsatz der Videoüberwachungsanlage sowie die sie verantwortende Stelle zu unterrichten ist.

Wenngleich die französische Regelung zur Offenheit der Videoüberwachung deutlich hinter den von der unabhängigen Datenschutzbehörde (CNIL) aufgestellten Rechtmäßigkeitsbedingungen zurückbleibt, verlangt Art. 10 Abs. 2 Satz 4 des Gesetzes von 1995 der videoüberwachenden Stelle mehr ab als die meisten deutschen Befugnisnormen im Rahmen ihres Anwendungsbereichs. Die gut sichtbare Platzierung von Videokameras genügt den Anforderungen an Art. 10 Abs. 2 Satz 4 im Gegensatz zu denjenigen fast sämtlicher deutscher Befugnisnormen nicht. Lediglich die bundesrechtliche Regelung des § 6b Abs. 2 BDSG enthält ebenso wie die französische Norm das Erfordernis, den Betroffenen nicht nur die Videoüberwachung selbst, sondern auch die verantwortliche Stelle durch geeignete Maßnahmen kenntlich zu machen. Letztgenannte Anforderung ist für den grundrechtlichen Schutz von großer Bedeutung, da erst die Kenntnis über die durchführende Stelle in vielen Fällen die faktische Verwirklichung des Grundrechtsschutzes ermöglicht.

---

[21] So bspw. § 21 Abs. 3 PolG Baden-Württemberg, § 14 Abs. 3 Hessisches SOG, § 31 Abs. 3 Brandenburgisches PolG, § 16 Abs. 2 SOG Sachsen-Anhalt; in § 29 Abs. 3 Bremisches PolG heißt es „offen und erkennbar", zum Bremischen PolG siehe auch *Göddeke*, NVwZ 2002, 181/182.

[22] Siehe bspw. § 16 Abs. 3 SOG Sachsen-Anhalt, § 33c Abs. 1 Brandenburgisches PolG.

[23] Siehe hierzu oben 3. Kapitel:II.2 (S. 204).

2. *Löschungsvorschriften*

Auch im Hinblick auf die Löschung aufgezeichneten Bildmaterials bestehen innerhalb der deutschen Befugnisnormen erhebliche Unterschiede. Während in einigen Regelungen die Löschung in das dem Verhältnismäßigkeitsgrundsatz verpflichtete Ermessen der Verwaltung gelegt wird, enthalten zahlreiche spezialgesetzliche Rechtsgrundlagen klare Fristen, innerhalb derer aufgezeichnetes Bildmaterial zu löschen ist. So sind beispielsweise nach § 6b Abs. 5 BDSG sowie § 15a Abs. 2 PolG Nordrhein-Westfalen in der bislang geltenden Fassung die erhobenen Daten *unverzüglich* zu löschen, wenn sie zur Erreichung des verfolgten Zwecks nicht mehr erforderlich sind.[24] Das Hessische SOG hingegen bestimmt in § 14 Abs. 3 Satz 2 i.V. mit Abs. 1 Satz 2 eine maximale Aufbewahrungsfrist von zwei Monaten. Bisweilen ist festgelegt, dass die Löschung unverzüglich zu erfolgen hat, spätestens jedoch nach Ablauf einer bestimmten Frist.[25]

Der französische Gesetzgeber greift die Forderung der CNIL nach der zunächst geforderten Löschungsfrist von 24 Stunden, dann 15 Tagen, nicht auf. Art. 10 Abs. 4 des Gesetzes vom 21. Januar 1995 legt vielmehr fest, dass Bildaufzeichnungen grundsätzlich in der von der genehmigenden Behörde festgelegten Frist, die einen Monat nicht überschreiten darf, zu löschen sind. Ausgenommen hiervon sind Ermittlungen wegen eines offensichtlich begangenen Delikts, Vorermittlungen oder gerichtliche Ermittlungen.

Im Ergebnis hat sich der französische Gesetzgeber – ähnlich wie zahlreiche Landesgesetzgeber – dafür entschieden, Löschungsfristen grundsätzlich in das Ermessen der Verwaltung zu legen, dieses jedoch durch die Festlegung einer maximalen Aufbewahrungsdauer zu beschränken. Im Gegensatz zu zahlreichen deutschen Bestimmungen erscheint die maximal zulässige Aufbewahrungsdauer von einem Monat im französischen Recht eher kurz bemessen, wobei es in Anlehnung an die Ergebnisse des ersten Teils[26] dennoch wünschenswert wäre, die maximale Löschungsfrist im Rahmen deutscher Befugnisnormen auf einen Zeitraum von etwa 48 Stunden zu beschränken.

3. *Auskunfts-, Anrufungsrechte und Benachrichtigungspflicht*

Für die Stärkung grundrechtlicher Positionen sind des Weiteren die sich aus einer etwaigen Bildaufzeichnung ergebenden Rechte der Betroffenen von Bedeutung. Zu nennen

---

[24] Nach dem Gesetzesentwurf der Landesregierung zur Änderung u.a. des § 15a PolG Nordrhein-Westfalen (Landtagsdrucks. 13/2854) soll die Löschungsfrist nach dem neu gefassten § 15a Abs. 2 grundsätzlich einen Monat betragen, es sei denn, das aufgezeichnete Bildmaterial wird zur Verfolgung von Straftaten benötigt oder Tatsachen rechtfertigen die Annahme, dass eine Person künftig Straftaten begehen wird, und die Aufbewahrung ist zur vorbeugenden Bekämpfung von Straftaten erforderlich.

[25] Bspw. nach § 21 Abs. 4 PolG Baden-Württemberg spätestens nach Ablauf von zwei Monaten, für Videoaufzeichnungen nach § 21 Abs. 3 liegt die Löschungsfrist lediglich bei 48 Stunden.

[26] Siehe oben 2. Kapitel:II.2.d)dd)aaa) (S. 105).

sind hier etwa Auskunfts- und Anrufungsrechte der Gefilmten sowie Benachrichtigungspflichten der videoüberwachenden Stellen.

Die vielfach in der Literatur geforderte Benachrichtigungspflicht durch die videoüberwachenden Stellen im Falle der Identifizierung Betroffener ist vereinzelt in landesrechtliche Befugnisnormen aufgenommen worden. Nach § 15a Abs. 3 PolG Nordrhein-Westfalen in der bislang geltenden Fassung beispielsweise sind die Betroffenen im Falle der Zuordnung und Verarbeitung sie betreffender aufgezeichneter Daten hiervon zu benachrichtigen.[27] § 32 Abs. 3 Satz 3 SOG Mecklenburg-Vorpommern legt die Unterrichtung der Betroffenen nach Abschluss der Maßnahme fest. Allerdings sind die Landesgesetzgeber in Anlehnung an die Ergebnisse des ersten Teils für den Erlass gesetzlicher Regelungen betreffend die Benachrichtigungspflicht unzuständig, soweit diese das Stadium der Strafverfolgung betreffen.[28]

Im Übrigen sehen die speziellen Rechtsgrundlagen für die Videoüberwachung in den Polizei-, Sonderordnungs- oder Datenschutzgesetzen besondere Auskunfts- oder Anrufungsrechte der Betroffenen nicht vor. Insoweit sind die allgemeinen datenschutzrechtlichen Normen in den vorgenannten Gesetzen anzuwenden. Nach den allgemeinen polizeilichen Vorschriften können Betroffene in der Regel Auskunft verlangen über die sie betreffenden gespeicherten Daten, den Zweck und die Rechtsgrundlage der Speicherung, die Herkunft der Daten sowie die Empfänger von Übermittlungen und die Teilnehmer an automatisierten Abrufverfahren.[29] Ein Auskunftsanspruch besteht grundsätzlich nicht, soweit durch die Auskunft die polizeiliche Aufgabenerfüllung oder die öffentliche Sicherheit gefährdet würde, soweit die Auskunft für das Wohl des Bundes oder eines Landes nachteilig wäre oder soweit ein überwiegendes Geheimhaltungsinteresse Dritter gegeben ist.[30] Die allgemeinen Vorschriften in den Datenschutzgesetzen entsprechen im Wesentlichen den polizeilichen Regelungen,[31] wobei die Datenschutzgesetze neben dem Auskunftsrecht regelmäßig auch ein Recht auf Einsicht in gespeicherte Daten normieren.[32] Schließlich können sich Betroffene jederzeit an den Datenschutz-

---

[27] Eine Benachrichtigungspflicht ist in dem von der Landesregierung eingebrachten Gesetzesentwurf zur Änderung u.a. des § 15a PolG Nordrhein-Westfalen (Landtagsdrucks. 13/2854) nicht mehr vorgesehen.

[28] Siehe hierzu oben 2. Kapitel:II.2.d)dd)2. Kapitel:II.2.d)dd)bbb) (S. 108).

[29] Siehe hierzu sowie zu den Rechtsgrundlagen im Einzelnen *Koch*, S. 234.

[30] Siehe hierzu sowie zu landesrechtlichen Abweichungen *Koch*, S. 234.

[31] Siehe bspw. § 19 BDSG, § 18 DSG Nordrhein-Westfalen, § 18 Brandenburgisches DSG, § 13 Thüringer DSG; bisweilen wird in den Polizeigesetzen auch unmittelbar auf die Datenschutzgesetze verwiesen, siehe bspw. § 51 Sächsisches PolG i.V. mit § 17 Sächsisches DSG, sowie § 45 PolG Baden-Württemberg i.V. mit § 17 DSG Baden-Württemberg.

[32] Siehe bspw. § 27 DSG Schleswig-Holstein; die Einsicht in Datenmaterial ist dagegen in den Polizeigesetzen nicht vergleichbar als Betroffenenrecht ausgestaltet.

beauftragten wenden, wenn sie der Ansicht sind, – aufgrund von Videoüberwachungsmaßnahmen – in ihren Rechten verletzt zu sein.[33]

Das französische Recht sieht zum einen gemäß Art. 10 Abs. 5 Sätze 1 bis 3 des Gesetzes
vom 21. Januar 1995 ein Auskunfts- beziehungsweise Einsichtsrecht vor, wonach sich
jede daran interessierte Person an den für ein Videoüberwachungssystem Verantwortlichen wenden kann, um Zugang zu den sie betreffenden Bildaufzeichnungen zu erhalten
oder deren Löschung innerhalb der vorgesehenen Frist zu verifizieren.[34] Dieses
Auskunfts- und Einsichtsrecht kann aus Gründen der Staatssicherheit, der Verteidigung,
der öffentlichen Sicherheit, anhängiger Gerichtsverfahren oder diesen vorausgehenden
Ermittlungen oder aufgrund bestehender Rechte Dritter verweigert werden.[35] Zum anderen normiert Art. 10 Abs. 5 Sätze 4 und 5 des Gesetzes von 1995 das Recht, den für die
Genehmigung von Videoüberwachungsanlagen zuständigen Departementsausschuss wegen jedweder Schwierigkeiten im Zusammenhang mit dem Betrieb einer Videoüberwachungsanlage anzurufen.

Der französische Gesetzgeber war im Gegensatz zum deutschen Bundesgesetzgeber und
den Landesgesetzgebern gezwungen, die Betroffenenrechte innerhalb der spezialgesetzlichen Rechtsgrundlage zu normieren, da der Anwendungsbereich des allgemeinen Datenschutzgesetzes vom 6. Januar 1978 durch die Anwendungsregelung des Art. 10 Abs. 1 des
Gesetzes von 1995 für Maßnahmen der Videoüberwachung regelmäßig nicht eröffnet ist.
Im Übrigen kann festgehalten werden, dass die Ausgestaltung von Auskunfts-, Einsichts-
beziehungsweise Anrufungsrechten im französischen und im deutschen Recht Ähnlich-
keiten aufweist. Die praktisch bedeutsamen Ausschlussgründe vorgenannter Rechte
unterliegen in beiden Ländern einem erheblichen Ermessensspielraum, der letztlich
jedoch gerichtlich zumindest eingeschränkt überprüfbar ist.

4. *Vorabkontrolle*
Der Vorabkontrolle von Videoüberwachungsanlagen kommt in Frankreich im Hinblick
auf den grundrechtlichen Schutz der Betroffenen besondere Bedeutung zu. Nach Art. 10
Abs. 3 des Gesetzes vom 21. Januar 1995 unterliegt die Einrichtung eines Videoüberwachungssystems der Genehmigung. Das Genehmigungsverfahren ist sowohl in Art. 10
Abs. 3 als auch in dem aufgrund von Art. 10 Abs. 7 erlassenen Dekret vom 17. Oktober
1996 ausführlich geregelt.[36] Die Vorabkontrolle im französischen Recht mündet zwingend
in einer stattgebenden oder ablehnenden Verwaltungsentscheidung, wobei die Genehmi-

---

33 Siehe bspw. § 4f Abs. 5 Satz 2 BDSG, § 25 DSG Nordrhein-Westfalen, § 11 Thüringer DSG,
    § 21 Brandenburgisches DSG.
34 Siehe hierzu oben 3. Kapitel:II.5 (S. 209).
35 Hierzu sowie auch zur verfassungsgerichtlichen Auslegung des Verweigerungsrechts aufgrund
    von Rechten Dritter siehe 3. Kapitel:II.5 (S. 209).
36 Siehe zum Ganzen oben 3. Kapitel:II.3 (S. 205).

gung ein konstitutives Tatbestandsmerkmal für die Zulässigkeit der Installation eines Videoüberwachungssystems ist.

Dem deutschen Recht ist ein vergleichbares Genehmigungsverfahren für die Einrichtung von Videoüberwachungssystemen fremd. Die Datenschutzgesetze sehen unter bestimmten Voraussetzungen lediglich eine Meldepflicht,[37] die Führung eines Verfahrensverzeichnisses[38] oder eine Vorabkontrolle ohne dem französischen Recht vergleichbare Bindungswirkung vor.[39] Voraussetzung ist allerdings, dass es sich bei den zu installierenden Überwachungssystemen um Verfahren automatisierter Verarbeitungen handelt.[40]

Ob eine dem in Frankreich gesetzlich vorgeschriebenen Genehmigungsverfahren vergleichbare Vorabkontrolle für die Einrichtung von Videoüberwachungssystemen auch für Deutschland zu fordern ist, erscheint zweifelhaft. Zum einen ist ein Genehmigungsverfahren nur insoweit ein effizientes Mittel des Grundrechtsschutzes, als privatrechtlich und öffentlich-rechtlich organisierte Stellen und Unternehmen sich dem Genehmigungsverfahren auch unterwerfen.[41] Es bedarf also letztlich einer Kontrolle, ob und in welchem Umfang Genehmigungen erteilt wurden und noch Gültigkeit haben. Auch ist die Durchführung eines solchen Genehmigungsverfahrens mit erheblichem zeitlichen, personellen und letztlich finanziellen Aufwand verbunden.

Aus vorgenannten Gründen ist eine *Anzeigepflicht* für installierte oder zu installierende Videoüberwachungssysteme der Genehmigungspflicht vorzugswürdig.[42] Eine solche Anzeigepflicht, deren Beachtung ebenso wie die Genehmigungspflicht zu kontrollieren wäre, hätte gegenüber dem Genehmigungsverfahren den entscheidenden Vorteil, dass die zuständigen Behörden nicht über jedes Überwachungssystem gesondert befinden müssten. Die Kontrolltätigkeit erfolgte nur punktuell und eröffnete die Möglichkeit eingehender Untersuchungen der für den Grundrechtsschutz problematischen Videoüberwachungssysteme. Im Übrigen ermöglichte die Anzeigepflicht, die Entwicklung der Videoüberwachung in Deutschland hinreichend zuverlässig beurteilen zu können und – soweit erforderlich – die rechtlichen Grundlagen den tatsächlichen Gegebenheiten anzupassen.

---

[37] Siehe bspw. § 4d BDSG.
[38] Siehe bspw. § 8 DSG Nordrhein-Westfalen, § 10 Thüringer DSG, § 8 Brandenburgisches DSG.
[39] Siehe bspw. § 9 DSG Schleswig-Holstein.
[40] Zum Begriff des automatisierten Verfahrens und der Frage, ob Videoüberwachungssysteme als solche zu betrachten sind siehe oben 5. Kapitel:I.1 (S. 145).
[41] Siehe hierzu Fußn. 40 (S. 208).
[42] Zur Anzeigepflicht siehe bereits oben 1. Kapitel:II.3.b)bb)ddd)δ)εε) (S. 80).

3. Kapitel: Kurze Zusammenfassung und Fazit des dritten Teils

Das deutsche Recht verfügt für die Videoüberwachung aufgrund geteilter Gesetzgebungszuständigkeiten zwischen Bund und Ländern über eine Vielzahl spezieller Rechtsgrundlagen sowie diese ergänzende allgemeine datenschutzrechtliche Bestimmungen. Aus den staatsorganisationsrechtlichen Unterschieden zwischen Deutschland und Frankreich können für das deutsche Recht jedoch keine Forderungen für die künftige Gestaltung die Videoüberwachung betreffender Normen hergeleitet werden. Denn divergierende landesrechtliche Normen für vergleichbare Sachverhalte sind Ausfluss der durch den Föderalismus bedingten Aufteilung von Gesetzgebungskompetenzen zwischen Bund und Ländern. Dies ist so lange nicht hinderlich, wie jedes Bundesland im Rahmen seiner Gesetzgebung zur Videoüberwachung bestimmte Mindestanforderungen an den grundrechtlichen Eingriff stellt. Die unterschiedlich gefassten landesrechtlichen Regelungen für Maßnahmen der Videoüberwachung können nicht darüber hinwegtäuschen, dass – trotz eigener Grundrechtskataloge in den jeweiligen Landesverfassungen – der materielle Mindestgehalt des grundrechtlichen Schutzes durch das Grundgesetz und dessen Auslegung durch das Bundesverfassungsgericht gewährleistet ist. Einer Übertragung der Regelungsmaterie Videoüberwachung auf den Bundesgesetzgeber aus Praktikabilitätserwägungen stehen die Art. 70 f. GG entgegen.

Das durch die Verfassungen gewährleistete grundrechtliche Schutzniveau ist in Deutschland und in Frankreich vergleichbar hoch, wenngleich im Einzelnen Unterschiede bestehen im Hinblick auf die Frage, welche grundrechtlichen Verbürgungen in welchem Ausmaß durch Maßnahmen der Videoüberwachung konkret beeinträchtigt werden. Der im deutschen Recht differenzierende Ansatz zur Eingriffsqualität von Videoüberwachungsmaßnahmen tritt im Ergebnis dadurch in den Hintergrund, dass die Eingriffsqualität letztlich unabhängig von der tatsächlich durchgeführten Videoüberwachungsmaßnahme[1] anhand der verobjektivierten Bürgersicht zu bestimmen ist. Dies kann jedoch nicht zu dem Schluss führen, die Begründung der Eingriffsqualität von Videoüberwachungsmaßnahmen im deutschen und im französischen Recht entsprechen einander. Die faktische Nivellierung der Unterschiede, aufgrund derer bislang in Deutschland für jede Form der Videoüberwachung gesondert die Eingriffsqualität diskutiert wurde, ist nur die Folge der Erkenntnis, dass die Frage des Eingriffs entscheidend von der – verobjektivierten – Sicht der Betroffenen abhängt. Die tatsächlich durchgeführte Videoüberwachungsmaßnahme tritt demgegenüber in den Hintergrund. In Frankreich hingegen kann die fehlende Differenzierung zwischen den einzelnen Formen der Videoüberwachung nicht auf eine solche Erkenntnis zurückgeführt werden. In den Diskussionen zur Vereinbarkeit von Video-

---

[1] Videobeobachtung, Videoaufzeichnung, jeweils in Großbild oder Übersichtsaufnahme.

überwachungsmaßnahmen mit den Grundrechten dreht sich die Frage des grundrechtlichen Eingriffs nur allgemein um die *vidéosurveillance*. Ein Ansatz, der subjektive Elemente zum Diskussionsgegenstand macht, hat sich bislang noch nicht entwickelt.

Die konkrete Ausgestaltung der Befugnisnormen für Maßnahmen der Videoüberwachung lässt im französischen Recht eine gegenüber dem deutschen Recht bessere Umsetzung des Grundrechtsschutzes erkennen. Dies betrifft zum einen die Einsatzmöglichkeiten von Videoüberwachungssystemen, die in Frankreich aufgrund der strengeren Zweckbindung nicht dasselbe Ausmaß erreichen wie in Deutschland. Zum anderen unterliegt die Durchführung von Videoüberwachungsmaßnahmen in Frankreich insgesamt strengeren Anforderungen. Besondere Bedeutung kommt dabei dem obligatorischen Genehmigungsverfahren zu, das eine konsequente Umsetzung und Beachtung von Art. 10 des Gesetzes vom 21. Januar 1995 gewährleistet. Wenngleich der Erlass einer spezialgesetzlichen Rechtsgrundlage für die Videoüberwachung den nach wie vor zunehmenden Einsatz von Videoüberwachungsanlagen in Frankreich nicht aufzuhalten vermochte, hat der französische Gesetzgeber dem unkontrollierten Einsatz der Videoüberwachung ein Ende gesetzt und die Durchführung der Maßnahme an festgelegte Rahmenbedingungen geknüpft.

Auch in Deutschland sind viele Landesgesetzgeber und der Bundesgesetzgeber bereits tätig geworden und haben zahlreiche spezialgesetzliche Rechtsgrundlagen für die Videoüberwachung erlassen. Die Auseinandersetzung mit einigen dieser Rechtsgrundlagen zeigt jedoch, dass es oft nicht gelungen ist, das verfassungsrechtlich geforderte grundrechtliche Schutzniveau durch entsprechend klare und strenge tatbestandliche Anforderungen in den Rechtsnormen umzusetzen. Gerade die Fälle unzureichender Normenbestimmtheit machen deutlich, dass die Gesetzgeber es bisweilen versäumt haben, der Verwaltung Rechtsgrundlagen an die Hand zu geben, die einen vorhersehbaren und ausgewogenen Einsatz von Videoüberwachungskameras ermöglichen. Die Unbestimmtheit einiger Zweckbestimmungen lässt vermuten, die betreffenden Gesetzgeber haben es nicht auf eine Lenkung des Einsatzes von Videoüberwachungsanlagen unter den Aspekten des Ausgleichs betroffener Interessen sowie des effizienten Grundrechtsschutzes abgesehen, sondern lediglich auf die – nachträgliche – Legitimation sämtlicher bereits bestehender Videoüberwachungseinrichtungen.

Es besteht insgesamt daher nach wie vor ein erheblicher gesetzgeberischer Handlungsbedarf sowohl im Hinblick auf Korrekturen bereits erlassener Befugnisnormen als auch den Erlass spezialgesetzlicher Regelungen in denjenigen Bundesländern, in denen dies bislang nicht für nötig befunden wurde.

Zusammenfassung der Ergebnisse

Die Ergebnisse der Arbeit werden – entsprechend der Untersuchungsabfolge – nachfolgend in Kürze zusammengefasst.

(1) Der Einsatz von Videoüberwachungssystemen zu Sicherheitszwecken ist in Frankreich und in Deutschland sowohl in quantitativer (Anzahl der Überwachungssysteme) als auch in qualitativer Hinsicht (technische Möglichkeiten) immer bedeutender geworden. Der Erlass spezialgesetzlicher Regelungen hat diese Entwicklung weder in Frankreich noch in Deutschland aufgehalten.

(2) In Deutschland sind für den Erlass gesetzlicher Regelungen betreffend Maßnahmen der Videobeobachtung im Rahmen des Polizei- und Ordnungsrechts die Länder gesetzgebungsbefugt. Dies gilt ebenso für Videobeobachtungsmaßnahmen, soweit diese das allgemeine Datenschutzrecht außerhalb der vom Bundesdatenschutzgesetz erfassten Regelungsbereiche betreffen.

(3) Gesetzliche Regelungen betreffend Maßnahmen der Videoaufzeichnung unterfallen grundsätzlich auch der Gesetzgebungskompetenz der Länder, es sei denn, die Videoaufzeichnung verfolgt im Schwerpunkt repressive Zwecke. Diese Voraussetzung ist für § 15a Abs. 2 PolG Nordrhein-Westfalen in der bislang geltenden Fassung gegeben. § 15a Abs. 2 PolG Nordrhein-Westfalen verstößt gegen die grundgesetzliche Verteilung der Gesetzgebungszuständigkeiten und ist daher verfassungswidrig.

(4) Videobeobachtungs- und Videoaufzeichnungsmaßnahmen sind vom Schutzbereich des informationellen Selbstbestimmungsrechts erfasst unabhängig davon, ob lediglich Übersichts- oder Großbildaufnahmen angefertigt werden. Das Recht am eigenen Bild ist nicht betroffen. Ein Eingriff in das Recht auf Freizügigkeit kommt nicht in Betracht. Ebenso wenig vermögen Videoüberwachungsmaßnahmen nach gegenwärtigem Stand das Demokratieprinzip zu verletzen.

(5) Sämtliche Formen der Videoüberwachung begründen einen Eingriff in das informationelle Selbstbestimmungsrecht. Die Eingriffsqualität richtet sich danach, ob ein potentiell Betroffener bei objektiver Betrachtungsweise und aufgrund objektiv zu beurteilender Umstände Anlass hat, eine gegen ihn gerichtete Videoüberwachungsmaßnahme zu vermuten. Diese verobjektivierte Bürgersicht vermag schließlich auch einen Grundrechtseingriff im Falle nicht funktionstüchtiger Überwachungskameras oder Kameraattrappen zu begründen. Ein Grundrechtsverzicht kann den Betroffenen regelmäßig nicht unterstellt werden.

(6) Zur verfassungsrechtlichen Rechtfertigung von Eingriffen in das informationelle Selbstbestimmungsrecht haben die Befugnisnormen den Anforderungen an den Parlamentsvorbehalt zu genügen. Dem Gesetzgeber obliegt es, alle wesentlichen Entscidun-

gen über die Voraussetzungen, Umstände und Folgen von Eingriffen durch förmliches Gesetz selbst zu treffen, was insoweit eine Delegation an die Exekutive ausschließt.

(7) Rechtsgrundlagen zur Durchführung von Videoüberwachungsmaßnahmen müssen des Weiteren den Anforderungen an den Bestimmtheitsgrundsatz genügen. Dem werden derzeit die Befugnisnormen in den Polizei- und Sonderordnungsgesetzen gerecht. Dies gilt jedoch nicht für Befugnisnormen in den Datenschutzgesetzen, soweit sie Videoüberwachungsmaßnahmen zum Zwecke allgemeiner Aufgabenerfüllung oder zur Wahrnehmung berechtigter Interessen für konkret festgelegte Zwecke vorsehen. § 33c Abs. 1 Satz 1 Brandenburgisches DSG, § 20 Abs. 1 DSG Schleswig-Holstein sowie § 6b Abs. 1 Nr. 1 und 3 BDSG sind daher wegen Verstoßes gegen den Bestimmtheitsgrundsatz verfassungswidrig.

(8) In materieller Hinsicht sind die Befugnisnormen so zu gestalten, dass Eingriffe in den unantastbaren Kernbereich des Rechts auf informationelle Selbstbestimmung ausgeschlossen sind. Verdeckte Videoüberwachungsmaßnahmen sind daher als Mittel der Prävention unzulässig.

(9) Die mit Maßnahmen der Videoüberwachung vornehmlich verfolgten Zwecke, die vorbeugende Straftatbekämpfung, die Strafverfolgungsvorsorge – sofern den Ländern diesbezüglich eine Gesetzgebungskompetenz zuerkannt wird –, die Gefahrenabwehr sowie die Wahrung des Hausrechts werden von der Rechtsordnung gebilligt und sind mithin legitim. Eine Einschränkung gilt für den Zweck, wonach durch die Videoüberwachung das Sicherheitsgefühl in der Bevölkerung gestärkt werden soll. Dieser Zweck ist nur insoweit als legitim zu erachten, wie durch Videoüberwachungsmaßnahmen tatsächlich auch eine Verbesserung der Sicherheit erreicht werden soll.

(10) Eignung und Erforderlichkeit von Videoüberwachungsmaßnahmen zum Erreichen der verfolgten Zwecke unterliegen einer Einschätzungsprärogative durch den jeweiligen Gesetzgeber. Derzeit ist mangels gegenteiliger Erkenntnisse nicht davon auszugehen, dass der gesetzgeberische Beurteilungsspielraum durch den Erlass spezialgesetzlicher Befugnisnormen überschritten wurde.

(11) Dem Schutz der öffentlichen Ordnung kommt keine Bedeutung von Verfassungsrang zu. Jedenfalls aber vermag der Schutz der öffentlichen Ordnung nicht, das Recht auf informationelle Selbstbestimmung zu überwiegen. Eingriffe in das informationelle Selbstbestimmungsrecht zum Schutz der öffentlichen Ordnung sind *per se* unangemessen und damit verfassungsrechtlich nicht zu rechtfertigen.

(12) Die Abkehr vom Grundsatz der Störerverantwortlichkeit ist verfassungsrechtlich nicht zu beanstanden. Die Inanspruchnahme von Nichtstörern ist allerdings im Hinblick auf die Frage zu berücksichtigen, ob Videoüberwachungsmaßnahmen beziehungsweise die ihnen zugrunde liegenden Befugnisnormen noch als angemessen zu beurteilen sind.

(13) Unter Berücksichtigung der Inanspruchnahme von Nichtstörern sowie der übrigen mit der Videoüberwachung verbundenen Nachteile, wie etwa die potentielle Entstehung eines latenten Anpassungsdrucks in der Bevölkerung, sind Maßnahmen der Videoüberwachung vom Gesetzgeber einer strengen Zweckbindung zu unterwerfen. In Betracht kommt insbesondere die abschließende Aufzählung klarer und eng begrenzter Zwecke in den Befugnisnormen. Die Offenheit der Maßnahmen ist durch mehrsprachige Hinweisschilder und gegebenenfalls international gebräuchliche Piktogramme zu verwirklichen. Die Verwaltung ist dazu anzuhalten, in regelmäßigen Abständen zu überprüfen, ob und inwieweit die mit der Videoüberwachungsmaßnahme verfolgten Zwecke noch erreicht werden können. Um einer flächendeckenden Videoüberwachung vorzubeugen und um die Entwicklung des Einsatzes von Videoüberwachungseinrichtungen zuverlässig beurteilen zu können, sollten die Befugnisnormen eine Anzeigepflicht für bestehende und noch einzurichtende Videoüberwachungsanlagen vorsehen.

(14) Maßnahmen der Videoaufzeichnung stellen im Vergleich zu den Videobeobachtungsmaßnahmen aufgrund der Speicherung des Bildmaterials den schwereren Eingriff in das Recht auf informationelle Selbstbestimmung dar. Daher sind an die verfassungsrechtliche Rechtfertigung von Videoaufzeichnungsmaßnahmen beziehungsweise den ihnen zugrunde liegenden Befugnisnormen höhere Anforderungen zu stellen. Besondere Bedeutung kommt dabei den Löschungsfristen zu, da kurze und klar bemessene Fristen die Gefahr unzulässiger Datensammlung auf Vorrat sowie die Gefahr des Datenmissbrauchs deutlich zu reduzieren vermögen. § 6b Abs. 5 BDSG wird diesen Anforderungen aufgrund seiner sehr weit gefassten Löschungsregelung nicht mehr gerecht. Die vielfach geforderte und zum Teil in den Landesgesetzen normierte Benachrichtigungspflicht ist im Rahmen der Angemessenheit nicht zu berücksichtigen, soweit eine Benachrichtigung im Falle der Identifikation potentieller Straftäter vorgesehen ist, da eine Gesetzgebungszuständigkeit der Länder aufgrund des bestehenden Anfangsverdachts insoweit nicht gegeben ist.

(15) Als der Videoaufzeichnung nachfolgende Maßnahmen kommen insbesondere die Bearbeitung, die Umwidmung und Nutzung zu einem anderen als dem ursprünglichen Zweck, das Weiterleiten an andere Stellen sowie das Abgleichen von Bildmaterial in Betracht. Die einzelnen Folgemaßnahmen begründen einen neuen Eingriff in das Recht auf informationelle Selbstbestimmung und bedürfen daher einer Rechtsgrundlage. Für die Polizei- und Sonderordnungsbehörden richtet sich die Zulässigkeit der jeweiligen Maßnahme grundsätzlich nach den allgemeinen datenschutzrechtlichen Vorschriften in den Polizei- und Sonderordnungsgesetzen, da die spezialgesetzlichen Befugnisnormen für die Videoüberwachung keine Regelungen im Hinblick auf die Folgemaßnahmen enthalten. Das Weiterleiten aufgezeichneten Bildmaterials von den Polizeibehörden an die Staatsanwaltschaft ist nunmehr durch die §§ 160, 161 StPO gesetzlich geregelt. Die Rechtmäßigkeit von Folgemaßnahmen durch sonstige öffentliche Stellen sowie durch privatrechtlich organisierte Unternehmen und Einrichtungen richtet sich im Übrigen nach den Bestim-

mungen der Datenschutzgesetze von Bund und Ländern, soweit deren Anwendungsbereich eröffnet ist.

(16) Mangels spezialgesetzlicher Grundlagen kommen für öffentliche Stellen und Einrichtungen zur Durchführung von Videoüberwachungsmaßnahmen, soweit der Anwendungsbereich der Polizei- und Sonderordnungsgesetze nicht eröffnet ist, die allgemeinen
Rechtsgrundlagen in den Datenschutzgesetzen des Bundes und der Länder und subsidiär
das öffentlich-rechtliche Hausrecht in Betracht. Allerdings unterliegt die Durchführung
von Videoüberwachungsmaßnahmen trotz der regelmäßig weit gefassten datenschutzrechtlichen Generalklauseln strengen Anforderungen. Die im Rahmen des Datenschutz-
rechts notwendigerweise weit gefassten Generalklauseln entbinden folglich nicht von einer einzelfallbezogenen Verhältnismäßigkeitsprüfung, welche die verfassungsrechtliche
Bedeutung des informationellen Selbstbestimmungsrechts hinreichend zu berücksichtigen
hat.

(17) Maßnahmen der Videoüberwachung durch privatrechtlich organisierte Unternehmen
der Daseinsvorsorge unterliegen der Regelung des § 6b BDSG. Der Anwendung von § 6b
BDSG steht nicht entgegen, dass bestimmte Einrichtungen und Räumlichkeiten nur gegen Entgelt oder nach einer Personen- beziehungsweise Gepäckkontrolle zugänglich sind.

(18) Es kann dahinstehen, ob im Rahmen der Abwägung betroffener Interessen grundrechtlich geschützte Positionen zu Gunsten des privatrechtlich organisierten Betreibers
der Videoüberwachungseinrichtung zu berücksichtigen sind und ob der private Betreiber
einer Grundrechtsbindung unterliegt. Denn das Recht auf informationelle Selbstbestimmung der von der Videoüberwachung Betroffenen ist jedenfalls mittelbar durch die Auslegung unbestimmter Rechtsbegriffe in Ansatz zu bringen. Demgegenüber kann sich der
privatrechtlich organisierte Betreiber unabhängig von der Frage der Grundrechtsberechtigung auf das privatrechtliche Hausrecht berufen.

(19) In Frankreich ist eine spezialgesetzliche Grundlage für Maßnahmen der Videoüberwachung seit dem 21. Januar 1995 in Kraft. Vor In-Kraft-Treten dieses Gesetzes wurde
eine Anwendung des allgemeinen Datenschutzgesetzes vom 6. Januar 1978 diskutiert. Unterschiedliche Auffassungen bestanden insbesondere im Hinblick auf die Frage, ob es sich
bei der Durchführung von Videoüberwachungsmaßnahmen um eine automatisierte Datenverarbeitung im Sinne des Art. 5 des Gesetzes vom 6. Januar 1978 handelte. Des Weiteren war umstritten, ob Videobilder als personenbezogene Daten zu qualifizieren sind.
Der französische Gesetzgeber hat in Art. 10 Abs. 1 des Gesetzes von 1995 festgelegt,
dass Videobilder grundsätzlich keine personenbezogenen Daten im Sinne des Datenschutzgesetzes sind, es sei denn, es werden Bildaufzeichnungen zur Erstellung einer Namensdatei angefertigt. Videoüberwachungsmaßnahmen unterliegen seitdem in der Regel
nicht der Kontrolle durch die französische Datenschutzbehörde (CNIL), deren Tätigwer-

den auf dem Anwendungsbereich des Gesetzes vom 6. Januar 1978 unterliegende Sachverhalte beschränkt ist.

(20) Die Richtlinie 95/46/EG des Europäischen Parlaments und Rates vom 24. Oktober 1995 betreffend den Schutz natürlicher Personen bei der Verarbeitung personenbezogener Daten und zum freien Datenverkehr erfordert ein Tätigwerden des französischen Gesetzgebers im Hinblick auf Art. 10 des Gesetzes vom 21. Januar 1995 grundsätzlich nicht, da die in Art. 10 Abs. 2 niedergelegten Zweckbestimmungen nicht vom Gemeinschaftsrecht umfasst sind. Der Anwendungsbereich von Art. 10 des Gesetzes vom 21. Januar 1995 wird durch die Modifikation von Art. 10 Abs. 1 – jedenfalls nach Ansicht des französischen Gesetzgebers – nicht berührt.

(21) Die französische Verfassung vom 4. Oktober 1958 enthält nur vereinzelt grundrechtliche Verbürgungen. Durch den Verweis der Präambel der Verfassung von 1958 auf die Präambel der Verfassung vom 27. Oktober 1946 sowie die *Déclaration des Droits de l'Homme* vom 26. August 1789 entfalten die dort niedergelegten grundrechtlichen Verbürgungen allerdings volle rechtliche Wirksamkeit.

(22) Videoüberwachungsmaßnahmen greifen in das Recht auf Freizügigkeit (*liberté d'aller et venir*) sowie das Recht auf Privatleben (*droit à la vie privée*) ein, denen vom Conseil Constitutionnel jeweils Verfassungsrang beigemessen wird. Der persönlichen Freiheit (*liberté individuelle*) kommt daneben keine eigenständige grundrechtliche Bedeutung zu.

(23) Grundrechtliche Eingriffe unterliegen dem Vorbehalt des Gesetzes. Die Rechtfertigung von Grundrechtseingriffen setzt des Weiteren voraus, dass die mit der eingreifenden Maßnahme verfolgten Zwecke im öffentlichen Interesse und von Verfassungsrang sind. Videoüberwachungsmaßnahmen dienen insbesondere der Aufrechterhaltung beziehungsweise der Wiederherstellung der öffentlichen Ordnung (*ordre public*). Daneben erfüllen sie auch repressive Zwecke. Sowohl Prävention als auch Repression sind im öffentlichen Interesse, so dass eine Rechtfertigung von Grundrechtseingriffen durch Maßnahmen der Videoüberwachung nicht *per se* ausgeschlossen ist. Dem Gesetzgeber obliegt es allerdings, die widerstreitenden Interessen zu einem angemessenen Ausgleich zu führen. Dazu hat er geeignete Vorkehrungen zum Schutz der von der eingreifenden Maßnahme Betroffenen zu schaffen und hierbei das *principe de proportionnalité* zu beachten. Die Kontrolle der Verfassungsmäßigkeit des in Grundrechte eingreifenden Gesetzes erstreckt sich – zumindest eingeschränkt – auch auf die hinreichende Beachtung des Verhältnismäßigkeitsprinzips durch den Gesetzgeber.

(24) Die Rechtfertigung grundrechtlicher Eingriffe durch Maßnahmen der Videoüberwachung setzt voraus, dass die mit der eingreifenden Maßnahme verfolgten Zwecke hinreichend bestimmt sind. Der Conseil Constitutionnel sieht diese Voraussetzung im Falle des Gesetzes vom 21. Januar 1995 entgegen bisweilen in der Literatur vertretenen Auffassungen als gegeben an.

(25) Zum Schutze der Grundrechte hat der französische Gesetzgeber die Durchführung von Videoüberwachungsmaßnahmen in Art. 10 des Gesetzes vom 21. Januar 1995 strengen Anforderungen unterworfen. Das Gesetz beinhaltet eine geographische Beschränkung zum Schutz des Privatlebens. Videoüberwachungsmaßnahmen haben offen zu erfolgen und sind einer Vorabkontrolle unterworfen. Löschungsvorschriften begrenzen die Dauer der Aufbewahrung von Bildmaterial auf maximal einen Monat. Den Betroffenen wird ein Einsichtsrecht sowie die Möglichkeit gewährt, bei Bedarf den über die Videoüberwachung entscheidenden Departementsausschuss anzurufen. Eine Strafvorschrift sichert die Beachtung der gesetzlichen Bestimmungen.

(26) Die Durchführung von der Videoüberwachung – insbesondere der Aufzeichnung – nachfolgenden Maßnahmen sind in Art. 10 des Gesetzes vom 21. Januar 1995 nicht geregelt. Dies erweist sich als problematisch, da eine Anwendung des Datenschutzgesetzes vom 6. Januar 1978 aufgrund der Sperrwirkung von Art. 10 Abs. 1 des Gesetzes von 1995 nicht in Betracht kommt.

(27) Im deutschen Recht bestehen aufgrund des föderalen Staatsaufbaus zahlreiche Befugnisnormen für Maßnahmen der Videoüberwachung. Im Gegensatz zum französischen Recht, das lediglich über eine formell-gesetzliche Grundlage für Videoüberwachungsmaßnahmen verfügt und damit *a priori* eine einheitliche rechtliche Behandlung vergleichbarer Sachverhalte gewährleistet, beinhaltet die Vielfältigkeit der landesrechtlichen Befugnisnormen, dass in den Bundesländern bei vergleichbaren Sachverhalten unterschiedliche rechtliche Anforderungen an die Zulässigkeit von Videoüberwachungsmaßnahmen gestellt werden. Aus den staatsorganisationsrechtlichen Unterschieden zwischen Deutschland und Frankreich können für das deutsche Recht jedoch keine Forderungen für die künftige Gestaltung die Videoüberwachung betreffender Normen hergeleitet werden.

(28) Im Gegensatz zum deutschen Recht lässt sich für das französische Recht im Hinblick auf die Vereinbarkeit von Videoüberwachungsmaßnahmen mit den Grundrechten kein Diskussionsschwerpunkt ausmachen. Im Mittelpunkt stehen sowohl die Freizügigkeit (*liberté d'aller et venir*) als auch das Recht auf Privatleben (*droit à la vie privée*). Unabhängig von der namentlichen Bezeichnung der betroffenen Grundrechte beschränkt sich der Problemkern der durch Videoüberwachungsmaßnahmen bewirkten Grundrechtsverletzung letztlich jedoch auf die Preisgabe persönlicher Daten. Keine Berücksichtigung findet im französischen Recht die Frage, ob und inwieweit subjektive Elemente – die Perspektive der Betroffenen – für die Begründung eines Grundrechtseingriffs herangezogen werden können.

(29) Die Gegenüberstellung der in den deutschen speziellen Rechtsgrundlagen sowie in Art. 10 des französischen Gesetzes von 1995 enthaltenen Zweckbestimmungen lässt erkennen, dass generalklauselartige Ermächtigungen wie die in manchen deutschen Befugnisnormen enthaltene Zweckbestimmung der allgemeinen Aufgabenerfüllung in der fran-

zösischen Rechtsgrundlage nicht enthalten sind. Dieser Befund stützt die Annahme, dass einige deutsche Befugnisnormen verfassungsrechtlichen Anforderungen im Hinblick auf das Bestimmtheitsgebot nicht mehr genügen.

(30) Wesentliche Unterschiede zwischen deutschem und französischem Recht bestehen im Rahmen der verfassungsrechtlichen Rechtfertigung von Grundrechtseingriffen insbesondere im Hinblick auf die Rechtsinstitute, die im deutschen Recht unter den Begriff des Verhältnismäßigkeitsgrundsatzes gefasst werden. Inhaltlich unterscheidet sich das französische *principe de proportionnalité* vom deutschen Verhältnismäßigkeitsgrundsatz insofern, als die von diesem umfassten Institute des legitimen Zwecks und der Eignung nicht Bestandteile des französischen Verhältnismäßigkeitsprinzips sind. Die grundlegenden Unterschiede zwischen dem Verhältnismäßigkeitsgrundsatz nach deutschem und französischem Recht manifestieren sich jedoch erst in Umfang und Art der Verhältnismäßigkeitskontrolle durch deutsche und französische Verwaltungs- und Verfassungsgerichte.

(31) Im Hinblick auf die systematische Verortung der spezialgesetzlichen Befugnisnormen für die Videoüberwachung unterscheiden sich das deutsche und das französische Recht insoweit, als die Anwendung der in die Datenschutzgesetze von Bund und Ländern integrierten Befugnisnormen voraussetzt, dass Videobilder als personenbezogene Daten qualifiziert werden. Im französischen Recht hingegen ist die spezielle Rechtsgrundlage des Art. 10 des Gesetzes vom 21. Januar 1995 nur dann anwendbar, wenn der Anwendungsbereich des Datenschutzgesetzes von 1978 nicht eröffnet ist. Dies schließt eine Qualifikation von Videobildern als personenbezogene Daten grundsätzlich aus.

(32) Die konkrete Ausgestaltung der Befugnisnormen für Maßnahmen der Videoüberwachung lässt im französischen Recht eine gegenüber dem deutschen Recht bessere Umsetzung des Grundrechtsschutzes erkennen. Im Hinblick auf die Offenheit der Videoüberwachung verlangt Art. 10 Abs. 2 Satz 4 des Gesetzes von 1995 der videoüberwachenden Stelle mehr ab als die meisten deutschen Befugnisnormen im Rahmen ihres Anwendungsbereichs, da nicht nur der Umstand der Videoüberwachung, sondern auch die verantwortliche Stelle durch geeignete Maßnahmen kenntlich zu machen sind. Die maximale Aufbewahrungsdauer von einem Monat für aufgezeichnetes Bildmaterial erscheint im Gegensatz zu zahlreichen deutschen Regelungen eher kurz bemessen, wobei im Ergebnis eine maximale Aufbewahrungsdauer von etwa 48 Stunden vorzugswürdig ist. Die Ausgestaltung von Auskunfts-, Einsichts- beziehungsweise Anrufungsrechten ist in beiden Rechtsordnungen vergleichbar. Die praktisch bedeutsamen Ausschlussgründe vorgenannter Rechte unterliegen jedoch sowohl in Deutschland als auch in Frankreich einem erheblichen Ermessensspielraum. Das durch Art. 10 Abs. 3 des französischen Gesetzes von 1995 normierte obligatorische Genehmigungsverfahren für die Einrichtung eines Videoüberwachungssystems ist dem deutschen Recht fremd. Im Ergebnis ist eine Anzeige-

pflicht für installierte oder zu installierende Überwachungssysteme der Genehmigungspflicht vorzugswürdig.

Literaturverzeichnis

Achelpöhler, Wilhelm / Niehaus, Holger Videoüberwachung öffentlicher Plätze,
Datenschutz und Datensicherheit 2002, S. 731 f.

Achterberg, Norbert / Püttner, Günter / Besonderes Verwaltungsrecht, Band 2,
Würtenberger, Thomas 2. Auflage 2000, Heidelberg

Anderheiden, Michael Der Streit um die offene Videoüberwachung,
Verwaltungsblätter für Baden-Württemberg 2002,
S. 356 f.

Antin de, Olivier / Brossolet, Luc Le domaine de la vie privée et sa délimitation
jurisprudentielle,
Légicom 1999, n° 20, S. 9 f.

Arnauld v., Andreas Grundrechtsfragen im Bereich von Postwesen
und Telekommunikation,
Die Öffentliche Verwaltung 1998, S. 437 f.

Auby, J.M. Droit administratif général,
Revue du droit public 1969, S. 757 f.

Auernhammer, Herbert Bundesdatenschutzgesetz, Kommentar,
3. Auflage 1993, Köln – Berlin – Bonn –
München

Badura, Peter / Dreier, Horst Festschrift 50 Jahre Bundesverfassungsgericht,
Zweiter Band: Klärung und Fortbildung des
Verfassungsrechts,
Tübingen 2001

Bäumler, Helmut Datenschutzrechtliche Grenzen der
Videoüberwachung,
Recht der Datenverarbeitung 2001, S. 67 f.

Bäumler, Helmut Polizei und Datenschutz,
1. Auflage 1999, Neuwied

Bäumler, Helmut	Probleme der Videoaufzeichnung und -überwachung aus datenschutzrechtlicher Sicht, in: Möller, Klaus Peter/ Zezschwitz v., Friedrich (Hrsg.), Videoüberwachung – Wohltat oder Plage?, 1. Auflage 2000, Baden-Baden, S. 55 f.
Barloy, François	Le Conseil Constitutionnel, la liberté individuelle et l'ordre public, Revue administrative 1995, S. 483 f.
Barth, Elie	Mulhouse mise sur la vidéosurveillance Le Monde vom 4.1.2002, S. 6
Barthélémy, Pierre	L'identification biométrique pourrait renforcer la sécurité des aéroports, Le Monde vom 22.12.2001, S. 24
Barthélémy, Pierre	L'ordinateur commence à interpréter les images de vidéosurveillance Le Monde vom 22.8.2001, S. 15
Bergmann, Lutz/ Möhrle, Roland/ Herb, Armin	Datenschutzrecht, Kommentar, Band 1, Stand: November 2002, Stuttgart – München – Hannover – Berlin – Weimar – Dresden
Besset, Jean-Paul/ Kremer, Pascale	Le succès de la vidéosurveillance gagne les HLM Le Monde vom 15.5.1999, S. 10
Besson, Waldemar/ Jasper, Gotthard	Das Leitbild der modernen Demokratie, Bundeszentrale für Politische Bildung, Schriftenreihe Band 300, Bonn 1990
Borchers, Detlef	Fachkonferenz, Grenzen und Risiken der Videoüberwachung, 7./8. November 2000 in Schwerin, Datenschutz und Datensicherheit 2000, S. 751

Boullier, Dominique	La vidéosurveillance à la RATP: un maillon controversé de la chaîne de production de sécurité, Les Cahiers de la sécurité intérieure 1995, n° 21, S. 88 f.
Braibant, Guy	Le principe de proportionnalité, in: Festschrift für Marcel Waline, Le Juge et le droit public, Band 2, Paris 1974
Braibant, Guy	Données personnelles et société de l'information, Transposition en droit français de la directive n° 95/46, Rapport au Premier ministre, Paris 1998
Brenneisen, Hartmut/ Staak, Dirk	Die Videobildübertragung nach allgemeinem Polizeirecht, Datenschutz und Datensicherheit 1999, S. 447 f.
Breton, Philippe/ Gwiazdzinski, Luc	Strasbourg, capitale de la technologie sécuritaire? Le Monde vom 28.1.2000, S. 16
Brodersen, Kilian	Das Strafverfahrensänderungsgesetz 1999, Neue Juristische Wochenschrift 2000, S. 2536 f.
Brohm, Winfried	Soziale Grundrechte und Staatszielbestimmungen in der Verfassung, Juristenzeitung 1994, S. 213 f.
Brückner, Steffen	Bildbearbeitung und -verarbeitung unter kriminalistischen und forensischen Aspekten, in: Möller/Klaus Peter, Zezschwitz v., Friedrich (Hrsg.), Videoüberwachung – Wohltat oder Plage?, 1. Auflage 2000, Baden-Baden, S. 15 f.

Büchner, Bernward   „Das laute Jugendzentrum",
Beilage zu Verwaltungsblätter für Baden-
Württemberg 2002, Heft 4, S. 21 f.

Büllesfeld, Dirk   Polizeiliche Videoüberwachung öffentlicher
Straßen und Plätze zur Kriminalitätsvorsorge,
Schriften zum Recht der Inneren Sicherheit,
Band 3, Stuttgart, München, Hannover, Berlin,
Weimar, Dresden 2002

Cadoux, Louise   Le principe de proportionnalité,
Les Cahiers de la sécurité intérieure 1998,
n° 34, S. 7 f.

Chapus, René   Droit administratif général, Band 1,
15. Auflage 2001, Paris

Commission nationale de l'informatique   Les libertés et l'informatique,
et des libertés   vingt délibérations commentées
Paris 1998

Commission nationale de l'informatique   12ᵉ rapport d'activité 1991
et des libertés   Paris 1992

Commission nationale de l'informatique   14ᵉ rapport d'activité 1993
et des libertés   Paris 1994

Commission nationale de l'informatique   15ᵉ rapport d'activité 1994
et des libertés   Paris 1995

Darras, Eric/Deharbe, David   La politique du regard, remarques sur la
législation de la vidéo-surveillance,
in: Centre universitaire de recherches
administratives et politiques de Picardie
(C.U.R.A.P.P.), La Gouvernabilité,
Paris 1996

Debene, Marc

Juris Classeur Administratif, Band 3,
Fascicule 204 (liberté d'aller et venir),
Paris 1991

Degenhart, Christoph

Staatsrecht I (Staatsorganisationsrecht),
18. Auflage 2002, Heidelberg

Denninger, Erhard/
Petri, Thomas Bernhard

Normenklarheit und Normbestimmtheit
im Polizeirecht – Sieben Thesen,
in: Bäumler (Hrsg.), Polizei und Datenschutz,
1. Auflage 1999, Neuwied, S. 13 f.

Dolderer, Michael

Verfassungsfragen der „Sicherheit durch Null-
Toleranz",
Neue Zeitschrift für Verwaltungsrecht 2001,
S. 130 f.

Doucet, Michel/ Fleck, Klaus E.W.

Dictionnaire juridique et économique,
Wörterbuch der Rechts- und Wirtschaftssprache,
Band 1, 5. Auflage 1997, München

Dreier, Horst

Grundgesetzkommentar,
Band I: Art. 1 – 19 GG
Band II: Art. 20 – 82 GG
Tübingen 1996/1998

Duhr, Elisabeth/ Naujok, Helga/
Danker, Birgit/ Seiffert, Evelyn

Neues Datenschutzrecht für die Wirtschaft,
Erläuterungen und praktische Hinweise
zu §§ 27 ff. bis 46 BDSG,
Datenschutz und Datensicherheit 2003, S. 5 f.

Dupuis, Georges/ Guédon, Marie-José/
Chrétien, Patrice

Droit administratif,
6. Auflage 1999, Paris

Ehlers, Dirk

Die wirtschaftliche Betätigung der öffentlichen
Hand in der Bundesrepublik Deutschland,
Juristenzeitung 1990, S. 1089 f.

Ehmann, Eugen/Helfrich, Marcus   EG-Datenschutzrichtlinie, Kurzkommentar, Köln 1999

Engelien-Schulz, Thomas   Zur Videoüberwachung nach dem neuen Bundesdatenschutzgesetz, Bundeswehrverwaltung 2002, S. 195 f.

Erichsen, Hans-Uwe   Die Verteilung der Gesetzgebungszuständigkeiten nach dem Grundgesetz, Juristische Ausbildung 1993, S. 385 f.

Erichsen, Hans-Uwe   Die kommunalen öffentlichen Einrichtungen, Juristische Ausbildung 1986, S. 148 f.

Erichsen, Hans-Uwe   Kommunalrecht des Landes NRW, 2. Auflage 1997, Siegburg

Erichsen, Hans-Uwe/Ehlers, Dirk   Allgemeines Verwaltungsrecht, 12. Auflage 2002, Berlin

Favoreu, Louis   Jurisprudence du Conseil Constitutionnel, Décision n° 94-352 DC du 18 janvier 1995, Vidéosurveillance, JO 21 janvier 1995, p. 1155 Revue française de Droit constitutionnel 1995, S. 362 f.

Feth, Gerd Gregor   1700 Punkte machen jedes Gesicht unverwechselbar, Frankfurter Allgemeine Zeitung vom 16.10.2001, S. T1

Fischer, Kristian   Polizeiliche Videoüberwachung des öffentlichen Raums, Verwaltungsblätter für Baden-Württemberg 2002, S. 89 f.

Forest, David

La vidéosurveillance dans les lieux publics et
ouverts au public: dispositif et application de la
loi du 21 janvier 1995,
D.E.S.S., Université Paris XI, Septembre 1999

Forest, David

Vidéosurveillance dans les lieux publics,
L'expérience de la commission départementale
de Paris,
Expertises 2002, S. 46

Frey, Dieter/Irle, Martin

Theorien der Sozialpsychologie,
Band 1: Kognitive Theorien,
2. Auflage 1984, Bern – Stuttgart – Toronto

Frey, Dieter/Wicklund, Robert A./
Schreier, Michael F.

Die Theorie der objektiven Selbstaufmerksamkeit,
in: Frey, Dieter/Irle, Martin (Hrsg.), Theorien der
Sozialpsychologie, Band 1: Kognitive Theorien,
2. Auflage 1984, Bern – Stuttgart – Toronto,
S. 192 f.

Fromont, Michel

Le principe de proportionnalité,
L'Actualité juridique – Droit administratif 1995,
numéro spécial du 20 juin 1995, S. 156 f.

Garcia, Alexandre

La vidéosurveillance se généralise dans
les lieux publics et les entreprises,
Le Monde vom 6.8.1998, S. 6

Garstka, Hansjürgen

Videoüberwachung: Allheilmittel oder Gift
für die Freiheitsrechte,
Datenschutz und Datensicherheit 2000, S. 192 f.

Geiger, Andreas

Verfassungsfragen zur polizeilichen Anwendung
der Video-Überwachungstechnologie bei der
Straftatbekämpfung,
Schriften zum Recht des Informationsverkehrs
und der Informationstechnik, Band 7,
1. Auflage 1994, Berlin

Georgel, Jacques

Les libertés de communication,
Contrôle d'identité, Écoute téléphonique,
Vidéosurveillance,
Paris 1996

Gerhold, Diethelm/ Heil, Helmut

Das neue Bundesdatenschutzgesetz 2001,
Datenschutz und Datensicherheit 2001, S. 377 f.

Göddeke, Dieter

Nochmals: Neues Polizeigesetz in Bremen,
Neue Zeitschrift für Verwaltungsrecht 2002,
S. 181 f.

Götz, Volkmar

Allgemeines Polizei- und Ordnungsrecht,
12. Auflage 1995, Göttingen

Gola, Peter/ Schomerus, Rudolf

Bundesdatenschutzgesetz, Kommentar,
7. Auflage 2002, München

Gouzes, Gérard

Protection des personnes physiques à l'égard des
traitements de données à caractère personnel,
rapport, Les documents législatifs de
l'Assemblée nationale, n° 3526,
mis en distribution le 22 janvier 2002

Graboy-Grobesco, Alexandre

Vidéosurveillance et libertés,
Les Petites Affiches du 18 décembre 1998, S. 9 f.

Gras, Marianne

Videoüberwachung in Großbritannien,
Neue Kriminalpolitik 2001, S. 12 f.

Greiner, August

Eine Variante in der Überwachung von
Kriminalitätsschwerpunkten: Pilotprojekt „SOS-
Videotechnik" in Regensburg,
Die Polizei 2000, S. 120

Grimm, Dieter/ Papier, Hans-Jürgen

Nordrhein-Westfälisches Staats- und
Verwaltungsrecht, Frankfurt/M. 1986

Guldner   Conclusions de M. le commissaire du
                                             Gouvernement Guldner vor dem Urteil des
                                             Conseil d'Etat vom 20. Dezember 1957,
                                             Recueil Dalloz, jurisprudence, S. 73 f.

Hasse, Lutz   Thüringen: Präventivpolizeiliche
                                             Videoüberwachung öffentlicher Räume,
                                             Thüringer Verwaltungsblätter 2000, S. 169 f.
                                             (Teil 1) und S. 197 f. (Teil 2)

Haurand, Günter   Elektronisches Auge als Hilfspolizist,
                                             Städte- und Gemeinderat 2000, S. 6 f.

Hefendehl, Roland   Observationen im Spannungsfeld von
                                             Prävention und Repression,
                                             Strafverteidiger 2000, S. 270 f.

Heilmann, Eric/Mornet, Marie-Noëlle   L'impact de la vidéosurveillance sur les
                                             désordres urbains,
                                             Le cas de la Grande-Bretagne,
                                             Les Cahiers de la sécurité intérieure 2001,
                                             n° 46, S. 197 f.

Heilmann, Eric/Vitalis, André   La vidéosurveillance: Un moyen de contrôle
                                             à surveiller,
                                             Le Courrier du CNRS 1996, n° 82, S. 47 f.

Heimrich, Bernhard   Der Ring zieht sich zu,
                                             Frankfurter Allgemeine Zeitung vom 17.2.2003,
                                             S. 9

Heymann-Doat, Arlette   Libertés publiques et droits de l'homme,
                                             6. Auflage 2000, Paris

Höfling, Wolfgang   Grundrechtliche Anforderungen an
                             Ermächtigungen zur Videoaufzeichnung und
                             -überwachung durch Verwaltungsbehörden,
                             in: Möller, Klaus Peter/
                             Zezschwitz v., Friedrich (Hrsg.),
                             Videoüberwachung – Wohltat oder Plage?,
                             1. Auflage 2000, Baden-Baden, S. 29 f.

Hohmann, Harald   Freiheitssicherung durch Datenschutz,
                             1. Auflage 1987, Frankfurt/M.

Horn, Wolfgang   Sind Verkehrslandeplätze als öffentliche
                             Einrichtungen des Kommunalrechts zu
                             qualifizieren?,
                             Verwaltungsblätter für Baden-Württemberg 1992,
                             S. 5 f.

Horst, Hans Reinold   Der Nachbar als „Big Brother",
                             Neue Zeitschrift für Miet- und
                             Wohnungsrecht 2000, S. 937 f.

Horst, Hans Reinold   Nachbarliche Rechte aus der Verletzung des
                             Persönlichkeitsrechts,
                             Deutsche Wohnungswirtschaft 2001, S. 122 f.

Hufen, Friedhelm   Schutz der Persönlichkeit und Recht auf
                             informationelle Selbstbestimmung,
                             in: Badura, Peter/Dreier, Horst (Hrsg.),
                             Festschrift 50 Jahre Bundesverfassungsgericht,
                             Band 2, Tübingen 2001, S. 105 f.

Hüwel, Detlev   Big Brother drückt die Augen zu,
                             Rheinische Post vom 2.2.2002

Isensee, Josef   Grundrechte und Demokratie,
                             Die polare Legitimation im grundgesetzlichen
                             Gemeinwesen,
                             Der Staat 20, S. 161 f.

Isensee, Josef/Kirchhof, Paul	Handbuch des Staatsrechts der Bundesrepublik Deutschland, Band 6 (Freiheitsrechte), Heidelberg 1989
Israel, Jean-Jacques	Droit des libertés fondamentales, Paris 1998
Jacob, Joachim	„Führt Videoüberwachung in die Big-Brother-Gesellschaft?", Der Städtetag 2000, S. 30
Jamin, Christophe	Droit criminel, Sécurité, Loi n° 95-73 du 21 janvier 1995 d'orientation et de programmation relative à la sécurité, Revue trimestrielle de droit civil 1995, S. 448 f.
Jarass, Hans/Pieroth, Bodo	Grundgesetz für die Bundesrepublik Deutschland, Kommentar, 6. Auflage 2002, München
Jehle, Jörg-Martin/Gras, Marianne	Öffentliche Videoüberwachung oder Little brothers are watching you!, Spektrum – Informationen aus Forschung und Lehre 2002 (4), S. 8 f.
Kaufmann, Andreas	Monitore täuschen Sicherheit vor, Städte- und Gemeinderat 2000, S. 13 f.
Keller, Christoph	Video-Überwachung: Ein Mittel zur Kriminalprävention, Kriminalistik 2000, S. 187 f.
Kloepfer, Michael/Breitkreutz, Katharina	Videoaufnahmen und Videoaufzeichnungen als Rechtsproblem, Deutsches Verwaltungsblatt 1998, S. 1149 f.

Kloepfer, Michael   Geben moderne Technologien und die
                                       europäische Integration Anlass, Notwendigkeit
                                       und Grenzen des Schutzes personenbezogener
                                       Informationen neu zu bestimmen?
                                       Gutachten D zum 62. Deutschen Juristentag,
                                       Verhandlungen des 62. DJT, Band 1,
                                       München 1998

Knemeyer, Franz-Ludwig   Polizei- und Ordnungsrecht,
                                       8. Auflage 2000, München

Kniesel, Michael   Vorbeugende Bekämpfung von Straftaten
                                       im neuen Polizeirecht – Gefahrenabwehr oder
                                       Strafverfolgung,
                                       Zeitschrift für Rechtspolitik 1989, S. 329 f.

Koch, Martin   Datenerhebung und -verarbeitung in den
                                       Polizeigesetzen der Länder,
                                       1. Auflage 1999, Baden-Baden

König, Robert   Videoüberwachung – Fakten Rechtslage und
                                       Ethik –
                                       Juristische Schriftenreihe Band 179, Wien 2001

Königshofen, Thomas   Neue datenschutzrechtliche Regelungen zur
                                       Videoüberwachung,
                                       Recht der Datenverarbeitung 2001, S. 220 f.

Kühne, Gunther   Anmerkung zu BVerfG, Beschl. v. 16.5.1989 –
                                       1 BvR 705/88 (Juristenzeitung 1990, S. 335),
                                       Juristenzeitung 1990, S. 335 f.

Kunig, Philip   Der Grundsatz informationeller
                                       Selbstbestimmung,
                                       Juristische Ausbildung 1993, S. 595 f.

Kury, Helmut/Obergfell-Fuchs, Joachim   Kriminalitätsfurcht in Deutschland,
                                       Kriminalistik 1998, S. 26 f.

Kutscha, Martin

Novellierung des Thüringer
Polizeiaufgabengesetzes –
Mehr Sicherheit durch weniger
Grundrechtsschutz?,
Landes- und Kommunalverwaltung 2003, S. 114 f.

Lachmann, Harald

Der stumme Späher vom City-Hochhaus,
Städte- und Gemeinderat 2000, S. 8 f.

Lafay, Frédérique

Anmerkung zur Entscheidung des Conseil
Constitutionnel n° 94-352 vom 18. Januar 1995,
La Semaine Juridique 1995, II, n° 22525, S. 443 f.

Lajartre de, Arnauld

Fonctions et fictions
des « miradors électroniques » publics,
La « vidéosurveillance » dans la loi du
21 janvier 1995,
La Semaine Juridique 1996, n° 3955, S. 317 f.

Landrin, Sophie

Vingt-quatre heures sur vingt-quatre sous l'œil
des caméras,
Le Monde vom 17.5.2000, S. 14

Landrin, Sophie

Les compagnies d'assurances boudent le marché
des collectivités locales,
Le Monde vom 10.1.2003

Lebreton, Gilles

Libertés publiques et droits de l'Homme,
5. Auflage 2001, Paris

Lebreton, Gilles

Droit administratif général,
2. Auflage 2000, Paris

Leclercq, Claude

Libertés publiques,
4. Auflage 2000, Paris

Leopold, Nils

Die neue Videoüberwachungsregelung im BDSG,
Forum Recht 2001, S. 82

Lisken, Hans	„Verdachts- und ereignisunabhängige Personenkontrollen zur Bekämpfung der grenzüberschreitenden Kriminalität"?, Neue Zeitschrift für Verwaltungsrecht 1998, S. 22 f.
Lisken, Hans	Jedermann als Betroffener, in: Bäumler, Helmut (Hrsg.), Polizei und Datenschutz, 1. Auflage 1999, Neuwied, S. 32 f.
Lisken, Hans/ Denninger, Erhard	Handbuch des Polizeirechts, 3. Auflage 2001, München
Löwisch, Manfred/ Rieble, Volker	Besitzwehr zur Durchsetzung eines Hausverbots, Neue Juristische Wochenschrift 1994, S. 2596 f.
Lorant, Anne-Cécile	La vidéosurveillance et la loi du 21 janvier 1995 sur la sécurité, Droit de l'informatique et des télécoms 1995 (4), S. 9 f.
Luchaire, François	La vidéosurveillance et la fouille des voitures devant le Conseil Constitutionnel, Revue du droit public 1995, S. 575 f.
Luchaire, François	Anmerkung zur Entscheidung des Conseil Constitutionnel vom 25. Januar 1985, Recueil Dalloz 1985, jurisprudence, S. 361 f.
Lucius v., Robert	Das Profil der Masse, Frankfurter Allgemeine Zeitung vom 1.8.2002, S. 7
Mangoldt v., Hermann/ Klein, Friedrich/ Starck, Christian	Das Bonner Grundgesetz, Band 1: Präambel, Art. 1 – 19 GG, 4. Auflage 1999, München Band 2: Art. 20 – 78 GG, 4. Auflage 2000, München

Mangoldt v., Hermann/Klein, Friedrich/ *Pestalozza, Christian*	Das Bonner Grundgesetz, Band 8 (Art. 70 – 75 GG) 3. Auflage 1996, München
Martin, David	Les fichiers de police, Schriftenreihe Que sais-je ?, 1. Auflage 1999, Paris
Maske, Rainer	Nochmals: Die Videoüberwachung von öffentlichen Plätzen, Neue Zeitschrift für Verwaltungsrecht 2001, S. 1248 f.
Masson, Paul M.	Rapport fait au nom de la commission des Lois constitutionnelles, de législation, du suffrage universel, du Règlement et d'administration générale sur le projet de loi d'orientation et de programmation relatif à la sécurité, Documents du Sénat, N° 564, seconde session ordinaire de 1993-1994
Mathieu, Bertrand	Décision 94-352 D.C. du 18 janvier 1995, Loi d'orientation et de programmation relative à la sécurité, Les Petites Affiches du 7 juin 1995, S. 7 f.
Maunz, Theodor/Dürig, Günter	Grundgesetz-Kommentar Band I: Art. 1 – 11 GG, Band II: Art. 12 – 20 GG Band IV: Art. 70 – 91b GG 41. Ergänzungslieferung Oktober 2002, München
Maurer, Hartmut	Allgemeines Verwaltungsrecht, 14. Auflage 2002, München
Maurer, Hartmut	Staatsrecht I, 2. Auflage 2001, München

Merten, Karlheinz/Merten, Heike	Vorbeugende Verbrechensbekämpfung, Zeitschrift für Rechtspolitik 1991, S. 213 f.
Möller, Klaus Peter/ Zezschwitz v., Friedrich	Videoüberwachung – Wohltat oder Plage?, 1. Auflage 2000, Baden-Baden
Moreau, Jacques	Droit public, Band 1: Théorie générale de l'État et Droit Constitutionnel, Droit administratif, 3. Auflage 1995, Paris
Müller, Rolf	Pilotprojekt zur Videoüberwachung von Kriminalitätsschwerpunkten in der Leipziger Innenstadt, Die Polizei 1997, S. 77 f.
Müller, Rolf	Nochmals: Videoüberwachung von Kriminalitätsschwerpunkten in der Leipziger Innenstadt, Die Polizei 1998, S. 114 f.
Müller, Rolf	Nochmals: Die Videoüberwachung von Kriminalitätsbrennpunkten in Leipzig, Die Polizei 2000, S. 285 f.
Müller, Henning Ernst	Zur Kriminologie der Videoüberwachung, Monatsschrift für Kriminologie und Strafrechtsreform 2002, S. 33 f.
Münch v., Ingo/Kunig, Philip	Grundgesetz-Kommentar, Band 1: Präambel, Art. 1 – 19 GG 5. Auflage 2000, München Band 2: Art. 20 – 69 GG 5. Auflage 2001, München Band 3: Art. 70 – 146 GG 3. Auflage 1996, München
N.N.	Datenschutz bei Videoüberwachung, Recht der Datenverarbeitung 1997, S. 187 f.

N.N.   Bayern: Positive Bilanz des Pilotprojektes
                                „Videoüberwachung von
                                Kriminalitätsschwerpunkten in Regensburg",
                                Die Polizei 2001, S. 191

N.N.   Videoüberwachung durch Polizei in
                                Nordrhein-Westfalen,
                                Kriminalistik 2000, S. 542

N.N.   Videokontrolle als effektive
                                Verbrechensbekämpfung?,
                                Deutsche Richterzeitung 2001, S. 85 f.

N.N.   Videoüberwachung in den Städten,
                                Der Städtetag 2000, S. 50

N.N.   Bilder eine Woche gespeichert,
                                Frankfurter Allgemeine Zeitung vom 12.12.2000,
                                S. 62

N.N.   Künftig Aufenthaltsverbote und
                                Videoüberwachung in Brandenburg möglich,
                                Frankfurter Allgemeine Zeitung vom 10.8.2000,
                                S. 10

N.N.   Schleierfahndung und Kameras,
                                Frankfurter Allgemeine Zeitung vom 17.5.2000,
                                S. 61

N.N.   Mit Kamera gegen Pöbeleien und Drogenhandel,
                                Frankfurter Allgemeine Zeitung vom 18.2.2000,
                                S. 81

N.N.   Videokameras in Flugzeugen,
                                Frankfurter Allgemeine Zeitung vom 14.6.2002,
                                S. 9

N.N.   Videoüberwachung beschlossen,
                                          Darmstädter Magistrat genehmigt Kameras am
                                          Kleinschmidtsteg,
                                          Frankfurter Allgemeine Zeitung vom 19.2.2003,
                                          S. 54

N.N.   Rhein will Videoüberwachung in Frankfurt
                                          ausweiten,
                                          Frankfurter Allgemeine Zeitung vom 31.1.2003,
                                          S. 54

N.N.   Entschließung der 59. Konferenz der
                                          Datenschutzbeauftragten des Bundes und der
                                          Länder vom 14./15. März 2000,
                                          Städte- und Gemeinderat 2000, S. 7

Nürnberger, Thomas   Videoüberwachung in London – Auch ein Modell
                                          für die Großstädte in Deutschland?
                                          Die Polizei 2000, S. 230 f.

Oberdorff, Henri   La liberté individuelle face aux risques des
                                          technologies de sécurité,
                                          in: Festschrift für Jacques Robert, Libertés,
                                          Paris 1998

Oberdorff, Henri   Comment réglementer les nouvelles technologies
                                          de sécurité?,
                                          Les Cahiers de la sécurité intérieure 1995,
                                          n° 21, S. 114 f.

Ocqueteau, Frédéric   Cinq ans après la loi « vidéosurveillance » en
                                          France, que dire de son application?
                                          Cahiers de la sécurité intérieure 2001, n° 43,
                                          S. 101 f.

Ocqueteau, Frédéric/ Heilmann, Eric   Droit et usages des nouvelles technologies:
                                          les enjeux d'une réglementation de la
                                          vidéosurveillance,
                                          Droit et Société 1997, S. 331 f.

Ommert, Horst   Kameras helfen nur als Teil einer Gesamtstrategie,
                             Polizei heute 2001, S. 106 f.

Ostendorf, Heribert   Chancen und Risiken von Kriminalprävention,
                             Zeitschrift für Rechtspolitik 2001, S. 151 f.

Paeffgen, Hans-Ullrich   Art. 30, 70, 101 I GG – vernachlässigbare
                             Normen?
                             Juristenzeitung 1991, S. 437 f.

Pellet, Rémi   La vidéo-surveillance et l'application de la loi
                             « informatique et libertés », Teil 1
                             Revue administrative 1995, S. 142 f.

Pellet, Rémi   La vidéo-surveillance et l'application de la loi
                             « informatique et libertés », Teil 2
                             Revue administrative 1995, S. 245 f.

Philippe, Xavier   Le contrôle de proportionnalité
                             dans les jurisprudences constitutionnelles et
                             administratives françaises,
                             Paris 1990

Pieroth, Bodo   Die Grundrechtsberechtigung gemischt-
                             wirtschaftlicher Unternehmen,
                             Nordrhein-Westfälische Verwaltungsblätter 1992,
                             S. 85 f.

Pieroth, Bodo / Schlink, Bernhard   Grundrechte – Staatsrecht II,
                             18. Auflage 2002, Heidelberg

Pouille, André / Roche, Jean   Libertés publiques et droits de l'homme,
                             14. Auflage 2002, Paris

Püttner, Günter / Lingemann, Stefan   Aktuelle Probleme der Zulassung zu öffentlichen
                             Einrichtungen (Teil 1),
                             Juristische Arbeitsblätter 1984, S. 121 f.

Reich, Andreas   Magdeburger Kommentar zum Grundgesetz
                                    für die Bundesrepublik Deutschland,
                                    Bad Honnef 1998

Reimer, Helmut   Bayerische Polizei testet biometrische
                                    Grenzkontrolle,
                                    Datenschutz und Datensicherheit 2003, S. 55

Reimer, Helmut   Klage gegen Videoüberwachung,
                                    Datenschutz und Datensicherheit 2003, S. 59

Reimer, Helmut   LfD Niedersachsen: Der Datenschutz in den
                                    Jahren 2001 und 2002,
                                    Datenschutz und Datensicherheit 2003, S. 115 f.

Reimer, Helmut   LfD Rheinland-Pfalz: Datenschutz und
                                    Videoüberwachung,
                                    Datenschutz und Datensicherheit 2000, S. 618 f.

Reimer, Helmut   LfD Bayern zum Aufbau von
                                    Videoüberwachungseinrichtungen,
                                    Datenschutz und Datensicherheit 2000, S. 178

Reuband, Karl-Heinz   Was die Bürger von der Überwachung halten,
                                    Neue Kriminalpolitik 2001, S. 5 f.

Richard, Evence   La loi du 21 janvier 1995: Les conséquences pour
                                    l'entreprise,
                                    Les Cahiers de la sécurité intérieure 1996, n° 24,
                                    S. 13 f.

Robert, Jacques/Duffar, Jean   Droits de l'homme et libertés fondamentales,
                                    7. Auflage 1999, Paris

Robert, Jacques/Oberdorff, Henri Libertés fondamentales et droits de l'homme,
                                    Textes français et internationaux,
                                    4. Auflage 1999, Paris

Robrecht, Michael P.   Polizeiliche Videoüberwachung bei
                             Versammlungen und an
                             Kriminalitätsschwerpunkten,
                             Neue Justiz 2000, S. 348 f.

Roggan, Fredrik   Die Videoüberwachung von öffentlichen Plätzen,
                             Neue Zeitschrift für Verwaltungsrecht 2001,
                             S. 134 f.

Roggan, Fredrik   Auf legalem Weg in einem Polizeistaat,
                             1. Auflage 2000, Bonn

Röger, Ralf/ Stephan, Alexander   Hausarbeitsfall: Die Videoüberwachung,
                             Nordrhein-Westfälische Verwaltungsblätter 2001,
                             S. 201 f. (Teil 1) und S. 243 f. (Teil 2)

Roos, Jürgen   Fußball und Recht,
                             Kriminalistik 1994, S. 674 f.

Roos, Jürgen   Nichts geht mehr ohne Kamera,
                             Kriminalistik 2002, S. 464 f.

Rozenfeld, Sylvie   Réforme de la loi « informatique et libertés »,
                             Un débat pour la forme,
                             Expertises 2002, S. 83

Sachs, Michael   Grundgesetz, Kommentar,
                             3. Auflage 2003, München

Saeltzer, Gerhard   Vorsicht, Videoüberwachung!
                             Datenschutz und Datensicherheit 1997, S. 462 f.

Saeltzer, Gerhard   Die 13 Irrtümer über Videoüberwachung,
                             Datenschutz und Datensicherheit 2000, S. 194 f.

Samson, Michel   Marseille va équiper son centre-ville d'un système
                             de vidéosurveillance,
                             Le Monde vom 18.12.2002

Schaffland, Hans-Jürgen/Wiltfang, Noeme Bundesdatenschutzgesetz, Kommentar,
Grundwerk 1977,
Stand zu § 6b: 2003 (1. Lieferung), Berlin

Schiek, Sebastian Verdrängungsstrategie, Kameraüberwachung
auf dem Vormarsch,
Forum Recht 2001, S. 80 f.

Schlink, Bernhard Der Grundsatz der Verhältnismäßigkeit,
in: Badura, Peter/Dreier, Horst (Hrsg.),
Festschrift 50 Jahre Bundesverfassungsgericht,
Band 2, Tübingen 2001, S. 445 f.

Schmalz, Dieter Allgemeines Verwaltungsrecht und Grundlagen
des Verwaltungsrechtsschutzes,
3. Auflage 1998, Baden-Baden

Schmidt-Aßmann, Eberhard Besonderes Verwaltungsrecht,
11. Auflage 1999, Berlin – New York

Schmitt Glaeser, Alexander Videoüberwachung öffentlicher Räume,
Zur Möglichkeit administrativer
panoptischer Machtausübung,
Bayerische Verwaltungsblätter 2002, S. 584 f.

Schneider, Dieter/Daub, Wolfgang Videoüberwachung an
Kriminalitätsschwerpunkten:
Vorbote des totalen Überwachungsstaates oder
effektives Einsatzmittel zur Bekämpfung der
Straßenkriminalität?,
Die Polizei 2000, S. 322 f.

Schnorr, Stefan Big Brother zur Verbrechensbekämpfung?
Zeitschrift für Rechtspolitik 2001, S. 291 f.

Scholand, Markus Videoüberwachung und Datenschutz,
Datenschutz und Datensicherheit 2000, S. 202 f.

Schoreit, Armin

Gefahrenabwehr durch Datensammlung? – Zur
Änderung des Polizeirechts in
Nordrhein-Westfalen –,
Kritische Vierteljahresschrift für Gesetzgebung
und Rechtswissenschaft 1989, S. 201 f.

Schuppert, Gunnar Folke

Grundrechte und Demokratie,
Europäische Grundrechte Zeitschrift 1985,
S. 525 f.

Schwabe, Jürgen

„Kontrolle ist schlecht, Vertrauen allein der
Menschenwürde gemäß"?,
Neue Zeitschrift für Verwaltungsrecht 1998,
S. 709 f.

Schwabe, Jürgen

Zur Rechtmäßigkeit von Beobachtungseingriffen,
Niedersächsische Verwaltungsblätter 2002, S. 39 f.

Schwabe, Jürgen

Rechtliche Zulässigkeit und Opportunität von
polizeilichen und ordnungsbehördlichen
Videoaufzeichnungen und Überwachungen,
in: Möller, Klaus Peter/
Zezschwitz v., Friedrich (Hrsg.),
Videoüberwachung – Wohltat oder Plage?,
1. Auflage 2000, Baden-Baden, S. 101 f.

Schwan, Eggert

Auf dem Weg zum Überwachungsstaat? –
Plädoyer für eine rechtsstaatliche
Datenverarbeitung der Polizei,
in: Hohmann, Harald (Hrsg.),
Freiheitssicherung durch Datenschutz,
1. Auflage 1987, Frankfurt/M., S. 276 f.

Schwarz, Kyrill-A.

Die staatliche Videoüberwachung der
Öffentlichkeit,
Zeitschrift für Gesetzgebung 2001, S. 246 f.

Siebrecht, Michael

Die polizeiliche Datenverarbeitung im
Kompetenzstreit zwischen Polizei- und
Ordnungsrecht,
Juristenzeitung 1996, S. 711 f.

Simitis, Spiros

Kommentar zum Bundesdatenschutzgesetz,
5. Auflage 2003, Baden-Baden

Smolar, Piotr

Depuis 1997, 185 collectivités locales ont installé
des caméras,
Le Monde vom 18.12.2002

Sokol, Bettina

Sechzehnter Datenschutzbericht der
Landesbeauftragten für den Datenschutz
und Beauftragten für das Recht
auf Information Nordrhein-Westfalen,
Düsseldorf 2003

Spitz, Bernard

La résistible ascension de la vidéosurveillance,
Le Monde vom 4.3.1993, S. 2

Stern, Klaus

Das Staatsrecht der Bundesrepublik Deutschland,
Band III/2, München 1994

Tammen, Hans

Video- und Kameraüberwachung am Arbeitsplatz:
Hinweise für Betriebs- und Personalräte,
Recht der Datenverarbeitung 2000, S. 15 f.

Tegtmeyer, Henning

Erwiderung auf Schoreit „Gefahrenabwehr durch
Datensammlung?",
Kritische Vierteljahresschrift für Gesetzgebung
und Rechtswissenschaft 1989, S. 213 f.

Théron, Jean-Pierre

Chronique de législation,
Loi n° 95-73 du 21 janvier 1995 d'orientation
et de programmation relative à la sécurité.
Commentaire portant sur les dispositions relatives
à la vidéosurveillance et aux manifestations
sur la voie publique,
L'Actualité juridique – Droit administratif 1995,
S. 207 f.

Tinnefeld, Marie-Thérèse

Die Novellierung des BDSG im Zeichen des
Gemeinschaftsrechts,
Neue Juristische Wochenschrift 2001, S. 3078 f.

Tröndle, Herbert/ Fischer, Thomas

Strafgesetzbuch und Nebengesetze, Kommentar,
51. Auflage 2003, München

Tuong van, Nguyen

La décision du Conseil Constitutionnel du
18 janvier 1995 sur la loi d'orientation et de
programmation relative à la sécurité,
Les Petites Affiches du 21 avril 1995, S. 18 f.

Turk, Alex

Le malentendu de la vidéosurveillance
Le Monde vom 7.7.1994, S. 2

Turpin, Dominique

Les Libertés publiques,
4. Auflage 1998, Paris

Vahle, Jürgen

Rechtsfragen der Videoüberwachung und
Videoaufzeichnung,
Deutsche Verwaltungspraxis 2000, S. 398 f.

Vahle, Jürgen

Videoüberwachung durch Private und
staatliche Stellen,
Neue Wirtschafts-Briefe 2000, S. 1635 f.

Vahle, Jürgen

Vorsicht, Kamera!,
Neue Zeitschrift für Verwaltungsrecht 2001,
S. 165 f.

Vahle, Jürgen   Aktuelle Fragen der Videoüberwachung und
                                        -aufzeichnung (Teil 2),
                                        Datenschutz-Berater 2002, S. 14 f.

Vahle, Jürgen   Aktuelle Probleme der Videoüberwachung und
                                        -aufzeichnung,
                                        Deutsche Verwaltungspraxis 2003, S. 1 f.

Vedel, Georges/Devolvé, Pierre   Droit administratif, Band 2,
                                        12. Auflage 1992, Paris

Velasco, Valery   Les libertés individuelles face
                                        aux nouveaux moyens de surveillance,
                                        Thèse pour le doctorat en Droit public,
                                        Paris 1999

Vitalis, André   Le regard omniprésent,
                                        Le Monde diplomatique, März 1998, S. 26 f.

Volkmann, Uwe   Die Rückeroberung der Allmende,
                                        Neue Zeitschrift für Verwaltungsrecht 2000,
                                        S. 361 f.

Vollmer, Dieter   Nur der Fahrer ist nicht auf dem Bild,
                                        Städte- und Gemeinderat 2000, S. 12

Waechter, Kay   Videoüberwachung öffentlicher Räume und
                                        systematischer Bildabgleich,
                                        Niedersächsische Verwaltungsblätter 2001, S. 77 f.

Waechter, Kay   Rechtsgütergewichtung und wahre sowie
                                        eingebildete Bedrohungen,
                                        Deutsches Verwaltungsblatt 1999, S. 809 f.

Waechter, Kay   Die „Schleierfahndung" als Instrument der
                                        indirekten Verhaltenssteuerung durch
                                        Abschreckung und Verunsicherung,
                                        Die Öffentliche Verwaltung 1999, S. 138 f.

Walter, Michael

Kriminalpolitik im Zeichen der
Verbrechensfurcht:
von der Spezial- über die General- zur
„Ubiquitäts"prävention?,
in: Weigend, Thomas/Küpper, Georg (Hrsg.),
Festschrift für Hans Joachim Hirsch zum
70. Geburtstag am 11. April 1999,
Berlin – New York 1999, S. 897 f.

Weichert, Thilo

Private Videoüberwachung und Datenschutz,
Detektiv-Kurier 2001, Heft 4, S. 9 f.

Weichert, Thilo

Audio- und Videoüberwachung,
Bürgerrechte und Polizei 1998, S. 12 f.

Weichert, Thilo

Rechtsfragen der Videoüberwachung,
Datenschutz und Datensicherheit 2000, S. 662 f.

Weigend, Thomas/Küpper, Georg

Festschrift für Hans Joachim Hirsch
zum 70. Geburtstag am 11. April 1999,
Berlin – New York 1999

Welp, Jürgen

Anmerkung zu BGH, Beschl. v. 7.6.1995 – 2 BJs
127/93 – StB 16/95 (Neue Zeitschrift für
Strafrecht 1995, 601 f.),
Neue Zeitschrift für Strafrecht 1995, S. 602 f.

Weyer, Heinrich

Gesetz zum Schutz personenbezogener Daten,
Kommentar zum Datenschutzgesetz
Nordrhein-Westfalen,
Wingen – Essen 1988

Wohlfarth, Jürgen

Zur datenschutzrechtlichen Relevanz optischer
Kontroll- und Überwachungssysteme auf der
Gemeindeebene,
Recht der Datenverarbeitung 1995, S. 10 f.

Wohlfarth, Jürgen — Staatliche Videoüberwachung des öffentlichen Raumes,
Recht der Datenverarbeitung 2000, S. 101 f.

Wolff, Hans J./Bachof, Otto/Stober, Rolf — Verwaltungsrecht, Band 2,
6. Auflage 2000, München

Wollweber, Harald — Nochmals: Das Strafverfahrensänderungsgesetz 1999,
Neue Juristische Wochenschrift 2000, S. 3623 f.

Xynopoulos, Georges — Le contrôle de proportionnalité dans le contentieux de la constitutionnalité et de la légalité en France,
Allemagne et Angleterre,
Bibliothèque de droit public, Band 179,
Paris 1995

Zeiler, Horst — Das Hausrecht an Verwaltungsgebäuden,
Deutsches Verwaltungsblatt 1981, S. 1000 f.

Zezschwitz v., Friedrich — Videoüberwachung in Hessen,
Datenschutz und Datensicherheit 2000, S. 670 f.

Zitzmann, Peter — Videoüberwachung in Darmstadt,
Frankfurter Allgemeine Zeitung vom 13.3.2003, S. 49

Abkürzungsverzeichnis

a.A.	anderer Ansicht
Abs.	Absatz
AG	Amtsgericht
AG	Aktiengesellschaft
AJDA	L'Actualité juridique de Droit administratif
AllMBl.	Allgemeines Ministerialblatt der Bayerischen Staatsregierung
Alt.	Alternative
Art.	Artikel
BDSG	Bundesdatenschutzgesetz
BayVBl	Bayerische Verwaltungsblätter
BayVerfGH	Bayerischer Verfassungsgerichtshof
BGBl.	Bundesgesetzblatt
Beschl.	Beschluss
BGH	Bundesgerichtshof
Bsp.	Beispiel/Beispiele
bspw.	beispielsweise
BVerfG	Bundesverfassungsgericht
BVerfGE	Entscheidungssammlung des Bundesverfassungsgerichts
BVerwG	Bundesverwaltungsgericht
BVerwGE	Entscheidungssammlung des Bundesverwaltungsgerichts
BWV	Bundeswehrverwaltung
bzw.	beziehungsweise
c/	contre
CNIL	Commission nationale de l'informatique et des libertés
CNRS	Centre nationale de recherche scientifique
C.U.R.A.P.P.	Centre universitaire de recherches

	administratives et politiques de Picardie
D.E.S.S.	Diplôme des études supérieures spécialisées
DÖV	Die Öffentliche Verwaltung
DRiZ	Deutsche Richterzeitung
DSB	Datenschutz-Berater
DSG	Datenschutzgesetz
DuD	Datenschutz und Datensicherheit
DVBl	Deutsches Verwaltungsblatt
DVP	Deutsche Verwaltungspraxis
DWW	Deutsche Wohnungswirtschaft
EG	Europäische Gemeinschaften
EMRK	Europäische Menschenrechtskonvention
EuGRZ	Europäische Grundrechte Zeitschrift
Entsch.	Entscheidung
f.	folgende
Frankfurt/M.	Frankfurt am Main
Fußn.	Fußnote
GefahrenabwehrG	Gefahrenabwehrgesetz
GO	Gemeindeordnung
GG	Grundgesetz
ggf.	gegebenenfalls
GVG	Gerichtsverfassungsgesetz
Hrsg.	Herausgeber
i.E.	im Ergebnis
i.V. mit	in Verbindung mit
JA	Juristische Arbeitsblätter
JCP	La Semaine Juridique
JO	Journal Officiel
Jura	Juristische Ausbildung
JZ	Juristenzeitung
KG	Kammergericht
KreisO	Kreisordnung

KritV	Kritische Vierteljahresschrift für
	Gesetzgebung und Rechtswissenschaft
L.	loi
LfD	Landesbeauftragte(r) für den Datenschutz
LG	Landgericht
LKV	Landes- und Kommunalverwaltung
LVerfG	Landesverfassungsgericht
MschrKrim	Monatsschrift für Kriminologie und
	Strafrechtsreform
m. w. Nachw.	mit weiteren Nachweisen
NdsVBl	Niedersächsische Verwaltungsblätter
NJ	Neue Justiz
NJW	Neue Juristische Wochenschrift
NKP	Neue Kriminalpolitik
N.N.	Nomen nescitur
n°/N°	numéro/Numéro
Nr.	Nummer
NRW/NW	Nordrhein-Westfalen
NStZ	Neue Zeitschrift für Strafrecht
NVwZ	Neue Zeitschrift für Verwaltungsrecht
NVwZ-RR	Neue Zeitschrift für Verwaltungsrecht,
	Rechtsprechungs-Report
NWB	Neue Wirtschafts-Briefe
NWVBl	Nordrhein-Westfälische Verwaltungsblätter
NZM	Neue Zeitschrift für Miet- und
	Wohnungsrecht
o.g.	oben genannte(r)
OrdnungsbehördenG	Ordnungsbehördengesetz
OVG	Oberverwaltungsgericht
p.	page (Seite)
PAG	Polizeiaufgabengesetz
PolG	Polizeigesetz

RATP	Régie Autonome des Transports Parisiens
Rdn.	Randnummer
RDV	Recht der Datenverarbeitung
RechtsVO	Rechtsverordnung
Recueil CC	Recueil des décisions du Conseil Constitutionnel
Recueil CE	Recueil des décisions du Conseil d'Etat
RTD civ.	Revue trimestrielle de droit civil
S.	Seite
sog.	sogenannte/sogenannter
SNCF	Société nationale des chemins de fer
SOG	Sonderordnungsgesetz
StGB	Strafgesetzbuch
StPO	Strafprozessordnung
StV	Strafverteidiger
TGI	Tribunal de grande instance
ThürVBl	Thüringer Verwaltungsblätter
Urt.	Urteil
v.	von/vom
Var.	Variante
VBlBW	Verwaltungsblätter für Baden-Württemberg
VersG	Versammlungsgesetz
VG	Verwaltungsgericht
z.B.	zum Beispiel
ZG	Zeitschrift für Gesetzgebung
ZMR	Zeitschrift für Miet- und Raumrecht
ZRP	Zeitschrift für Rechtspolitik

Lebenslauf

Am 25. Juli 1975 wurde ich als drittes Kind der Eheleute Dr. Jörg Bausch und Dr. Edith Bausch in Bonn geboren. Außer meiner Zwillingsschwester Christiane habe ich noch eine jüngere und eine ältere Schwester. Nach der Grundschulzeit wechselte ich im Sommer des Jahres 1985 auf das katholische altsprachliche Gymnasium Collegium Josephinum in Bonn.

Eine große Veränderung in meinem Leben brachte ein einjähriger Auslandsaufenthalt in den U.S.A. für die Zeit des 11. Schuljahres mit sich, der mir durch das Deutsche Youth For Understanding ermöglicht wurde. Das Jahr verlebte ich bei einer Gastfamilie, die mich wie ihren eigenen Sohn aufnahm und zu der ich auch jetzt – nach mittlerweile zwölf Jahren – noch einen sehr guten Kontakt habe.

Im Juni 1995 legte ich die Reifeprüfung am Collegium Josephinum in Bonn ab und nahm im Wintersemester 1995/96 das Studium der Rechtswissenschaften an der Rheinischen Friedrich-Wilhelms-Universität Bonn auf. Ab September 1998 verbrachte ich mit Unterstützung des Deutschen Akademischen Austauschdienstes (DAAD) zwei Semester in Aix-en-Provence, wo ich an der Université de Droit, d'Economie et des Sciences d'Aix-Marseille ein Universitätsdiplom im Völker- und Europarecht erwarb.

Studienbegleitend absolvierte ich Praktika bei der Bundesnotarkammer in Köln, der überörtlichen Sozietät Redeker in Bonn und bei der Deutschen Botschaft in Paris. Neben dem Studium widmete ich mich insbesondere fremden Sprachen und Kulturen und verband dieses Interesse u.a. mit Entwicklungs- und Kulturaustauschprojekten in Ghana, Bolivien, Togo und Indien.

Am 28. April 2001 bestand ich vor dem Justizprüfungsamt beim Oberlandesgericht Köln die erste juristische Staatsprüfung. Nach mehrmonatiger Tätigkeit bei der international ausgerichteten Anwaltssozietät Freshfields Bruckhaus Deringer in Köln und Aufenthalten in Frankreich im Sommer des Jahres 2001 begann ich mein Promotionsvorhaben, das von April 2002 bis September 2003 von der Konrad-Adenauer-Stiftung unterstützt wurde. Die Monate August bis Dezember 2002 habe ich zu Recherchezwecken an der rechtswissenschaftlichen Fakultät in Toulouse verbracht.

Im Oktober 2003 nahm ich den Referendardienst in Köln auf.

Köln, im März 2004

www.ingramcontent.com/pod-product-compliance
Lightning Source LLC
Chambersburg PA
CBHW020830210326
41598CB00019B/1859